DIREITO NATURAL
DIREITO POSITIVO
DIREITO DISCURSIVO

D598   Direito natural, direito positivo, direito discursivo / Alexander Hollerbach ...
[et al.]; Luís Afonso Heck, org. – Porto Alegre: Livraria do Advogado
Advogado Editora, 2010.
282 p.; 23 cm.
ISBN 978-85-7348-693-3

1. Teoria do direito. 2. Direito natural. 3. Direito positivo. I. Hollerbach,
Alexander. II. Heck, Luís Afonso Heck, org.

CDU – 340.12

Índices para o catálogo sistemático:

Teoria do direito   340.12
Direito natural   340.12
Direito positivo   340.13

(Bibliotecária responsável: Marta Roberto, CRB-10/652)

Luís Afonso Heck
(organizador)

DIREITO NATURAL
DIREITO POSITIVO
DIREITO DISCURSIVO

Alexander Hollerbach
Hans Kelsen
Helmut Mayer
Lothar Michael
Nils Taifke
Robert Alexy

Tradutores
Eduardo Schenato Piñero
José Paulo Baltazar Junior
Luís Afonso Heck
Maria Cláudia Cachapuz
Paulo Gilberto Cogo Leivas
Roberto José Ludwig
Waldir Alves

Porto Alegre, 2010

© Alexander Hollerbach, Hans Kelsen,
Helmut Mayer, Lothar Michael,
Nils Taifke, Robert Alexy, 2010

Capa, projeto gráfico e diagramação
Livraria do Advogado Editora

Tradução
Eduardo Schenato Piñero, José Paulo Baltazar Junior,
Luís Afonso Heck, Maria Cláudia Cachapuz,
Paulo Gilberto Cogo Leivas, Roberto José Ludwig e Waldir Alves

Revisão
Luís Afondo Heck
(organizador)

Direitos desta edição reservados por
Livraria do Advogado Editora Ltda.
Rua Riachuelo, 1338
90010-273 Porto Alegre RS
Fone/fax: 0800-51-7522
editora@livrariadoadvogado.com.br
www.doadvogado.com.br

Impresso no Brasil / Printed in Brazil

Nota prévia

A feitura deste volume está unida com institutos, editoras e pessoas. Assim, o agradecimento é devido:

Ao Hans Kelsen-Institut, situado em Viena, pela autorização da tradução dos textos de Kelsen.

À editora Herder, estabelecida em Freiburg i. Br., República Federal da Alemanha, pela autorização do verbete Ciência do direito.

Ao Robert Alexy, uma vez, pela autorização da tradução dos seus textos e, outra vez, pelo auxílio na correção dos mesmos. Além disso, ainda pela remissão de determinados textos.

Ao Lothar Michael e ao Nils Teifke, tanto pela autorização da tradução dos seus textos como pelo auxílio na correção dos mesmos.

Ao Hartmut Maurer, pelo auxilio na correção de certos textos.

Aos tradutores, Eduardo Schenato Piñeiro, José Paulo Baltazar Junior, Maria Cláudia Cachapuz, Paulo Gilberto Cogo Leivas, Roberto José Ludwig e Waldir Alves.

Ao Eduardo Schenato Piñeiro, pela ajuda na língua inglesa. À Maria Regina Diniz Heck, pela assistência nas línguas grega e latina.

À Livraria do Advogado Editora, pela produção e publicação deste volume.

Porto Alegre, verão de 2009.

Luís Afonso Heck

(organizador)

Sumário

Apresentação 9

1. Ciência do Direito
   Alexander Hollerbach. Tradutor: Eduardo Schenato Piñero 13

2. Direito natural e direito positivo. Uma investigação de sua relação recíproca
   Hans Kelsen. Tradutor: Waldir Alves 25

3. O fundamento da doutrina do direito natural
   Hans Kelsen. Tradutor: Luís Afonso Heck 51

4. O que é positivismo jurídico?
   Hans Kelsen. Tradutor: Luís Afonso Heck 85

5. Uma concepção teórico-discursiva da razão prática
   Robert Alexy. Tradutor: Luís Afonso Heck 95

6. Direito e moral
   Robert Alexy. Tradutor: Paulo Gilberto Cogo Leivas 115

7. Teoria do discurso e direitos fundamentais
   Robert Alexy. Tradutora: Maria Cláudia Cachapuz 123

8. A interpretação de Ralf Dreier da definição do direito kantiana
   Robert Alexy. Tradutor: Luís Afonso Heck 139

9. O conceito de Kant da lei prática
   Robert. Alexy. Tradutor: Luís Afonso Heck 153

10. Flexibilidade da dignidade humana? Para a estrutura do artigo 1, alínea 1, da lei fundamental
    Nils Taifke. Tradutor: Roberto José Ludwig 171

11. As três estruturas de argumentação do princípio da proporcionalidade – para a dogmática
    da proibição de excesso e de insuficiência e dos princípios da igualdade
    Lothar Michael. Tradutor: Luís Afonso Heck 189

12. Kant, Hegel e o direito penal
    Helmut Mayer. Tradutor: José Paulo Baltazar Junior 207

13. Posfácio 229

Documentações de impressão 279

Anexo – Legislação 281

Apresentação

Este volume compõe-se de uma série de artigos e de um posfácio que, entre si, estão em uma conexão de sentido. Assim, inicialmente, um artigo que, sob o título "Ciência do direito", de 1988,[1] apresenta o direito como ciência. O autor, Alexander Hollerbach, deu para ele a estrutura seguinte: o conceito e a terminologia, objeto e objetivo, tarefas e área, cultivo da ciência – instituições da ciência do direito, ciência do direito e prática jurídica, linhas fundamentais da história da ciência, para a determinação do lugar sistemático-científico e teórico-científico.

Depois, seguem três artigos de Hans Kelsen. No primeiro, sob o título "Direito natural e direito positivo. Uma investigação de sua relação recíproca", de 1927/28, Kelsen, primeiro, coloca que a diferença entre direito natural e direito positivo é uma diferença do fundamento de validez. No direito natural, é um material e no direito positivo, um formal. Ele afirma, então, que esses são sistemas de normas e tenta, assim, responder à questão: em qual relação, no fundo, dois sistemas de normas podem estar para com o outro.

No segundo, Kelsen, sob o título "O fundamento da doutrina do direito natural", de 1964, procura seguir e investigar as fontes desse fundamento. Para isso, ocupa-se com Aristóteles, São Tomás de Aquino e Kant. Para demonstrar, depois, que não é possível compreender a validez de um direito natural autêntico, isso é eterno e imodificável, como independente da vontade de deus, apesar da tentativa de Grotius, Kelsen cita Victor Cathrein, um autor católico.

No terceiro, Kelsen procura responder à questão que o intitula: "O que é positivismo jurídico?", de 1965. Ele, para isso, diferencia, primeiro, entre positivismo filosófico e positivismo jurídico e este, por sua vez, do direito natural. Segue, então, a questão sobre o que se deve entender sob "positividade" do direito, o que pressupõe, segundo ele, um conceito de direito. A apresentação desse conceito, que inclui delimitações e diferenciações, é, assim, justamente, aquilo que compõe o restante do artigo.

Em seguida, vem cinco artigos de Robert Alexy. No primeiro, sob o título "Uma concepção teórico-discursiva da razão prática", de 1993, Alexy pergunta sobre a existência da razão prática. Depois, diz que na discussão atual concorrem, sobretudo, três concepções de razão prática ou de racionalidade prática. Elas po-

---

[1] As datas dizem respeito ao ano da publicação.

DIREITO NATURAL – DIREITO POSITIVO – DIREITO DISCURSIVO

dem, por um lado, com referência a modelos históricos, ser assim denominadas: aristotélica, hobbesiana e kantiana; a posição de Nietzche da crítica radical do conceito de razão prática, por outro, apresenta um adversário comum. No que segue, Alexy tenta defender a concepção kantiana em uma variante teórico-discursiva.

O segundo artigo, de 2002, tem o título "Direito e moral". O problema da relação entre direito e moral é, segundo Alexy, um dos, simultaneamente, mais fundamentais e tenazes daqueles aos quais a questão sobre o conceito e a natureza do direito leva. Duas posições, nisso, estão face a face desde mais de dois mil anos: o positivismo e o não positivismo. Todos os positivistas sustentam a tese da separabilidade e da separação. Todos os não positivistas opõem a isso, pelo menos, uma versão da tese da união. Esse estado de coisas o autor trabalha no que segue no artigo.

O terceiro artigo, de 2004, está intitulado: "Teoria do discurso e direitos fundamentais." Nele, Alexy trabalha as três dimensões da relação entre teoria do discurso e direitos fundamentais, as três concepções dos direitos fundamentais, o fundamento dos direitos fundamentais, a institucionalização dos direitos fundamentais e a interpretação dos direitos fundamentais.

O quarto artigo, de 2006, leva o título: "A interpretação de Ralf Dreier da definição do direito kantiana." Inicialmente, Alexy procura, passo a passo, destacar três elementos conceituais do conceito de direito de Kant. Depois, demonstrar o status do conceito de direito kantiano. Sua conclusão, entre outras coisas, é: no conceito de direito kantiano quase tudo já está contido que, na discussão atual do conceito de direito, desempenha um papel. Ele mostra-se, com isso, em conjunto, tão vivo como no primeiro dia.

O quinto artigo, também de 2006, Alexy intitula: "O conceito de Kant da lei prática." Metade dele é dedicado aos argumentos da mola propulsora, ou seja, o argumento da determinação extrema, do bem extremo, do ser comum ético e da decisão. A metade anterior é ocupada com as leis da natureza, lei prática e mola propulsora, imperativo categórico e a lei jurídica geral.

Dois artigos, na sequência, estão em conexão estreita com o trabalho de Alexy. O primeiro, de Nils Taifke, intitula-se: "Flexibilidade da dignidade humana? Para a estrutura do artigo 1, alínea 1, da lei fundamental", de 2005. A questão, se a dignidade humana é flexível, deve, segundo o autor, ser respondida por meio uma investigação da estrutura do artigo 1, alínea 1, da lei fundamental, e se baseia na questão fundamental sobre a suscetibilidade de ponderação da dignidade humana, isto é, se a garantia dela na lei fundamental é absoluta ou suscetível de ponderação. Isso coloca, então, inicialmente, a discussão sobre a relação entre absolutidade e ponderação. Segue, depois, a questão sobre uma primazia abstrata da dignidade humana e o esboço conciso das distintas posições sobre o caráter de direito fundamental do artigo 1, alínea 1, da lei fundamental.

O outro artigo é de Lothar Michael e tem o título: "As três estruturas de argumentação do princípio da proporcionalidade – para a dogmática da proibição de excesso e de insuficiência e dos princípios da igualdade", de 2001. O próprio autor resume o artigo da forma seguinte: "O trato, metodicamente mais cuidadoso, racionalmente seguível, com o princípio da proporcionalidade é uma dificuldade central do direito público total. A proibição de excesso é, até hoje, em sua estrutura, debatida, a proibição de insuficiência, até em sua existência. A chamada "nova fórmula" do tribunal constitucional federal para o artigo 3 I, da lei fundamental (a norma com o significado estatisticamente maior na jurisprudência judicial-constitucional), ameaça romper esquemas de argumentação tradicionais. O presente artigo tenta expor as estruturas de argumentação diferentes do princípio da proporcionalidade na proibição de excesso, na proibição de insuficiência e nos princípios da igualdade."

O último artigo é de Helmut Mayer, com o título "Kant, Hegel e o direito penal", de 1969. Esse artigo tenta, segundo o autor, dar uma resposta à exigência, ultimamente feita, de despedir-se de Kant e Hegel, isto é, das suas marchas das ideias jurídico-penais. Nessa conexão, e depois de uma menção a Descartes, afirma ele, a doutrina de Kant do primado da razão prática é de mais graves consequências. Ela deixa, simplificadoramente, expressar-se assim: "Eu sou essencialmente pessoa, contanto que eu sou consciência como razão subjetiva." Mayer continua: conquistou Kant à razão subjetiva seu direito eterno, então procura Hegel reconciliar a razão subjetiva com a realidade que, para ele, mostrar-se como realidade do espírito tanto subjetivo como objetivo. Conhecida é sua divisa, simultaneamente, conservadora e revolucionária: "O que é racional, isso é real e o que é real, isso é racional." Sobre isso o autor trabalha, então, no que segue, a doutrina do direito penal em Kant e em Hegel.

A isso tudo segue, por fim, um posfácio de Luís Afonso Heck.

Porto Alegre, primavera de 2009.

Luís Afonso Heck

Prof. da UFRGS

— 1 —

Ciência do Direito*

Alexander Hollerbach

Tradutor: Eduardo Schenato Piñeiro

I. Conceito e terminologia

Ciência do direito visa ao saber, metodicamente aprofundado, sistematicamente ordenado, objetivamente assegurado, racional, aprendível e ensinável, do direito. Como direito e estado estão unidos estreitamente, é a ciência do direito, simultaneamente, a parte da ciência do estado que se ocupa com as estruturas jurídicas e atuação jurídica do estado.

A designação da ciência de direito como ciência do direito somente no século 19. tornou-se habitual. Até então predominava "jurisprudência". Hoje, ciência do direito e jurisprudência são, em parte, utilizadas como sinônimas, em parte, distinguidas. Nisso, a expressão "jurisprudência" é preferida, quando deve ser dado espaço a dúvidas no caráter científico da ciência do direito ou quando, justamente, sem pretensão de cientificidade, realçado positivamente a peculiaridade particular da jurisprudência como "arte" prática e "sabedoria jurídica". Em francês, "jurisprudence" significa jurisprudência e judicatura, ao contrário de "doctrine" como a doutrina científica do direito. Em inglês, "jurisprudence" quer dizer tanto como teoria do direito ou doutrina do direito geral.

II. Objeto e objetivo

Objeto da ciência do direito é a totalidade das regras jurídicas e instalações, ordenadas juridicamente, da vida social humana: em casamento e família, no grupo, no grêmio, em comunidades religiosa e igrejas, no estado, em comunidades supra-estatais e interestatais, em suma: a ordem jurídica em suas diferentes formas. Nisso, normas e instituições, são, por assim dizer, seu material-base. Mas ela também tem de ocupar-se com a criação e aplicação de normas, assim como com o manejo do "aparato-jurídico" pelo "quadro jurídico". Do mesmo modo, ela

---

* Este artigo encontra-se publicado no Staatslexikon, Bd. 4., 7. Aufl., Freiburg – Basel – Wien: Verlag Herder, 1988. Spalte 751 ff. Título no original: Rechtswissenschaft.

DIREITO NATURAL – DIREITO POSITIVO – DIREITO DISCURSIVO

interessa-se pelo lado interno do direito, ou seja, por opiniões sobre o direito e colocações para com o direito, por sentimentos jurídicos e consciência jurídica. Objeto da ciência do direito é, portanto, "a estrutura da ordem toda de preceitos jurídicos, instalações jurídicas, fatos jurídicos, idéias jurídicas e vivências jurídicas" (Erik Wolf).

Nisso tudo, a ciência do direito está obrigada a valores fundamentais ético--jurídicos e, no ponto mais alto, à ideia diretriz da justiça, que ela deve trazer à visão e fazer valer. Se ela quisesse dedicar-se a um mero formalismo ou funcionalismo em forma de uma tecnologia social, ela iria malograr a sua tarefa como "ciência da justiça" (E. Fuchs), com isso, também o objetivo, de sua parte, servir à pessoa, à medida que direito, necessariamente, faz parte da "conditio humana".[1] Ela se converteria em "ciência do direito sem direito" (L. Nelson).

III. Tarefas e áreas

A ciência do direito é, tradicionalmente, estruturada em disciplinas particulares. A parte nuclear, forma a *dogmática jurídica* como doutrina do direito vigente. Seu objeto é a "lex lata";[2] ela tem de, por interpretação, mostrar sentido e conexão de fundamentação dos preceitos jurídicos e institutos jurídicos particulares, reduzi-los a ideias jurídicas apoiadoras e trazê-los em um sistema afinado. Nisso, ela tem de, de modo particular, analisar a aplicação de norma e acompanhar criticamente. Frequentemente, ela é concebida como ciência do direito em sentido verdadeiro ou restrito. Uma disciplina dogmático-jurídica é também a *comparação de direito*, à medida que nela trata-se do conhecimento vigente em outra parte, mas também porque resultados comparativos podem ser invocados para o entender e, dado o caso, para o aperfeiçoamento do próprio direito.

Ciência do direito, contudo, não se esgota, de modo algum, em dogmática jurídica. Ao contrário, ela também abrange aquelas disciplinas que se ocupam com os fundamentos, filosóficos, sociais e históricos, do direito. Nesse sentido, é habitual realçar três *disciplinas-base* ou matérias fundamentais: *filosofia do direito, sociologia do direito e história do direito*. Elas têm, certamente, no todo da ciências, um status duplo, porque elas fazem parte também da filosofia, sociologia e ciência da história. De modo igual deveria ser agrupada a *teologia do direito* que, certamente, não apresenta uma disciplina estabelecida, porém, tem, no fundo, como objeto a questão importante sobre os fundamentos teológicos do direito, do direito eclesiástico particularmente. A nova disciplina da *informática do direito*, como doutrina da assimilação, explorada com os meios auxiliares técnicos, de informações a serviço do direito, se terá de, com a doutrina do método, o mais facilmente, associar às matérias fundamentais. Pode considerar-se como

---

[1] Nota do revisor: "condição humana."

[2] Nota do revisor: "lei promulgada."

pertencente à sociologia do direito a, até agora reconhecível somente em inícios, "sociologia da jurisprudência".

Em uma relação próxima para com o direito está uma série de *ciências vizinhas ou complementares, assim a criminologia, a ciência da efetivação da pena, a medicina jurídica,* a *ciência política,* não por último, a *ciência econômica* com seus ramos particulares. Uma posição especial ocupa a *política jurídica.* Como doutrina, sistematicamente desenvolvida, do aperfeiçoamento e melhoramento do direito, que faz discussões "de lege ferenda",[3] ela é alimentada de todos os âmbitos da ciência do direito e das ciências complementares.

Todas as outras divisões são subordinadas à estrutura esboçada. Isso vale, nominalmente, para a divisão, tornada habitual em grande medida hoje, nas quatro "matérias nucleares" – assim o § 5ª, alínea 2, da lei dos juízes alemã – *direito civil, direito penal, direito público* e *direito procedimental* que, por sua vez, novamente mostram subdivisões, mas também para outras áreas, que vão além do quadro de referência estatal, como direito internacional público, direito europeu ou direito eclesiástico. Tais distinções e as outras ramificações chamam a atenção sobre a multiplicidade e diferenciabilidade do campo de tarefas científico-jurídico, no qual, sem dúvida, as matérias clássicas de uma espécie "iurisprudentia perennis"[4] afirmam seu lugar, mas também onde se forma novo, pense-se em direito social, direito dos meios de comunicação, direito ambiental, também em direito cósmico. Tanto mais se trata disto, contra a tendência de desdobramento e especialização sempre mais além, desenvolver contrapesos e – como a unidade do ordenamento jurídico respectivo como tal –, sob a pretensão do ajuste de objetivos dirigente e com auxílio de métodos comuns, salvaguardar a unidade científica na multiplicidade das disciplinas particulares e, em ordem sistemática, trazer à apresentação.

IV. Cultivo da ciência – instituições da ciência do direito

Titulares da investigação e doutrina na área da ciência do direito são as faculdades jurídicas ou âmbitos técnicos nas universidades com suas cátedras e institutos ou seminários. Na república federal da Alemanha, existem somente ainda em Bonn e em Saarbrücken faculdades científico-jurídicas e científico-estatais ou científico-econômicas, como corresponde a um desenvolvimento surgido no século 19. Sobre fundamento científico realiza-se doutrina jurídica também em algumas escolas superiores técnicas. Somente à investigação são dedicados os institutos jurídicos da "sociedade-Max-Plank": para direito público estrangeiro e direito internacional público (Heidelberg), para direito privado estrangeiro e internacional (Hamburg), para direito penal estrangeiro e internacional (Freiburg), para história do direito europeia (Frankfurt), para proteção jurídica industrial e comercial, direito autoral e de invenção (München), para direito social estrangeiro e internacional (München). Foros do cultivo da ciência são, ademais, as

---

[3] Nota do revisor: "da lei a se elaborar."

[4] Nota do revisor: "jurisprudência perene."

associações científicas numerosas (por exemplo, "congresso dos historiadores do direito alemão", "associação dos professores de direito do estado alemães"), às quais pertencem sábios da república federal da Alemanha, da Suíça e da Áustria, ou que são organizadas internacionalmente (assim, a "associação internacional para a filosofia do direito e social" com seções nacionais). A característica nacional, resultante da remetividade necessária de direito e estado, é, na ciência do direito, hoje tanto como antes, relativamente forte. Mas as matérias fundamentais, as disciplinas jurídico-internacionais e, não por último, a comparação de direito, tornada aclimatada também na dogmática jurídica clássica, abre um campo da comunicação científica por cima dos limites do estado e do sistema. Nisso, confirma-se, sempre ainda, elementos do idioma jurídico latino e do direito romano como uma espécie de "koine"[5] jurídico ou esperanto.

A ciência do direito divide com outras ciências, no que concerne a publicações, as formas científicas habituais: manual e compêndio, monografia, anuário, revista, escrito comemorativo. Um papel especial desempenha o comentário (para leis) e a discussão (resenha) de decisões judiciais. Uma forma de trabalho característica, historicamente velha, é o parecer que é prestado no quadro de um processo um outro procedimento.

Na república federal da Alemanha, semelhantemente também na Áustria e na Suíça, a formação-(fundamental) realiza-se nas faculdades jurídicas. Prescindindo de controles de prestação que acompanham os estudos (exame intermediário), de formas especiais eventuais para juristas estrangeiros (graduação para o "magister legum"[6]), assim como de doutorado e habilitação, o sistema de exame, organizacionalmente, está na mão de secretarias de exame estatais (no quadro dos ministérios da justiça ou associadas a eles). Os professores de universidade, porém, tomam parte determinantemente na realização dos exames. Em contrapartida, ordenações de exame estatais prescrevem, em grande medida, a estrutura do curso dos estudos e da matéria do exame. Isso tem influência na forma concreta do cultivo da ciência nas faculdades, cuja liberdade de ensino e de investigação é limitada pela finalidade da formação da universidade.

V. Ciência do direito e prática jurídica

Se já o sistema de formação é, em determinado modo, um condomínio de cientistas e práticos, então existe, de fundamento do desenvolvimento histórico e da estrutura do ordenamento jurídico alemão, um plexo de relação estreito, sim, relação de interdependência de ciência e prática, entre os professores de direito e os juristas ativos (juiz, advogado do estado, advogado, notário) na administração da justiça (em sentido amplo). A cultura jurídica é uma cultura enformada cientificamente, apoiada por "profissionais" formados cientificamente, na qual a ciência confessa-se pela tarefa de dar auxílios de orientação e de decisão para a

---

[5] Nota do revisor: "comum."

[6] Nota do revisor: "mestre das leis."

prática, na qual, às avessas, a prática procura o conselho da ciência e trabalha com métodos científicos. Ciência acompanha prática criticamente; da prática, especialmente da jurisprudência judicial superior, chegam, sempre de novo, impulsos para a ciência, sim, resultam, muitas vezes, com certeza, dependências. "Os conteúdos do estudo consideram a prática jurisdicional, administrativa e assessoradora do direito" (§ 5a, alínea 3, da lei dos juízes alemã): essa declaração descreve um estado, contém, porém, simultaneamente, também um postulado. A ciência do direito como tal, sem dúvida, não é (mais) uma fonte jurídica. Mas as ideias jurídicas e proposições, por ela formuladas, podem, sobretudo, quando elas converteram-se em "doutrina dominante", obter significado para a formação de direito jurisprudencial e, com isso, converter-se em um elemento do direito vigente.

Em associações jurídicas gerais, como no congresso de juristas alemão, juristas universitários e "práticos" cooperam estreitamente. As universidades invocam, frequentemente, práticos como encarregados de curso ou chamam eles, às vezes, para cátedras. Também, às avessas, não existe incompatibilidade rigorosa. Professores de universidades podem, em cargo secundário, ser juízes nos tribunais da jurisdição ordinária, assim como da jurisdição administrativa e social. No processo penal (§ 138, do código de processo penal), podem os professores de direito nas escolas superiores alemãs ser escolhidos para defensor. Particularmente evidente é a parte de professores de universidade no número dos juízes do tribunal constitucional federal, ou seja, 6 de 16 (1988); trata-se, nisso, da atividade profissional única que é compatível com a atividade judicial no tribunal constitucional federal.

VI. Linhas fundamentais da história da ciência

Com a forma de apresentação de ciência do direito hoje, são compreendidos uma estrutura institucional e um complexo de tarefas e de ideias, que têm uma longa história atrás de si. Essa está, por sua vez, em uma relação de correspondência estreita para com a história da cultura e da ciência geral. Aclará-la com suas fases de desenvolvimento e suas formas de estilo alternantes é tarefa de uma "história da ciência do direito" específica (como designação de uma disciplina ou de um objeto de investigação particular, usual somente desde o início deste século[7]).

Se a filosofia do direito e do estado nasceu na Grécia, então a jurisprudência, em Roma. Em uma declaração "ufana" (Erik Wolf), ela foi lá designada como "conhecimento das coisas humanas e divinas", como "iusti atque iniuste scientia"[8] (D. 1, 1, 10), dedicada ao direito como a "ars boni et aequi"[9] (D. 1, 1, 1). Desatando-se do âmbito de competências dos sacerdotes e distinguindo-se da retórica, ela expressou-se em pareceres de peritos jurídicos e nos editos do pretor, posteriormente, na literatura jurídica, apoiada por personalidades de juristas

---

[7] Nota do revisor: século XX.

[8] Nota do revisor: "conhecimento do justo e do injusto."

[9] Nota do revisor: "arte do bem e da equidade."

importantes (como Labeo, Celsus, Julian, Papinian, Gaius, Paulus, Ulpian), do primitivo, alto e baixo clássico. O pensamento jurídico, sem dúvida, permaneceu fortemente influenciado pelo "caso" particular, mas se mostram cedo inícios, além da casuística, para a reflexão metódica, para a formação do conceito e da regra, assim como para a classificação. Profissionalização e criação de instituições proporcionadoras do saber ("escolas de direito") caracterizam o desenvolvimento geral ulterior. No quadro da codificação do direito romano pelo imperador *Justinian* (século 6.), foram especialmente os digestos que conservaram as prestações da jurisprudência romana para a posteridade.

Nos inícios do sistema universitário medieval pôde referir-se a isso. Iniciante com Irnerius em Bologna (em 1100), produziu-se um renascimento jurídico. Dedicou-se, com método escolástico e no espírito da continuidade política entre o império romano e medieval, à matéria, no "Corpus juris civilis"[10] já preparada até um certo grau, glosou-se a e comentou-se a. Iniciou-se a formar uma "jurisprudência técnica com pretensão científica" (Th. Mayer-Maly), desenvolveu-se "direito científico". A cultura jurídica, que se refinava mais e mais com auxílio de juristas universitários, era, porém, bipolar. Ao lado do cultivo do ius civile[11] (no sentido do direito romano, no fundo) colocou-se igualmente, desde o atuar de *Gratian* (meado do século 12.), o cultivo do "ius canonicum".[12] Ambos em conjunto representa o "ius utrumque",[13] que também se tornou determinante para tratamento e formação científica. "Ius civile et canonicum sunt adeo connexa ut unum sine altero vix intelligi possit",[14] assim diz uma sentença do século 14. Sobre essa base efetuou-se o processo de recepção, que não impôs à força alheio, mas procurou fazer valer o "direito comum" como o direito determinante para toda a Europa. Conforme isso, é hoje visto um elemento essencial decisivo da recepção na "supercientização" (F. Wieacker).

No desenvolvimento ulterior obteve, inicialmente, o humanismo influência importante. Ele levou, perante a preparação de textos fundados em autoridade para a prática, a uma preferência, relativizadora das vinculações à autoridade, de trabalho histórico-filológico, também crítico-textual, portanto, "acadêmico" mais forte. A etiqueta "mos gallicus"[15] (em oposição a mos italicus"[16]) chama a atenção sobre isto, que foram especialmente juristas franceses (escola de Bouges) que cultivaram esse estilo. Também juristas alemães, como especialmente *Ulrich Zasius*, foram enformados por ele. Mais tarde surgiu, com o chamado "usus mo-

---

[10] Nota do revisor: "Codificação do direito romano."

[11] Nota do revisor: "direito civil."

[12] Nota do revisor: "direito canônico."

[13] Nota do revisor: "e é direito?"

[14] Nota do revisor: "Direito civil e canônico estão em tal grau conexos que um sem o outro com dificuldade pode ser percebido."

[15] Nota do revisor: "costume gaulês."

[16] Nota do revisor: "costume itálico."

dernus pandectarum",[17] no plano, outra vez, uma forte tendência, dirigida à aplicação prática, do tratamento científico (representativo *Samuel Stryk*, 1640-1710). Nisso, refletem-se também claramente as exigências que, no correr da ampliação do estado territorial moderno, foram feitas à jurisprudência e aos juristas, como funcionários determinantes.

Um umbral de época significam, sem prejuízo de todos os elementos da continuidade, o surgir e a dominância progressiva do direito racional como cunhagem de uma doutrina-direito-natural, concebida completamente do conceito da "ratio"[18] como elemento essencial da natureza humana. Na Alemanha, tornaram-se, depois dos inícios em *H. Grotius* e *Johannes Althusius*, representantes desse pensar, especialmente, *S. v. Pufendorf, Chr. Thomasius* e *Christian Wolff*. Ele soltou-se, no sentido de uma secularização, de conexões de fundamentação teológicas e vinculações eclesiásticas e proporcionou, assim, também, à jurisprudência autonomia. Ele dirigiu-se criticamente contra transmitido historicamente e levou-o diante do "tribunal da razão". Pensar jurídico-racionalmente considera *a* pessoa, nãos *as* pessoas (G. Dahm), em conformidade, *o* estado, não *os* estados. Com isso, entrou, não não influenciado por *René Descartes* e *G. W. Leibniz*, reflexão metodológica intensificada, sobretudo, porém, pensar jurídico-racional expressou-se em projetos-de sistema científicos grandes que, para a cientificidade da jurisprudência, tornaram-se determinantes. A aliança com o despotismo esclarecido levou, além disso, a medidas reformadoras de direito numerosas e, finalmente, a codificações sistematicamente fundadas, grandes. Ciência do direito tornou-se imediatamente prática.

Na mudança do século 18. para o século 19. fez valer, como movimento contrário, a escola de direito histórica, em seu ramo romanístico (*F. C. v. Savigny*) e seu germanístico (*Karl Friedrich Eichhorn, Jakob Grimm*), perante o racionalismo da ara jurídico-racional, outra vez, pensar histórico; ela reconheceu o logos do direito não em sua racionalidade, mas em sua historicidade sem, nisso, todavia, resultar em um relativismo histórico. Simultaneamente, ela tentou, acolhendo impulsos de *I. Kant*, posteriormente, em parte, também de *G. W. F. Hegel*, determinar, de novo, o caráter da jurisprudência como ciência, com ponderação correspondente de método e sistema sob uma ideia dirigente, e intensificar a sua autonomia perante a prática. Ela desembocou, certamente, em um modo de pensar e de trabalho que apartou, em grande medida, o direito de seu contexto político--social e fixou completamente sobre a autarquia específico-técnica de "conceito", "construção" e "sistema". "Jurisprudência dos conceitos" ou "positivismo jurídico e formalismo científico" servem, para isso, como caracterizações gerais. *Georg Friedrich Puchta* e o *R. v. Ihering* inicial valem como representantes desse modo de visão, que predominou na ciência das pandectas, mas, por exemplo, alastrou-se também para o direito público (direito do estado).

---

[17] Nota do revisor: "uso moderno das pandectas."

[18] Nota do revisor: "razão."

DIREITO NATURAL – DIREITO POSITIVO – DIREITO DISCURSIVO

Fazem parte das forças contrárias, que se formaram contra, outra vez, no final do século 19. e no início do 20., a jurisprudência dos interesses, o movimento do direito livre e os inícios de uma sociologia do direito científica (*Max Weber*), que objetivamente é parente de uma tendência, que sobressai, sobretudo, fora da Alemanha (na Escandinávia, na Inglaterra e nos Estados Unidos), de um "legal realism".[19] Uma figura-chave na disputa com positivismo e formalismo é *O. v. Gierke*. Também a renovação iniciante da filosofia do direito (neokantismo, neo--hegelianismo, fenomenologia), assim como o surgir de uma orientação científico-espiritual pronunciada na jurisprudência contribuíram para isto, de soltar a ciência do direito do encanto de uma concepção prevalecente, em que, certamente, nos ramos particulares, ocorreram, cada vez, desenvolvimentos específicos. Em contrapartida, há falta de um consenso em questões fundamentais decisivas; o litígio de método e de direção na doutrina do direito do estado alemão do tempo de Weimar é, para isso, exemplar (*H. Kelsen, C. Schmitt, R. Smend*). Assim, não pôde ser esperado que a ciência do direito na Alemanha fosse formar um baluarte contra o nacional-socialismo com seu postulado "ciência nacional"; antes, ela mostrou-se suscetível para uma entrada em serviço e instrumentalização ideológica, pelo qual ela alienou-se progressivamente do padrão da cultura científica no mundo ocidental. Pela emigração de cientistas judeus, ela perdeu, além disso, sábios importantes e também forças de renovo prometedoras. Porém, isso não exclui, em seus pormenores, de modo nenhum, prestações científicas importantes.

A renovação da ciência do direito depois de 1945 efetivou-se, particularmente, por motivo da disputa com relativismo e positivismo, que se fez corresponsáveis pelo descalabro do domínio-nacional-socialista e pelo falhar da ciência do direito. Sem dúvida, a "volta eterna do direito natural" (H. Rommen) não pôde impedir a "volta eterna do positivismo", mas no fenômeno da chamada jurisprudência de valoração que, beneficiada por um ordenamento constitucional orientado por valores, funda no reconhecimento de princípios fundamentais ético-jurídicos não arbitrários, mostrou-se realmente um início construtivo para uma ciência do direito do outro lado da alternativa, estéril nesta forma, "direito natural ou positivismo jurídico". Impulsos novos fortes partiram, então, nominalmente da reanimação da tópica (*Theodor Viehweg*) e do desenvolvimento da filosofia hermenêutica (*Hans Georg Gadamer*). Naturalmente, também a disputa, surgida desde o meio dos anos 60, sobre marxismo, filosofia analítica, racionalismo crítico e teoria do sistema não deixou a ciência do direito intata. Isso deu impulso ao tratamento de questões da doutrina do método e da argumentação e também da teoria da ciência e provocou múltiplas tentativas de refletir, de novo, fundamento e limite da dogmática jurídica, a relação entre teoria e prática, assim como de "decisão jurídica e conhecimento científico" (W. Krawietz). Ciência do direito de hoje está convencida de sua necessidade e indispensabilidade para a prática da coletividade pública em um mundo supercientizado, na consciência de sua duvidosidade e exposição a perigos, porém, muito afastada de segurança de si e uniformidade.

---

[19] Nota do revisor: "realismo legal."

VII. Para a determinação do lugar
sistemático-científico e teórico-científico

Que ciência do direito, em oposto de "sciences" e "humanities" (método III),[20] de ciências da natureza e ciências do espírito faz parte das últimas, é evidente; o direito é uma produção do espírito humano e não dado naturalmente, também quando ele, como uma ordenação de dever, está remetido a uma base natural-relativa ao ser. Com a mesma consideração fundamental pode associar-se a ciência do direito também às ciências da cultura e, nisso, acentuar, particularmente, que o direito do mesmo modo é um produto da cultura como, da sua parte, um fator coenformador da cultura. Isso tenta, ultimamente, por exemplo, o início científico-cultural, propagado por *Peter Häberle*, fazer valer na jurisprudência.

À medida que, no direito, centralmente, trata-se da existência social da pessoa e sua classificação em instituições e processos sociais, nada está no caminho, de conceber a ciência do direito como uma ciência social, sob o pressuposto, certamente, que não se estreite não conforme o objeto esse conceito ou até se – com o objetivo do "desmascaramento" ou "o tornar inseguro" – o oponha à ciência do direito. A ciência do direito, particularmente, a dogmática jurídica, conserva, apesar de todas as conexões no contexto das outras ciências sociais, sua peculiaridade. Esse próprio expressa-se, particularmente, nas qualificações seguintes:

(1) a ciência do direito é ciência social *prática*, uma vez que ela é relacionada à pessoa como ser ativo na sociedade e contribui para isto, proporcionar à pessoa orientação na atuação (social). Ela apresenta uma ciência prática, porém, também, no sentido que ela é relacionada à aplicação com vista às funções do direito, portanto, não se pode contentar com "teoria";

(2) a ciência do direito é ciência-(entender) *hermenêutica*. Uma tarefa essencial consiste na interpretação de textos-norma dados ou então, em todo o caso, de declarações normativas formuláveis relativamente à proposição. Ela procede, porém, hermeneuticamente também à medida que ela interpreta realidade social concreta; porque ao lado da hermenêutica-texto coloca-se a hermenêutica-estado de coisas ou hermenêutica-caso, e primeiro nisto, que "norma" e "caso" são trazidos em correspondência, consuma-se, na aplicação do direito, o processo hermenêutico;

(3) ciência do direito é, finalmente, ciência *decisivo-normativa* ("ciência da decisão"). Seu material são normas vinculativas, fundadas em autoridade dadas, em cuja preparação e continuação de desenvolvimento ela, certamente, em nossa cultura jurídica supercientizada, mesma toma parte determinantemente. Normas são, com vista à sua validez, mais que fatos encontráveis empiricamente, elas também não são meros fatores ou pontos de vista, que deveriam ser considerados na discussão do problema argumentativa. Com isso, está o direito, e com ele a ciência

---

[20] Nota do revisor: essa remissão é a um outro verbete, que foi traduzido e se encontra impresso in: *Estudos Jurídicos*, São Leopoldo, v. 32, n. 84, p. 5-22, jan./abr. 1999. Tradução: Luís Afonso Heck. Título original: Methode.

do direito, em uma relacionalidade-valor, em princípio, inevitável, uma vez que na base das normas estão valorações, isto é, convicções do bom (juridicamente) ou correto. Normalizar abstrato-geralmente, aplicar direito concreto-individualmente e, tanto mais, decidir judicial – e ciência do direito prepara sobre isso – significa, no núcleo, "avaliar" no sentido de qualificar quanto ao conteúdo e determinar de preferências. Trata-se, portanto, não somente do conhecimento e ordem sistemática de normas, mas também de determinação de sentido concreta ou decisão na determinação ou aplicação de uma norma. Sem dúvida, a ciência como tal nada decide, para isso falta a ela, na coletividade democrática, a competência jurídica e legitimação política. Mas a preparação científica do material jurídico e também a formação científica dos juristas são, em medida forte, ordenadas em direção ao caráter de decisão do direito como uma ordenação de dever vinculativa.

Do relacionamento com o valor e da relatividade da sentença de valor do direito e sua dependência de fixações, são, sempre de novo, deduzidas objeções contra a cientificidade da ciência do direito, sim, é negado a ela o caráter científico. Isso seria, porém, somente então, convincente, se se quisesse afirmar o conceito de ciência não historicamente e também filosoficamente não conforme o objeto sobre o programa das ciências da natureza ou de um cientificismo formal. Jurisprudência não se converte em não ciência pelo fato de ela ter a ver com um objeto no qual o valorar e decidir fazem parte da própria coisa. Em contrapartida, a relacionalidade do valor do direito e da ciência do direito significa tudo menos uma recusa ao postulado fundamental científico da racionalidade e, com isso, ao mandamento do proporcionamento argumentativo, metodicamente dirigido, de declarações normativas ou decisões. Essas têm de ser seguíveis e controláveis. Lógica jurídica e doutrina da argumentação, no fundo, a metodologia jurídica, têm de prestar, aqui, um serviço importante.

Entende-se assim a jurisprudência, sem prejuízo de sua peculiaridade, como um membro na "família" das ciências sociais, então se pode entender a exigência, às vezes, feita, de uma "jurisprudência informada científico-socialmente" (A. Rinken) somente no sentido que ela não se isola perante outras ciências sociais, mas, no esforçar comum pela compreensão da realidade plena, inteira-se de seus conhecimentos e resultados e, à medida que isso tem importância para a sua tarefa normativa, assimila. Pode, certamente, em outra direção de empuxo, exigir-se que as ciências sociais vizinhas mostrem-se, por sua vez, informadas científico-juridicamente.

Em atenção ao seu objeto e sua tarefa, está a ciência do direito necessariamente em relação com o sistema político, no qual ela tem o seu lugar. Ela tem, para isso, por sua parte, co-responsabilidade pública ao lado dos titulares das competências para decisão políticas. Por conseguinte, ela afeta, em modo particular, a norma da lei fundamental: "A liberdade do ensino não desata da lealdade à constituição" (artigo 5, alínea 3, proposição 2). Em contrapartida, a ciência do direito não absorve em sua relação com o sistema político. Disputa crítica, conduzida em objetividade, com a constituição e sua interpretação pelos tribunais, tanto mais com o ordenamento jurídico legal-ordinário e seu manejo pela justiça e administração faz parte do seu pedido. Sua liberdade e neutralidade político-(partidária) é, justamente, a função política que ela possui na estrutura total das potências sociais e estatais na coletividade pública. Rigorosamente a isso diz respeito também o etos, exigido e esperado, do professor de ciência do direito. É o etos da responsabilidade pública, cumprida em liberdade e independência, que se orienta, quanto ao conteúdo, pelos bens jurídicos elementares da constituição e pelo objetivo extremo da justiça.

Literatura

Dicionários especializados:
Handlexikon zur R. Hg. A. Görlitz. 2 Bde. Reinbek 1974. – Ergänzbares Lexikon des Rechts. Hg. A. *Reifferscheid*, E. *Böckel*, F. *Benseler*. 4 Ordner. Neuwied 1976 ff. [Losebl.-Ausg.]. – Münchener Rechts-Lexikon. Rd. H. *Tilch*. 3 Bde. München 1987.

Introduções ao direito, à ciência do direito e ao seu estudo:
G. *Radbruch*, Einführung in die R. Leipzig 1910, [7-8]1929, neubearb. v. K. Zweigert; auch in: Ders., GA Hg. A. Kaufmann, Bd. 1: Rechtsphilosophie I. Heidelberg 1987. – G. *Dahm*, Dt. Recht. Stuttgart 1951, [2]1963. – R. *Wiethölter*, R. Frankfurt/M. 1968. – H. M. *Pawlowski*, Das Studium der R. Tübingen 1969. – Th. *Mayer-Maly*, R. Darmstadt 1972, München [3]1985. – R. *Dubischar*, Vorstudium zur R. Stuttgart [2]1974. – K. *Engisch*, Einf. in das juristische Denken. Stuttgart [7]1977. – A. *Rinken*, Einf. in das juristische Studium. München 1977. – R. *Zippelius*, Einf. in das Recht. München [2]1978. – Jurisprudenz. Die Rechtsdisziplinen in Einzeldarstellungen. Hg. R. *Weber-Fas*. Stuttgart 1978. – M. *Rehbinder*, Einf. in die R. Berlin [5]1983. – J. *Baumann*, Einf. in die R. München [7]1984. – U. *Wesel*, Juristische Weltkunde. Eine Einf. in das Recht. Frankfurt/M. 1984. – Einf. in das Recht. Hg. D. *Grimm*. Heidelberg 1985.

Relação da ciência do direito com outras ciências:
R. und Nachbarwissenschaften. Gh. D. *Grimm*. 2 Bde. München 1976.

Sociologia da ciência do direito:
E. *Klausa*, Dt. und amerikanische Rechtslehrer. Wege zu einer Soziologie der Jurisprudenz. Baden-Baden 1981.

História da ciência:
Geschichte der dt. R. Abt. 1 und 2; R. v. *Stintzing*, München 1880/85; Abt. 3, 1. und 2. Hdb. (Je mit Noten-Bd.): E. *Landsberg*, edb. 1898/1910; Neudr. Aalen 1957. – H. *Kantorowicz*, Die Epochen der R., in: Die Tat 6 (1914/15) 345 ff.; auch in: G. Radbruch, Vorschule der Rechtsphilosophie. Göttingen [3]1965, 63 ff. – D. *Grimm*, Die "Neue R." Über Funktion und Formation nationalsozialistischer Jurisprudenz, in: Ders., Recht und Staat der bürgerlichen Gesellschaft. Frankfurt/M. 1937, 373 ff. – Erik *Wolf*, Große Rechtsdenker der dt. Geistesgeschichte. Tübingen 1939, [4]1963. – P. *Koschaker*, Europa und das römische Recht, München 1947, [4]1966. – Erik *Wolf*, Quellenbuch zur Geschichte der dt. R. Frankfurt/M. 1950. – R. *Wieaker*, Privatrechtsgeschichte der Neuzeit. Göttingen 1952, [2]1967. – H. *Sinzheimer*, Jüdische Klassiker der dt. R. Frankfurt/M. 1953. – F. *Schulz*, Geschichte der römischen R. Weimar 1961. – W. *Trusen*, Anfänge des gelehrten Rechts in Deutschland. Weimar 1962. – H. *Peter*, Die juristische Fakultät und ihre Lehrfächer in historischer Sicht, in: Studium generale 16 (1963) 65 ff. – W. *Waldstein*, Über das Wesen der römischen R. , in: JBl 88 (1966) 5 ff. – Philosophie und R. Zum Problem ihrer Beziehung im 19. Jh. Hg. H. *Blühdorn*,

J. *Ritter*. Frankfurt/M. 1969. – G. *Otte*, Dialektik und Jurisprudenz. Frankfurt/M. 1971. – N. *Hammerstein*, Jus und Historie. Ein Beitrag zur Geschichte des historischen Denkens an dt. Universitäten im späten 17. und 18. Jh. Göttingen 1972. – Hdb. der Quellen und Literatur der neueren europäischen Privatrechtsgeschichte. Hg. H. *Going*. Bd. 1. München 1973, 37 ff.; Bd. 2, 1. Tlbd. München 1977. – G. *Kleinheyer*, J. *Schröder*, Dt. Juristen aus fünf Jahrhunderten. Eine biograph. Einf. in die Geschichte der R. Heidelberg 1976, [2]1983. – H. U. *Stühler*, Die Diskussion um die Erneuerung der R. von 1780-1815. Berlin 1978. – J. *Schröder*, Wissenschaftstheorie und Lehre der "praktischen Jurisprudenz" auf dt. Universitäten an der Wende zum 19. Jh. Frankfurt/M 1979. – Erik *Wolf*, Studien zur Geschichte des Rechtsdenkens (=Ausgewählte Schr. Bd. 3). Frankfurt/M. 1982. – H. *Hattenhauer*, Die geistgeschichtlichen Grundlagen des dt. Rechts. Heidelberg [3]1983 (1. Aufl. und d.T: Zwischen Hierarchie und Demokratie. Karlsruhe 1971). – Ch. *Link*, R., in: Wissenschaften im Zeitalter der Aufklärung. Hg. R. Vierhaus. Göttingen 1985, 120 ff.

Doutrina do método jurídico (apresentação geral):
K. *Larenz*, Methodenlehre der R. Berlin 1960, [5]1983. – R. *Zippelius*, Einf. in die juristische Methodenlehre. München 1971, [3]1980. – W. *Fikentscher*, Methoden des Rechts in vergleichender Darstellung. 5 Bde. Tübingen 1975/77. – H. –M. *Pawlowski*, Methodenlehre für Juristen. Karlsruhe 1981. – *Ders.*, Einf. in die Juristische Methodenlehre. Heidelberg 1986.

Para a discussão sobre o caráter científico e a peculiaridade da ciência do direito:
J. H. v. *Kirchmann*, Die Wertlosigkeit der Jurisprudenz als Wissenschaft. Berlin 1848, Neudr. Darmstadt o. J. [1956]. – *Gnaeus Flavius* (=H. *Kantorowicz*), Der Kampf um die R. Mannheim 1908. – L. *Nelson*, Die R. ohne Recht. Leipzig 1917. – A. V. *Lundstedt*, Die Unwissenschaftlichkeit der R. Bde. 1/2, 1. Tlbd. Berlin 1932/36. – C. *Schmitt*, Über die drei Arten des rechtswissenschaftlichen Denkens. Hamburg 1934. – F. W. *Jerusalem*, Kritik der R. Frankfurt/M. 1948. – Erik *Wolf*, Fragwürdigkeit und Notwendigkeit der R. Freiburg i. Br. 1953, Neudr. Darmstadt 1965. – Th. *Viehweg*, Topik und Jurisprudenz. München 1953, [5]1974. – K. *Larenz*, Über die Unentbehrlichkeit der Jurisprudenz als Wissenschaft. Berlin 1966. – F. *Rittner*, Die R. als Teil der Sozialwissenschaften, in: Zur Einheit der Rechts- und Staatswissenschaften. Karlsruhe 1967, 97 ff. – C. –W. *Canaris*, Systemdenken und Systembegriff in der Jurisprudenz. Berlin 1969. – O. *Ballweg*, R. und Jurisprudenz als Wissenschaft, in: Rechtstheorie 2 (1971) 37 ff.; auch in: Ders., Recht – Moral – Ideologie. Studien zur Rechtstheorie. Frankfurt/M. 1981, 48 ff. – *Ders.*, Zur Theoriebildung in der Jurisprudenz, in: Recht und Gesellschaft. FS H. Schelsky. Berlin 1978, 103 ff. ; auch in: Ders., Recht – Moral – Ideologie. Frankfurt/M. 1981, 70 ff. – W. *Krawietz*, Juristische Entscheidung und wissenschaftliche Erkenntnis. Berlin 1978. – A. *Aarnio*. Denkweisen der R. Wien 1979. – M. *Herberger*, D. *Simon*, Wissenschaftstheorie für Juristen. Frankfurt/M. 1980. – M. *Herberger*, Dogmatik. Zur Geschichte von Begriff und Methode in Medizin und Jurisprudenz. Frankfurt/M. 1981. – P. *Häberle*, Verfassungslehre als Kulturwissenschaft. Berlin 1982. – F. *Bydlinski*, Juristische Methodenlehre und Rechtsbegriff. Wien 1982. – F. *Müller*, Strukturierende Rechtslehre. Berlin 1984. – U. *Neumann*, Wissenschaftstheorie der R., in: Einf. in Rechtsphilosophie und Rechtstheorie der Gegenwart. Hg. A. Kaufmann, W. Hassemer. Heidelberg [4]1985, 345 ff. – A. *Kaufmann*, Über die Wissenschaftlichkeit der R., in: ARSP 72 (1986) 425 ff. – K. *Adomeit*, Jurisprudenz und Wissenschaftstheorie, in: Ders., Normlogik – Methodenlehre – Rechtspolitologie. Berlin 1986, 15 ff. – Th. *Mayer-Maly*, Über die der R. und der richterlichen Rechtsfortbildung gezogenen Grenzen, in: JZ 41 (1986) 557 ff. – W. *Henke*, Alte Jurisprudenz und neue Wissenschaft, in: JZ 42 (1987) 685 ff. – K. *Obermayer*, R. als Geisteswissenschaft, in: ebd., 691 ff. – U. H. *Schneider*, Zur Verantwortung der R., in: ebd. 696 ff.

— 2 —

Direito natural e direito positivo.
Uma investigação de sua relação recíproca*

Hans Kelsen

Tradutor: Waldir Alves

I.

Para a doutrina do direito natural tem importância decisiva em qual relação se tem de idear o direito natural para com o direito positivo. Quando essa relação, no que segue, é investigada, então deve, nisso, o direito natural ser pressuposto como um sistema de normas que – ao contrário daquelas do direito positivo – não são "fixadas" "artificialmente", por ato humano, mas dadas "naturalmente", porque elas resultam da natureza, de deus, da razão ou de um princípio objetivo semelhante. São normas que não valem como aquelas do direito positivo, porque elas são fixadas por uma autoridade humana determinada, mas porque elas, segundo seu conteúdo interior, são boas, corretas ou justas. A diferença entre direito natural e direito positivo é, assim, uma diferença do fundamento de validez ou – o que é o mesmo – do princípio de validez que, no caso do direito natural, é um material, no caso do direito positivo, um formal.

Como direito natural e direito positivo são sistemas de normas deve, inicialmente, ser respondida a questão, em qual relação, no fundo, dois sistemas de normas podem estar para com o outro. Nesse sentido tem de, contudo – uma vez que nisso iria tratar-se de exposições bem amplas –, ser chamada a atenção sobre outras investigações que o autor fez sobre este problema fundamental teórico-normativo. (Das Problem der Souveränität und die Theorie des Völkerrechts, 2. Aufl., 1928; Allgemeine Staatslehre, 1925.) Somente seus resultados essenciais podem aqui ser empregados.

São direito natural e direito positivo, no fundo, dois sistemas de normas distintos? Isso poderia parecer duvidoso com consideração ao fato que ambas as ordens notoriamente dizem respeito ao mesmo objeto, que o objeto da regulação nas normas de ambos os sistemas é o mesmo: a conduta recíproca das pessoas.

---

* Este artigo encontra-se publicado na Internationale Zeitschrift für Theorie des Rechts. Jahrg. II, Brünn: Rudolf M. Rohrer, 1927-1928, S. 71 ff. Título no original: Naturrecht und positives Recht. Eine Untersuchung ihres gegenseitigen Verhältnisses.

Todavia, é o modo, no qual direito natural e direito positivo, precisamente, regulam esse seu objeto, essencialmente diferente. Uma ordem o faz, ao ela fixar como devida a – socialmente desejada – conduta sob determinadas condições, a outra, ao ela estatuir para o oposto contraditório dessa conduta um ato de coerção contra aquele que assim se comporta, portanto, apresenta-se, à diferença da primeira, como ordem de coerção. Contudo, a essa diferença, em si, talvez, ainda não caberia o significado, que normas de tipo tão distinto têm de formar dois sistemas distintos, se essa diferença não iria remontar à diversidade das fontes de ambos os complexos de normas, à diversidade do fundamento de validez, determinante para ambos. Pois é a unidade e particularidade do fundamento de validez supremo pelo que a unidade e particularidade de um sistema de normas é constituído. Normas distintas formam uma ordem, isto é, fazem parte de um e mesmo sistema de normas, quando elas todas, por fim, têm de ser reconduzidas a um e mesmo fundamento de validez, quando elas – como se expressa figurativamente – fluem de uma e mesma "fonte" ou – falado num modo de falar antropomórfico muito em voga – quando o fundamento de sua validez é uma e mesma "vontade", que, precisamente por isso, vale como "autoridade". Porém, esta última forma já tem um impacto fortemente positivista – ela parte da ideia, que as normas são fixadas por uma vontade humana – e ela deve, por isso, ser empregada no sistema do direito natural – por exemplo, na teoria que esse é criado pela vontade de deus –, somente com cuidado e na consciência do caráter meramente analógico, se, de outra forma, com isso, não já se quer consentir, de repente, em uma falsificação ou atenuação da ideia pura do direito natural. Têm de duas normas, quando o "porquê" de sua validez é colocado em questão, ser reconduzidas a duas normas fundamentais distintas, independentes uma da outra, reciprocamente excludentes – e o fundamento da validez de uma norma pode somente, sempre de novo, ser uma norma, porque dever[1] somente pode ser derivado de um dever, não, porém, de um ser, e a última, extrema, aceita como válida, é, precisamente, a norma fundamental –, então isso significa que ambas não encontram lugar em um e mesmo sistema de normas, que elas pertencem a duas ordens distintas, individualizadas pela particularidade de ambas as normas fundamentais.

II.

Esse relacionamento com a unidade determinante, no qual as normas de um sistema correspondem à norma fundamental que o constitui, pode ser distinto. Segundo o modo no qual as normas de uma ordem são "derivadas" de sua norma fundamental, isto é: vão buscar sua validez – direta ou indiretamente – dessa norma fundamental, tem de distinguir-se o sistema estático do dinâmico. No primeiro, desenvolve-se a norma fundamental nas normas, que diferem quanto ao conteúdo, do seu sistema, assim como se dissolve um conceito geral nas ideias

---

[1] Nota do tradutor: o substantivo *Sollen* será, neste artigo, traduzido por *dever*, que abrange as três modalidades deônticas, ou seja, mandamento, proibição e permissão.

a serem sob ele subsumidas. Da norma fundamental da verdade ou veracidade resultam as normas: tu não deves fraudar, tu deves cumprir tua promessa, e assim por diante. Da norma fundamental do amor: tu não deves violar ninguém, tu deves ajudar o necessitado, e assim por diante. E dessas normas particulares, outra vez, ainda mais especiais, assim, por exemplo, que um comerciante não deve ocultar o defeito, dele conhecido, de sua mercadoria, que o comprador deve pagar o preço de compra prometido no tempo conversado, que não se deve molestar a honra de ninguém, que não se deve ocasionar danos corporais a ninguém, e assim por diante. Todas essas normas resultam da norma fundamental, sem que careça de um ato de fixação de norma, que cria elas primeiro – como de um ato de vontade humana –. Elas todas já estão contidas de antemão na norma fundamental e devem ser obtidas dela por uma mera operação das ideias. De outra forma, ao contrário, no sistema dinâmico. Um tal existe, quando a norma fundamental se limita a isto, autorizar uma vontade humana determinada para a fixação de normas. Por exemplo, a norma: obedeça aos pais. Dessa norma fundamental não deve, por mera operação das ideias, ser obtida nenhuma norma particular. Tem de realizar-se uma ordem, determinada quanto ao conteúdo, do pai ou da mãe, para a criança, por exemplo, que ela deve ir à escola, portanto, um ato de fixação da norma. Essa norma particular não "vale" porque o seu conteúdo cobre-se com o da norma fundamental, para a qual está em uma relação do particular para o geral; mas porque sua criação corresponde à regra manifestada na norma fundamental, porque ela foi fixada, precisamente, no modo que a norma fundamental prescreve. A autoridade, autorizada pela norma fundamental, pode, então, por sua vez, novamente, seja para o âmbito total de sua competência, seja somente para um âmbito parcial, delegar uma outra autoridade; assim, por exemplo, os pais para a área da educação das crianças, um professor; e essa delegação pode, novamente, ser continuada ou passada. A unidade do sistema dinâmico é a unidade de uma conexão de delegação.

Disso resulta que o direito natural, segundo sua ideia pura, quer ser um sistema de normas estático (se ele, como tal, também é possível com consideração às qualidades, intelectuais e voluntaristas insuficientes, da pessoa, permanece uma outra questão). Que o direito positivo, cuja norma fundamental, à diferença da do direito natural, consiste em nada diferente que na delegação de uma autoridade que fixa a norma, apresenta um sistema dinâmico, entende-se, segundo as exposições mais antigas, por si mesmo. A "positividade" consiste, decididamente, nesse princípio dinâmico. Toda a oposição entre direito natural e direito positivo deixa, em um certo sentido, apresentar-se como oposição entre um sistema de normas estático e um dinâmico. Na mesma medida que a teoria do direito natural deixa sua ordem "natural" desenvolver-se não segundo um princípio estático, mas segundo um dinâmico, que ela deixa penetrar e tem de deixar penetrar no direito natural o princípio da delegação, contanto que ela seja atenta à realização, à aplicação do direito natural às relações humanas fáticas, transforma-se o direito natural, de repente, de certo modo sob suas mãos, em um direito positivo.

III.

Devem dois complexos de normas ser reconduzidos a duas normas fundamentais distintas – em que essa diversidade, de modo nenhum, tem de ser uma geral, essencial, ao uma apresentar um princípio estático, a outra, um princípio dinâmico, mas também podem existir duas normas fundamentais distintas do mesmo tipo; por exemplo, o mandamento do amor ou o do bem-estar público, ou uma que delega o papa como representante de deus, e uma tal, o imperador ou alguma outra autoridade laica como extrema –, existem, portanto, dois sistemas de normas distintos, então pode, do ponto de vista de um conhecimento dirigido para a validez das normas, ser aceito como válido somente um de ambos esses dois sistemas de normas e não ambos simultaneamente.

Por causa da simplicidade, deve, aqui, ainda ser pressuposto que as normas de ambos os sistemas dizem respeito ao mesmo objeto, à conduta humana que ocorre no tempo e espaço, isto é, têm o mesmo âmbito de validez temporal, espacial e material, como isso realmente é o caso no direito natural e no direito positivo, de cuja relação aqui somente se trata. A prova para isso pode, com isso, aqui, não se realizar, que uma limitação do objeto da norma, isto é, do âmbito de validez da ordem em sentido temporal, espacial ou material, e, com isso, a possibilidade de dois sistemas de normas, relacionados a objetos distintos, somente é dada quando sobre a norma fundamental, que constitui o sistema de normas limitado em seu objeto, está uma norma superior, que levanta essa barreira, e assim, um sistema de normas superior; que a norma, pressuposta como norma fundamental, absolutamente nenhuma norma fundamental autêntica é, que o sistema por ela relativamente constituído, limitado em seu objeto, isto é, no seu âmbito de validez, assim somente pode ser uma ordem parcial, duas ordens, limitadas a objetos de normas distintos ou âmbitos de validez, por isso, são possíveis somente dentro de um e mesmo sistema total; e que, por isso, de modo algum existe o pressuposto de dois sistemas de normas distintos. São, porém, de fato, dois sistemas de normas distintos, em sua validez independentes um do outro porque se baseiam em duas normas fundamentais distintas, que dizem respeito ao mesmo objeto, isto é, têm o mesmo âmbito de validez: então não está excluída a possibilidade de uma contradição lógica insolúvel entre ambos. A norma de um sistema exige de uma determinada pessoa, que ela, sob uma determinada condição, em um determinado lugar, em um tempo determinado, comporte-se no modo a. A norma do outro sistema estatui, sob as mesmas condições, para as mesma pessoa, a conduta não-a. Isto é uma situação impossível para o conhecimento da norma. As sentenças "a deve" e "não-a deve" não podem tão pouco existir uma ao lado da outra como as sentenças "a é" e "não-a é". Pois a proposição da contradição vale como para o conhecimento da realidade do ser, do mesmo modo também para o da validez do dever. Que isso ainda sempre parece não evidente tem como causa que não se distingue suficientemente ser e dever. Entre ambas as sentenças "não-a deve" e "a é" não existe, exatamente, nenhuma contradição lógica. Elas são, sem mais, possíveis simultaneamente. Elas designam somente a situação de uma contradição fática entre o que é e o que deve ser; não, porém, uma contradição lógica. Somente quando os conteúdos a e não-a apresentam-se ambos na forma do dever ou ambos na forma do ser, eles excluem-se reciprocamente. A não observância dessas circunstâncias leva à objeção, sempre de novo alegada: que duas normas reciprocamente contraditórias e, por isso, dois sistemas de normas distintos, em sua validez e seu conteúdo um do outro independente, são possíveis um ao lado do outro, isso mostra a "realidade", já que em numerosos casos, por exemplo, moral e direito positivo ou os ordenamentos jurídicos de dois estados contradizem reciprocamente; mostra, portanto, o "fato" do "conflito de deveres". Somente a justificação, que essa objeção parece ter, desaparece assim que se mostra a equivocação da palavra "norma", "norma jurídica", "ordem jurídica" que confere a essa argumentação sua aparência enganadora. Essa palavra significa, exatamente, não só o "dever", a norma, o direito, a ordem, em sua validez específica, que é uma validez de dever; mas se designa com isso também o fato da ideia ou querer de uma norma, um ato psíquico, portanto, que, sem mais, está na esfera do ser. Somente ao se tomar a palavra "norma", em uma e mesma tese, numa vez neste, na outra vez naquele significado, pode enganar-se acerca da contradição lógica que, com isso, comete-se. É uma contradição afirmar que a norma a (como norma moral) e a norma não-a (como norma jurídica) valem simultaneamente, isto é: que simultaneamente a e não-a deve ser. A circunstância que se trata, uma vez, de uma norma jurídica, na outra vez, de uma norma moral não é idônea para excluir a contradição lógica, contanto que ambas sejam afirmadas como normas, portanto, na mesma esfera do dever, isto é, porém, no mesmo sistema do conhecimento. Não é nenhuma contradição afirmar que a norma jurídica a vale, embora existe o fato do ser que pessoas acreditam, ideiam-se, querem que não-a deve ser. Permanece realmente a validez do dever da norma jurídica a até disto intacta, que a pessoa, que no sentido dessa norma jurídica deve prestar a conduta a, manifesta, de fato, a conduta não-a. Menos ainda, quando ela tal somente acredita, ideia-se, quer (porque ela, de uma ideia moralista, assim é motivada). Que uma pessoa jurídico-positivamente é obrigada a seguir a ordem de mobilização do chefe de estado (isto é: que a norma jurídica referente a isso está na validez do dever, "vale") não contradiz logicamente, sem mais, o fato que essa pessoa, por fundamentos morais, considera-se obrigada ao contrário (isto é: ao fato do ser de uma ideia referente a isso ou de um querer que a contém). Pois, com isso, de modo nenhum é afirmada a validez de uma norma moral que contradiz a norma jurídica, não é à sentença, que fixa o conteúdo a como (jurídico-positivamente) devido, oposta uma sentença que afirma o conteúdo não-a como (moralmente) devido. Isso seria certamente um absurdo. Mas é oposta à primeira sentença do dever uma sentença do ser, em verdade, posta ao lado. Aquilo que ordinariamente se denomina "conflito de deveres" é um processo que, sem mais, não se passa na esfera do dever, não é a contradição de duas sentenças do dever, mas é a concorrência de dois motivos distintos, de dois impulsos de atuação psíquicos de direção distinta. Uma situação, portanto, que totalmente reside na esfera do ser. Uma pessoa torna-se consciente que dela,

DIREITO NATURAL – DIREITO POSITIVO – DIREITO DISCURSIVO

de dois lados distintos, simultaneamente, a e não-a é exigido. A sentença, que comprova tal tipo, não contém tão pouco uma contradição lógica como aquela que constata a influência de duas forças dirigidas opostamente sobre um corpo. Completamente de outra forma ambas as sentenças que – em nenhum modo dizem respeito a um ocorrer psíquico ou físico, portanto, em nenhum modo a um ser – declaram o dever de dois conteúdos reciprocamente contraditórios, a e não-a.

IV.

De fato, tal contradição também é evitada. Quando se comprova a contradição entre direito e moral, faz-se isso – olha-se mais de perto – de modo nenhum no sentido que se afirma ambas as ordens, simultaneamente, como válidas. Diz-se, ao contrário: que algo é ordenado do ponto de vista jurídico, embora pode ser proibido do moral, e às avessas; e supõe-se nisso – talvez sem disso bem claramente se dar conta – que se possa apreciar o tipo ou do ponto de vista jurídico ou do moral, que, porém quando se aprecia ele de um ponto de vista, o outro permanece excluído. Esse é o sentido da argumentação esteriotipada: isso pode, certamente, moralmente não ser correto; juridicamente, porém, isso vale assim e não de outra forma. Compreende-se para cada jurista por si mesmo que ele, como tal, isto é, quando vale reconhecer normas jurídicas, tem de abstrair da moral. E não viria à mente de nenhum moralista, deixar tocar a validez das normas reconhecidas do seu ponto de vista, de alguma maneira, por considerações jurídico-positivas. E entende-se, do mesmo modo, por si mesmo, que um juiz, na decisão de um caso, pode aplicar somente ou direito alemão ou francês, que nessa aplicação do direito, cujo sentido especificamente se dirige ao dever, à "validez" do direito, somente o direito francês ou alemão é considerado como válido, isto é, como vinculativo para o aplicador do direito. Dos casos, nos quais o direito positivo expressamente remete a normas morais, a moral, a regras jurídico-positivas, ou o direito alemão ordena a aplicação do francês, o francês, a aplicação do alemão, tem de, aqui, naturalmente, ser abstraído, uma vez que, no primeiro caso, a moral delegada converte-se em direito, no segundo, o direito delegado em moral, no terceiro, porém, o direito francês em alemão ou o alemão em francês. A ordem delegada está para com a delegante – assim como a norma, fixada segundo uma delegação, para com a norma que estabelece a autoridade fixadora da norma (o procedimento de fixação da norma) – na relação de sobreposição e sotoposição. Tal relação de subordinação, porém, presume, a unidade do sistema, é somente possível dentro de uma e mesma ordem total, que abrange a ordem superior como a inferior. Reconhecer um objeto e reconhecer ele como unidade significa o mesmo.

Que um sistema de normas somente sob a exclusão da validez de todos os outros sistemas de normas do mesmo âmbito de validez pode valer, que a unidade de um sistema de normas, simultaneamente, significa sua unicidade, é somente uma consequência do – como para todo conhecimento, assim também para o conhecimento do dever, para o conhecimento da norma determinante – princípio da unidade, cujo critério negativo é a impossibilidade da contradição lógica.

V.

Reconheceu-se, assim, direito natural e direito positivo como dois sistemas de normas distintos um do outro segundo seu fundamento de validez supremo, então não se pode tratar de uma relação entre eles no sentido que ambos, um ao lado do outro, são pressupostos como válidos. Pois uma "relação" é somente possível entre elementos de um e mesmo sistema. Pode somente ou o direito natural ou o direito positivo ser afirmado como sistema de normas válidas. Aqui, o direito positivo está para o direito natural não de outra forma como para a moral ou como o ordenamento jurídico estatal particular para o direito internacional público. Cada tentativa de produzir uma relação entre ambos os complexos de normas como duas ordens que estão em validez, uma ao lado da outra, termina nisto, deixar absorver uma – a inferior – na outra – como a superior; compreender o direito positivo como o direito natural ou o direito natural como o direito positivo. De tais tentativas, nas quais, em geral, sem que isso tivesse ficado consciente aos teóricos, impõe-se a tendência não oprimível do conhecimento segundo a unidade de seu objeto, há uma multiplicidade.

A visão na exclusividade, logicamente necessária, da validez de um sistema de normas leva a uma, para a apreciação da teoria do direito natural, consequência extremamente significativa: afirma-se, a saber, a validez de uma ordem "natural", então não pode, ao lado disso, simultaneamente, ser aceita uma positiva do mesmo âmbito de validez. Assim como do ponto de vista de um positivismo consequente, que deixa valer o ordenamento jurídico positivo como sistema de normas extremo, não dedutível mais além e, por isso, também não justificável por uma ordem superior, não pode ser consentido a validez de um direito natural, assim, do ponto de vista desse direito natural – contanto que ele apresente-se em conformidade com a sua ideia pura – para a validez de um direito positivo não tem espaço. Ao lado do direito natural um direito positivo é impossível logicamente. A possibilidade de uma contradição entre ambos é dada na mesma medida que o direito positivo pode ser injusto. Nessa possibilidade reside, certamente, justamente a necessidade de uma diferenciação perante o direito natural. De resto, resulta não só uma possibilidade, mas, com certeza, a necessidade de uma contradição do direito positivo para com o direito natural já disto, que este é um ordenamento de coerção, aquele, porém – segundo sua ideia pura –, não só não ordena nenhuma coerção, mas tem de interditar cada coerção de pessoa para pessoa. Um direito positivo é, ao lado do direito natural, não só, de um ponto de vista lógico-formal, impossível, ele é também, se os pressupostos são acertados, sob os quais somente pode ser aceita a validez de uma ordem "natural" – de um ponto de vista teleológico-material –, superficial. Pois, para que seria necessário um estatuto arbitrário-humano para regular uma relação de vida, quando essa já encontra sua regulação justa em uma ordem "natural", evidente para cada um e correspondente à boa vontade de cada um? E a ordenação de algum ato de coerção para a realização dessa ordem natural seria não só superficial, mas até prejudicial e, sem mais, idônea para criar justamente aquele mal, cujo impedimento e eliminação poderia formar a justificação exclusiva da coerção.

Do ponto de vista da ideia pura do direito natural tem de, em especial, também valer como excluída cada relação de delegação entre esse e o direito positivo. Já antes foi aludido que por tal delegação um sistema teria de absorver no outro e, por isso, cada tal construção termina nisto, deixar desaparecer um de ambos os sistemas em seu tipo essencial específico. Considera-se, especialmente, a tentativa, feita sempre de novo e em todas as variações possíveis, de fundamentar o direito positivo sobre uma delegação jurídico-natural (exemplo: a autoridade é implantada por deus), então se mostra que o ordenamento jurídico-natural não pode estatuir tal delegação, sem entrar em contradição para com o princípio fundamental de sua própria validez, sem – em verdade – mesmo se dissolver e ceder à ordem jurídico-positiva. Isso é um ponto cardinal da doutrina do direito natural histórica; a colocação, teoricamente correta, para ele forma um pressuposto fundamental para a compreensão da doutrina toda, assim como ela, por mais de dois mil anos, foi apresentada. Isso irá, por isso, ainda ocupar-nos minuciosamente. Aqui nós podemos contentar-nos em comprovar que uma delegação de direito positivo pelo direito natural pode significar nada mais que: no sistema do último é afirmada uma norma pela qual uma autoridade suprema é autorizada para a fixação do direito positivo, cujas normas não devem valer porque elas são justas segundo o seu conteúdo, mas porque elas são pela autoridade – estabelecida pelo direito natural – promulgadas. As normas desse direito natural, porém, valem – segundo sua essência – somente em virtude de seu conteúdo "justo" material. Que a norma de delegação não corresponde a essa ideia, compreende-se por si mesmo. Sua suposição apresenta a tentativa, logicamente impossível, de, com auxílio do princípio de validez jurídico-natural, fundamentar um que exclui esse: o jurídico-positivo. Em vista do fato que o direito positivo – segundo sua essência – não está sujeito a nenhuma barreira de validez, pelo menos, nenhuma material e temporal (a local do ordenamento jurídico estatal particular aqui, mais além, não entra em consideração), também a proposição do direito natural, que delega o direito positivo, não pode ser aceita com tal limitação. Pressupõe-se que ao lado dele ainda existem outras normas de direito natural, cumpridas quanto ao conteúdo, então significa uma delegação do direito positivo pelo direito natural: que isso autoriza o último a pôr-se em seu lugar. Isto é, de fato, o efeito, consciente ou inconscientemente aspirado, da teoria da delegação, por mais que essa também procura cobrir ele por todas as afirmações possíveis do contrário. De todas as normas do direito natural sobra somente aquela que delega o direito positivo (e que, na verdade, absolutamente, nenhuma norma jurídico-natural é). O – assim desnaturado – direito natural tem a oferecer nada mais que uma legitimação do direito positivo. A ideia do direito natural transformou-se em uma ideologia do direito positivo.

A tentativa de compreender o direito natural como "delegado" do direito positivo, não entra, nessa conexão, mais além em consideração, uma vez que ela apresenta a renúncia, notória e confessada, à suposição da validez de um ordenamento jurídico-natural independente.

VI.

Agora, contudo – assim se irá objetar –, a existência do direito positivo é um "fato" que se manifesta na "vida" dos estados e até, talvez, também na comunidade de estados. Acredita-se, portanto, também ter de aceitar um ordenamento jurídico "natural", então a "relação", negada até agora, entre ambos é notoriamente dada e sua determinação, uma tarefa incontestável da ciência do direito. Também essa objeção baseia-se somente na equivocação, já mostrada, da palavra "norma" e seus corolários. Da "existência" do direito, trata-se no sentido duplo de uma validez do dever das normas jurídicas e de uma eficácia – isto é, como função que se apresenta como causa e efeito – das normas jurídicas que contêm ideias, quereres das pessoas. Do ponto de vista de um ordenamento jurídico-natural, acolhido como vigente, significa a existência "fática" do direito positivo nada mais que o direito positivo entra em consideração não como sistema de normas que estão na validez de dever, mas, literalmente, somente como fato do ser. Assim como, por exemplo, para um anarquista, que nega a validez da norma fundamental hipotética do direito positivo – e o ponto de vista do anarquismo teórico é sempre, de alguma maneira, o de um direito natural, a teoria do direito natural puro, sempre anarquismo –, as relações jurídicas positivas, como as da propriedade, do contrato de serviços, e assim por diante, são nada mais que relações de poder puras, que apresentar em normas de dever significa uma mera "ficção", a tentativa de uma ideologia justificadora. Entre o direito natural e o fato do direito positivo (isto é, o direito positivo em sua faticidade e não em sua validez normativa) existe, assim, não a relação de dois sistemas de normas válidos, mas somente uma relação, como existe entre uma norma de dever e o ocorrer fático, associada a ela quanto ao conteúdo: a relação da correspondência. A conduta de uma pessoa pode corresponder à norma que diz respeito a isso, quando o conteúdo da conduta fática – ele é um conteúdo do ser – coincide com o da norma – um conteúdo de dever. E ela pode não corresponder à norma, contradizer ela, infringir a norma ou "violar" a norma, quando seu conteúdo está para o da norma em relação de oposição contraditória (portanto, de contradição lógica). Em que – sobre o qual nós já chamamos a atenção – deve ser observado que a contradição lógica entre o conteúdo da norma (do dever) e o conteúdo da conduta humana fática (do ser) não significa contradição lógica entre a norma (o dever) e a conduta humana fática (o ser).

Isto é somente o sentido, no qual pode ser falado de uma relação entre direito natural e direito positivo – do ponto de vista da suposição de um direito natural como um sistema de normas que estão na validez de dever –: se a conduta fática, exterior ou interior, das pessoas que fixam e efetivam, promulgam ou cumprem normas jurídicas positivas, se seus atos, psíquicos ou corporais que significam isso, correspondem ou contradizem as normas de uma ordem natural. E um direito positivo – tomado nessa sua mera faticidade – é, quando ele corresponde ao direito natural, no mesmo sentido "justo" como uma conduta fática – por exemplo, a execução de um assassino com base numa sentença com coisa julgada do tribunal competente – é "jurídica", contanto que ela corresponda ao direito positivo – aqui, porém, tomado em sua "normatividade". E, no mesmo sentido, como ele, porque corresponde ao direito natural, é um direito positivo "justo", é ele, porque contradiz o direito natural, um "injusto". Como o direito positivo, em relação para com o direito natural, no fundo, não tem nenhuma "validez", porque ele entra em consideração não como norma válida, mas somente como mero fato, pode, por isso, a questão, se uma norma do direito positivo, por causa de sua concordância ou sua contradição na relação para com o direito natural, é válida ou inválida, de modo algum, ser posta do ponto de vista da ideia pura, consequentemente desenvolvida, do direito natural.

VII.

Somente essa ideia pura do direito natural não é conservada pela doutrina do direito natural histórica. A realidade do direito natural, isto é, o direito natural, assim como ele é realmente apresentado pela denominada doutrina do direito natural por mais de dois mil anos, desvia-se bem essencialmente do seu protótipo aqui mostrado. E isso no assunto principal, porque a doutrina do direito natural quer entender o direito positivo, sem mais, não como mero fato, mas como um sistema de normas válidas, como um ordenamento jurídico que está em validez de dever ao lado do direito natural, entendido no mesmo sentido. Como a doutrina do direito natural geralmente procura afirmar um ponto de vista do qual seu direito natural e direito positivo estão dados como duas ordens, simultaneamente, válidas, ela tem de – direta ou indiretamente, consciente ou inconscientemente – constituir uma "relação" entre ambos, que pressupõe a unidade de um dos sistemas de normas abrangedor de ambos. No sobrepeso, que o direito positivo, agora, uma vez, aceito em validez, tem, tem de o direito natural – para poder entrar sofrivelmente na unidade de um sistema que contém o direito positivo – ajustar-se precisamente a esse direito positivo. O direito natural não pode – pelo menos, na particularidade de sua ideia que exclui, certamente, completamente o direito positivo – ser mantido. Todas as modificações variadas, que a ideia do direito natural experimenta nas doutrinas do direito natural distintas – modificações que levam a uma eliminação, mais ou menos coberta, do direito natural –, elas têm sua origem na postura fundamental que a teoria do direito natural assume para com o direito positivo e – de fundamentos que se situam fora do âmbito da teoria – tem de assumir.

É um fato, particularmente característico para a doutrina do direito natural de todos os povos e de todos os tempos, que ela luta com a maior ênfase contra a visão, que o direito positivo é, ao lado do direito natural, supérfluo ou até prejudicial. Tanto menos pode a ideia, que o direito positivo é, ao lado do direito natural, logicamente impossível, penetrar na consciência dessa teoria. Sem dúvida, certamente nunca faltou em vozes que, com vista à ordem "natural" de algum ideal social, estigmatizaram a ordem "dominante" como um estado da arbitrariedade, que somente será mantido pela força pura, superioridade dos mais fortes sobre os mais fracos; visões, portanto, que deixam aceitar o aparato de coerção do estado com seu direito positivo como mero fato do ser, não, porém, têm deixado valer como ordenação do dever; e que declararam cada ordenamento de coerção do estado, isto é, porém: cada direito positivo, ao lado da ordem natural de seu ideal, superficial e prejudicial. A postura que hoje o socialismo marxista assume perante o ordenamento estatal e jurídico moderno: ao ele recusar ele como uma relação de força pura da exploração e objetar a ele, como a realidade do ser, a ordem "natural" de um estado de sociedade anárquico como norma, como aquilo que deve ser, essa postura – é a típica colocação do anarquismo que nós reconhecemos como ideia do direito natural – assumiu em todo tempo alguma oposição contra da ordem existente. Não foi somente a teoria do direito natural histórica que se apresentou como titular de tal doutrina. Em nenhum representante, de alguma maneira notável, das direções científicas, reunidas sob o nome da teoria do direito natural, ela pode ser encontrada. Sim, de sua existência nós chegamos a saber, verdadeiramente, em geral, somente pela recusa que ela experimenta nas obras, para nós transmitidas, dos professores de direito natural condutores. Como particularmente característico e, para a postura da doutrina do direito natural, tanto da mais antiga como da mais nova, sem mais, típica, pode aqui ser citada uma passagem dos escritos, determinantes para a teoria do direito natural protestante clássica do século XVII e XVIII, de Philipp Melanchthon. Em sua obra "Ethicae Doctrinae Elementorum Libri Duo" (1569) escreve ele: "... Duae quaestiones sunt: Prior an necesse sit scriptas leges esse. Etsi autem multi imperiti homines stolide vociferantur, non opus esse scriptis legibus, sed ex naturali iudicio eorum, qui praesunt, res iudicandas esse, tamen sciendum est hanc barbaricam opinionem detestandam esse, et homines docendos esse, melius esse habere scriptas leges, et has reverenter tuendas et amandas esse."[2]

VIII.

O quanto essa barbarica et detestanda opinio[3] da superficialidade do direito positivo deu trabalho aos professores de direito natural, para isso ainda um testemunho do meado do século XVIII, do tempo do máximo esplendor da doutrina do direito natural. Em um, para a compreensão da teoria do direito natural, em muitos

---

[2] Nota do revisor: "... São duas questões: primeiro, se é necessário haver leis escritas. Embora, porém, muitos homens imperitos tolamente vociferem não serem necessárias leis escritas, mas do juízo natural deles, que comandam as coisas que devem ser julgadas, contudo, deve saber-se, essa opinião bárbara deve ser detestada, não só os homens devem ser instruídos, é melhor ter leis escritas, mas ainda essas respeitosamente devem ser protegidas e amadas."

[3] Nota do revisor: opinião barbárica e detestável.

sentidos instrutivo e informativa, escrito: "Von der Gewalt der Majestät über das Recht der Natur", escreve D. Joh. Laurentius Holderieder – um autor relativamente desconhecido, que está, porém, sem mais, no solo da teoria do direito natural do seu tempo (in: Historische Nachricht von Weißenfelsischen Alethophilistischen Gesellschaft, Leipzig 1750) "Gostaria de" – contra o poder da autoridade estatal de fixar direito positivo – ", sem dúvida, objetar-se: o que é necessário que os regentes prescrevem leis especiais? O direito da natureza, certamente, já dá a conhecer o que se tem de exercitar e o que se omitir. Eles não poderão melhorar seus regulamentos e, mais além, realmente, nada fazer que, de certo modo, professores da erudição jurídica natural, dar eles?" Nisso quase já se expressa o conhecimento, que o direito positivo, ao lado do direito natural, verdadeiramente, não tem nenhuma autoridade de validez, que leis positivas não poderiam obrigar, mas – se, no fundo, algo, então, quando muito –, instruir. A evidência, com a qual Holderieder recusa essa opinião, sem, no mínimo, aceitar alguma argumentação, comprova quão longe ela estava situada da doutrina do direito natural tradicional, com a qual o escritor deseja notoriamente manter-se em concordância.

Certas posições extremas da teoria do direito natural, que somente são possíveis sob o pressuposto que se qualifica o direito positivo, ao lado do direito natural, não somente de não impossível, certamente, nem sequer de supérfluo ou prejudicial, mas até de incondicionalmente necessário, de modo algum devem, nessa conexão, ser abordadas. Assim, por exemplo, a doutrina de Tomás de Aquino, dadora de direção para a doutrina do direito natural católica, que o direito positivo é necessário para, ao direito natural, primeiro, dar a forma do direito no sentido restrito e próprio da palavra, para conferir a ele a vis coactiva,[4] que a ele, como tal, falta; uma doutrina, que se encontra, em modo bem semelhante, em muitos, também protestantes, professores de direito natural, assim, especialmente em Pufendorf; ou a tese, que se apresenta em todos os professores de direito natural teologicamente orientados, que deus não somente é a causa do direito natural, mas também a – embora remota – causa do direito positivo; e muitas coisas semelhantes. Somente como especialmente sintomático para isto, quão reduzido os professores de direito natural têm de ter apreciado a validez do direito natural, ensinado por eles, perante o direito positivo, seja aqui ainda chamada a atenção sobre isto, que eles esperavam uma reforma do direito positivo, contanto que eles considerassem uma tal como necessária, de modo nenhum imediatamente da validez do direito natural, mas exclusivamente da dação de leis estatal e, por isso – pelo menos, em determinados tempos –, postulavam uma tal. A opinião, certamente, a teoria do direito natural tem, segundo sua essência, perante o direito positivo, no fundo, tendência reformatória – uma opinião que é muito propagada e, em geral, é exposta sem que se desse conta da contradição na qual uma reforma, a ser realizada jurídico-positivamente, está para com a ideia do direito natural – ou a opinião, a época do direito natural chamou mais que cada outra pela dação de leis estatal, é, todavia, inteiramente incorreta. Encontram-se professores de direito natural que

---

[4] Nota do revisor: força coativa.

consideram o direito positivo, sem dúvida, como absolutamente necessário e para respeitar incondicionalmente, mas se dirigem, consciente e energicamente, contra reformas legislativas. Assim, o muito influente sobre a doutrina do direito natural protestante dos séculos XVII e XVIII, Benediktus Winkler, que na sua obra Principiorum Juris Libri quinque, 1615, apesar das circunstâncias condicionadas pelo tempo, por ele reconhecidas ruins, apresentou-se contra todos aqueles que aspiram renovações. Ele diz desses "novatores"[5] que eles "ipsa pietatis et justitiae fundamenta labefactare conatur"[6] e ele dirige-se, conforme isso, com extremo rigor contra a pressa de modificar leis. Porém, isso não, por exemplo, porque ele crê que no direito natural deve ser encontrada a salvação; é o direito positivo vigente que ele defende. Em sua polêmica contra os novatores,[7] que tentam conduzir o mal do tempo por novas leis, ele contrapõe àqueles, que concedem aos dadores de lei positivos competência também nas coisas de deus e da religião, estes, que "postestam eorum nec in puris positivis liberam esse volunt, et legum civilium rationes naturales ab illis poscunt; qua si non invenerint, leges audacter corrigunt, derident, repudiant et legislatoribus totique antiquitati confidenter illudunt".[8] Que um professor de direito natural acredita ter de dirigir-se contra aqueles que desprezam o direito positivo, contanto que eles, nisso, não reencontrem as "rationes naturales",[9] pode somente parecer paradoxal, quando se parte da opinião que as chamadas teorias do direito natural partem da ideia do direito natural. A postura de Winkler é somente a consequência do reconhecimento do direito positivo como uma ordem válida. A oposição desse professor de direito natural contra os novatores[10] é, no fundo, a mesma como o protesto de Savigny, o fundador da escola do direito histórica, contra a vocação de seu tempo e, com isso, verdadeiramente, de cada tempo para a dação de leis. Acredita-se ouvir um representante extremo da escola do direito histórica e não um professor de direito natural influente, quando Winkler, em um capítulo, que leva o título: "Ostenditur omnes leges bonum jubere", realiza a prova, não somente a lex divina,[11] a lex coelestis,[12] a lex naturae,[13] mas também a "lex humana jubet bona",[14] que não somente o direito natural, como, certamente, está fora de dúvida, mas, que também as leges civilis,[15] o direito positivo, determina o bem; e quando ele, agora, defende o estado criado pelo

---

[5] Nota do revisor: "renovadores."

[6] Nota do revisor: "tentam arruinar até fundamentos de piedade e justiça."

[7] Nota do revisor: renovadores.

[8] Nota do revisor: "querem ser poder livre deles não em puros positivos, mas, ao contrário, reivindicam as razões naturais das leis civis a partir deles; por exemplo, se não tenham encontrado, ousadamente corrigem as leis, riem-se, recusam e atrevidamente escarnecem dos legisladores e de toda antiguidade."

[9] Nota do revisor: "razões naturais."

[10] Nota do revisor: renovadores.

[11] Nota do revisor: lei divina.

[12] Nota do revisor: lei celeste.

[13] Nota do revisor: lei da natureza.

[14] Nota do revisor: "lei humana ordena o bem."

[15] Nota do revisor: leis civis.

direito positivo de seu tempo, certamente, até prefere aquelas determinações que aparentemente são não conforme a finalidade, porque elas não mais correspondem às circunstâncias modificadas: "Et quamvis priscae quaedam ceremoniae nostris temporibus et moribus minus conveniant, tamen illae olim, cum constituerentur, moribus hominum congruae et utilissimae fuere, et adhuc eam habent utilitatem, ut praestet illas tantisper observari, dum tacite evanescant, quam imperitos iudices civesque legum contemptui et mutationi adsuescerere. Repentinae et impetuosae mutationes republ. semper sunt periculosae, quia ad minimum aliquot cives offendunt: meliores sunt quae latenter et praevia inclinatione ita sese insinuant, ut communi consensu prius recipiantur quam propositae persuadeantur. Peccant in hac re nonnunquam ipsi magistratus, quod putant hoc et illud utiliter abrogari, constitui et persuaderi posse, nec cogitant quam multorum capitum belua sit vulgus."[16] Expresso no idioma do século XIX, do século da escola do direito histórica e do positivismo, isso significa nada mais que ao direito costumeiro, portanto, somente a uma forma determinada do direito positivo, deu-se a preferência perante o direito legislado. E fica aqui ainda em aberto se significa uma revelação completa do direito natural, quando Winkler, no que segue, expõe, é precisamente a insuficiência da natureza humana que faz incondicionalmente necessário o direito positivo, que parece insuficiente na relação para com o direito natural ideal, as leges civiles:[17] "Arist. alicumbi inquit, alimenta nimis pura nostris corporibus nocere et videmus medicos, qui omnia mala expurgare volunt, vitam simul exturbare: quod perpendendum est iis, qui opinatur nos omnia, quae respectu bonorum et prudentum civium supervacua sunt, e iure et foro eiicere posse. Utatur iure naturali solo qui volet, relinquat nobis civilia propter improbos in officio continendos."[18]

IX.

Essa necessidade do direito positivo como uma ordem válida, isto é, vinculativa, é uma posição, dentro da teoria do direito natural, não posta em dúvida, sim, fundamental. Da ideia fundamental que o direito positivo – pelo menos, como todo, salvo a vinculatividade de algumas proposições suas, possivelmente injustas –, é um sistema de normas que estão em validez de dever, às quais aqueles tem de

---

[16] Nota do revisor: "E, embora, certas cerimônias antigas realizem-se menos em nossos tempos e costumes, contudo, elas, antigamente, ao terem sido criadas, foram apropriadas e utilíssimas aos costumes dos homens e até agora isso é útil, que é melhor observar elas até que tacitamente desapareçam, como juízes inexperientes e cidadãos acostumarem-se ao desprezo e alteração das leis. Repentinas e impetuosas alterações sempre são perigosas à república, porque violam alguns cidadãos até o mínimo: melhores são as que, escondidamente e por inclinação prévia, insinuam-se, de tal modo que sejam aceitas por consenso comum, antes que as iminentes sejam persuadidas. Os próprios magistrados, às vezes, equivocam-se com essa coisa, porque acreditam que isto e aquilo utilmente possa ser abolido, ordenado e persuadido, mas não cogitam como o povo é monstro de muitas cabeças."

[17] Nota do revisor: leis civis.

[18] Nota do revisor: "Aristoteles, em algum lugar, disse, alimentos puros demais prejudicam nossos corpos e vemos médicos que querem curar vários males, simultaneamente, expulsar violentamente a vida: o que deve ser rigorosamente ponderado por aqueles que acham que nós podemos deitar fora do direito e do foro vários que, em consideração dos cidadãos bons e sábios, são supérfluos. Utilize do direito natural somente quem quiser, deixe a nós os civis por causa dos malvados que devem ser contidos no ofício."

obedecer, cuja conduta é regulada por elas, e não da validez de uma ordem "natural", toma ela sua partida. Quando a teoria do direito natural, ao lado dessa ordem positiva, também afirma um direito natural, então isso ocorre, fundamentalmente, no sentido de um dualismo consciente. Que um tal é logicamente impossível, auxilia nada. Pois reage contra o ideal teórico da unidade lógica, aqui, um interesse político-prático, que é forte o suficiente para não deixar ficar completamente consciente o ideal teórico. O direito positivo, por isso, ao lado do direito natural, não é reconhecido como logicamente impossível e não como supérfluo ou até prejudicial, porque para a teoria do direito natural trata-se, em primeira lugar, da validez desse direito positivo, sim, de seu asseguramento e legitimação.

Naturalmente, não se deixa oprimir completamente a tendência, imanente a todo conhecimento, por unidade do objeto a ser conhecido, isto significa, porém, por unidade do sistema. Ela impõe-se – ao professor de direito natural talvez inconscientemente – na doutrina, quase universalmente propagada, que o direito positivo tem sua validez do direito natural. Nisso reside, como facilmente se pode ver, uma certa aproximação à determinação, que corresponde à ideia pura do direito natural, de sua relação para com o direito positivo. A este, sem dúvida, não é negada a "validez", no fundo, mas somente uma validez própria, de certo modo, autárquica, autóctone ou soberana; ou, realmente, o fundamento de validez próprio, específico do direito natural, é qualificado de não suficiente: seu fundamento de validez supremo último o direito positivo deve encontrar não dentro de seu próprio sistema, mas fora, e precisamente, em um ordenamento de direito natural "superior", no ideado sobre o direito positivo. É a tentativa, já mencionada em outras conexões, de entender o direito positivo como delegado pelo direito natural. Também a contradição interna, que ela contém, é aqui já mostrado.

X.

A relação, assim obtida, entre direito natural e direito positivo leva a uma reinterpretação, muito significativa, do último. Ao ele, em validez simultânea da ordem "natural", ser considerado um sistema, delegado por essa, de normas vinculativas, procura-se despojar ele de seu caráter como uma obra "artificial", arbitrariamente criada por pessoas. Sua criação mostra-se não mais como criação original, livre, não mais como produção no verdadeiro sentido, mas como mera reprodução, uma tentativa: de obter, tanto quanto possível, o protótipo, o ideal, a ideia do direito ou o direito em si, que se apresenta perante o direito real positivo como o direito natural; à medida que isso é realizável sob as circunstâncias fáticas, de reproduzir ou de ajustar a essas circunstâncias. O direito positivo converte-se, assim, em um tipo de grau de realização do direito natural e ganha, desse modo, com a "validez", o valor que ele, em si, não tem. Nisto, que o direito positivo, justamente pelo fato de ele ser depreciado a uma mera reprodução, eleva em seu valor, justamente nisto reside o mesmo paradoxo, que consiste nisto, que a pessoa procura elevar seu valor da personalidade pelo fato de ela, no sentido da doutrina cristã, diante de deus, cujo retrato fiel ela é – envilecer-se. A ideia do caráter meramente reprodutivo da criação do direito positivo diz respeito, naturalmente, não somente ao processo da dação de leis, mas, bem particularmente, ao da chamada jurisdição; ela tem de, justamente com referência a esse grau do direito, fazer-se valer. Se já o legislador não é verdadeiramente o criador do direito, mas somente tem de declarar aquilo – também sem sua intervenção – que em si é "de direito", tanto menos pode, primeiro, a função do juiz valer como criação do direito. Assim como a lei positiva verdadeiramente já está contida na ordem "natural", na ideia do direito, de onde ela somente foi deduzida pelo legislador, assim também a sentença judicial – e essa tanto mais e em medida ainda muito maior – está contida na lei e dela – sem que o juiz possa acrescentar ou omitir alguma coisa – deve ser destacada no caminho de uma operação meramente lógica. Para ele o direito está completamente decidido na lei que, pelo ato do dador de leis, é a reprodução imediata da ordem natural, divina. Aqui se acrescenta ao motivo teórico-cognitivo, um político. E também se mostra desse lado, quão funda a doutrina, sustentada também na teoria do direito positivista, do direito decidido na lei, e a ideia, que resulta disso como consequência, da função, meramente reprodutiva, não criadora, somente subsumidora, da – por isso assim chamada e oposta à criação do direito – aplicação do direito, mas também a tese, apresentada por supostos positivistas, particularmente dos fundadores e partidários da escola do direito histórica, em geral, com grande pathos, que a dação de leis positiva somente é encontro de um – de alguma maneira dado em si – direito, radica no pensar jurídico-natural.

XI.

Como a doutrina do direito natural aceita dois sistemas de normas, o direito natural e o direito positivo, que estão em validez, um ao lado do outro, as normas de ambas as ordens, porém, notoriamente dizem respeito ao mesmo objeto ou têm o mesmo âmbito de validez, ela tem de ser posta diante do problema, o quê, no caso de contradição entre ambas as ordens, tem de valer. Essa questão, que, todavia, somente fica possível pelo desvio caracterizado da ideia pura do direito natural, teria de ser um problema principal de sua teoria. E sua solução poderia – segundo a ideia, assim atenuada, do direito natural – somente ser a seguinte: corresponde o direito positivo, mais corretamente: uma norma do direito positivo, segundo seu conteúdo, ao direito natural, então "vale" essa norma de direito positivo. Isto é: ao seu fundamento de validez positivo associa-se o fundamento de validez jurídico-natural. A norma vale não só ou não tanto, porque ela procede de uma determinada autoridade, mas também, ou ao contrário, porque ela é "justa". Sua validez especificamente positiva, que flui da norma fundamental do ordenamento jurídico positivo respectivo, é certificada pela norma superior do direito natural, com isso, assegurada e intensificada. O direito natural presta a tal direito positivo a função de legitimação e conservação. Contradiz, porém, uma norma jurídico-positiva o direito natural quanto ao conteúdo, então ela não pode valer. Seu fundamento de validez positivo é anulado pela validez do direito natural como uma ordem superior. A validez dessa norma jurídico-positiva, contanto que uma tal validez seja deduzida provisoriamente da norma fundamental do sistema positivo, é nulificada pelo direito natural.

Observa-se que o direito positivo aqui é eliminado por um princípio que está fora de sua própria legalidade, então significa o direito natural, perante o direito positivo contraditório, uma revolução. Que uma contradição do direito positivo para com o direito natural somente apresenta um fundamento para isto, anular a proposição jurídica afetada por um ato jurídico positivo que corresponde ao direito natural, porque ao direito positivo sozinho, e não, também, ao direito natural como tal, é atribuído a capacidade de produzir uma modificação do direito positivo, cada modificação do positivo, portanto, somente pode realizar-se legal-propriamente: esse princípio, que exclui fundamentalmente o fator revolucionário, significa – também no caso de ele ser exposto no quadro de uma teoria do direito natural –, em verdade, já a plena eliminação do direito natural. Não se ultrapassa a linha, acima traçada, de uma desnaturação da ideia do direito natural, contenta-se com a inconsequência de aceitar o direito positivo como uma ordem de normas válidas ao lado do direito natural, de, ao direito positivo, embora, no fundo, não negar a validez, sempre não atribuir a ele nenhuma validez própria, ou realmente nenhuma extrema, decide-se, ao contrário, derivar essa validez do direito natural: então, tem de caber a este, perante o direito positivo, uma função dupla, uma, sem mais, ambivalente, revolucionário-conservadora.

Fosse-se, de fato, começar a sério a consequência: que uma norma do direito natural que contradiz o direito natural é inválida – uma tese que a maioria dos professores de direito natural asseveram representar –, então iria resultar facilmente uma retificação do pressuposto, do qual, no fundo, chega-se a essa colocação do problema toda, então uma modificação da suposição de um, ao lado do direito natural, ordenamento jurídico positivo que está em validez de dever seria inevitável. Pois à consideração mais circunstanciada, certamente, então, não poderia permanecer escondido que, quando só vale o direito positivo que corresponde ao direito natural, precisamente só vale o direito natural; porque então, precisamente, algum conteúdo poderia valer como devido, como norma, primeiro então, quando ele fosse reconduzível a uma proposição do direito natural, em último lugar, à norma fundamental da ordem "natural", quando ele fosse "justo"; porque não bastou para afirmar um conteúdo como norma válida, mostrar ele como ordem de alguma autoridade humana, mas porque, para isso, seria necessária a derivação da natureza, de deus ou da razão. Falar de uma validez, também só relativamente independente, também só derivada, do direito positivo, poderia então ocorrer somente como um modo de expressão inexato. Então o caráter conservador do direito natural iria desaparecer completamente atrás do seu revolucionário. Pois então, perante um direito positivo, imaginável somente como fato, não seria visível nenhum outra função do direito natural que: nulificar direito positivo contraditório como uma tentativa dirigida contra a ordem natural, contra a justiça.

Somente a doutrina do direito natural histórica não admite nenhuma tal interpretação. Tem de, inicialmente, já dar na vista, que o problema de um conflito entre o direito natural e o direito positivo não desempenha nenhum papel, ou então, nenhum especial, que a maioria dos autores, quando, no fundo, tratam ele somente muito fugazmente; que falta, especialmente, cada confrontação séria do material jurídico positivo com os princípios jurídico-naturais afirmados pela teoria. Todavia, são examinadas exatamente as instituições do direito positivo, do ponto de vista da justiça, mais graves, como propriedade privada, escravidão, e assim por diante, em sua admissibilidade jurídico-natural. Porém, somente para a finalidade, para, como correspondentes a um ordem natural, demonstrar elas como justas e, assim, para defender contra impugnações. Na apresentação, que os representantes mais determinantes da doutrina do direito natural dão, isso, de modo nenhum, tem um caráter revolucionário, mas um, sem mais, conservador. Na concorrência, que, segundo a colocação do problema da doutrina do direito natural tradicional, tem de existir entre o direito natural e o direito positivo, nenhum perigo sério ameaça este por aquele. Todavia, é, sempre de novo, em um – dos pais da igreja até Kant quase esteriotipado – modo de falar, assegurada a prevalência do direito natural perante o direito positivo e, por assim dizer, colocado como evidente, que o direito natural é a fonte de validez suprema do direto positivo, que o direito positivo, em casos de contradição, tem de ceder ao direito natural, que direito positivo contrário ao direito natural é inválido. Porém, simultaneamente, é desenvolvida uma multiplicidade de métodos que fazem impossível, ou então, pouco provável, um conflito sério entre ambas as ordens, ou, para esse caso, garantem a validez do direito positivo. Que esses métodos não são possíveis sem uma ainda muito mais ampla atenuação da ideia do direito natural, enquanto necessariamente unidos com a suposição do direito positivo como uma, ao lado do direito natural, ordem que está em validez de dever, entende-se por si mesmo. Neles revela-se primeiro a verdadeira essência da doutrina do direito natural histórica. A sua análise permanece reservada a um outro tratado.

XII.

A visão, aqui sustentada, da verdadeira essência da doutrina do direito natural está em uma oposição perfeita para com a apreciação tradicional do movimento teórico-jurídico e filosófico-jurídico que, em mudanças distintas, estende-se da antiguidade até o início do século XIX, isto é, até esse instante, uma vez que ele – como se aceita – foi vencido pela escola do direito histórica, com a qual a ciência do direito entra no período do positivismo. Segundo essa concepção tradicional, a teoria do direito natural, ao ela ensinar a validez de um direito, distinto do direito positivo e, perante este, superior, foi um movimento essencialmente revolucionário ou, pelo menos, radicalmente reformador, cuja intenção verdadeira, que sobressai, às vezes mais, às vezes menos, estava dirigida a uma eliminação do direito positivo, e que preparou especialmente a realização dessa intenção por uma crítica que reduz o valor e a dignidade do ordenamento jurídico vigente. Ideias jurídico-naturais, desenvolvidas pelos professores dessa disciplina, são as que – como na Inglaterra e França, assim, em toda a parte do mundo – espiritualmente prepararam as grandes revoluções políticas, mas também lá, onde não se chegou a tais revoluções, efetuaram todas as reformas significativas que deram à vida do estado e do direito do século XIX sua característica. Essa opinião, propagada muito sobre a área da ciência do direito – como facilmente se pode ver do precedente –, notoriamente parte da suposição, que a chamada doutrina do direito natural desenvolveu a ideia pura do direito natural, ou então, representou um ponto de vista, pelo menos, aproximado, dessa ideia. Ela identifica o "direito natural" com a "doutrina" do direito natural; e essa identificação expressa-se também em um uso do idioma, que lá, onde é considerada somente uma opinião doutrinária determinada, exposta em obras científico-jurídicas, uma teoria específica, deixa apresentar-se o "direito natural", que, na realidade, significa a ideia de uma ordem natural. Assim, fala-se de um "direito natural antigo", ou do "direito natural do século XVIII", de um período no qual o "direito natural dominou" e de semelhante. E tudo isso não significa, de modo nenhum, um uso do idioma meramente descuidado. Pois atrás esconde-se a identificação, extremamente desorientadora, embora, talvez, não completamente sem intenção, que nós antes mostramos.

A opinião escolar, hoje dominante, do caráter revolucionário da doutrina do direito natural ou, como – extremamente ambíguo – se diz, do "direito natural", foi, para a ciência do direito, fundamentada por último pela obra, que fez época, de Bergbohm (Jurisprudenz und Rechtsphilosophie, 1892). Essa, um sintoma do máximo esplendor do positivismo jurídico do último terço do século XIX, é uma declaração de luta passional contra o direito natural, "a erva má direito natural" que tinha de ser extirpada, e, simultaneamente – isso pareceu a Bergbohm notoriamente ser o mesmo –, uma crítica nulificadora da teoria do direito natural. Quão equivocado é misturar a recusa, que resulta de uma colocação fundamental positivista, do direito natural com uma apreciação desfavorável da teoria do direito natural, isso irá primeiro se mostrar, quando é produzida a prova, que entre a chamada doutrina do direito natural, que, até ao final do século XVIII, pode ser considerada como o método da ciência do direito científica, e o positivismo do século XIX, também um (no sentido da crítica de Bergbohm) positivismo liberto de todo direito natural, de modo nenhum existe aquela oposição, como Bergbohm a aceitou, e como ela tem de ser aceita somente entre a ideia do direito natural e aquela do direito positivo.

Para Bergbohm, a teoria do direito natural, à qual ele censura infrutuosidade científica e cavidade perfeita, tem, sobretudo, um caráter "destrutivo". Ele denomina (página 116) uma teoria, que para a questão sobre a essência e origem do direito, responde com a diferença entre um direito em si ou direito racional e o direito positivo, "não científica e destrutiva", e ele quer, com isso, dar expressão a uma communis opinio.[19] Ele diz da doutrina jurídico-natural da idade média (e resulta de outras exposições, que ele, da doutrina do direito natural do tempo recente, não tem outra opinião): o direito natural por ela ensinado foi "barreira do" direito "positivo", que não teve a força de eliminar um princípio jurídico-natural (página 156/7). A doutrina do direito natural significa, segundo Bergbohm, "fundamentalmente subjetivismo" na teoria e "consequências subversivas na prática" (página 200). Sua intenção foi: "minar a consideração, tornada insuportável, do ordenamento jurídico" (página 204). "Para isso serviu a, continuamente repetida, requisição de contrastação do direito de arbitrariedade positivo com o direito ideal, que tinha sua sanção na instância extrema da razão" (página 207). Com seus escritos, todos os professores de direito natural, acha Bergbohm, efetuaram que o leitor "perdeu o último respeito diante das normas jurídicas e constitucionais formalmente válidas, que eles ensinaram descuidar sempre mais fundamentalmente" (página 209). Sempre de novo Bergbohm chega a falar das tendências "destrutivas" e "subversivas" da doutrina do direito natural, cujos efeitos ele – resultante de uma concepção universalmente propagada – considera como a revolução francesa. O espírito da doutrina do direito natural parece a ele emitir particularmente um discurso que um membro da convenção – Rambaud de St. Etienne – pronunciou e no qual ele requisita "destruir tudo, porque tudo tem de ser estruturado de novo". Nesse dito, que Bergbohm retira das "Betrachtungen über die französische Revolution" de Burke, desse historiador extremamente conservador, ele vê a "força desorganizadora da teoria do direito abstrata" (página 217), a função especificamente revolucionária da doutrina do direito natural.

XIII.

Nada é mais significativo para a visão de Bergbohm da essência dessa teoria do direito natural que o papel que ele atribui a essa teoria perante a escola do direito histórica. Ele expressa somente uma opinião doutrinária, bem universalmente propagada, quando ele (página 110) expõe que teoria e método da escola do direito histórica provocaram um revolucionamento poderoso na ciência do direito: "A preponderância do direito natural foi quebrada." Essa é a concepção que a escola do direito histórica mesma tinha de sua função perante a da doutrina até agora dominante. No final do século XVIII, a ideia de um direito natural, especialmente na forma que ela adquiriu por último, ou seja, a ideia de um direito racional, malogrou, uma vez que a prova no exemplo da revolução francesa fracassou. Da bancarrota do direito racional elevou-se a ideia do direito historicamente tornado, quando seu proclamador apresentou a nova escola. Sem dúvida, seus fundadores, assim, especialmente Savigny e Eichhorn, notoriamente, não verdadeiramente aceitaram uma disputa expressa com seus opositores. Porém, o filósofo do direito da escola histórica, Friedrich Julius Stahl, fez isso, em compensação, tanto mais fundamentalmente. Ele cunhou a – depois universalmente aceita – fórmula com

---

[19] Nota do revisor: opinião comum.

a qual a teoria do direito natural foi estigmatizada como doutrina revolucionária. O elemento revolucionário da doutrina do direito natural vê Stahl, sobretudo, na teoria contratual, que no sistema de Rousseau não encontrou seu ponto de partida, mas seu ponto culminante. Esse somente, acha Stahl (Philosophie des Rechts, I. Bd., 4. Aufl., S. 175), desenvolveu a teoria contratual, já existente em Grotius, em virtude da qual "o dever dos súditos tem seu fundamento em seu contrato tácito", "em seu conteúdo todo e suas conseqüências". Essa teoria contratual, já fundamentada por Grotius, foi a que "depois virou a ordem da Europa. Assim é um floco de neve, que se solta do cume da montanha, pouco vistoso. Porém, ele rola-se e cai, então, como avalanche destruidora na profundeza". A doutrina do direito natural é a autora espiritual da – tão odiada pela escola histórica – revolução, mas também das, por ela não muito menos temidas, em seu tempo tão tempestuosamente exigidas, reformas legislativas. Essa é a quinta-essência da história stahliana da filosofia do direito: "A revolução não é nenhum mero ato de violência e revolucionamento, ela é um sistema de princípios e instalações, um sistema político-jurídico-estatal. Sim, é para esse sistema até indiferente, se ele é introduzido no caminho do 'desenvolvimento pacífico' ou no caminho sangrento, ele permanece sempre o mesmo sistema. Também aquilo que se denomina liberalismo…, é nada mais que esse sistema da revolução… O liberalismo ou a revolução, nesse sentido, é o efeito, precisamente, dos princípios, sobre os quais se baseia o direito natural" (página 289).

É a situação política, criada por meio da revolução francesa, do final do século XVIII e do início do século XIX, da qual somente a escola do direito histórica e, especialmente, sua postura contra a doutrina do direito natural – pela qual ou apesar dela essa revolução chegou à expressão – deve ser entendida. Justamente na apresentação de Stahl mostra-se claramente que a condenação, por ele tornada tradicional, da doutrina do direito natural como uma doutrina revolucionária, baseia-se, única e exclusivamente, nisto, que uma direção particular da teoria do direito natural, que, no essencial, toma o seu ponto de partida de Rousseau e que, de fato, tinha um caráter revolucionário, foi identificada absolutamente com a doutrina do direito natural. Em qual oposição decisiva, porém, justamente essa direção, que na significação literária, tanto no que concerne à sua extensão como no que aos seus representantes, mal se deixa comparar com a corrente principal de vários séculos, está, justamente, para com esta, à qual pertenceram todos os juristas, de alguma maneira notáveis, de seu tempo, deve ser mostrado em uma investigação particular. Também tem de, ainda, permanecer em aberto até que grau a teoria contratual jurídico-natural, e, especialmente, a doutrina rousseauiana, de fato, teve caráter revolucionário; comprovado é aqui somente que as repercussões, que essa teoria, justamente na Alemanha, teve, mostraram-se particularmente só em tendências reformadoras, e que o filósofo do direito mais significativo, que estava sob a influência da doutrina rousseauiana, Immanuel Kant, afirmou um ponto de vista, sem mais, anti-revolucionário, manifestamente conservador. Todavia, pode entender-se facilmente porque, justamente, a escola do direito histórica, que se apresentou com a pretensão de introduzir uma nova época da ciência do direito, sim, da filosofia da cultura toda, estava propensa a identificar a doutrina do direito natural, dominante até a sua apresentação, com um mergulhão da mesma, de um ponto de vista da história das ideias, proporcionalmente insignificante, e, para o movimento total, sem mais, não típico.

Seus fundos políticos permaneceram tão mais facilmente escondidos, quanto mais fortemente era a impressão, que se tratava, para ela, de uma oposição fundamental do método científico. Em verdade, é a escola do direito histórica também somente uma teoria do direito natural. Uma rigorosamente conservadora, todavia. No instante, quando a teoria do direito natural antiga ameaça perder seu caráter conservador até agora, porque a revolução francesa – que recorre à ideia do direito natural – serve-se dos métodos jurídico-naturais, a ciência do direito dominante deixa cair sua ideologia de vários séculos; porém, somente para retomar ela em forma alterada. O que antigamente a vontade de deus, a razão ou natureza prestaram, a saber, a justificação absoluta do direito positivo e do estado existente, isso presta agora o espírito do povo, mais corretamente: a ideia do crescimento da ordem existente.

XIV.

Embora Bergbohm, defronte da escola de direito histórica, sem mais, não está acriticamente e, em modo muito meritório, mostrou que também essa direção da ciência do direito não se pôde preservar de elementos jurídico-naturais, por certo ele, mesmo assim, curiosamente, assumiu, justamente, sua concepção de sua própria relação para com a doutrina do direito natural. Sua afirmação, já antigamente citada, que a escola do direito histórica quebrou a preponderância do direito natural, ele acredita, todavia, dever limitar pela observação, que o direito natural, apesar do revolucionamento poderoso, que a teoria e o método da escola histórica produziu na ciência do direito, contudo, não foi nulificado. Que, porém, esse revolucionamento, de modo nenhum, pode ter sido tão grande, isso mostra já, contra sua intenção, a própria apresentação de Bergbohm. Bergbohm contradiz, exatamente, sua própria afirmação do caráter, adverso ao direito positivo, da doutrina do direito natural; e essa afirmação forma o pressuposto fundamental para a suposição de uma oposição essencial entre doutrina do direito natural e escola do direito histórica. Tem de, inicialmente, dar na vista que, no escrito de Bergbohm, outras vezes tão meritório, faltam provas das fontes verdadeiras para a tendência, dirigida contra o direito positivo, da teoria do direito natural; e, por isso, não deve ser refutada completamente a presunção, que a tese duvidosa foi estabelecida sem um conhecimento mais íntimo, especialmente da doutrina do direito natural mais antiga. Em todo caso, Bergbohm tem de apontar o fato, que a maioria dos professores de direito natural, com seu suposto direito natural apriorístico, apresentaram nada mais que o direito positivo. Ele tem de consentir, que apesar de a doutrina do direito natural ter estabelecido ao direito positivo, no direito natural, uma autoridade dirigida contra o primeiro, "de uma desarmonia séria entre ambos os senhores na mesma casa, por muitos séculos, nada pode ser notado" (página 158), e ele explica-se isso com isto, que se fez passar o direito romano, que se tornou direito positivo, ao se qualificar ele de ratio scripta,[20] por direito natural. Ele tem de conceder, ademais, que a filosofia social, que dominou a teoria do direito natural do século XVII, ainda não chegou ao invento de um direito natural, "que deveria apresentar-se como impugnação formal do positivo" (página 160), e que o resultado, descoberto por desvios, dessa filosofia social não era um "ordenamento jurídico imaginário", mas o antigo axioma, que o direito positivo vigente é a, sem dúvida, defeituosa e carente de correção, mas, enfim, realmente, apresentação e desenvolvimento concreto dos princípios jurídico-naturais".

Bergbohm, cuja luta toda contra a doutrina do direito natural apoia-se no seu caráter suposto, adverso ao direito positivo, destrutivo, fundamenta a característica, sem mais, acertada, mas que está em oposição para com a sua tese, da filosofia social jurídico-natural com isto, que os princípios jurídico-naturais "foram faticamente meras abstrações incorretas e negligentes do direito positivo". Particularmente significativa é a comprovação de Bergbohm, que a teoria do direito natural, desde a segunda metade do século XVIII – e pode, certamente, dizer-se, primeiro desde esse tempo –, "pouco a pouco iniciou a perseguir tendências radicais, quando ela, exatamente, sob a influência dos escritos rousseaunianos, apresentou-se para porta-voz dos oprimidos" (página 169). Isto é uma confissão, que faz a polêmica de Bergbohm contra o direito natural, no fundo, na maior parte, sem objeto, pois essa polêmica dirige-se contra o caráter revolucionário da doutrina do direito natural. Bergbohm mesmo, porém, tem de consentir que essa doutrina do direito natural – prescindindo de Rousseau – quer nada mais que compreender e justificar o direito positivo, quando ele diz: "A doutrina do direito natural mais antiga veio do impulso natural, porém, por desvios, para o direito vigente." Com isso, é, sem dúvida, essa teoria do direito natural caracterizada corretamente segundo o objetivo, não, porém, segundo o método. Pois a direção jurídico-natural é somente um dos distintos caminhos que a doutrina do direito natural seguiu para chegar à legitimação do direito positivo. Qual foi a função verdadeira da doutrina do direito natural mais antiga, isto é, da teoria do direito natural toda até Kant, com exceção da corrente secundária, proporcionalmente insignificante, que parte de Rousseau (à última, de resto, prescindindo de seu fundador, não pertenceu nenhum professor de direito natural notável), em relação para com o direito positivo, isso resulta o melhor disto, como Bergbohm mesmo caracteriza essa direção revolucionária em oposição à corrente principal: "Essa mais recente (direção) não partiu nem do ordenamento jurídico, faticamente existente, para compreender ele cientificamente, nem ela termina no mesmo" (página 170). E desse ordenamento jurídico, faticamente existente, diz Bergbohm: "O direito positivo foi o garante do absolutismo, do privilégio das limitações da liberdade e de inúmeros inconvenientes sociais." E "compreender

---

[20] Nota do revisor: razão escrita.

DIREITO NATURAL – DIREITO POSITIVO – DIREITO DISCURSIVO

cientificamente" esse direito positivo, isto é, entender ele como a "apresentação e desenvolvimento concreto dos princípios jurídico-naturais", isto é, segundo Bergbohm, o sentido de uma teoria que ele opõe como "destrutiva" à ciência do direito, somente direcionada para a validez do direito positivo, fundamentada pela escola do direito histórica.

Como Bergbohm mesmo sente essa contradição, ele procura paliar ela por uma teoria, notoriamente construída expressamente para essa finalidade. Ele acha, a doutrina do direito natural cobriu sua inimizade contra o direito positivo por fundamentos políticos. Como o despotismo dos séculos XVII e XVIII – e isto é, curiosamente, justamente o tempo da doutrina do direito natural clássica – entrincheirou-se atrás das leis mesmo dadas e não era conveniente um apresentar-se aberto contra "a dura lei penal, a polícia onipotente e, particularmente, a censura", assim como, os inconvenientes todos, normalizados pelo direito positivo da monarquia absoluta, tinham de ser "esses inimigos" "vencidos em astúcia". A astúcia que os professores de direito natural, segundo Bergbohm, aplicaram – que esses professores de direito natural eram funcionários lealmente obedientes da monarquia absoluta, que não se podiam fazer o suficiente para asseverar sua lealdade e sua obediência ao déspota, essa circunstância Bergbohm omite realçar particularmente –, a "astúcia" desses professores reais, conselheiros de estado, privados e áulicos eleitorais, desses barões e enviados, deve ter consistido nisto, que eles mais comodamente vestiram suas intenções, dirigidas à eliminação do direito positivo, "em um traje científico, fizeram desfigurada a crítica do vigente por obscuridades metafísicas, cobriram com véu as exigências políticas sob habilidades de escárnio escolásticas" (página 208). Um início muito curioso, querer alcançar suas intenções pelo fato de fazer elas desfiguradas. Em um ou outro autor, todavia, possível, completamente excluído nos grandes representantes da doutrina do direito natural, como Thomas von Aquino, Melanchthon, Grotius, Hobbes, Pufendorf, Thomasius, Wolff e Kant. Mas completamente indiscutível é explicar todo grande movimento espiritual, reunido sob o nome do direito natural e bastante por vários séculos, com uma "astúcia". A tentativa de explicação bergbohmiana tem de, certamente, ser designada como completamente malograda. Só existe o fato sentido por ele como carente de explicação! Somente não é ele a contradição entre as intenções revolucionárias dos professores de direito natural com sua postura conservadora de fato, mas entre esta e a ideia, todavia, revolucionário-anarquista, do direito natural. Bergbohm toma aquilo que, nos sistemas científicos da doutrina do direito natural, somente é aparência, pelo núcleo verdadeiro e próprio; aquilo, porém, que é o efeito intencionado, por uma máscara. Em verdade, é justamente às avessas: o verdadeiro sentido dos sistemas jurídico-naturais, sua realidade, de certo modo, é – prescindindo da exceção já repetidamente realçada –, precisamente, essa defesa e legitimação do direito positivo, que Bergbohm considera uma aparência enganadora. O que ele, porém, toma por realidade, isto é, a ideia, nas construções da doutrina detalhadas dos juristas e filósofos do direito jurídico-naturais, justamente ainda marcada, mas, no núcleo, desnaturada, do direito natural, que por tal modo baixou para uma mera ideologia, determina cobrir o fato puro de uma doutrina conservadora do estado e do direito, sob todas as circunstâncias, apoiadora do trono e altar.

— 3 —

O fundamento da doutrina do direito natural*

Hans Kelsen

Tradutor: Luís Afonso Heck

Introdução

Eu aceitei seu convite para, neste círculo de *partidários* da doutrina do direito natural, falar sobre direito natural não na intenção de converter o senhor para a minha opinião, que de um ponto de vista *cientificamente* racional *não* se pode *aceitar* a validez de um direito natural. Pois uma tal conversão eu não considero como possível; e precisamente, de um fundamento, que justamente resulta disto, sobre o que eu quero falar: o fundamento da doutrina do direito natural, isto é, a resposta sobre a questão: sob qual pressuposto somente se pode aceitar a validez de um direito eterno, imodificável, imanente à natureza; de modo que, quem – como eu – acredita não poder aceitar esse pressuposto, também *não* pode aceitar sua consequência.

Esse pressuposto é, como eu irei tentar mostrar, a *fé* em uma divindade justa, cuja vontade, à natureza por ela criada, não somente é transcendente, mas também imanente. Discutir sobre a verdade dessa fé é completamente inútil. Nem quem tem essa fé nem quem não a tem pode, por argumentos racionais, do contrário ser convencido. Porém, ao eu sustentar a opinião que essa fé é o pressuposto essencial e inevitável de uma doutrina do direito natural autêntica, eu encontro-me, perante aqueles entre os senhores que, apesar dessa sua fé, são da opinião, muito divulgada, que a validez do direito natural é independente da vontade de uma divindade toda-poderosa e toda-bondosa, em uma situação singular. Eu não me apresento aqui – como os senhores, talvez, irão exigir de mim – como um advocatus diaboli,** mas, bem ao contrário, como um advocatus *dei*.*** Isso, porém, irá, como eu espero, da discussão seguinte tomar cada ponta que viola os sentimentos de um ou outro partido.

---

* Este artigo encontra-se publicado em Österreichische Zeitschrift für öffentliches Recht, Band XIII, Wien: Springer-Verlag, 1964, S. 1 ff. Título no original: Die Grundlage der Naturrechtslehre.

** Nota do tradutor: advogado do diabo.

*** Nota do tradutor: advogado de deus.

I.

"Direito" – se se entende sob isso direito positivo, realmente fixado por pessoas, distinto da moral, ou um direito, correspondente à moral ou a uma moral, correto, justo, natural – é, essencialmente, norma, um sentido específico, cuja expressão idiomática é uma proposição-dever. O sentido de uma norma, ou mais corretamente: o sentido "norma" é: que algo deve ser, especialmente, que seres viventes e, sobretudo, pessoas, devem, sob determinadas circunstâncias, comportar-se em modo determinado. Um tal sentido se designa como uma prescrição e distingue ele de uma descrição, isto é, uma declaração, cujo sentido – mais corretamente: que o sentido – é: que algo é, isto é, existe ou de alguma maneira é constituído, especialmente, que coisas, seres viventes, pessoas, sob determinadas circunstâncias, realmente se comportam em modo determinado. Uma norma não é uma declaração, uma prescrição não é uma descrição. A diferença é notória: a norma é o sentido de um ato de vontade, um ato de vontade dirigido à conduta de um outro. A declaração é o sentido de um ato de pensar. A norma visa à determinação da vontade de um outro, a declaração, ao pensar, ao saber de um outro; ela quer deixar saber algo aos outros. Figuradamente expresso: a norma vai da vontade de um para a vontade de um outro, a declaração, do pensar (saber) de um para o pensar (saber) do outro. Por isso, uma declaração é verdadeira ou falsa. Uma norma, porém, não é nem verdadeira nem falsa, mas vale ou não vale. E entre a verdade de uma declaração e a validez de uma norma não existe nenhum paralelo ou analogia. Eu acentuo isso em oposição consciente a uma opinião universalmente aceita e também por mim sustentada muito tempo. Existisse uma analogia ou paralelo entre a verdade de uma declaração e a validez de uma norma, teria de a proposição da contradição excluída, que encontra aplicação em duas declarações que estão em conflito uma com a outra, poder ser aplicada também ou então per analogiam* em duas normas que estão em conflito uma com a outra. Assim como de duas declarações que estão em conflito uma com a outra somente uma pode ser verdadeira, a outra tem de ser falsa, então poderia de duas normas que estão em conflito uma com a outra somente uma valer e teria de a outra ser inválida. Isso, porém, não é o caso. Pois, fosse exato que de duas normas, das quais uma prescreve uma determinada conduta, a outra, a omissão dessa conduta, somente uma pode valer, não poderia existir nenhum conflito-normas. Quando de duas normas somente uma vale, não existem duas normas, mas existe somente uma norma e, por isso, nenhum conflito. Pois a validade de uma norma é sua existência específica, e precisamente, ideal, seu existir; e uma norma que não vale não existe, não é norma. A existência de conflitos-norma, isto é, uma situação na qual duas normas valem, das quais uma prescreve uma determinada conduta, a outra, a omissão dessa conduta, não pode ser negada. Conflitos de normas, especialmente entre normas de um ordenamento jurídico positivo determinado e um ordenamen-

---

* Nota do tradutor: por analogia.

to moral determinado nós encontramos demasiadamente frequente. Quando a nós a norma de uma moral manda nunca matar uma pessoa, a norma do direito, porém, manda-nos matar pessoas na guerra e na execução de uma pena de morte, então nós temos, sem dúvida, a escolha, qual das duas nós queremos cumprir e qual nós violar. Mas nós não temos o poder de deixar sem validez a norma que nós não queremos cumprir. Ela permanece em validez; em caso contrário, nós não a poderíamos violar. Mas também conflitos entre normas de um e mesmo ordenamento jurídico, especialmente conflitos dentro de um e mesmo ordenamento jurídico, são possíveis e ocorrem, de modo nenhum, raramente.

À medida que uma norma fixa uma determinada conduta como devida, constitui ela um valor. Quando algo é assim como deve ser, é "bom", é valioso. Quando algo não é assim como deve ser, é "ruim", antivalor. À medida que uma declaração diz respeito à realidade, isto é, indica que algo realmente é ou como realmente é, está na base da diferença entre norma-dever e declaração-ser a oposição de dever* e ser, valor e realidade. Essa oposição nos é, por nosso pensar racional, correspondente aos princípios da lógica, dada como um dualismo inabrogável; assim, sem dúvida, que o dever não pode ser deduzido de um ser, o ser, não de um dever, um não derivado do outro. Disto, que algo é, não pode resultar que algo deve, disto, que algo deve, não pode resultar que algo é. Da realidade não pode ser deduzido nenhum valor, do valor, nenhuma realidade. Nossas declarações sobre a realidade são verdadeiras, quando elas a ela, isto é, à realidade, correspondem. Sua verdade não depende de nossa vontade. Elas são, quando elas são verdadeiras, objetivamente verdadeiras. A declaração: quando um corpo metálico é aquecido ele estende-se, é verdadeira, se isso qualquer pessoa quer ou não e é verdadeira para todos os seres pensantes. Como o valor, porém, consiste na relação para com uma norma, que é o sentido de um ato de vontade, podem valer valores muito distintos e que estão em conflito uns com os outros. Pois a validez de um valor é a validez de uma norma; e para pessoas distintas, em tempos distintos e em lugares distintos valem normas distintas. O dualismo de norma e declaração, dever e ser, querer e pensar tem como consequência inevitável: que existem somente valores subjetivos, nenhuns objetivos, isto é, nenhuns valores, cuja validez é tão objetiva como a verdade das declarações sobre a realidade. É, porém, o valor, segundo sua essência, subjetivo, é ele também somente relativo; relativo para com a vontade, cujo sentido é a norma que constitui o valor e relativo para com as pessoas para as quais essa norma vale e cuja conduta ela regula. Isto é, porém, que a validez de uma norma, que constitui um valor, não exclui a validez de uma outra norma, que está em conflito com ela e, por isso, um outro valor, que está em conflito com o primeiro, assim como a verdade objetiva de uma declaração-ser exclui a verdade de uma declaração-ser que está em conflito com ela. Isso é acertado, especialmente, também então, quando, sob valor, não só se entende a relação para com uma

---

* Nota do tradutor: o substantivo *Sollen* será, neste artigo, traduzido por *dever*, que abrange as três modalidades deônticas, ou seja, mandamento, proibição e permissão.

norma – fixada por um ato de vontade –, mas também a relação de um objeto para com um desejo, quando o juízo, que algo é "bom", significa que é desejado, o juízo, que algo é "ruim", que indesejado.

A subjetividade e relatividade do valor é, porém, uma consequência que para muitos – não para todos – é difícil de suportar. Inicialmente, porque a carência por justificação de nossa conduta não encontra nenhuma satisfação completa pela suposição de valores meramente subjetivos e relativos. Se a validez da norma, à qual nós – frequentemente somente sob esforço poderoso, porque contra nossa propensão – correspondemos, mostra-se, afinal de contas, arbitrária, e, por isso, de modo nenhum exclui a validez de uma norma oposta, não se está tão certo do valor de sua conduta, que corresponde a uma tal norma, como da verdade de uma declaração. Então, porém – e, talvez, sobretudo –, porque não se considera como suficiente a autoridade e, com isso, a força motivadora de um ordenamento moral ou jurídico normativo, quando as pessoas, submetidas a essas ordens, consideram somente como subjetivos e relativos os valores constituídos pelas normas desses ordenamentos. Por isso, a tentativa de provar a validez de normas que não são o sentido de atos de vontade humanos, que não têm de ser "fixadas", "positivas", para valerem, que, em virtude de seu conteúdo, são vinculativas imediata e independentemente da vontade de uma pessoa e que constituem valores que são tão objetivos como a verdade de declarações sobre a realidade. Para alcançar isso tem de, porém, ser anulado o dualismo, imposto a nós por nosso pensar racional-lógico, de ser e dever, realidade e valor, norma e declaração, querer e pensar. Isso somente é possível ao se exceder o âmbito do pensar lógico-racional e, com isso, o âmbito da realidade empírica e seu sentido, quando se admite o recurso a um âmbito transcendental, metafísico, no qual um querer é possível que, simultaneamente, é pensar, um dever que, simultaneamente, ser, normas que, simultaneamente, declarações, um direito que é justiça e, simultaneamente, verdade. É a ascensão da pessoa para deus, da ciência ou filosofia para teologia. E isso é o caminho de um positivismo jurídico ou moral para uma doutrina do direito natural.

II.

O que é comum às distintas definições do direito natural, o essencial daquilo que se denomina "direito natural", é a validez de normas que não são o sentido de atos de vontade humanos; por isso, são os valores, que as constituem, de modo nenhum, arbitrários, subjetivos e relativos. Para responder à questão, como uma pessoa deve comportar-se sob determinadas circunstâncias, não se precisa – segundo a doutrina do direito natural – perguntar sobre o ato de vontade de uma pessoa, que se apresenta como dador de leis morais ou jurídicas, ou sobre um costume, pelo qual a norma procurada foi fixada. Pois a norma procurada resulta da natureza da coisa, à qual a norma diz respeito. Isso são, ou as circunstâncias, sob as quais uma pessoa deve comportar-se em modo determinado, ou a pessoa mesma, cuja conduta está em questão. As circunstâncias são uma parte da realidade e unidas inseparavelmente com o todo da realidade. A natureza da coisa é, assim, a natureza como totalidade da realidade ou a natureza da pessoa. Isso são ou o impulso inerente à pessoa ou aquilo que distingue a pessoa do animal, sua razão. No último caso, o direito natural apresenta-se como direito racional. Em todos os casos, a doutrina do direito natural é caracterizada pela suposição das normas imanentes da natureza e, assim, pela suposição de uma imanência dos valores, constituídos por essas normas, na realidade da natureza em geral ou da natureza da pessoa em particular. É a imanência de um dever no ser. A natureza no geral ou a natureza da pessoa, especialmente sua razão, prescreve à pessoa uma conduta determinada. A natureza no geral ou a natureza da pessoa no particular, especialmente a razão, apresenta-se como autoridade que fixa a norma.

Agora se pode, talvez, consentir que normas não necessariamente têm de ser atos de vontade humanos. De modo nenhum, porém, pode consentir-se que existem normas que não são o sentido de um ato de vontade, ainda que não justamente de um ato de vontade humano. A uma natureza, à qual normas são imanentes, tem de também uma vontade ser imanente, cujo sentido essas normas são. De onde, porém, pode uma tal vontade entrar na natureza que, do ponto de vista do conhecimento racional-empírico, é um agregado de fatos do ser unidos um com o outro como causa e efeito? Uma vontade na natureza é ou uma superstição animista ou é a vontade de deus na natureza criada por ele, a imanência do valor divino na realidade. Se normas são imanentes à natureza da pessoa, especialmente à sua razão, não pode a razão, que de um ponto de vista puramente psicológico somente é uma capacidade de pensar ou de conhecimento, ser a razão humano-empírica. Pois a razão que fixa a norma tem de ser, simultaneamente, capacidade de conhecimento e de vontade. Isso não pode existir no âmbito da realidade empírica, contanto que essa pode ser descrita sem contradição lógica. Mas numa esfera situada do outro lado de toda realidade empírica, transcendental, sobre-humana não encontra, contanto que se supõe sua existência, o princípio da contradição excluída, como um princípio da lógica humana, nenhuma aplicação. Da razão divina pode fazer-se a declaração, cheia de contradição para a razão humana, que ela é, simultaneamente, função de conhecimento e de vontade; de deus pode dizer-se que nele conhecer e querer são um. Assim está escrito já no gênesis (II, 17; III, 5): e deus ordenou às pessoas não comerem da árvore do conhecimento do bem e do mal. Mas a cobra disse para a mulher: se vocês comerem disso, vocês irão ser como deus e saber o que é bom e mau. – Ao deus saber o que é bom e mau ele quer que o bem seja feito, o mal, omitido. Seu querer está compreendido em seu saber. A contradição, que reside nisto, que deus quer ao ele conhecer, é, de um ponto de vista teológico-religioso, do mesmo modo insignificante como a contradição, que reside nisto, que deus, em sua toda-bondade, somente quer o bem e em seu todo-poder, contudo, também cria o mal. A razão, simultaneamente, conhecedora e querente, isto é, a prática, da pessoa, é a razão divina na pessoa que deus criou segundo seu retrato fiel.

III.

Que a suposição de um valor, imanente à realidade, tem caráter metafísico-teológico mostra uma análise daquela filosofia que sustenta, de modo clássico, o princípio do valor imanente à realidade: a doutrina aristotélica da enteléquia.

Enteléquia (εντελεχεια) é o movimento inerente a todas as coisas, dirigido a uma determinada finalidade (τελος). Essa finalidade é: trazer a coisa à sua consumação. É uma finalidade objetiva que a coisa naturalmente tem, isto é, ser assim como deve ser, portanto, ser "bom". Na *Metaphysik*, I, 7, Aristoteles faz valer contra a doutrina das ideias platônica que, segundo essa, a finalidade é uma ideia transcendental, a ideia do bem, enquanto enteléquia é o movimento, imanente às coisas, para o bem. O conceito de enteléquia é a expressão da interpretação teleológica, essencial para a filosofia aristotélica, da natureza. Uma tal, porém, pressupõe, consciente ou inconsciente, explícita ou implicitamente, uma visão fundamental teológica. Para a pergunta inevitável: de onde vem a finalidade da natureza, não existe nenhuma resposta que a suposição de uma autoridade transcendental, que fixa à natureza sua finalidade. Isso também é o caso na filosofia de Aristoteles, embora, em consequência de certas peculiaridades de sua metafísica, não muito claro expressa-se e, por isso, nem sempre é conhecido pela interpretação-Aristoteles tradicional.

O conceito central dessa metafísica é deus como o "movedor não movido". Como tudo a ser movido tem de ser movido por algo, tem de existir um primeiro movente (*Physik*, VIII, 4, 5), algo que move sem ser movido (*Metaphysik*, XII, 7). Isso é a divindade. Ela é "um ser vivo, eterno, melhor" (φαμεν δε τον θεον ειναι Ζωον αιδιον αριστον). Ela é o bem absolutamente, a finalidade suprema, absoluta. (*Über das Himmelsgebäude*, II, 12). Como todo movimento parte da divindade, direta ou indiretamente, e todo movimento é dirigido para o bem, como para a finalidade, imanente à natureza, pode esse movimento em direção ao bem somente ser a finalidade fixada à natureza pela divindade, pode o bem na natureza somente ser o valor divino imanente à realidade. Como um valor somente pode ser fixado por uma vontade, tem de ser o bem na natureza a vontade divina na natureza. De fato, diz Aristoteles expressamente: "deus e a natureza não fazem nada sem finalidade" (ο δε θεος χαι η φυσις ουδεν ματην ποιουσιν) (*Über das Himmelsgebäude*, I, 4). Na *Nikomachischen Ethik* (VII, 1153 b) está escrito: "O divino vive da natureza em tudo" (παντα φυσει εχει τι θειον). Na *Eudemischen Ethik* (VIII, 2): "A questão é, verdadeiramente, o que é o início do movimento na alma. Notoriamente é, como no universo, no fundo, assim também aqui, a divindade. Pois tudo é, realmente, finalmente, movido pela divindade." E no tratado: *Über Werden und Vergehen* (II, 10), nós lemos: "Deus consuma o ser todo ao ele transformar o devenir em um essencial que tem a sua finalidade em si mesmo ... todos os seres naturais aspiram para o eterno e imodificável e apresentam, tanto como possível, sua conexão interior com o essencial e substancial, ao eles, sempre de novo, criarem-se."[1]

Uma interpretação do mundo consequentemente teológica é necessariamente unida com a suposição que deus, ao mundo, tem de ser não só transcendente, mas também imanente. Uma ideia que Goethe expressou em forma poética:

"Que deus seria, que só impele de fora
No círculo deixa correr no dedo o universo!
A ele convém mover o mundo no interior
Natureza em si, cuidar-se em natureza.
De modo que, o que nele vive e tece e é
Nunca sente a falta de sua força, nunca de seu espírito."[2]

A imanência de deus no mundo não é, de modo nenhum, somente próprio do panteísmo. Também a teologia católica não pode evitar a suposição de uma imanência de deus no mundo. Eu cito um teólogo católico, o jesuíta Walter Brugger: "A verdadeira imanência do mundo em deus e deus no mundo não anula a transcendência de deus."[3] A ideia da imanência de deus no mundo é obscurecida na metafísica de Aristoteles pelo fato de ele descrever a essência de deus como mero pensar, como mera razão pensante (νους); e o fato, por ele afirmado, que de deus, como o primeiro movedor, parte todo movimento na realidade, no modo seguinte tentar esclarecer: "deus, como o melhor e, por isso, o mais digno de anelar, move como algo que é amado" (χινει δε ως ερωμενον) (*Metaphysik*, XII, 7). Porém, finalmente, Aristoteles realmente consente que a finalidade, imanente à natureza, é uma finalidade fixada à natureza pela vontade de deus. Ele apresenta a questão (*Metaphysik*, XII, 10): "De que modo a natureza compreende em si o universo, o bem e o melhor." Isso significa pois, certamente, como a finalidade entra na natureza. E ele responde essa questão ao ele fixar a relação entre deus e a natureza em paralelo para com a relação entre um comandante do exército e a ordem de seu exército. "No exército o bem reside tanto na ordem como no comandante do exército, e precisamente, mais ainda no último: pois, não o comandante do exército é por causa da ordem, mas a ordem é por causa do comandante do exército." A ordem do exército é ordem do comandante do exército e, assim, fixada pela vontade do comandante do exército. Ela é boa porque a vontade do comandante do exército é boa. Assim é a ordem da natureza fixada pela vontade de deus. Ela é boa porque a vontade de deus é boa. O bem na natureza é a boa vontade de deus. Por fim, está escrito: "O existente não quer ser mal regido." A que segue a citação-Homero: "Nunca o domínio de muitos é de utilidade; um seja soberano." Se o ser é bom, é bom porque ele é regido por deus, porque ele cumpre a ordem do comandante do exército divino. A razão pensante de deus revela-se, finalmente,

---

[1] Segundo a tradução de Franz Biese: Die Philosophie des Aristoteles, Berlin 1835, I. Bd., S. 480.

[2] Gedichte: Gott, Gemüt und Welt (Gedichte 1812-1814).

[3] Philosophisches Wörterbuch, herausgegeben von Walter Brugger, S. J., 4. Aufl., Freiburg 1951, Artikel: "Immanenz", S. 162.

como uma razão querente também, porque ordenadora em forma de comandante do exército.[4]

Mas também a razão humana é, segundo Aristoteles, não somente uma razão pensante, conhecedora, mas também uma querente, porque ordenadora, parte do movimento. A contradição interior, que reside no conceito de uma razão pensante e, simultaneamente, querente, expressa-se claramente pelo fato de Aristoteles fender a razão em uma teórica e uma prática (na νους θεορητιχος e na νους πραχτιχος). Esse conceito duplo encontra-se em seu tratado *Über die Seele* (XII, 10). Lá está escrito, o movimento tem duas causas: o impulso (ορεξις) e a razão (νους). Como causa do movimento, a razão entra em consideração, contanto que ela diga respeito ao atuar, que ela fixe à pessoa um atuar determinado. Precisamente com isso ela é razão prática. A função essencial da razão prática é prescrever, ordenar. Todavia, diz Aristoteles, que é a razão pensante que manda, que ordena fazer algo ou omitir (III, 9). Mas isso psicologicamente não é possível. Um mandamento, uma ordem somente pode ser o sentido de um querer. Na *Ethik* (I, 13), onde Aristoteles distingue entre uma parte racional e uma sem razão da alma e, dentro da parte sem razão, uma parte vegetativa e uma anelante, ele diz, a parte vegetativa, sem dúvida, não tem nenhuma comunidade com a razão, mas a parte anelante tem, em certo modo, parte nela, "contanto que ela a ela é dócil e presta obediência", de modo que, "em certa maneira, o irracional deixa trazer-se, pela razão, à obediência". Uma razão, que ordena e é obedecida, pode somente ser uma razão pensante e, simultaneamente, querente, isto é, precisamente, uma prática. Isso pode, porém somente ser uma razão divina ou a razão divina na pessoa. Isso, todavia, Aristoteles mesmo não afirmou. A consequência da doutrina da razão aristotélica primeiro Thomas von Aquino, seu aluno fiel, tirou.

IV.

Assim como parece ser natural que a metafísica aristotélica, com sua doutrina da enteléquia, isto é, a imanência do valor na realidade, tem de levar a uma doutrina do direito natural, assim, porém, a visão universalmente sustentada, que a filosofia aristotélica contém uma doutrina do direito natural ou, até, a opinião,

---

[4] Já C. A. Brandeis: Geschichte der Entwicklung der griechischen Philosophie, Bd. I, 1862, S. 486, afirma que somente se pode entender a metafísica aristotélica, "quando se supõe que a idéia divina, de alguma maneira, entra no mundo". Sobre isso, a interpretação mais recente de Aristoteles, especialmente Werner Jaeger (Aristoteles, 2. Aufl., Berlin 1955), que recusa a teoria da imanência, não pode passar. Ele expõe (S. 411): "A unidade de deus com o mundo não é nem produzida pelo fato de ele o penetrar, nem assim, que ele cuida em si a totalidade das formas como mundo inteligível, como se considerou, mas o mundo depende (ηρτηται) dele: ele é a sua unidade, embora ele não esteja nele. Ao cada ser realizar, aspirando a, sua própria forma, ele realiza em sua parte aquela perfeição infinita, que ele, como todo, é." Se cada ser, para si, realiza aquilo que deus é, realiza ele, em si, deus, está deus *em* cada ser. Deus não pode ser a unidade do mundo e não estar *no* mundo; pois a unidade do mundo não pode estar fora do mundo. A unidade de um objeto, que está fora desse objeto, é uma não ideia, que não se pode atribuir ao Aristoteles, porque ele, de algum fundamento, não acentuou particularmente a imanência de deus no mundo, que inevitavelmente resulta de sua doutrina-enteléquia. De resto, Jaeger mesmo cita a passagem acima citada da *Eudemischen Ethik*, na qual a imanência de deus no universo e na alma humana claramente se expressa. E a *Eudemische Ethik* tem de, segundo Jaeger, ser considerado como uma obra de Aristoteles.

às vezes sustentada, que Aristoteles é o fundamentador dessa doutrina, não resiste a exame crítico.[5]

Como o direito natural apresenta uma justiça que resulta da natureza, justiça, porém, é uma exigência da moral, pode a posição de Aristoteles para com a doutrina do direito natural somente em conexão com sua doutrina da justiça e sua doutrina da justiça somente em conexão com sua ética ser entendida. Nesse sentido, tem de, inicialmente, ser comprovado que a ética aristotélica é discrepante.[6] Objeto da sua ética é o "bem", "a que todos aspiram" (1094 a), isto é, o objetivo da vida humana. Esse bem é a felicidade, "o bem extremo" (1097 b), e essa felicidade Aristoteles identifica com a virtude (1098 b). Como já em seu *Protreptikos*, Aristoteles designa também em sua *Nikomachischen Ethik* como esse bem extremo o conhecimento puro, a atividade que considera da pessoa. No livro X. ele qualifica ele como "a virtude mais excelente" (1177 a). Ele envolve afastamento das coisas mundanas e dedicação às eternas, com o que a atividade que considera é proclamada como o valor moral extremo. Por isso, Aristoteles apresenta a divindade como pensar puro. Em contrapartida, porém, Aristoteles reconhece também uma moral política que diz respeito à conduta dos cidadãos no estado e, por isso, não é compatível com a moral do conhecer puro. Essa moral política é o objeto principal da *Nikomachischen Ethik*. Do ponto de vista dessa moral política, é a justiça "a perfeita" e "a inteira" virtude (1129 b, 1129/30 a). Mas, após no livro X. a atividade que considera ser elogiada como a "virtude mais excelente" e "atividade mais primordial", está escrito: "Em segundo lugar é feliz aquela vida que é segundo as outras virtudes" e sob essas "outras virtudes" é mencionada, em primeiro lugar, a justiça (1178 a).

Essa contradição Aristoteles tenta cobrir pelo fato de ele, no início do segundo livro, declarar: "A virtude é de tipo duplo, ética e de acordo com o intelecto", com o que a virtude do conhecimento puro é qualificada como uma virtude não ética. Mas uma "virtude" não ética é uma contradição em si mesma, contanto que "virtude" apresenta o "bem" e, assim, um valor moral.

A moral, que apresenta o objeto principal da *Nikomachischen Ethik*, é uma moral política, uma vez que Aristoteles designa essa ética como "ciência política" (πολιτιχη [επιστημη]) e o justo expressamente como "objeto da ciência política" (1094 a) e acentua que ele pergunta "sobre o justo no estado" (ρολιτιχον διχαιον) (1134 a). Esse bem não é a ideia transcendente do bem de Platão, mas "o bem para as pessoas" (1094 a); "O bem para as pessoas" no geral, mas, no particular, "o bem para o estado". Pois Aristoteles diz: "Pode, exatamente, também o bem ser o mesmo para o particular e o estado, assim parece ser, porém, maior e mais perfeito tomar e guardar o bem para o estado; satisfatório é, sem dúvida, já em uma única pessoa, mais bonito e divino, porém, para povos e estados."

---

[5] Comparar para isso, Walther Eckstein: Das antike Naturrecht in sozialphilosophischer Beleuchtung, Wien 1926, S. 72.

[6] Comparar Olof Gigons Einleitung zu seiner Übersetzung der Nikomachischen Ethik: Aristoteles Nikomachische Ethik, eingeleitet und neu übertragen von Olof Gigon. Artemis-Verlag, Zürich 1951, S. 40.

Como o bem é felicidade e felicidade virtude, Aristoteles está diante da questão: o que é virtude (1101 b)? Sua resposta imediata é: "Parece o homem de estado verdadeiro, sobretudo, esforçar-se por ela. Pois ele quer que os cidadãos tornem-se virtuosos e obedientes às leis; um exemplo nós temos nos dadores de leis dos cretenses e espartanos." Isso significa: virtude é algo que o homem de estado, como dador de leis, quer produzir ao ele trazer os cidadãos a isto, de obedecer às leis do estado, ao direito positivo, portanto. Justiça é uma virtude, sim, a "perfeita" e "inteira" virtude, uma virtude do cidadão e, como tal, ela consiste na conduta segundo o direito positivo. Assim, exclui Aristoteles, de antemão, já no primeiro livro da *Nikomachischen Ethik*, uma justiça distinta do direito positivo, que está, com ele, possivelmente, em conflito.

Aristoteles distingue, como já observado, uma virtude "de acordo com o intelecto" e uma "ética". A justiça é uma virtude ética. Desta, diz Aristoteles no início do segundo livro (1103 a): "A virtude ética resulta da virtude" e "que nenhuma das virtudes éticas a nós naturalmente é dada. Pois nenhum objeto natural pode adquirir outros costumes. A pedra, que naturalmente cai, nunca irá acostumar-se a ascender para cima, também quando se exercitasse mil vezes atirar ela para cima – do mesmo modo também o fogo não vai para baixo e, também em geral, nenhum ser deixa acostumar-se de outra forma como ele é de natureza. As virtudes não são, portanto, nem de natureza nem contra a natureza. Nós somos, ao contrário, de natureza formados para isto, acolher elas, mas consumadas elas são pela habituação."

Como nenhuma das virtudes éticas a nós naturalmente é dada, justiça, porém, é uma virtude, não é a justiça a nós naturalmente dada. Justiça não pode a nós naturalmente ser dada, pois sob natureza entende Aristoteles aqui o decurso, necessário e inalterável, do ocorrer. Naturalmente cai a pedra, naturalmente vai o fogo para cima. A pessoa não é naturalmente justa, assim como a pedra naturalmente cai e o fogo naturalmente para cima vai. Pois a pessoa pode ser justa ou injusta. A pedra, porém, não pode cair ou ascender, o fogo não para cima ou baixo ir. Justo é quem se comporta assim como ele deve comportar-se, mas também se pode comportar de outra forma, portanto, ser injusto. Como "naturalmente" é o que necessariamente assim é como é e não pode ser de outra forma, não é justiça, como virtude, "nem naturalmente nem contra a natureza". Não é, porém, justiça naturalmente dada, não pode existir direito natural. Pois direito natural é a justiça dada naturalmente. Virtuoso no geral e, por isso, justo no particular não se torna naturalmente, mas por causa do direito: "Uma prova" para isto, que as virtudes éticas não são dadas naturalmente, "é também aquilo que ocorre nos estados". Pois os dadores de leis fazem os cidadãos, por habituação, virtuosos e isso é o objetivo de cada dador de leis, não só – como antigamente dito – do "verdadeiro" homem de estado. O dador de leis, não a natureza faz os cidadãos virtuosos e, portanto, também justos. Ele faz eles virtuosos e especialmente justos ao ele fazer eles obedientes às leis. Cada dador de leis tem esse objetivo. Portanto, é justo: a todas as leis do estado obedecer. Aristoteles acrescenta, todavia: "Quem isso não faz habilmente, ele faz um erro e justamente nisso distingue-se uma constituição boa de uma ruim." Poderia ser-se propenso a supor, Aristoteles ensina: o bom homem de estado faz os cidadãos somente virtuosos pelo fato de ele submeter eles a leis boas, isto é, justas. Isso, contudo, não é considerado com as proposições acima citadas. Seu sentido é: *cada* dador de leis quer fazer os cidadãos virtuosos, ao ele trazer eles a isto, obedecer às leis por ele promulgadas. Não sempre ele consegue isso. Se ele não consegue, então isso não tem a sua causa nisto, que ele é injusto e, por isso, dá leis ruins, injustas, mas nisto, que ele não emprega os meios idôneos para trazer os cidadãos à obediência perante as leis por ele promulgadas. Aristoteles tem, nisso, presumivelmente, em vista aquilo a que ele, no início do terceiro livro (1109 b 16 – 1110 a 15), remete: a "homenagens e correções" que o dador de leis prescreve como reação ao cumprimento e não cumprimento das leis por ele promulgadas. Fosse Aristoteles da opinião que um homem de estado faz os cidadãos somente virtuosos pelo fato de ele submeter eles a leis boas, isto é, justas, teria de ele, certamente, ter posto a distinção entre leis boas e ruins, justas e injustas no ápice de sua investigação. As palavras: "E justamente nisso", isto é, que um dador de leis mostra-se hábil ou não hábil, "distingue-se uma constituição boa de uma ruim", não podem ser interpretadas no sentido: nisso distingue-se um ordenamento jurídico, o bom, isto é, contém leis justas, de um ordenamento jurídico que leis ruins, isto é, injustas. A constituição de um estado não é idêntica com as leis promulgadas pelo dador de leis constitucional.

Em seguimento a essas exposições Aristoteles acentua, ainda uma vez, que não se é naturalmente bom ou ruim, portanto, também não naturalmente justo ou injusto. Ele diz: um bom tocador de cítara torna-se ao se tocar cítara bem, um bom mestre de obras, ao se construir bem, um ruim, quando se constroi ruim. As qualidades [bom e ruim] nascem das atividades correspondentes. "Se, realmente, não se sucedesse assim, então não se careceria de absolutamente nenhum professor, mas todos seriam naturalmente bons ou ruins. Assim sucede, portanto, também nas virtudes." Isto é – como justiça é uma virtude –, não se é naturalmente justo, ou: o que é justo não resulta da natureza da pessoa, mas de outra parte. Tem de, à pessoa, de alguma maneira, de fora ser ensinado. Do prévio resulta: das leis do estado. Aristoteles diz, porém, aqui: é necessário um professor, isto é, tem de ser ensinado à pessoa, ser ensinado da ciência política da ética, que, como ele diz antes: "promulga leis sobre isto, o que se tem de fazer e de omitir." Porém, nisso, Aristoteles mistura a ciência política com a política como a atividade do homem de estado como dador de leis. Ele declara, certamente também, imediatamente a seguir (1103 b 1 até 1103 b 27): "Como, agora, a investigação atual não deve servir à investigação pura como as restantes (pois nós não perguntamos para saber o que seja a virtude, mas para que nós nos tornemos virtuosos, uma vez que nós, de outra forma, nenhuma utilidade teríamos dela), assim nós temos de examinar as atuações, como se deve executar elas." Aqui Aristoteles ilude a mistura, que pode ser observada também hoje ainda quase universalmente, de normas que descrevem ciências, como ética e ciência do direito, com o objeto dessas ciências, a moral prescribente e o direito prescribente; uma mistura que está baseada no conceito aristotélico da razão prática (νους πραχτιχος). Pois Aristoteles continua: "Que se deve atuar segundo conhecimento reto é um princípio geral e seja aqui pressuposto." E (1114 b 25), depois que ele qualificou as virtudes como um intermediário, Aristoteles diz: "que elas estão em nossa força e são espontâneas e assim como a razão reta prescreve."

Também em uma outra conexão Aristoteles recusa a ideia de uma justiça natural. Quando ele expõe que virtudes não são "capacidades", ele diz: "Nós não significamos bom porque nós somos capazes para alguns afetos e também não ruins por causa disso e também não recebemos, por causa disso, elogio ou repreensão. Ademais, nós somos para algo capazes de natureza; nobre ou ordinário [e, assim, justo ou injusto], em compensação, nós não nos tornamos de natureza" (1105 b até 1106 a). Portanto, também aqui: não existe nenhuma justiça "de natureza".

Ao problema da justiça está dedicado o livro V. da *Nikomachischen Ethik*. Aristoteles distingue conceitos distintos da justiça. Está escrito aqui: "Justo é quem observa essas leis e segue a igualdade. Justo é, portanto, o legal e o igual, injusto, o antilegal e desigual" (1129 a). Segundo isso, o princípio da legalidade e o princípio da igualdade parecem dois tipos de justiça distintos, que estão um ao lado do outro. Logo depois, porém, está escrito: "Se agora o antilegal vale como injusto e o observador das leis como justo, então é claro que todo legal é, em um certo modo, justo. O que é determinado pelo dador de leis é legal e cada particular disso [isto é, cada determinação particular das leis] nós denominamos justa." Essa justiça é idêntica com juridicidade, em que, sob "direito", tem de ser entendido o direito positivo, qualquer que seja o conteúdo que ele possa ter. Aristoteles não distingue aqui entre um direito positivo justo e injusto. "Cada direito positivo é justo, pois 'todo' legal, isto é, o direito realmente fixado por um dador de leis, é 'justo'." "Todo o âmbito das atuações prescritas pelas leis são atuações que são prescritas pela virtude em sua extensão toda. A lei ordena a viver segundo cada virtude particular e proíbe a atuação de cada vício particular" (1130 b). Como justiça é uma virtude e o direito positivo ordena a viver segundo cada virtude particular, tem de o direito positivo, *cada* direito positivo, ser justo. E, em uma conexão posterior (1134 a 28), está escrito: "O verdadeiro justo está entre pessoas que têm entre si uma lei. E uma lei está aí onde existe injustiça. Pois o direito [isto é, certamente, o direito positivo] é a separação do justo e do injusto." E na *Politik* (livro I., Capítulo 2., 1253 a) está escrito: "A justiça, porém, o conteúdo de cada moralidade, é uma coisa estatal. Pois o direito é nada mais que a ordem dominante na comunidade estatal e, justamente, esse direito [isto é, o direito positivo] é também que decide sobre isto, o que é justo." Isso significa, não mais e não menos, que o direito positivo e justiça convergem.

Se o princípio da igualdade fosse um princípio da justiça, distinto do princípio da legalidade e que está ao lado do princípio da legalidade, então teria de, entre o princípio da legalidade e o da igualdade, ser possível um conflito. Um direito positivo, que viola o princípio da igualdade, teria de – visto do ponto de vista do princípio da igualdade – valer como injusto. Isso, contudo, segundo Aristoteles, não é o caso. Pois ele apresenta o conceito da legalidade, o conceito da juridicidade positiva, como o conceito mais amplo da justiça que abarca em si o conceito de igualdade como um conceito de justiça particular. Ele diz da legalidade: "Essa justiça é a virtude perfeita" (1029 b 14); e: "Essa justiça não é uma parte da virtude, mas a virtude inteira e a injustiça, oposta a esta, não uma parte da ruindade, mas a ruindade toda." E ele prossegue: "Nós procurarmos agora a justiça como parte particular da virtude. Nós afirmamos, exatamente, que ela existe. Do mesmo modo vale isso da injustiça como vício particular ... Existe, portanto, uma injustiça como parte da injustiça toda e um injusto como parte do injusto todo no sentido do antilegal" (1130 a 5). Portanto, tem de existir uma justiça como parte da justiça toda, da justiça no sentido da legalidade como a juridicidade positiva. A justiça particular, que é uma parte da justiça toda como a juridicidade positiva, é a igualdade. Pois está escrito no que segue: "Que existem vários tipos de justiça e uma justiça particular ao lado da virtude toda [que é a juridicidade positiva] é claro. O que e como ela é, tem de ser investigado" (1130 a 27). Aristoteles comunica somente o resultado dessa investigação. E o resultado é: que essa "justiça particular" é a igualdade e que essa igualdade particular está para a justiça, que é a virtude toda, assim "como parte e todo"; "pois todo desigual é antilegal, mas não todo antilegal é desigual – ... Pois cada injustiça é uma parte da injustiça toda e, do mesmo modo, a justiça correspondente [isto é, o princípio da igualdade], uma parte da justiça", da justiça toda, que é a legalidade, isto é, a juridicidade positiva. Entre esta justiça e a justiça da igualdade não pode existir conflito, pois esta está contida naquela. Todas as normas do direito positivo são justas, mas no interior dessas normas existem tais que são justas em um sentido particular: aquelas que aplicam o princípio da igualdade.

Agora, Aristoteles não pode ignorar o fato que existem ordenamentos jurídicos positivos que, de modo nenhum, tratam igualmente todos os cidadãos. Ele diz: "As leis dizem respeito a todas as relações possíveis e sua intenção é ou o melhor geral de todos os cidadãos ou o dos melhores ou dos governantes, e precisamente, ou no sentido da virtude ou em um outro tal sentido" (1129 b 14). Como ordenamento jurídico positivo é justificado, portanto, também um tal como justo, que não é dirigido ao bem-estar de todos os cidadãos, mas somente de um grupo preferido. Pois essa preferência é apreciada como justa, uma vez que como seu critério é considerada a "virtude" ou então "algo tal", isto é, um valor moral. Nessa preferência Aristoteles não vê nenhuma violação daquilo que ele chama "igualdade". E para poder justificar não somente um ordenamento jurídico democrático, mas também um aristocrático e monárquico como em conformidade com o princípio da igualdade, ele desenvolve sua doutrina da proporcionalidade como igualdade. Todos os ordenamentos jurídicos positivos, diz ele, "concordam nisto, que o justo tem de basear-se no distribuir de um determinado valor. Porém, esse valor não vale para todos como o mesmo, mas os democratas vêem ele na liberdade, os oligarcas na riqueza, outros na nobreza e os aristocratas na virtude. O justo é, portanto, algo proporcional. Proporcionalidade é uma igualdade das relações ..." (1131 a 12). "A justiça é, portanto, aquela virtude pela qual o justo ... procede segundo a igualdade proporcional ..." (1134 a 4). A justiça proporcional é a distribuição com base em um valor, algum valor, se isso agora é liberdade, riqueza ou virtude. Isto é, porém: com base naquilo que se considera como um valor. Assim, o conceito de igualdade é substituído pelo do valor subjetivo e, por isso, relativo. E assim, pode cada ordenamento jurídico, que distribui deveres e direitos segundo algum valor subjetivo e, por isso, relativo – e cada ordenamento jurídico positivo distribui deveres e direitos segundo um tal valor –, ser justificado como em conformidade com o princípio da igualdade.

Essa identificação do direito positivo com a justiça é incompatível com uma doutrina do direito natural autêntica. Pois essa tem de consentir a possibilidade de uma contradição – pelo menos, em princípio – entre ambos, ainda que ela esforce-se por limitar essa possibilidade a um mínimo.

Em sua justificação do direito positivo Aristoteles não vai tão longe de qualificar todos os ordenamentos jurídicos positivos como do mesmo valor. A lei, está escrito, ordena todas as virtudes e proíbe todos os vícios, e precisamente, "procede ela nisso corretamente e bem, quando ela mesma é boa, menos corretamente e bem, quando ela é negligentemente [descuidado: $\alpha\pi\epsilon\sigma\chi\epsilon\delta\iota\alpha\sigma\mu\epsilon\nu\sigma\varsigma$][7] projetada" (1129 b 14). A diferença de valor é somente um grau maior ou menor do ser-bom ou -correto. E essa diferença não é reduzida à intenção da lei, mas à técnica legislativa, isto é, a isto, que uma lei é cuidadosamente redigida, a outra, porém, negligentemente.

Disto, que "todo legal é justo" e a lei ordena "viver segundo cada virtude particular", iria seguir que um bom cidadão, isto é, uma pessoa, cuja conduta corresponde a todas as normas do direito positivo, também tem de ser uma pessoa moralmente boa, justa. Mas, não completamente de acordo com a identificação do direito positivo com a justiça, diz Aristoteles: "Eu acho que, pois realmente, talvez ser uma pessoa boa e um cidadão bom em cada estado respectivo não completamente é o mesmo." Parece que o autor da *Nikomachischen Ethik* realmente ficou algo temeroso diante da consequência da identificação de justiça e legalidade. Mas nisto, que, segundo o texto, presente a nós, o direito positivo é identificado com a justiça, não pode ser duvidado.

Isso é, no fundo, somente uma consequência possível da suposição, que uma realidade, que é imanente ao valor, em princípio, tem de ser boa. Pois o direito positivo é o direito fixado por atos reais, o direito real, de fato existente e tem de, por isso, no essencial, ser considerado como bom, isto é, porém, como justo. Nisso, mostra-se a contradição interna de uma doutrina do direito natural que quer proporcionar uma medida de valor para o direito positivo. Ela pode da natureza, especialmente da natureza da pessoa, somente deduzir as normas justas se essa na-

---

[7] $\sigma\chi\epsilon\delta\iota\alpha\sigma\mu\sigma\varsigma$: o falar e atuar improvisado; $\sigma\chi\epsilon\delta\iota\alpha\zeta\omega$: ser descuidado, fazer algo improvisado, fazer levianamente.

tureza é boa. É ela, porém, boa, não carece de nenhumas normas que prescrevem como as pessoas devem comportar-se, uma vez que elas, realmente, segundo sua natureza, têm de comportar-se assim. De tais normas somente carece quando a natureza da pessoa não é boa. O direito está, como Thomas von Aquino diz, aqui não por causa dos bons, mas dos maus.[8] É, porém, a natureza da pessoa má, não pode dela ser deduzida nenhum direito natural. A doutrina aristotélica da enteléquia pressupõe uma, em princípio, boa realidade, apresenta uma interpretação da natureza otimista. Por conseguinte, é somente consequente quando a ética aristotélica, no essencial, termina em uma justificação da moral positiva e do direito positivo como a ordem social realmente estabelecida pelas pessoas.

A distinção de φυσιχον διχαιον e νομιχον διχαιον, do naturalmente e do legalmente justo realiza-se nesta proposição: "O politicamente justo é, em parte, naturalmente, em parte, legalmente, justo." Sob o politicamente justo (πολιτιχον διχαιον) pode ser entendido nada mais que o direito positivo de uma comunidade de livres e iguais. Pois, antes, está escrito: "que o objeto, que nós agora investigamos, é tanto o justo absolutamente como o politicamente justo (πολιτιχον διχαιον). O último é o justo que tem lugar entre tais que, para a finalidade da vivência em comum posta sobre auto-satisfazer, são membros de uma comunidade, como livres e iguais" (1134 a). Com φυσιχον e νομιχον διχαιον Aristoteles distingue dois tipos do direito estatal positivo. Isso é possível, porque το διχαιον significa tanto justiça como direito positivo. A diferença entre φυσιχον e νομιχον διχαιον consiste nisto, que o justo natural "em toda a parte tem a mesma validez e não é direito pelo fato de as pessoas considerarem ele como ou não considerarem ele como; legalmente justo, em compensação, é o que originalmente, sem diferença essencial, pode ser e valer assim ou de outra forma, que, porém, assim que as pessoas o fixaram, não mais é indiferente". Isto é: sob as normas do direito positivo existem tais que regulam um objeto em determinado modo, em que esse objeto pode ser regulado somente assim e não de outra forma, como, por exemplo, normas que proíbem assassinato e furto; e normas que regulam um objeto em determinado modo, em que, contudo, esse objeto pode ser regulado também em outro modo, de modo que essas normas têm um caráter arbitrário; como, por exemplo, normas que regulam o tráfego ao elas prescreverem que se deve desviar veículos que vêm em sentido contrário pela direita e não pela esquerda. Como se trata, no naturalmente justo, de normas do direito positivo, Aristoteles tem de recusar a opinião que o naturalmente justo é imodificável: "Algumas pessoas são, precisamente, da opinião: no fundo, todo direito é somente um fixado; pois, dizem elas, tudo o que é de natureza é inalterável e tem, em toda a parte, a mesma força, como, por exemplo, o fogo queima aqui tão bem como nos persas, enquanto nós vemos alterarem-se realmente os conceitos sobre aquilo que é direito. Isso, porém, não é o caso, mas somente até um certo grau. Sem dúvida, nos deuses não deveria, certamente, no fundo, de modo nenhum, poder tratar-se de uma tal alteração; somente em nós pessoas existe, todavia, sem

---

[8] Summa theologica, I-II, 96, Art. 5.

dúvida, também um direito natural; somente um tal direito natural é, porém, sempre também alterável." Alterável, porém, somente até um certo grau! Também as normas do direito positivo, que, como as proibições do assassinato, do furto, e assim por diante, de modo nenhum são arbitrárias, não são completamente iguais em toda a parte. Elas são, em tempos distintos, em povos distintos, distintas. Mas essas alterações mantêm-se dentro de determinados limites. A diferença entre as normas do direito positivo, designadas como "naturalmente" justas, e as normas do direito positivo, designadas como meramente "legalmente" justas, é somente esta, que aquelas são alteráveis em um grau muito mais reduzido que estas. Com isso, porém, a primeira definição do "naturalmente justo" como aquilo "que, em toda a parte, tem a mesma validez", é consideravelmente modificada. Pois, se ele – ainda que somente em uma medida mais reduzida – é alterável ele não pode ter, em toda a parte, a mesma validez. Com isso, porém, é recusada a suposição de um direito natural autêntico, isto é, em toda a parte e sempre, com o mesmo conteúdo e vigente para todas as pessoas.[9]

---

[9] Depois que está dito: "um tal direito natural é sempre também alterável", está escrito: "Mas, não obstante, existe um direito que, de natureza, é um tal e um direito que, de natureza, não é um tal. De qual tipo e composição, porém, isto é, qual deles, o que também pode ser de outra forma, é de natureza e aquilo que não é (justo) de natureza, mas por lei e acordo – já que ambos são alteráveis – isso é manifesto." Se ambos os tipos de justiça são alteráveis, de modo nenhum, é manifesto decidir de qual tipo e composição o naturalmente e o legalmente justo é. A isso acresce que aqui o naturalmente e o legalmente justo são apresentados como dois tipos do justo dentro daquilo "que também pode ser de outra forma", enquanto, realmente, antes aquilo que pode ser assim ou de outra forma, como o legalmente justo é distinguido daquilo que, em toda a parte, tem a mesma validez, como o naturalmente justo. Então, está escrito, mais além: "E também sobre as outras coisas essa determinação irá-se deixar aplicar ajustadamente; pois, de natureza é, por exemplo, a mão direita a mais forte e, mesmo assim, é, por certo, possível que existem pessoas que usam ambas as mãos igualmente bem." Se, com isso, deve ser dito que uma regra natural pode ter exceções, então isso é algo de outra forma como a afirmação mais antiga, que não só o legalmente justo, mas também o naturalmente justo é alterável. Pois, na alterabilidade do direito positivo não se trata de exceções de uma regra. Também o parágrafo seguinte é logicamente, de modo nenhum, livre de objeções: "A respeito das determinações do direito, que se baseiam em acordo e utilidade, assim é com eles semelhante como com as medidas e pesos; pois também as medidas de vinho e de grãos não são, em toda a parte, as mesmas, mas, onde se compra, maiores, onde se vende, menores." Isso é – literalmente – impossível, uma vez que compra e venda somente são dois lados de uma e mesma transação. É, com isso, considerado que no comércio por atacado, pelo mesmo preço, é vendido e comprado uma maior quantidade de vinho e cereais que no comércio por varejo, então é incompreensível o que isso tem a ver com a alterabilidade do naturalmente justo. As determinações do direito, que se baseiam em acordo e utilidade, têm de, aqui, ser pressupostas como naturalmente justas. Pois, no que segue, está escrito: "Do mesmo modo são, precisamente, também os direitos não de acordo com a natureza, mas somente humanos não em toda a parte os mesmos, já que, certamente também, as constituições não em toda a parte são as mesmas." Portanto, as constituições não são de acordo com a natureza, mas somente direito humano, isto é, normas jurídicas fixadas por pessoas. Mas, no que segue, a constituição é designada como direito natural: "Em toda a parte é somente uma constituição a de acordo com a natureza, ou seja, a melhor." Se, porém, em toda a parte, somente uma constituição é de acordo com a natureza, esse direito natural não pode ser alterável. Também além disso o capítulo contém exposições que são tão notoriamente duvidosas, que mal podem ser atribuídas a um pensador tão grande como Aristoteles. Assim, quando é afirmado, um homem que coabita com uma mulher, da qual ele sabe que ela é casada, mas sem que ele tenha refletido antes o ato, mas de paixão, e uma pessoa que roubou algo, atuam, sem dúvida, injustamente, não são, porém, injustos ($\alpha\delta\iota\chi\epsilon\iota\ \mu\epsilon\nu\ o\upsilon\nu,\ \alpha\delta\iota\chi o\varsigma\ \delta\ o\upsilon\chi\ \epsilon\sigma\tau\iota\nu$). Sobretudo, porém: depois que (1129 b 18, 19) vale como justo aquilo que efetua e guarda a felicidade pela comunidade de estados ($\pi o\lambda\iota\tau\iota\chi\eta\ \chi o\iota\nu\omega\nu\iota\alpha$) e que a lei estatal prescreve todas as virtudes, portanto, também a virtude da justiça e que essa justiça, garantida pela lei estatal, é a mais significativa das virtudes e depois que, no capítulo acima mencionado (1134 a 20), é esclarecido, aqui, Aristoteles quer procurar "o justo no estado" ($\pi o\lambda\iota\tau\iota\chi o\nu\ \delta\iota\chi\alpha\iota o\nu$), está escrito posteriormente (1134 b 13): "O [direito] estatal não é nem justo nem injusto" ($o\upsilon\delta\ \alpha\rho\alpha\ \alpha\delta\iota\chi o\nu\ o\upsilon\delta\epsilon\ \delta\iota\chi\alpha\iota o\nu\ \tau o\ \pi o\lambda\iota\tau\iota\chi o\nu$), "pois ele é aquilo segundo a lei e existe somente naqueles que, segundo sua natureza, são capazes das leis." Antes, porém, justiça

Como o direito positivo – realmente, no fundo, somente o direito positivo – é justo, de modo algum entra em consideração a possibilidade, essencial para uma doutrina do direito natural autêntica, de um conflito entre o φυσιχον διχαιον e o νομιχον διχαιον. Menos ainda, que para o caso de um tal conflito, é afirmada a invalidade do direito positivo, isto é, do νομιχον διχαιον. Um tal conflito também, segundo o modo como Aristoteles apresenta a diferença entre φυσιχον e νομιχον διχαιον em sua *Nikomachischen Ethik*, de modo nenhum, pode existir. Pois o φυσιχον διχαιον, isto é, o direito natural, é, realmente, só um componente do πολιτιχον διχαιον, isso é do direito estatal positivo. São aquelas normas que em todos os ordenamentos jurídicos positivos, em geral, concordam.

Na *Großen Ethik* (1194 b 30 f.) está estrito: "Não, quando ele, por nosso uso, altera-se, por conseguinte, ele não é direito natural, mas ele permanece um tal. Pois aquilo que, em geral, permanece, isso é notoriamente o direito natural." ("το γαρ ως επι το πολυ διαμενον, τουτο φυσει διαιον προφανες.")

Aristoteles acredita poder comprovar que o ordenamento jurídico positivo, na regulação de certas relações, em geral, concordam. As normas, que regulam essas relações, do direito positivo ele denomina direito natural.[10] Quando, porém, sob "direito natural" é entendido nada mais que as prescrições comuns a todos os ordenamentos jurídicos positivos, então cada direito positivo é direito natural e, então, esse chamado direito natural não pode prestar a função, essencial ao direito natural autêntico: de ser uma medida de valor do direito positivo. Então não se

---

foi, abertamente, identificada com legalidade, isto é, com o segundo às leis estatais; e depois o estatalmente justo (πολιτιχον διχαιον) é designado em parte como naturalmente, em parte como legalmente justo. Isso é uma contradição que não pode ser eliminada por nenhuma interpretação. Também não assim, que se, como Gigon em sua tradução – de resto, excelente –, relaciona a proposição, acima citada, com a imediatamente prévia: (διο ουχ εστιν αδιχια προς αυτα) "por isso, também não existe nenhum antijurídico perante a si mesmo" e, então, traduz: "também não o politicamente injusto ou justo." Mas ambas essas proposições são, no texto grego, separadas não por uma vírgula, mas por um ponto final e, na proposição duvidosa, é το πολιτιχον [διχαιον] o sujeito e significa, como J. H. Kirchmann (Des Aristoteles Nikomachische Ethik, Philosophische Bibliothek, 68. Band, Leipzig, 1876, S. 107) traduz corretamente: "O direito estatal não é nem justo nem injusto."

É difícil supor que essas exposições, decisivas para a suposta doutrina do direito natural de Aristoteles, do livro V. da *Nikomachischen Ethik* não são corrompidas. Se elas, no fundo, admitem uma conclusão sobre a posição de Aristoteles para com a doutrina do direito natural, elas, em todo o caso, não admitem, considerar o Aristoteles como um representante da doutrina do direito natural. Em seus esclarecimentos para a *Nikomachischen Ethik* diz Kirchmann do capítulo do livro V., no qual é feita a distinção entre o φυσιχον e νομιχον διχαιον, o naturalmente e o legalmente justo, a. a. O., S. 103: "Esse capítulo, ou foi minutado por Aristoteles com grande negligência ou o texto foi posteriormente desfigurado ... Também se mostra que nós, no livro V., muito provavelmente temos de lidar com uma compilação de um aluno mediano ou com um trabalho preparatório de Aristoteles, procedente de tempo muito mais antigo."

[10] Walther Eckstein, a. a. O., S. 78: "Ao Aristoteles, de modo nenhum, o direito natural é o único válido, ele quer, ao contrário, compreender ele ao lado do legal como um mero subtipo do direito e a oposição contra o nomos, como nós a encontramos na sofística – e como ela, na boca daquele que se apoia em um direito natural, seria de esperar –, está, sem mais, longe dele." E Max Salomon: Der Begriff der Gerechtigkeit bei Aristoteles, Leiden 1937, diz (S. 53): "A formação da idéia do direito natural deu a estas palavras" – φυσιχον – νομιχον "um sentido que, às exposições de Aristoteles, não é inerente. Assim como ele formula esses conceitos, nunca o direito natural é modelo ou critério do direito estatutário." E S. 55: "Não se deve identificar o διχαιον φυσιχον com o jus naturale (nota do tradutor: direito natural). E também com os 'direitos eternos', que inalienavelmente estão suspensos lá em cima, ele não tem nada a ver. Ele não é, em modo nenhum, um διχαιον χαϑ ὁμοιοτητα, não é, porém, tão pouco superior, àquilo que outras vezes mostra-se como direito, em validez, hierarquia, valor."

pode, com apelação ao direito natural, distinguir entre um direito justo e um injusto. Aristoteles assume, sem dúvida, a distinção, habitual em seu tempo, entre "naturalmente" (φυσει) e "em virtude da lei" justo (νομω διχαιον), dá a ela, porém, um significado que faz ela, do ponto de vista de uma doutrina do direito natural autêntica, completamente insignificante.[11] Ele mesmo usa o conceito de direito natural somente para, com isso, justificar o direito positivo; o que se mostra particularmente claro em sua posição para a questão da escravidão. Aristoteles defende essa instituição com a fundamentação que existem pessoas que são naturalmente escravas (φυσει δουλοι).[11a]

---

[11] Assim como já Aristoteles, desnaturam também muitos filósofos do direito mais recentes o direito natural. Eles argumentam, por exemplo, como segue: como as pessoas, sempre e em toda a parte, vivem em sociedade e submetem-se a uma ordem, que regula sua conduta recíproca, tem de a validez de uma tal ordem corresponder à natureza das pessoas. Todas essas ordens, com referência a certas prescrições, como, por exemplo, a proibição de proibir matar membros da comunidade ou então certos membros da comunidade, concordam. Desse fato deduz--se pela existência de um direito natural que resulta da natureza das pessoas. Essa conclusão é infundada. Disto, que as pessoas, sempre e em toda a parte, vivem sob uma ordem, que regula sua conduta recíproca, não segue que essa ordem resulta da sua natureza. Essa ordem coage elas a renunciar às satisfações de muitos impulsos, especialmente, dos chamados impulsos de agressão, que do mesmo modo são naturais como aqueles dirigidos ao auxílio recíproco. As ordens sociais estão, do mesmo modo, de acordo como em conflito com na natureza como a composição real da pessoa. Pode, com direito natural, provar-se nada mais que as determinações comuns a todos os ordenamentos jurídicos, é exato o que no texto foi dito do *νομω διχαιον* aristotélico: ele não pode prestar a função essencial de um direito natural autêntico, distinto do direito positivo e que está a esse, possivelmente, em oposição. E, precisamente, até quando desse chamado direito natural tem de ser consentido que ele é alterável, como isso, na doutrina mais recente de um direito natural alterável, ocorre.

[11a] No primeiro livro da *Politik* Aristoteles apresenta a escravidão como uma relação de dominação e acentua que relações de dominação naturalmente existem. "O dominar e servir faz parte não só das coisas necessárias, mas também das propícias. Muita coisa separa-se desde o nascimento, uma para o servir, o outro para o dominar. Existem, precisamente, muitos tipos de dominadores e servidores ..." (1254 a). Isso é naturalmente assim. Pois: "É necessário que se unem aqueles seres que não podem existir um sem o outro, por um lado, o feminino e o masculino, por causa da multiplicação (e isso não de livre decisão, mas porque, como em outra parte, em animais e plantas, é uma aspiração de acordo com a natureza deixar um outro ser que é igual a um mesmo), por outro, o governante e governado de acordo com a natureza, por causa da conservação da vida. Pois, o que é capaz de prever com intelecto é, de natureza, o governante e dominante, o que, porém, com seu corpo, é capaz de executar o previsto, é o, de natureza, governado e servidor ..." (1251 a. Segundo a tradução de Olof Gigon: Aristoteles, Politik und Staat der Athener, Artemis-Verlag, Zürich 1955). Aristoteles distingue, nessa conexão, dois tipos de relações de dominação: uma "despótica" e uma "política": *δεσποτιχην αρχην χαι πολιτιχην* (1254 b). Em seres viventes pode observar-se ambos os tipos de relação de dominação. "O ser vivente consiste primariamente de alma e corpo, do que um é, segundo sua natureza, um dominador, o outro, um dominado" (1254 a). "A alma tem sobre o corpo um domínio despótico, o intelecto sobre a aspiração, um político" (1254 b). Ambos os tipos de domínio – também o domínio despótico – existem naturalmente. O domínio do senhor sobre os escravos é um domínio despótico. Esse domínio é natural, pois existem pessoas que são escravos de natureza. "Quem naturalmente não pertence a si mesmo, mas a um outro é, de natureza, um escravo" (1254 a). Pois bem, alguns afirmam, "o domínio despótico é contra a natureza (παρα φυσιν). Somente por lei um é escravo, o outro um livre; segundo a natureza, não existe, em compensação, nenhuma diferença. Por isso, escravidão não é justa (*ουδε διχαιον*), mas violenta (*βιαιον*)" (1253 b). Essa visão Aristoteles não compartilha. Mas ele consente que ela, "em um certo sentido", é correta (1255 a). Pois existem casos nos quais domínio de escravidão sobre pessoas é exercido que naturalmente não são escravas. "Existem também escravos e uma escravidão com base em lei: εστι γαρ τις χαι χατα νομον χαι δουλευων."

Como Aristoteles antes energicamente acentuou que o estado, cada estado, naturalmente existe, que *cada* estado tem um direito e que, precisamente, esse direito positivo decide o que é justo, justiça é um assunto estatal (comparar supra, página 64), teria de ele também deixar valer como "natural" a escravidão que se baseia somente em lei, isto é, em direito positivo e não poderia recusar ela como´injusta. Mas a sua postura nessa questão não é muito inequívoca. Da "lei", na qual a escravidão baseia-se, ele diz: "A lei respectiva [*νομος*] é, exatamente, um acordo geral determinado no sentido de que a propriedade vencida na guerra tem de ser do vencedor. Contra esse direito,

Se a "natureza" do, supostamente aristotélico, direito natural é a natureza, da qual Aristoteles, na *Politik*, I, 2 (1252 a), diz "que o estado faz parte das coisas existentes *de natureza* e a pessoa *de natureza* é um ser estatal", então o direito positivo tem de – no sentido dessa doutrina – ser considerado como um direito *natural*. Pois, segundo essa doutrina, *cada* estado, e não somente a polis grega, é uma formação da natureza. Pois a dadidade da natureza do estado baseia-se no fato que a pessoa é de natureza um ser vivente estatal, isto é, um formador de es-

---

agora, promovem muitos juristas a demanda, tantas vezes intentada contra os oradores, de antilegalidade [$\pi\alpha\rho\alpha$ $\nu o\mu o\nu$]" (1255 a). Nisso, inicialmente, tem de ser observado que a palavra que Aristoteles usa para designar o "direito", contra o qual é feita a objeção da antilegalidade, não é a palavra antes usada "$\nu o\mu o\varsigma$", mas a palavra "$\delta\iota\chi\alpha\iota o\nu$", que não só significa direito, mas também justiça. Parece que ele, de acordo com sua interpretação prévia do direito positivo do estado, aceita que é um direito justo, contra o qual se dirige a objeção. Aristoteles também não aprova, sem mais, essa objeção. Ele interpreta a objeção no sentido como se fosse terrível que o vencido devesse ser o escravo e servidor daquele que ele pode vencer e ele sobrepuja em fortidão. Isso, porém, em nenhum modo, é sua (de Aristoteles) opinião. Pois, Aristoteles agora expõe "que a virtude ($\alpha\rho\varepsilon\tau\eta$), quando a ela os meios são discretos, também, de preferência, é capacitada para derrubar outros e do lado *vitorioso* sempre existe uma *superioridade em algum bem*. Por conseguinte, *o poder* parece *não ser sem uma virtude*. O litígio concerne somente ao exercício jurídico do domínio". A tradução literal da última proposição citada: "$\alpha\lambda\lambda\alpha$ $\pi\varepsilon\rho\iota$ $\tau o\upsilon$ $\delta\iota\chi\alpha\iota o\upsilon$ $\mu o\nu o\nu$ $\varepsilon\iota\nu\alpha\iota$ $\tau\eta\nu$ $\alpha\mu\rho\iota\sigma\beta\eta\tau\eta\sigma\iota\nu$" seria: "O litígio concerne somente ao direito (ou ao justo)." Mas isso não dá nenhum sentido, pois, que existe um direito positivo está, realmente, fora de questão. Por isso, Gigon traduz: "O litígio concerne somente ao *exercício jurídico* do domínio." Então, a opinião de Aristoteles seria: a objeção em questão não concerne ao direito positivo – justo – em virtude do qual o vencido converte-se em escravo do vencedor; a validez desse direito e, por isso, a juridicidade e justiça da escravidão, que somente se baseia nisso, está fora de questão; mas o litígio concerne somente ao modo como o domínio jurídico é exercido sobre os assim transformados em escravos. Então, está escrito, mais além: "Assim parece, exatamente, a um a justiça consistir na benevolência, ao outro, porém, justamente, ser justo o domínio do mais forte. Se, contudo, separa-se esses conceitos um do outro, então a primeira afirmação, que, exatamente, o melhor em habilidade deve dominar e governar, não tem nem peso nem credibilidade." Como a primeira de ambas essas proposições diz respeito ao imediatamente prévio não se pode entender bem. Do que se trata, porém, é, que Aristoteles mantém a afirmação: que o melhor em habilidade deve dominar e, com isso, *justifica* o direito positivo, em virtude do qual o vencedor pode transformar o vencido em escravo. Em um resumo (1255 b), disse Aristoteles: "Que, portanto, o litígio tem um fundamento e não todas as pessoas, simplesmente, de natureza, são livres ou escravas, é claro, mas também, que essa diferença, em alguns casos, realmente existe, onde, então, para um, é propício e justo servir, e para o outro, dominar; cada tem de ser governado ou governar no modo como corresponde a sua natureza, o que, pois, também pode levar à relação de senhores." Agora se espera a comprovação que nos casos, nos quais domínio de escravidão é exercido sobre pessoas, que não são naturalmente escravas, isso é, para um, propício *e justo* servir, e para o outro, dominar. Essa comprovação, porém, não se realiza. O que segue, é: "Ruim governar é para ambos *nocivo*." Isso diz respeito ao *exercício do domínio*, não ao seu fundamento: natureza ou lei: "Pois, o propício é o mesmo para a parte como para todo, para o corpo como para a alma; e o escravo é uma parte do senhor, até certo ponto, uma parte animada, mas separada do corpo." Então, está escrito, mais além (segundo a, como me parece, tradução acertada de Franz Susemihl: Aristoteles Werke, griechisch und deutsch. Sechster Band: Der Politik erster Teil. Leipzig 1879, S. 107): "E, por isso, existe, pois, também uma relação da vantagem comum e propensão recíproca entre ambos, contanto que a natureza mesma determina eles para essa união, ao passo que então, se somente o estatuto exterior e a força trouxe eles na mesma, o contrário tem lugar." Isto é: que, se o domínio de escravidão somente se baseia na lei, entre senhor e escravo não existe nenhuma relação da vantagem comum e propensão recíproca entre ambos, não, porém – ou então, não expressamente – que um domínio de escravidão, que se baseia somente na lei, *é contra a natureza e injusta*. Isso Aristoteles não pode afirmar expressamente sem entrar em contradição aberta para com sua doutrina da dadidade da natureza do estado e direito positivo. Todavia, diz ele antes (1255 a), na disputa com aqueles que, sem dúvida, em geral, não impugnam o direito do vencedor, de transformar o vencido em escravo, porém, limitam ele a uma guerra justa, e precisamente, a uma guerra contra bárbaros: "Quando eles falam assim, procuram eles nada mais que a escravidão de acordo com a natureza, da qual nós, no início, falamos. Pois, tem de dizer-se que existem pessoas que, de todos os modos, são escravas, e tais que nunca o são." Mas no resumo, que segue a isso, ele expressa-se, como mostrado, mais cuidadosamente. A impressão total das exposições relativas à escravidão é: que Aristoteles quer justificar a escravidão, que por alguns já na sua época foi repreendida como antinatural e injusta, como de acordo com a natureza e justa.

tados, a pessoa no geral e não a pessoa grega. "Aquele que, por sua natureza e não somente por acaso, vive fora do estado é ou ruim ou maior que a pessoa ... Quem não pode viver em comunidade ou em sua autarquia não carece da sua, ele não é, como, por exemplo, o animal ou a divindade, parte do estado. *Todas* as pessoas têm, portanto, de natureza, ímpeto para uma tal comunidade [isto é, estatal]." E *cada* estado tem um ordenamento jurídico, "pois o direito é nada mais que a, na comunidade estatal [da qual, até agora, tratou-se, isto é, justamente: a em todo estado], ordem dominante". Por isso, pois também, esse direito, essencial ao estado, o direito positivo, tem de ser uma formação da natureza, um direito natural. E como – como resulta da passagem acima citada – é esse direito que decide o que é justo, portanto, cada direito estatal positivo é justo, tem de cada direito positivo ser um φυσει διχαιον, também quando Aristoteles, nessa conexão, não designa ele assim.

A opinião, Aristoteles sustenta uma doutrina do direito natural, parece encontrar um certo apoio em sua distinção entre constituições boas e ruins, corretas e "degeneradas". Mas como para Aristoteles não só as constituições boas: monarquia, aristocracia e politie, mas também as constituições degeneradas: tirania, oligarquia e democracia, são constituições de *estados* e esses estados – como estados –, juntamente com os ordenamentos jurídicos, essenciais para eles, formação da natureza, não pode essa natureza ser critério para o valor das constituições, seu ser-bom ou -ruim, seu -correto ou -degenerado. Quando Aristoteles avalia uma constituição como ruim ou degenerada, então isso não pode significar que ela é contra a "natureza", à qual Aristoteles, em sua doutrina do estado como uma formação da natureza e da pessoa como um ser estatal de natureza, refere-se. Com um direito da "natureza" nesse sentido da palavra, a doutrina das constituições do estado degeneradas não tem nada a ver.

Essa visão é dificultada pela circunstância que Aristoteles, em sua doutrina do estado, opera com dois conceitos distintos de estado e – talvez – com dois conceitos distintos da natureza, sem realçar isso expressamente. Isso está unido com isto, que ele mistura uma apresentação, a que descreve os estados dados, isso são declarações sobre isto, o que e como o estado, em povos distintos e em tempos distintos, realmente *é*, com uma apresentação valorativo-prescribente, isto é, com juízos sobre isto, o que e como o estado deve *ser*. Depois que Aristoteles, no livro I. da *Politik*, caraterizou o estado, e isto é, aqui, *cada* estado, como uma comunidade de acordo com a natureza, na qual as pessoas, e precisamente, *todas* as pessoas, vivem como seres estatais segundo sua natureza, ele define, no livro III. (1275 b), o estado como "a totalidade dos cidadãos, que é suficiente para satisfazer-se mesma para a vida"; nisso, ele entende, porém, sob "cidadãos" somente aqueles "que têm o direito de participar no poder consultivo ou judicial". Isso não é o estado como ele, em toda a parte e em todos os tempos, *é*, mas o estado como ele, segundo a opinião de Aristoteles, deve *ser* e como ele, em certas – não todas – comunidades gregas, mais ou menos, é realizado. Aristoteles consente: "O cidadão, como nós o determinamos, existe, sobretudo, na democracia, sob as outras constituições" – que, porém, também constituem estados – "pode ele existir, não tem de, porém" (1275 a). Mas também as comunidades, sob cuja constituição não existe "cidadão" nesse sentido, comunidades, que não são democracias, são "estados" no sentido do conceito determinado no livro I; eles têm constituições e um direito que decide o que é justo. Também eles e, assim, também o direito positivo, essencial a eles, existem naturalmente. E também posteriormente (1279 a) Aristoteles define: "O estado é uma comunidade de livres", o que, porém, somente significa: o estado deve ser uma comunidade de livres, mas não o é em todos os casos. Pois, Aristoteles distingue constituições dos estados "que aspiram à utilidade comum" e tais "que somente aspiram à utilidade dos governantes" (1279 a). As primeiras, diz ele, "são corretas segundo o critério do direito absolutamente", não segundo o critério do direito que é um elemento essencial de cada estado e decide o que é justo. As outras, ele denomina "constituições viciosas e degenerações das corretas; elas são do tipo despótico", isto é, elas tratam os governados assim como se eles fossem escravos. Mas elas são constituições de *estados*. Aristoteles designa expressamente as três formas degeneradas: tirania, oligarquia, democracia, como "constituições" (1289 a), que constituem estados. "Também elas" – a oligarquia e democracia – "têm a ver com alguma justiça" (1280 a); e de ambas essas constituições dos estados degeneradas diz Aristoteles até: que elas, "sobretudo, nascem" (1301 b) e, portanto, certamente, têm de nascer naturalmente. Mas no livro III. (1287 b) nós lemos: "A tirania não é de acordo com a natureza e também não as outras constituições degeneradas; elas são, ao contrário, antinaturais (παρα φυσιν)." Essa passagem está não somente em contradição aberta para com uma das teses principais da doutrina do estado aristotélica, relativa às dadidades da natureza de todos os estados, nos quais as pessoas vivem como seres estatais naturalmente, mas também para com a proposição imediatamente prévia: "Existem pessoas que, de natureza, têm de estar sob domínio despótico, outras, que sob real, e outras, para as quais uma politie é justa e propícia" – e as constituições degeneradas são – como é, na proposição acima citada, dito – "de tipo despótico" e, quando a elas pessoas são submetidas, que, de natureza, têm de estar sob domínio despótico, de acordo com a natureza. A passagem duvidosa, porém, também está em contradição para com as exposições do livro III. (1286 b), onde Aristoteles mostra porque, sob quais condições, tem de chegar às formas de estado degeneradas, tirania, oligarquia, democracia. Da democracia diz ele que, sob as condições por ele indicadas, "não mais facilmente uma outra forma de estado pôde nascer que a democracia" e, portanto, também não pode ser contra a "natureza", à qual as exposições fundamentais do livro I. dizem respeito. É mais que duvidoso se a proposição, relativa à antinaturalidade das formas de estado degeneradas, que está em contradição para com tudo que Aristoteles costumeiramente diz da essência do estado, é autêntica. Ela o é, então Aristoteles serve-se aqui de um outro conceito de natureza que aquele do qual sua doutrina do estado parte, de um conceito não da natureza real, mas de uma ideal, de uma natureza não como ela é, mas como ela deve, do ponto de vista de uma concepção de valores determinada, ser. Isto é, porém: aquele, o qual as constituições dos estados degeneradas antagonizam, é um postulado apresentado como "natureza". Uma tal "natureza" não pode ser a natureza de uma doutrina do direito natural. Para uma doutrina do direito natural de Aristoteles essa passagem, isolada e que cai fora da conexão espiritual da doutrina do estado aristotélica toda, não pode entrar em consideração.

A ideia de um direito natural, distinto do direito positivo e que está possivelmente em oposição a ele, equivalente à justiça, no sentido específico dessa palavra, que a ética de Aristoteles evita premeditadamente, apresenta-se, em sua *Rhetorik*, em plena clareza. O direito natural é aqui, primeiro, como a "lei geral", oposto ao direito positivo, como a "lei particular". "O particular é aquilo que comprovou cada associação de pessoas particular para si particularmente, seja ele agora escrito ou não escrito; o geral é o fundamentado na natureza da pessoa. Existe, exatamente, como quase todas as pessoas pressentem, um direito e um antijurídico geral natural ..." (I, 13). Mas, antes (I, 10) está escrito: "Lei é, em parte, uma particular, em parte, uma geral. Lei particular eu denomino aquela, segundo cuja prescrição escrita vive-se em um estado, geral, todos aqueles princípios que, sem estarem compostos por escrito, segundo a visão geral, estão em validez em todas as pessoas." Aqui, a "lei geral" não está identificada expressamente com o direito natural e o direito positivo qualificado de prescrição "escrita", enquanto na passagem, na qual a lei geral é identificada com o direito natural, o direito positivo é designado como escrito ou não escrito. Ocasionalmente (I, 14), é observado: "O direito escrito ordena com coerção, o não escrito, não." Posteriormente (I, 15) é, outra vez, o direito natural, como direito não escrito, oposto ao direito positivo, como direito escrito. As tentativas de concertar essas formulações reciprocamente contraditórias são em vão. Do que se trata, é, que a possibilidade de um conflito entre o direito natural não escrito e o positivo escrito é acentuada energicamente; mas somente para a finalidade de mostrar as vantagens retóricas e isto é: advocatícias, que a apelação a um ou a outro traz consigo. "É manifesto", assim está escrito aqui (I, 15), "que em casos onde a lei escrita é contra seu assunto, o orador tem de levar à aplicação a lei geral e os princípios da equidade, como em conformidade no grau superior da justiça, e que ele tem de dizer: as palavras 'segundo meu leal saber e entender', na fórmula de juramento do juiz, já expressam mesmas que nem sempre e somente a lei escrita tem de ser levada à aplicação. Ademais, que a equidade é eternamente permanente e nunca se modifica, tão pouco como a lei geral, porque ela, realmente, é fundamentada na natureza humana; enquanto, em compensação, as escritas frequentemente se modificam ..." É notório que aquilo que Aristoteles aconselha ao orador judicial alegar não é a doutrina do direito natural de Aristoteles. Pois, que o direito natural, em oposição ao direito positivo, é imodificável está em contradição direta para com aquilo que Aristoteles, na *Nikomachischen Ethik*, diz sobre isso. Que não se trata, no escrito sobre a arte de falar, de uma apresentação da filosofia do direito aristotélica, mas de um conselho advocatício, de empregar uma doutrina do direito natural, naquele tempo frequentemente sustentada, quando o direito positivo não é favorável ao assunto a ser sustentado pelo orador judicial, mostra a passagem seguinte, onde Aristoteles recomenda ao orador sustentar a teoria oposta, se isso é vantajoso ao seu assunto: "Fala a lei escrita a favor de seu assunto, então ele tem de dizer: a fórmula do juramento do juiz de decidir 'segundo meu leal saber e entender' não está aí para que o juiz pronuncie sua sentença contra a lei, mas somente para isto, que o juiz, quando ele, por exemplo, não entende o sentido verdadeiro da lei, não comete nenhum perjúrio." Ao orador judicial é também aconselhado sustentar a opião, a violação da lei não escrita é um delito maior que a violação do direito escrito. Mas Aristoteles imediatamente acrescenta: "A matéria também se deixa formular completamente de outra forma, de modo que ele faz um antijurídico grave quando ele atua contra o direito positivo escrito" (Rhetorik, I, 14).[12]

Qual de ambas essas opiniões, que se excluem reciprocamente, sobre a relação de direito natural e positivo, das quais o professor de retórica, em determinadas circunstâncias, qualifica de vantajosa uma, em outras circunstâncias, a outra, o professor de ética considera como verdadeira, sobre isso Aristoteles não dá nenhuma resposta. Mas também seu silêncio é uma resposta: uma resposta à questão, se ele é representante de uma doutrina do direito natural autêntica. E essa resposta somente pode ser uma negativa.

V.

Sem dúvida, não Aristoteles mesmo, mas – com base em sua filosofia – Thomas von Aquino desenvolveu uma doutrina do direito natural, cujo caráter teológico sobressai bem inequivocamente.

A enteléquia aristotélica mostra-se inequivocamente na *Summa contra Gentiles*. Lá está escrito (III, 16): "Cada coisa do ser é, por sua atividade, dirigida a um objetivo (ordinatur in finem) ... Objetivo de cada uma coisa é aquilo em que a aspiração da mesma (appetitus eius) encontra sua conclusão. Pois bem, a aspiração de cada uma coisa encontra sua conclusão em um bem ... O objetivo de cada uma coisa é a perfeição correspondente a ela (perfectio) ... Portanto, cada coisa é ordenada em direção ao bem como seu objetivo." Esse bem é, porém, deus. Assim, está escrito (III, 17): "Se cada coisa somente aspira a algo como objetivo à medida que o mesmo é um bem, então o bem como tal (bonum in quantum bonum est) tem de ser um objetivo. Por conseguinte, é o bem extremo (summum bonum), simultaneamente, também, em geral, objetivo de todas as coisas. O bem extremo é, porém, somente um único e esse é deus ... Portanto, todas as coisas são ordenadas em direção a um bem, que é deus mesmo, como objetivo." Então, está escrito (III, 18): "Deus é o objetivo das coisas no modo que cada coisa deve obter ele no modo correspondente a ela (obtinendum)." Consumação é o objetivo imanente

---

[12] Walter Eckstein, a. a. O., S. 74: "Quanto às exposições da *Rethorik* deve, em geral, ser observado que se trata aqui, em grande parte, de argumentações-modelo para os oradores judiciais, realmente, em parte, decididamente, de práticas de advogado ... Razão por que aqui não é certo quanto das discussões alegadas corresponde à convicção científica de Aristoteles."

das coisas. Isso é a enteléquia aristotélica. Ela é a obra de deus. Pois é deus que leva as coisas à consumação. Na *Summa theologica* (I, Quaestio 103, Art. 1) está escrito: "Contradiz a bondade de deus não levar à consumação as coisas produzidas ... faz parte da bondade divina que ela, como ela trouxe as coisas na existência, leva essas também ao objetivo."[13] Se a natureza é perseverante para conseguir seus fins, é assim, porque deus ordena à natureza aspirar ao bem como ao seu objetivo e a natureza obedece ao mandamento de deus. Por isso, o ser é, segundo sua essência, bom, isto é, assim como ele, segundo o mandamento de deus, deve ser. Na *Summa theologica* (I, Quaestio 5, Art. 1) diz Thomas: "O bem e o existente são objetivamente um (dicendum quod bonum et ens sunt idem secundum rem)." E *Summa theologica* (I, Quaestio 48, Art. 1): "Por isso, não pode ser que o ruim designe um tipo de ser ou um tipo de forma ou natureza. Por conseguinte, resta somente que sob o nome de ruim é designado um tipo de ausência de bem. – E, nesse sentido, está escrito: o ruim não é nem um existente nem um bem; pois, como o existente, enquanto é existente, é bom, é, com um, também o outro anulado."[14] Ser e dever convergem.[15]

Essa negação do dualismo de ser e dever, que bem essencialmente descansa sobre fundamento teológico-metafísico, sobressai particularmente claro na doutrina da natureza da pessoa. Os impulsos, inerentes à pessoa, implantada nela por deus, apresentam-se como exigências morais, isto é, normas. Na *Summa theologica* (I-II, 94, 2) está escrito: "As propensões da natureza humana fazem parte dos mandamentos do direito natural." As propensões da natureza são mandamentos do direito natural, porque e à medida que elas são determinadas pela razão prática.[16]

---

[13] "Secundo autem apparet idem ex consideratione divinae bonitatis, per quam res in esse productae sunt, est ex supradictis (q. 44 **a**, 4; q. 65 a, 2) patet. Cum enim *optimi sit optima producere* (nota do tradutor: Segundo, porém, aparece o mesmo por consideração da bondade divina, pela qual as coisas foram produzidas no ser, é claro pelo supradito (q. 44 a, 4; q. 65 a, 2). Porque, certamente, *seja do ótimo produzir ótimos*,), non convenit summae Dei bonitati quod res productas ad perfectum non perducat ... Unde ad divinam bonitatem pertinet ut, sicut produxit res in esse, ita etiam eas ad finem perducat.

[14] Unde non potest esse quod malum significet quoddam esse, aut quandam formam seu naturam. Relinquitur igitur quod nomine mali significetur quaedam absentia boni. – Et pro tanto dicitur, quod malum 'neque est existens, neque est bonum'; quia cum ens, inquantum hujus modi, sit bonum, eadem est remotio utrorumque."

[15] F. C. Copleston: Aquinas, Pelican Book A. 349, Penguin Books Limited. Harmondworth, Middlesex 1955, p. 146, expõe: "Segundo Aquinas, cada ser, considerado como tal, é bom ... Ser e bom (se a palavra é usada nesse sentido ontológico) têm a mesma denotação ..." A essa identificação de ser e dever-ser-assim, isto é, ser-bom chega Thomas, uma vez que ele quer evitar a consequência, à qual, a fé no todo-poder de deus com referência ao mal, leva: que o bom deus também criou o mal. Como Thomas não pode absolutamente negar a existência do mal – não existisse nenhum mal, não teria lugar para uma ordem-moral –, ele o interpreta como algo negativo, como defeito. Como tal, ele não tem de ser pensado como "criado". Copleston diz: "Se, por conseguinte, cada ser é bom não é necessário o postulado de uma divindade má como criadora do mal [como na religião dos maniqueístas]; pois, mal não é e não pode ser o termo direto de atividade criativa. E também não, realmente, pôde existir uma divindade má se, com isso, nós entendemos um ser completamente mau. Pois, completamente mau é uma impossibilidade."

[16] "Dicendum quod omnes huiusmodi inclinationes quarumcumque partium naturae humanae, puta concupicibilis et irascibilis, secundum quod regulantur ratione, pertinent ad legem naturalem, et reducuntur ad unum primum praeceptum ..." Nota do tradutor: "Deve dizer-se que todas tais inclinações de quaisquer partes da natureza humana, por exemplo, concupiscível e irascível, em segundo lugar, que são reguladas pela razão, estendem-se à lei natural e são reconduzidas a uma regra primeira ..."

Seguindo a Aristoteles, distingue Thomas entre ratio speculativa e ratio practica* (*Summa theologica*, I-II, 90, 1). Função da ratio practica é: ordenar, dação de leis, a fixação das normas que prescrevem a conduta boa, justa (I-II, 17, 1; I-II, 90, 1). A lei é regra e critério para aquilo que deve ser feito e omitido (I-II, 90, 1). Mas a razão prática humana em si (secundum se) não é essa regra ou esse critério. Isso são os princípios implantados na razão (principia ei naturaliter indita) (I-II, 91, 3).[17] Mas esses princípios, implantados "naturalmente" (naturaliter) na razão humana, procedem, em último lugar, de deus que dotou as pessoas com razão; e a razão humana é prática, razão que fixa a norma somente à medida que nela governa razão divina. A razão divina, porém, governa o mundo segundo uma lei eterna (lex aeterna) que se tem de pensar-se imanente a essa razão. A pessoa criada por deus tem razão, contanto que ela tem parte na razão divina, da qual ela recebe a impulsão a uma conduta correspondente à lei divina (I-II, 91, 1 e 2). O conceito da lei eterna, imanente à razão divina, Thomas aceita de Augustinus, que define a lex aeterna,** o plano mundial eterno de deus: "Ratio divina vel voluntas Dei ordinem naturalem conservari jubens, perturbari vetans"*** (*Contra Faustum Manich*, 22, 27).

Do direito natural, ele diz: "Quem outro que deus escreveu direito natural nos corações das pessoas."[18] A razão divina, à qual a lex aeterna e, assim, o direito natural, é imanente, é a razão querente: "ratio vel voluntas." Por isso, ensina Thomas: justo é o que está de acordo com a regra da razão e a primeira regra da razão é o direito natural (rationis autem prima regula est lex naturalis) (I-II, 95, 2). "Direito natural é a participação da criatura, dotada de razão, na lei eterna" (lex naturalis nihil aliud est quam participatio legis aeternae in rationali

---

* Nota do tradutor: razão especulativa e razão prática.

[17] "Dicendum quod ratio humana secundum se non est regula rerum; sed principia ei naturaliter indita, sunt regulae quaedam generales et mensurae omnium eorum quae sunt per hominem agenda, quorum ratio naturalis est regula et mensura, licet nos sit mensura eorum quae sunt a natura." Nota do tradutor: "Deve dizer-se que a razão humana não é, por si, linha diretiva das coisas; mas princípios naturalmente metidos nela, são certas linhas diretivas gerais e medidas de tudo que devem ser explorados pelo homem, dos quais a razão natural é linha diretiva e medida, ainda que nós sejamos a medida deles, que são a natureza."

** Nota do tradutor: lei eterna.

*** Nota do tradutor: "A razão divina ou a vontade de deus que ordena ser conservada a ordem natural, proíbe ser perturbada."

[18] Augustinus: De serm. Dei in monte, II, c. 9, n. 32: "Quis enim scripsit in cordibus hominum naturalem legem nisi Deus." Comparar Alois Schubert: Augustinus, Lex-Aeterna-Lehre nach Inhalt und Quellen. Beiträge zur Geschichte der Philosophie des Mittelalters, Bd. XXIV, Heft 2, 1924, S. 5, 12. A visão, que o direito natural está escrito no coração da pessoa, remonta, pelo visto, a Paulus: Römerbrief, II, 14: "Quando, exatamente, os gentios, que, realmente, não tem a lei, fazem, de natureza, o que a lei ordena, então são eles, sem terem a lei, a si mesmos a lei; mostram eles, realmente, que o mandamento da lei para eles está escrito no coração, para o que sua consciência apresenta-se como testemunho, e as idéias, que para lá e para cá promovem demanda ou conduzem defesa: no dia em que deus irá julgar o segredo na pessoa segundo meu evangelho por Jesus Christus." Não pode, certamente, ser posto em dúvida, que, segundo a doutrina de Paulus, é deus que escreveu, para todas as pessoas, portanto, também, para os gentios, o mandamento da lei no coração. Assim Augustinus interpreta a doutrina de Paulus.

creatura) (I-II, 101, 2).[19] A lei eterna é o governo do mundo pela razão divina. O direito natural parte, sem dúvida, da razão humana como uma razão prática; mas

[19] Summa theologica, I-II, 91, Art. 1: "Nihil est aliud lex, quam quoddam dictamen practicae rationis in principe qui gubernat aliquam communitatem perfectam. Manifestum est autem, supposito quod mundus divina providentia regatur, ut in I. habitum est (qu. 22, Art. 1 et 2), quod tota communitas universi gubernatur ratione divina; et ideo ipsa ratio gubernationis rerum in Deo sicut in principe universitatis existens, legis habet rationem; et quia divina ratio nihil concipit ex tempore, sed habet aeternam conceptum, ut dicitur Proverb 8, inde est quod hujusmodi legem oportet dicere aeternam."

I-II, 91, Art. 2: "... omnia participant aliqualiter legem aeternam, inquantum scilicet ex impressione ejus habent inclinationes in proprios actus et fines. Inter caetere autem rationalis creatura excellentiori quodam modo divinae providentiae subjacet, in quantum et ipsa fit providentiae particeps, sibi ipsi et aliis providens: unde et in ipsa participatur ratio aeterna, per quam habet naturalem inclinationem ad debitum actum et finem; et talis participatio legis aeternae in rationali creatura lex naturalis dicitur – ... unde patet quod lex naturalis nihil aliud est quam participatio legis aeternae in rationali creatura." Nota do tradutor: "Lei é nada mais que certo ditame da razão prática no príncipe que governa alguma comunidade perfeita. Manifesto é, porém, pelo situado debaixo, que o mundo seja dirigido pela divina providência, como foi tido em I. (qu. 22, Art. 1 e 2), que toda comunidade do universo seja governada pela razão divina; e, por isso, a razão mesma de governo das coisas, que se apresenta em deus assim como no príncipe da totalidade, tem a razão da lei; e porque a razão divina nada concebe de improviso, mas contém a idéia eterna, como é dito no provérbio 8, por isso, é preciso dizer que tal lei é eterna."

I-II, 91, Art. 2: "... tudo participa, até certo ponto, na lei eterna, tanto quanto, naturalmente, da impressão dela contém inclinações com vista aos próprios atos e fins. Dentre tudo, porém, a criatura racional, até certo ponto, está subordinada à divina providência excelente tanto quanto não só mesma converte-se em partícipe da providência como ainda cuidadosa para si mesma e para os outros: e porque na mesma é participada a razão eterna, muito contém a inclinação natural para o devido ato e fim; e tal participação da lei eterna na criatura racional diz-se lei natural – ... porque mostra-se que lei natural é nada mais que participação da lei eterna na criatura racional."

A. P. D'Entrèves, que em seu escrito: Natural Law, An Introduction to Legal Philosophy, London 1955, cita essa passagem, observa (p. 39): "A teoria do direito natural de São Thomas está estabelecida como uma interpretação da natureza humana e sua relação com deus e com o universo. Direito natural é ininteligível, a não ser que nós nos damos conta da sua união estreita com a ordem divina eterna na qual toda a criação, em último lugar, repousa."

Em sua obra: A History of Philosophy, Vol II, Westminster, Maryland 1955, Frederick Copleston, S. J. acentua o fundamento teológico-metafísico da doutrina do direito natural de Thomas (p. 408/409). Ele diz, com referência a lex aeterna: "Essa lei eterna, que existe em deus, é a origem e fonte do direito natural, que é a participação na lei eterna" (p. 409). "É muito importante dar-se conta claramente que a fundação do direito natural na lei eterna, a fundamentação metafísica do direito natural, não pode significar que o direito natural é caprichoso ou arbitrário, que ele poderia ser de outra forma do que ele é: a lei eterna não pode depender principalmente da vontade divina, mas da razão divina." Mas a razão divina é, simultaneamente, vontade divina. Nisso termina, finalmente, a apresentação de Copleston, quando ele diz, de mais a mais: "Nós não temos de imaginar que deus é submetido à lei moral como algo afastado de si mesmo. Deus sabe sua essência divina como imitável em uma multiplicidade de modos finitos, um desses modos sendo natureza humana e nessa natureza ele discerne a lei do seu ser e quer ela: ele quer ela porque ele mesmo se ama, o bem supremo e porque ele não pode ser inconsistente com ele mesmo. A lei moral está fundada, em último lugar, na essência divina mesma e assim não pode mudar: deus quer isso certamente, mas isso não pode depender de algum ato arbitrário da vontade divina ... em último lugar, a lei moral é aquilo que ela é, porque deus é aquilo que ele é, uma vez que natureza humana, a lei de cuja existência é expressa no direito natural, ela mesma depende de deus" (p. 409/410). Em seu escrito Aquinas diz Copleston (p. 214): "For Aquinas therefore it is human reason which is the proximate or immediate promulgator of the natural law." Mas ele continua: "This law is not without a relation to something above itself, for it is, as we have seen, the reflection of or participation in the eternal law." (Para Aquinas, portanto, é a razão humana que é a proclamadora próxima ou imediata do direito natural. Mas o direito natural está em uma relação essencial para algo superior a ele: pois ele é, como nós vimos, o reflexo ou o ter parte na lei eterna.) A lei eterna parte de deus. Por isso, a definição do direito natural: o direito natural é nada mais que o ter parte da criatura racional na lei eterna. Sem a lei eterna divina não pode existir direito natural.

Harry V. Jaffa: Thomism and Aristotelianism, The University of Chicago Press, 1952, comprova, na página 187, que Thomas, entre outros princípios, por ele mesmo sustentados, atribui a Aristoteles também o princípio: "Fé no hábito natural, divinamente implantado, dos princípios morais." Isso é, como Jaffa diz, um princípio "da teologia revelada". Jaffa, portanto, consente que, segundo Thomas, os princípios morais e, assim, o direito natural são "divinamente implantados" na pessoa, isto é, implantados por deus, uma doutrina que não se encontra em Aristoteles.

isso é somente possível porque e à medida que essa razão humana tem parte na razão divina, a lex naturalis* na lex aeterna. Pois no direito natural manifesta-se a lex aeterna da razão divina. A autoridade do direito natural é, afinal de contas, a autoridade de deus. Na *Summa theologica*, I-II, 97, 3, está escrito: "Dicendum quod lex naturalis et divina procedit a voluntate divina."** O fundamento metafísico-teológico da doutrina do direito natural de Thomas está fora de dúvida. É uma doutrina do direito natural autêntica. Isso também se mostra em sua tomada de posição para com a relação entre direito natural e direito positivo. Este tem força vinculativa somente à medida que ele corresponde ao direito natural. Está ele em conflito com o direito natural, ele não tem validez, ele não é direito: "Unde omnis lex humanitus posita intantum habet de ratione legis, inquantum a lege naturae derivatur. Sie vero in aliquo a lege naturali discordet, iam non erit lex, sed legis corruptio"*** (I-II, 95, 2). Isso é a consequência da autoridade divina do direito natural.[20]

A razão divina, que pela lex aeterna governa o mundo, é, como uma razão dadora de leis, idêntica com a vontade divina (I-II, 93, 4).[21] Assim, também é a razão prática da pessoa uma razão conhecedora e, simultaneamente, uma querente, porque uma dadora de leis. E, por isso, o bem é, simultaneamente, o verdadeiro, a justiça, verdade: "Como a vontade [que reside na razão] é uma aspiração à razão, recebe a correção da razão (rectitudo rationis), que é denominada verdade, enquanto ela está imprimida na vontade, por causa da vizinhança para com a razão,

---

* Nota do tradutor: lei natural.

** Nota do tradutor: "Deve dizer-se que a lei natural e divina procede da vontade divina."

*** Nota do tradutor: "Por isso, toda lei humanamente dada tanto tem de razão de lei quanto deriva-se da lei da natureza. Caso, porém, em alguma coisa, discorde da lei natural, já não será lei, mas corrupção da lei."

[20] Tem de, todavia, ser comprovado que, considerado de um ponto de vista histórico, a doutrina do direito natural teve um caráter preponderantemente conservador e, no essencial, visava à justificação do direito positivo. Isso acontece especialmente também com a doutrina do direito natural escolástica, como professor August Knoll, em seu escrito: Katholische Kirche und scholastisches Naturrecht (Wien 1962), mostrou. "A doutrina do direito natural", diz ele, "assim como ela, 'como criada da teologia', foi desenvolvida, defendeu, primeiro, a escravidão, então a servidão, então o trabalho forçado colonial em união com tráfico de pessoas e, finalmente, o sistema feudal, enquanto tudo isso foi direito positivo, como 'ordem querida por deus e pela natureza'" (a. a. O., S. 31). Ele remete a isto, que Thomas von Aquino, com o princípio, apresentado como direito natural: "A cada o seu", justifica a escravidão ao ele alegar, como aquilo que a cada é "o seu", o escravo, que é associado ao senhor. Summa theologica, I, qu. 21, a 1 a 3: "Dicitur esse aliens quod ad ipsum ordinatur. Sicut servus est domini, et non e converso: nam liberum est, quod sui causa est" (a. a. O., S. 24, 97). Nota do tradutor: "Diz-se que são alheios porque para si mesmo é ordenado. Como, por exemplo, o servo é do senhor e não do inverso: pois é livre se é causa de si."

[21] "Lex aeterna est ratio divinae gubernationis ... de voluntate Dei dupliciter possumus loqui. – Uno modo, quantum ad ipsam voluntatem. Et, sic, cum voluntas Dei sit ipsa essentia eius, non subditur gubernationi divinae, neque legi aeternae, sed idem est quod lex aeterna. – Alio modo possumus loqui de voluntate divina quantum ad ipsa quae Deus vult circa creatures: quae quidem subiecta sunt legi aeternae, inquantum horum ratio est in divina sapientia. Et, ratione horum voluntas Dei dicitur rationabilis. Alioquin, ratione sui ipsius, magis est dicenda ipsa ratio." Nota do tradutor: "Lei eterna é razão do governo divino ... da vontade de deus de dois modos podemos falar. – Por um modo, quanto à vontade mesma. E, assim, como a vontade de deus é a essência mesma dele, não se submete ao governo divino, nem à lei eterna, mas também é, por conseguinte, lei eterna. – Por outro modo, podemos falar da vontade divina mesma quanto às criaturas que deus quer em volta: que certamente são subordinadas à lei eterna, tanto quanto a razão dessas está na sabedoria divina. E, em razão dessas, a vontade de deus é dita racional. De resto, pela razão de si mesma, mais a razão mesma deve ser dita."

o nome da verdade. Daí vem que a justiça, às vezes, é denominada verdade" (II-II, 58, 4).[22] Quando Jesus diz a Pilatus: "Eu nasci e vim ao mundo para dar testemunho para a verdade", ele acha com verdade justiça.[23]

VI.

Que a razão prática, isto é, a, simultaneamente, conhecedora e querente, da pessoa, que como dadora de leis fixa as normas do direito natural como um direito racional, é a razão divina na pessoa, isso também Kant, finalmente, consente em sua doutrina da razão prática como o dador de leis moral. Nisto, que a lei moral tem origem na vontade da pessoa como inteligência, consiste a autonomia da vontade, que Kant (*Grundlegung zur Metaphysik der Sitten, Akademie-Ausgabe*, Bd. IV, S. 440) proclama como o princípio supremo da moralidade. É a razão prática da pessoa que, segundo esse princípio da autonomia, é o dador de leis moral. Nesse sentido, a razão prática de Kant parece distinguir-se da ratio practica* de Thomas de Aquino que, na razão prática da pessoa, vê somente o ter parte na razão prática de deus que, em última instância, é o dador de leis moral. Mas

---

[22] "Quia voluntas est appetitus rationalis, ideo rectitudo rationis, quae veritas dicitur, voluntati impressa, propter propinquitatem ad rationem nomen retinet veritatis. Et inde est quod quandoque justitia veritas vocatur."

[23] Em seu comentário para a questão 75-79 da Summa theologica, I-II (Die deutsche Thomasausgabe, Bd. 18, 1953, S. 444), acentua A. F. Utz, O. P. "a força criadora do direito da razão prática da pessoa". Ele diz: "A doutrina do direito natural do santo Thomas vê na decisão natural da razão prática o dador de leis seguinte dos direitos do homem, que, então, da sua parte, indica mais alto, ou seja, para o dador de leis eterno sobre este mundo." Se a razão prática da pessoa é um dador de leis que é subalterno a um dador de leis superior, isto é, deus como dador de leis do mundo, pode a dação de leis pela razão prática da pessoa ser somente uma dação de leis delegada por deus, isto é, afinal de contas, somente uma dação de leis pela razão divina; e, assim, pode a razão da pessoa ser "prática", isto é, dadora de leis somente à medida que ela tem parte na razão divida, ela é razão divina na pessoa. Utz diz (S. 482): "A propensão da natureza é, simultaneamente, propensão da consciência, uma exigência natural de nossa razão e, com isso, naturalmente dado em nós como uma lei inscrita para nós pelo criador." Utz, a. a. O., S. 403, diz que, segundo a teologia de Thomas, o direito natural não é criado por deus, mas ele acentua que ele é fundamentado na essência de deus mesma. "Na essência divina e no autoconhecer divino é, no mais fundo, fundamentada a racionalidade do direito natural. Ela, portanto, nunca é uma racionalidade fora de deus."

Com relação à afirmação de Grotius (comparar infra, página 80 e seguinte), que o direito natural existiria também sem a existência de deus, diz Utz, S. 403: "isso, de modo nenhum, é a doutrina de Thomas;" e S. 443: "tem, sem dúvida, nela algo verdadeiro, à medida que as normas jurídico-naturais não são fundamentadas na vontade de deus, mas na natureza da pessoa;" mas ele acrescenta: "iria, ao direito natural, justamente, porém, faltar a força legal se não se remontasse a deus, mais rigorosamente, à razão de deus como a autoridade determinada." Um direito natural que não é "força legal", isto é, que não vinculativo, não é direito-natural. E quando a força legal do direito natural procede da razão de deus como a "autoridade determinada", é a autoridade, que fixa o direito natural, a razão de deus e não a razão da pessoa. A afirmação, que as normas do direito natural, segundo Thomas, não estão fundamentadas na vontade de deus, mal é compatível com a passagem, acima citada: Summa theologica, I-II, 97, 3: "lex naturalis et divina procedit a voluntate divina." Nota do tradutor: "lei natural e divina procede da vontade divina." Precede a essa passagem: "omnis lex proficiscitur a ratione et voluntate legislatoris; lex quidem divina et naturalis a rationabili Dei voluntate; lex autem humana a voluntate hominis ratione regulata." Nota do tradutor: "toda lei provém da razão e da vontade do legislador; lei, sem dúvida, divina e natural, da vontade racional de deus; lei, porém, humana, da vontade do homem regulada pela razão." Thomas (Summa theologica, I-II, 91, 4) distingue: lex naturalis, lex humana e lex divina. (Nota do tradutor: lei natural, lei humana e lei divina.) A lex humana procede da vontade da pessoa, a lex divina, imediatamente da vontade de deus, a lex naturalis, mediatamente. Isso, a opinião, de modo nenhum, contradiz, o direito natural baseia-se na razão de deus. Pois, a razão de deus implica a vontade de deus.

* Nota do tradutor: razão prática.

Kant não pode manter o princípio da autonomia moral da pessoa, uma vez que ele – justamente mediante a razão prática da pessoa – procura comprovar a existência de deus como o dador de leis moral extremo. Em sua *Kritik der Urteilskraft* (Akademie-Ausgabe, Bd. V, S. 444) ele diz: "Como nós agora reconhecemos a pessoa somente como ser moral para a finalidade da criação, assim nós temos ... para a relação, necessária segundo a composição de nossa razão, da finalidade da natureza para com uma causa do mundo inteligente, *um princípio* para pensar a natureza e qualidades dessa primeira causa como fundamento supremo no reino das finalidades ... desse princípio, assim determinado, da causalidade do ser primitivo nós temos de pensar ele não somente como inteligência e dador de leis para a natureza, mas também como chefe dador de leis em um reino moral das finalidades." Não é, assim, a inteligência da pessoa como vontade ou a vontade humana como inteligência, mas a inteligência de deus como vontade ou a vontade de deus como inteligência, na qual, em último lugar, tem origem a lei moral; não é a pessoa, mas deus, o ser primitivo que é o dador de leis moral. Na *Grundlegung zur Metaphysik der Sitten* (IV, S. 455) está escrito: "O dever moral é, portanto, querer necessário próprio [da pessoa] como membro de um mundo inteligível e é por ela pensado como dever somente à medida que ela considera-se, simultaneamente, como um membro do mundo sensual." Para a pessoa como ser inteligível não existe dever, não valem, portanto, imperativos, uma vez que o querer converge com o dever. Mas um tal ser inteligível, cujo querer é um dever para o ser empírico, somente pode ser deus. Kant diz também (a. A. O, S. 414): "Por isso, não valem, para a vontade divina e, no fundo, para uma santa, imperativos; o dever está aqui no lugar errado, porque o querer, já por si, é necessariamente unânime com a lei [isto é, com o dever]." Deus, esse ser primitivo, nós temos de, segundo a *Kritik der Urteilskraft* (VI, S. 444) nos pensar "como onisciente", "como todo-poderoso", "como válido universalmente e, simultaneamente, justo". Se deus tem de ser suposto como dador de leis moral supremo, então os deveres morais não são, ou então, não suficientemente, qualificados de mandamentos que partem da razão própria da pessoa, mas têm de ser considerados como mandamentos de deus, ou então, pelo menos, também como mandamentos de deus. Kant diz, sem dúvida, na *Metaphysik der Sitten* (VI, S. 491), "que na ética, como filosofia prática pura da dação de leis interior, somente as relações morais da pessoa para com a pessoa são para nós compreensíveis: mas que relação sobre isso existe entre deus e as pessoas supera completamente os limites dos mesmos e a nós é absolutamente incompreensível". Mas na *Religion innerhalb der Grenzen der bloßen Vernunft* (VI, S. 6) ele diz: "Moral, portanto, leva inevitavelmente à religião, pelo que ela amplia-se para a ideia de um dador de leis moral que tem poder fora da pessoa;" e página 153: "Religião [subjetivamente considerada] é o conhecimento de todos os nossos deveres como mandamentos divinos." E no *Opus postumum* de Kant (apresentado e apreciado por Erich Adickes, Kant-Studien, N. 50, 1920, S. 802), encontra-se a proposição: "Na razão prático-moral reside o imperativo categórico de considerar todos os deveres humanos como mandamentos divinos."

Assim, termina a ética de Kant, rigorosamente, no ponto onde Thomas von Aquino, quinhentos anos antes dele, deixou ela.

VII.

Que a doutrina do direito natural, que no século 17. e 18. foi dominante, e, depois de uma recaída durante o século 19. no século 20. em consequência de duas guerras mundiais e da reação contra o nacional-socialismo, fascismo e, especialmente, comunismo, outra vez, simultaneamente, com especulação metafísico-religiosa, entrou no primeiro plano da filosofia social e do direito, que essa doutrina do direito natural é de origem metafísico-religiosa, está fora de questão. Ela remonta à filosofia da escola estoica. Sem dúvida, encontram-se já em fragmentos de Heraklit ideias que chegam bem próximas a ela. Assim, no fragmento 112.: "A maior virtude e a verdadeira sabedoria é, no falar e atuar, obedecer à natureza ($\chi\alpha\tau\alpha$ $\varphi\upsilon\sigma\iota\nu$);" e no fragmento 114, onde se trata de um logos divino, do qual têm de alimentar-se todas as nossas leis. Mas, primeiro na filosofia estoica é definido claramente um conceito do direito natural e, nisso, inequivocamente, qualificado de origem divina. Em um fragmento de Kleanthes, uma cabeça da escola estoica, está escrito: "Cabeça imortal de todos, muito nominado, eternamente todo-poderoso zeus, autor da criação, que comanda o universo segundo a lei, seja saudado por mim! Por certo, cada um mortal deve render homenagem a ti, somos nós, realmente, de tua família, semelhante a ti por razão e idioma ... Tu uniste tecendo ruim e bom para a unidade para que uma lei eterna racional dominasse o universo ... Não existe, para as pessoas e deuses, nenhum privilégio superior que elogiar devidamente a lei, comum a ambos." E um outro fragmento diz: "Vocês ambos, zeus e destino, conduzam-me aonde vocês determinaram-me! Seguir eu quero vocês sem vacilação. Quisesse eu recusar-me – eu teria de, apesar disso, ir o mesmo caminho e seria ainda, ademais, um malvado." Sauter[24] observa, com razão, que o "destino" não é nenhum poder particular ao lado da divindade, mas a divindade, imanente ao universo, mesma. O estoico Chrysippos ensina: "Não se pode encontrar nenhuma outra origem e nenhum outro desenvolvimento da justiça que os de zeus e da natureza comum." Seguindo a filosofia estoica, ensina Cicero que o direito da natureza, que, à diferença do direito positivo, é eterno e inalterável, tem em deus seu autor, proclamador e juiz (De Republica, XXII, 33). Sob a influência da escola estoica e Cicero está a doutrina do direito natural da patrística e, especialmente, de Augustinus, que – como já observado – aceita da escola estoica o conceito de lex aeterna* e que diz: "Quem outro que deus escreveu o direito natural nos corações das pessoas?" (*De serm. Dei in monte*, II, c. 9, n. 32.)

Dentro da doutrina do direito natural foi, todavia, empreendida a tentativa de emancipar a doutrina do direito natural de seu fundamento metafísico-teológico.

---

[24] Johann Sauter: Die philosophischen Grundlagen des Naturrechts, Wien 1932, S. 45.

* Nota do tradutor: lei eterna.

Grotius declara, nos prolegômenos para a sua obra *De Jure Belli ac Pacis*, que o direito natural, por ele apresentado, também iria valer, mesmo que se supusesse que não existisse deus; ele, porém, acrescenta que isso "certamente não poderia ocorrer sem o maior pecado" (§ 11). Mas já no parágrafo seguinte (12) ele diz: "O direito natural, tanto o social como o chamado em sentido amplo, tem de, embora ele venha do ser interior da pessoa, realmente, em verdade, ser atribuído a deus, porque ele quis que esse ser humano existisse." E na sua definição do direito natural ele diz: "O direito natural é um mandamento da razão que indica que a uma atuação, por causa de sua concordância ou não concordância com a natureza racional mesma, é inerente uma fealdade moral ou uma necessidade moral, razão por que deus, como criador da natureza, ou ordenou ou proibiu uma tal atuação" (Liber I, cap. I, § XI). O direito natural é um mandamento da natureza racional; mas a natureza é uma criação de deus e, por isso, são os mandamentos da natureza racional os mandamentos de deus. Grotius não pode manter a tentativa de fazer independente a validez do direito natural da fé na existência de deus. Pois, ele foi um cristão crente, como, realmente, todos os representantes da doutrina do direito natural clássica foram, ainda que, como parece, alguns entre eles tinham-se dado conta que sem a fé em uma natureza, criada por um deus justo, não é possível, de forma consequente, a suposição de um direito justo, imanente a essa natureza. A afirmação que a validez do direito natural é independente da fé na existência de deus pode ter origem na tendência de assegurar essa validez perante não crentes. Porém, essa afirmação não deve ser misturada com a doutrina, que a validez do direito natural é independente da vontade de deus. Com isso, deve estar dito que a validez do direito natural mesmo pela vontade de deus não pode ser anulado. Isso é a consequência da doutrina, que deus não pode querer nada que é contra a sua essência, sua natureza, que seu poder, portanto, tem um limite em sua própria natureza, que seu todo-poder, por isso, não pode significar que ele, absolutamente, tudo pode querer. Como direito natural é justiça, deus não pode querer anular a validez do direito natural, uma vez que isso iria significar que deus quer ser injusto. Como deus, porém, segundo sua essência, é justo, iria ele, se ele quisesse ser injusto, não ser deus. Essas ideias expressa Anselm von Canterbury, em sua obra *Cur Deus Homo*,[25] na proposição: "Quando, porém, se diz: o que ele (deus) quer é justo e o que ele não quer não é justo, então isso não deve ser entendido de modo que, se deus quisesse alguma coisa inconveniente, seria justo porque ele quer. Não segue, exatamente, que, se deus quer mentir, mentir é justo, mas, ao contrário, que ele, então, não é deus." Em uma outra passagem[26] Anselm expõe, "deus não tem o poder de modificar a vontade da qual ele antes quis que ela seja inalterável". Pois isso "seria mais impotência que poder". Como deus quis o direito natural como inalterável, ele não pode querer alterar ele ou até anular.

---

[25] Anselm von Canterbury: Cur Deus Homo (Lateinisch und deutsch. Kösel-Verlag, München 1956, Buch I, Kap. 12).

[26] Buch II, Kap. 17. A referência a Anselm von Canterbury eu agradeço ao senhor docente Dr. René Marcic.

.VIII.

Para mostrar a vocês como em vão é a tentativa de entender a validez de um direito natural autêntico, isto é, eterno e imodificável, como independente da vontade de deus, eu gostaria, por fim, de remeter a um autor católico, cuja autoridade vocês certamente não irão duvidar. Victor Cathrein define, em sua *Moralphilosophie* (5. Aufl., 1911, S. 546), "direito natural como uma soma de ... normas vinculativas que valem para toda a humanidade pela natureza mesma e não primeiro por causa de estatuto positivo". O direito natural, diz ele, deixa reunir-se em ambos os mandamentos jurídicos "tu deves a cada o seu dar" e "tu não deves a ninguém fazer antijurídico". Isso são proposições completamente vazias que não designam nenhuma conduta humana, de alguma maneira, determinada e que primeiro tornam-se cheias de sentido quando, por normas positivas, isto é, fixadas por atos de vontade, é determinado o que é o seu de cada e o que é antijurídico. Mas disso não se trata aqui. Cathrein acredita que de ambos esses mandamentos jurídicos determinadas normas podem ser derivadas por conclusões, "e precisamente, independente de cada revelação sobrenatural e independente de cada ordenação divina ou humana positiva", de modo que essas normas fazem parte "do direito natural no verdadeiro sentido" (S. 547). Tais normas derivadas são, segundo Cathrein: "tu não deves matar, tu não deves cometer adultério, tu não deves roubar, fraudar, prestar falso testemunho, tu deves obedecer a autoridade jurídica, cumprir os contratos feitos." Dessas normas ele expressamente consente: "Esses princípios pertencem ao decálogo" (S. 549), isto é, são normas, que foram fixadas pela vontade de deus, portanto, de modo nenhum, normas, "que valem independentemente de cada ordenação divina ou humana". Objeta-se, Cathrein é da opinião, essas normas valem não como sentido de atos de vontade divinos, elas valem independentemente desses atos, atribui-se a ele a opinião, que a promulgação dos dez mandamentos, que, sob trovão e relâmpago, no monte Sinai, por deus foram declarados e por ele mesmo escritos em dois quadros de pedra, tem um significado meramente declarativo, nenhum constitutivo, que deus, no monte Sinai, proclamou somente a validez de normas que, independente de sua vontade, já sempre valeram; o que, em todo o caso, não é o sentido do relatório que a escritura sagrada dá desse processo. Mas também isso não é decisivo. Uma norma – e o direito natural é, segundo Cathrein, norma – pode somente ser o sentido de um ato de vontade. E isso Cathrein tem de mesmo consentir, quando ele discute a questão, se um direito natural – como alguns supõem – é direito racional. É, sem dúvida, correto, diz ele (S. 548), que "o direito natural existe nos princípios práticos, vinculativos, a cujo conhecimento a razão espontaneamente chega. Seria, porém, incorreto achar, a força vinculativa desses mandamentos vem da razão mesma. A obrigação da lei é, realmente, uma exigência que a vontade do superior dirige à vontade do subordinado. Nós, porém, não podemos ser os subordinados de nossa própria vontade. A razão proclama a nós, até certo ponto, à maneira de um mensageiro, as exigências que a vontade da razão do autor da natureza dirige a nossa vontade. Fala-se, por isso, melhor de direito natural que de direito racional". O direito natural são, portanto, as exigências que a vontade da razão do autor da natureza dirige a nossa vontade. Quando essas normas valem "pela natureza mesma", então somente porque elas, pela vontade da razão do autor da natureza, são dirigidas a nossa vontade.

Cathrein fundamenta o direito natural como o fundamento necessário do direito positivo. Ele pergunta (S. 556): "De onde toma a sociedade humana ou a autoridade humana o direito de nos obrigar?" "A resposta somente pode dizer", diz ele: "A natureza mesma, ou melhor, o autor da natureza concede a ela o direito." Da natureza das pessoas nós conhecemos que deus quer a existência da sociedade e a sociedade, sem uma autoridade que fixa um direito positivo, não é possível. É, portanto, deus que dá a essa autoridade o direito de promulgar leis. "Esse direito e o dever jurídico correspondente são dados pela lei moral natural e formam o fundamento indispensável de cada direito positivo. Eles não radicam na vontade das pessoas, mas na vontade de deus."[27]

---

[27] Acaba no mesmo aquilo que Johannes Messner, em sua grande obra: Das Naturrecht (3. Aufl., Innsbruck 1958), tem a dizer sobre a fundamentação do direito natural. Na S. 265 ele define: "O direito natural é a ordem das competências próprias, humanas particulares e sociais, fundamentadas na natureza humana com suas responsabilidades próprias." Competências próprias são procurações para o atuar. Elas são "afiançadas pela lei da razão moral própria dela (da natureza)". Procurações para o atuar podem resultar somente por normas. Essas normas são o direito natural, do qual Messner (S. 266) diz, são "os princípios de direito próprios da razão das pessoas" ou "normas". Como "ordem" um agregado de normas, direito natural uma ordem é, são o direito natural essas normas jurídicas "próprias" da natureza da pessoa. Assim também Messner chega, em um – muito superficial – caminho e em um idioma extremamente amaneirado, ao resultado, que o direito natural é fundado na natureza da pessoa.

Da natureza da pessoa, porém, diz ele, na S. 24/25: que ela é condicionada pela sua *alma do espírito* e que "deus ... pela suposição da natureza humana (em Christus) sela a retratabilidade fiel de deus, escrita na alma da pessoa, e então testifica que o valor da pessoa – é superior a cada valor mundano". Isto é, que a pessoa, em virtude de sua natureza, tem valor divino. E isto é, que a natureza humana – porque a pessoa é retrato fiel de deus – mesma é divina. Por isso, tem de – se isso, agora, é comprovado expressamente ou não – o direito natural, fundado na natureza da pessoa, afinal de contas, ser fundado em deus.

Da lei moral, da "lei natural moral" ou "lei da razão moral", que afiança as "procurações postas" na natureza humana, diz Messner (S. 66): não é correto que "deus prescreveu a lei moral à pessoa, criada por ele, por uma decisão arbitrária como odador de leis absoluto". Correto é, ao contrário, que deus como que causa prima (nota do tradutor: causa primeira) "impõe" sua vontade à natureza, ele "deixa sua vontade ficar eficaz mediante as forças e instalações que ele colocou dentro dela [na natureza]; isto é, com auxílio da causae secundae (nota do tradutor: causa secunda). Não existe nenhum fundamento para a suposição que o criador, com a pessoa, procede em outro modo como com a natureza restante". Do que irrefutavelmente resulta que a vontade de deus é a causa prima do direito natural próprio da natureza da pessoa.

Em seu escrito, publicado mais recente: Grundlagen einer Rechtstheologie (München 1962), o teólogo católico Gottlieb Söhngen define, na S. 24/25, direito natural como: "direito inscrito na natureza humana por deus;" e esclarece na S. 39: "Também no direito natural a distinção de "natural e sobrenatural" não bate certo puramente, nem histórica nem objetivamente." Isto é, pois, certamente, a natureza do direito natural é natureza divina.

— 4 —

O que é positivismo jurídico?*

Hans Kelsen

Tradutor: Luís Afonso Heck

O positivismo jurídico tem de ser distinguido do positivismo filosófico; porém, ele está para com esse em uma relação próxima. Sob positivismo filosófico entende-se "cada direção da filosofia e ciência que parte do positivo, dado, compreensível, somente nisso ou nessa 'descrição' exata vê o objeto da investigação, rejeita cada metafísica de tipo transcendental e quer eliminar todos os conceitos do supra-sensível, de forças, causas, sim, até, muitas vezes, as formas do pensar apriorístico (categoriais) da ciência".[1] Sob positivismo *jurídico* entende-se cada teoria do direito que como "direito" entende somente direito positivo e cada outra ordem social, também quando ela, no uso do idioma, é designada como "direito", como especialmente o "direito natural", não deixa valer como "direito".

Com isso, nasce a questão, o que se tem de entender sob a "positividade" do direito, isso é a questão, sob quais condições a ciência pode considerar uma ordem social como direito "positivo". A resposta para essa questão pressupõe um conceito de direito. Como direito, é *aqui* entendido uma ordem *normativa* que procura produzir uma conduta humana determinada pelo fato de ela prescrever que, no caso de uma conduta oposta, da chamada antijurídica, do "antijurídico", deve realizar-se um ato de coerção como consequência do antijurídico, como chamada sanção. Nesse sentido é o direito um ordenamento de coerção normativo. Sua existência específica é sua *validez*. Como "ordem" normativa, é o direito um sistema de normas, em que se tem de distinguir normas gerais e normas individuais. Que uma norma jurídica geral "vale" significa que ela *deve* ser cumprida, e se não cumprida, aplicada. Uma norma jurídica geral é "cumprida" com uma conduta, que é o contrário da conduta à qual essa norma jurídica liga uma sanção. A norma jurídica geral de um ordenamento jurídico nacional, que emprega órgãos que funcionam com divisão de trabalho, é "aplicada" quando a sanção, estatuída pelo órgão de dação de leis, é ordenada, pelo órgão competente, o tribunal, em

---

* Este artigo encontra-se publicado na Juristenzeitung, Nummer 15/16, 13. August 1965, S. 465 ff. Título no original: Was ist juristischer Positivismus?

[1] *Rudolf Eisler*, Wörterbuch der philosophischen Begriffe, 4. Aufl., 2. Bd., 1929, S. 474.

uma norma individual e a sanção ordenada, executada pelo órgão administrativo competente que, nisso, cumpre a norma individual fixada pelo tribunal.

Se, no sentido do positivismo filosófico, objeto de uma ciência somente pode ser o "dado" e o dado – como *Ernst Laas*, em sua obra, "idealismo e positivismo"[2] diz – são *fatos*, não pode o postulado do positivismo filosófico encontrar nenhuma aplicação ou então nenhuma imediata em normas jurídicas, uma vez que normas jurídicas não são fatos, mas o *sentido* de fatos, ou seja, o sentido de atos de vontade dirigidos à conduta humana. Mas a validez de um ordenamento jurídico, no geral, e de uma norma jurídica, no particular, é condicionada por fatos. Nisso, deve ser observado que esses fatos, como fatos do *ser*, somente são a *condição* da validez, não a validez, que é um dever*. *Nisto, que a validez do direito é condicionada por esses fatos, consiste a positividade do direito.*

Quais são, agora, esses fatos?

São dois. Um é que o direito tem de, por atos qualificados em modo determinado, ser *fixado* (ius positivum)**, o outro, que o direito, em um certo grau, ser *eficaz*. Isso é o sentido no qual *somente* se pode falar de uma "força normativa do fático".

Do ponto de vista do positivismo, os atos, pelos quais o direito é fixado, ou, como se diz figuradamente, "criado", têm de ser atos de *pessoas*. Somente direito fixado por pessoas é direito positivo. Assim diz, por exemplo, o filósofo da moral católico conhecido *Viktor Cathrein*, S. J., em sua obra "filosofia moral",[3] o positivismo jurídico representa a opinião, "todo direito baseia-se em instalação humana"; essa teoria vê "no ordenamento jurídico todo uma criação puramente humana". Normas, das quais é suposto que elas foram fixadas por uma vontade sobre-humana, uma vontade de uma divindade, não podem valer como normas jurídicas positivas. Histórico-idiomaticamente, todavia, a expressão, "direito positivo", "ius positivum" – nascida no século 12. – foi originalmente empregada para, em oposição ao direito natural, designar normas que têm sua origem na dação de leis humana ou divina. *Stephan Kuttner* comprova em seu tratado "Sur les origines du terme, 'droit positiv'": "O termo 'direito positivo', noção fundamental da teoria do direito, não é de origem clássica ... são apenas canonistas da idade média que se serviram da palavra 'ius positivum'*** para estabelecer uma distinção entre a lei natural, de uma parte, e de outra parte, todas as leis, cuja origem remonta a um ato legislativo, como, por exemplo, os comandos que deus deu ao povo judeu pela boca de Moisés ou as leis civis e os 'cânones'."[4] Segundo

---

[2] I. Bd., Berlin 1899, S. 183.

* Nota do tradutor: o substantivo *Sollen* será, neste artigo, traduzido por *dever*, que abrange as três modalidades deônticas, ou seja, mandamento, proibição e permissão.

** Nota do tradutor: direito positivo.

[3] Freiburg im Breisgau, 1901, I. Bd., S. 525.

*** Nota do tradutor: direito positivo.

[4] Revue Historique de Droit Français et Etranger. Quatrième Série, quinzième année, Paris 1936, S. 728.

essa opinião teológica – *não*, porém, no sentido do positivismo jurídico moderno – são os dez mandamentos, formulados no 2. livro de Moisés, capítulo 20, direito positivo. Mas também em um escrito recentemente publicado: *Paul Amselek, Méthode Phénoménologique et Théorie du Droit*[5] é, contra a opinião, que direito positivo somente pode consistir de normas que por pessoas são criadas e aplicadas, defendida a possibilidade de um direito positivo "sobre-humano". *Amselek* diz: "Na realidade, o direito sobre-humano é perfeitamente observável e conhecível a partir do momento no qual ele é formado, no qual ele é 'revelado' (exemplo: o direito mosaico, o direito islâmico, etc.). A teoria normativa não foi fundada para pôr a priori em dúvida aquela 'revelação'." Mas uma teoria do direito, como *ciência*, não pode compreender normas como sentido de uma vontade divina e descrever como tais, porque ela não pode supor que a vontade de deus, assim que ela é "revelada" por algum profeta, é observável e reconhecível. De resto, *Amselek* mesmo consente: "somente após uma investigação histórica sobre a origem real das normas positivas observadas que a teoria normativa justificará validamente a recolocação em questão do fato religioso propriamente dito no que concerne ao fenômeno normativo;" e diz: "os homens fazem as normas jurídicas."[6] Não deveria uma ciência do direito ter em conta exclusivamente a origem real das normas jurídicas e ignorar especulações religiosas relativas à origem do direito na vontade de uma divindade transcendental que, segundo as religiões muito distintas, é muito distinta e do ponto de vista da ciência não é observável e reconhecível?

À medida que normas jurídicas gerais entram em consideração, distingue-se direito *estatuído* e *direito costumeiro*. Direito estatuído são normas, que são criadas por atos de vontade humanos dirigidos conscientemente à fixação de direito, isto é, são o sentido de tais atos. O ato é um *ser*, seu sentido é um *dever*. Tal estatuição do direito pode somente se realizar no interior de uma comunidade que tem órgãos que funcionam com divisão de trabalho, um chefe, um condutor. Na monarquia absoluta é a fixação de normas gerais a função do monarca e dos órgãos por ele para isso autorizados. Nas monarquias, chamadas constitucionais, e nos estados, democraticamente organizados, é essa função, como "dação de leis", reservada a um órgão particular que tem o caráter de uma corporação, que se compõe de membros eleitos, e designado como "parlamento". Porém, normas jurídicas gerais podem ser promulgadas não só como "leis", mas, *com base em leis*, como "regulamento", de órgãos do governo e da administração, como regulamentos *que executam as leis*, sob condições particulares, determinados pela constituição, mas, excepcionalmente, também por órgãos do governo, como regulamentos *que substituem leis*.

Normas jurídicas gerais também são criadas no caminho do *costume*. Elas formam o chamado direito costumeiro que, nas comunidades jurídicas primitivas, desempenha o papel principal, mas também na comunidade jurídica tecnicamente desenvolvida tem grande importância. O tipo do costume criador de direito

---

[5] Paris 1964, S. 145.
[6] aaO S. 422.

DIREITO NATURAL – DIREITO POSITIVO – DIREITO DISCURSIVO

consiste nisto, que pessoas que pertencem à comunidade jurídica por tempo mais prolongado, sob certas condições iguais, comportam-se em certo modo igual, e precisamente, na opinião de dever comportar-se assim (opinio necessitatis)*. Quando pessoas, que vivem em comum socialmente, durante um certo tempo, sob certas condições iguais, comportam-se em certo modo igual, então nasce nos indivíduos particulares a vontade que se *deve* comportar assim. Como, assim, também o direito costumeiro pode ser entendido como sentido de atos de vontade, pode-se caracterizar o positivismo jurídico, em um certo sentido, como "voluntarismo".[7]

Que existe um costume criador do direito tem de, pelo órgão autorizado para a aplicação do direito costumeiro, isso é, sobretudo, o órgão judicial, ser comprovado. Como essa comprovação é constitutiva, é, por vezes, aceito que o chamado direito costumeiro é criado pelos tribunais. Para a positividade do direito costumeiro, essa questão não tem importância. Pois, independente de como se responde essa questão, ele é um direito criado por atos humanos.

A fixação de normas jurídicas individuais é a função específica dos tribunais. Ao esses decidirem um caso concreto em aplicação de uma norma jurídica geral, é sua decisão uma norma jurídica individual: a individualização ou concretização da norma jurídica geral aplicada. Mas também quando eles – para isso autorizados – decidem segundo poder discricionário completamente livre, tem sua decisão o caráter de uma norma jurídica individual, se eles, agora, decidem que – afinal de contas – um ato de coerção é fixado ou – se o acusado é absolvido ou a demanda denegada – nenhum ato de coerção deve realizar-se. Também uma chamada sentença de comprovação é de natureza normativa, contanto que ela ordena que um tipo, que está em questão, deve ser considerado como dado ou não dado. Para a fixação de normas jurídicas individuais podem também órgãos do governo ou da administração estar autorizados, contanto que o não cumprimento de tais ordens administrativas tem como consequência sanções. Por isso, a fórmula conhecida do jurista americano e antigo membro do tribunal supremo, *Oliver Wendell Holmes*: "As profecias do que as cortes farão de fato, e nada mais pretencioso, são o que eu entendo por direito",[8] vai muito longe. Isso também se aplica para a tese de um outro teórico do direito americano, *John Chipman Gray*: "Todo o direito é direito produzido por juiz."[9]

Às vezes, é – em conformidade com o sentido da palavra "positivo" – a essência do positivismo jurídico visto somente no fato que suas normas tem de ser "fixadas". Assim, por exemplo, *Johannes Hoffmeister* define, em seu dicionário dos conceitos filosóficos,[10] "positivismo jurídico" como a equiparação do direito com o chamado direito positivo, dado em leis, estatutos e assim por diante. Sem

---

* Nota do tradutor: necessidade da opinião.

[7] Comparar *Ismail Nihat Erim*, Le Positivisme Juridique et le Droit International, Paris 1939, p. 64.

[8] Justice *Holmes*, "The Path of the Law", Harvard Law Review, vol. X, 1897, p. 460.

[9] *John Chipman Gray*, The Nature and Sources of the Law, 2nd ed, 1927.

[10] 2. Aufl., Hamburg 1955.

dúvida, também *Adolf Merkel* expõe em sua muito influente enciclopédia jurídica:[11] "É chamada a atenção sobre o primado da vontade, quando se fala da "positividade" ou da "natureza positiva" do direito. Nós expressamos, com isso, que suas determinações demandam validez como manifestações de uma determinada vontade, independente disto, se as sentenças, contidas nelas, em seus pormenores, estão de acordo com nossas convicções; [mas ele acrescenta:] simultaneamente, porém, que assim está em ordem, porque a realidade nem pode ser carecida dessa vontade nem em toda parte ser concertada com verdade e justiça e as opiniões existentes sobre aquilo que deveria ocorrer." Todavia, ele não vai tão longe de reconhecer eficácia como uma condição da validez. Também W. Friedmann, que em sua obra "Legal Theory"[12] distingue entre "positivismo analítico" e "funcional", diz daquele: "O primeiro interpreta as normas legais fundamentais – como fixadas pelo legislador – como dadas e concentradas sobre a análise de conceitos legais e relações sobre a base da divisão estrita de 'ser' e 'dever'." Mas o representante mais significativo do positivismo analítico, *John Austin*, diz em seu célebre "Lectures on Jurisprudence or the Philosophy of Positive Law":[13] "Cada direito positivo ou cada direito assim chamado simples e estritamente, é fixado por uma pessoa soberana ou um corpo soberano de pessoas para um número de membros da sociedade política independente na qual tal pessoa ou corpo é soberano ou supremo." Mas ele caracteriza o conceito de "soberania": "a noção de soberania e sociedade política independente pode ser expressa concisamente do modo seguinte: – Se um *determinado* homem superior ... recebe obediência *habitual* da *maior parte* de uma determinada sociedade, esse superior determinado é soberano nessa sociedade e a sociedade (incluindo o superior) é a sociedade politicamente independente." E, em uma conexão posterior, ele diz: "cada direito corretamente assim chamado é fixado por um superior para o inferior ou inferiores: isso é fixado pela parte armada com poder para a parte ou partes, as quais pode alcançar tal poder. Se a parte para qual isso é fixado não pode ser tocada pelo poder do seu autor, seu autor significaria para a parte uma vontade ou desejo, mas não poderia impor para a parte um próprio e imperativo direito."[14] A "obediência habitual" é a eficácia do direito.

Na muito divulgada, especialmente sustentada por *Bierling*, teoria do *reconhecimento*[15] – isso é a teoria que a validez do direito baseia-se no seu reconhecimento por parte dos sujeitos ao direito – o postulado da eficácia do direito é implícito. Pois o reconhecimento do direito expressa-se, no essencial, nisto, que ele é cumprido ou aplicado. Sobretudo, porém, tem de ser mencionado o filósofo do direito alemão, *Gustav Radbruch*, que, em sua "Einführung in die

---

[11] 2. Aufl., Berlin 1900, S. 31, § 59.

[12] Toronto, 1960, S. 34.

[13] 3rd ed., London 1869, Vol. I, S. 225, 226.

[14] aaO S. 340.

[15] Ernst Rudolf Bierling, Zur Kritik der juristischen Grundbegriffe, 1. Teil, Gotha 1877, S. 7, 8, 20, 28/29, 47, 82.

Rechtswissenschaft",[16] escreve: "É hoje universalmente reconhecido que não existe outro direito que 'fixado', 'positivo'. Deve, porém, o direito fixado satisfazer sua determinação de resolver o antagonismo de concepção jurídica oposta por uma decisão peremptória, fundada em autoridade, então a fixação do direito tem de competir a uma vontade, à qual também é possível sua imposição perante cada concepção jurídica resistente: à sociedade, que fala no direito costumeiro, ao estado, que fala na lei. Também cada ordem jurídica particular da sociedade ou do estado pode, certamente, como direito 'vigente', somente ser considerado quando ela não 'somente está no papel', ao contrário, converteu-se em uma, ainda que, talvez, infringida, excepcionalmente, por contravenções, regra da vida. Somente aquilo, mas também tudo, que a vontade, chamada para a fixação do direito, fixa e impõe é direito vigente."

Um dos teóricos do direito franceses condutores, *Gaston Jèse*, vê até na eficácia do direito nacional seu critério essencial. Ele define: "O direito de um país é a totalidade das regras – que se julga boas ou más, úteis ou nefastas – que, em um momento dado, dentro de um país dado, são *efetivamente* aplicadas pelos *práticos* e pelos *tribunais*."[16a]

Eficácia do direito é uma *condição* de sua validez, não, porém – como, por exemplo, na teoria do reconhecimento *bierling*uiana é implícito –, o *fundamento* de sua validez.[17] Fundamento de validez de uma norma não pode ser sua eficácia, um fato-ser, mas pode somente, outra vez, ser uma norma-deve. Pois do ser não pode resultar um dever, assim como do dever não pode um ser. A norma, que é o fundamento da validez de uma outra norma, porque ela regula sua criação ou predetermina seu conteúdo, ao ela interditar ou prescrever determinado conteúdo à fixação de normas, é a superior em relação a uma norma inferior. Isso leva à *construção graduada*, apresentada em minha "Reine[n] Rechtslehre", do ordenamento jurídico e à teoria da *norma fundamental*.[18]

Não superficial é também, deve ser acentuado energicamente, que a eficácia do direito não é a sua validez. Que direito "vale", significa que ele *deve* ser cumprido ou aplicado; que ele é eficaz, significa que ele *é* cumprido ou aplicado. Do

---

[16] Wissenschaft und Bildung, 79/79 a, Leipzig 1925, S. 33 f.

[16a] *Gaston Jèse*, Les Principes Généraux du Droit Administratif. Troisième Edition, Paris 1925, p. VIII. *Rudolf Stammler*, Theorie der Rechtswissenschaft, Halle a. d. S., 1911, diz, página 117: "No valer do direito é a categoria da *realidade* que se associa à idéia de um conteúdo jurídico particular." "A validez de um direito é a possibilidade de sua imposição." Nisso, ele acentua, "não" é "o consumar real de um querer fixado determinado, que significa a *validez* do último, mas a *capacidade* de realizar ela também realmente em situação dada". Mas essa "capacidade" ou "possibilidade" manifesta-se somente nisto, que o direito realmente é imposto. A questão, se uma norma jurídica, fixada pelo dador de leis, tem a capacidade ou possibilidade de se impor, somente pode ser respondida, quando se comprovou que ela realmente se impôs.

[17] Assim diz, por exemplo, *Erwin Riezler*, "Der totgesagte Positivismus", in Naturrechts oder Rechtspositivismus, hrsg. v. *Werner Maihofer*, 1962, S. 241: "O que caracteriza o positivismo não é a sua dedução de um determinado tipo de fontes jurídicas, menos ainda a vinculação rígida às letras da lei, mas a vinculação de suas normas ao seu *reconhecimento*. Desse reconhecimento, e somente dele, o direito positivo retira sua força de validez real."

[18] Comparar Reine Rechtslehre, 2. Aufl., S. 204, 210, 228 ff., 283, 287, 324 f., assim como S. 8, 17, 32, 46 f., 51, 54, 110, 196 ff., 202 ff., 208 f., 214-219, 221 f., 224 f., 228 f., 232 ff., 239, 339, 364, 404, 443.

lado filosófico e sociológico, exatamente, às vezes, é identificado, decididamente, "validez" e "eficácia". Assim diz *Oswald Külpe* em sua "Vorlesung über Logik":[19] "Validez somente pode ser conferida a uma norma, contanto que ela é reconhecida ou cumprida ... Independente de cada realização, pode atribuir-se a normas somente vinculatividade, vinculatividade geral, não validez." Ele acrescenta: "Essa vinculatividade, porém, procede do reconhecimento da consciência que fixa, que quer finalidades," com que, ele, no fundo, outra vez, anula a diferença entre "validez" e "vinculatividade". O sociólogo alemão mais significativo, *Max Weber*, diz em seu tratado "Über einige Kategorien der verstehenden Soziologie":[20] Uma validez empírica de uma ordem é "o fato: que a atuação é orientada por orientação de sentido pelo seu sentido (subjetivamente compreendido) e, com isso, influenciada ... Como expressão normal da 'validez' empírica de uma ordem, nós iremos, porém, certamente, considerar a chance de seu 'ser cumprido'".

Quando eficácia é afirmada como condição da validez do direito, isso não deve ser entendido assim, que somente direito eficaz é cumprido ou aplicado. Quando um tribunal aplica uma norma jurídica estatuída por uma lei imediatamente antes, ele aplica uma norma jurídica vigente, mas ainda não tornada eficaz. Eficácia, assim, não é um elemento do *conceito do direito positivo*. Ela é uma condição, postulada pelo *princípio do positivismo jurídico*, de sua validez; e precisamente, no sentido que – contanto que se trate de direito fixado – uma norma jurídica particular e um ordenamento jurídico como todo, para permanecer em validez, têm de *tornar-se* eficazes•e que eles *perdem* sua validez, quando eles perderam sua eficácia. Isso manifesta-se particularmente claro, quando uma constituição, no caminho de uma revolução, portanto, não no modo prescrito por ela mesma, perdeu a sua validez, isto é, sua eficácia *e*, com isso, sua validez.[20a] Também a exigência da eficácia não deve ser entendida no sentido que o direito, para valer, sempre tem de ser cumprido, e se não cumprido, sempre aplicado; mas somente no sentido que ele, no geral, em regra, tem de ser cumprido, e se não cumprido, aplicado. Quando isso é o caso, em quantos casos uma norma jurídica não tem de ser cumprida ou aplicada e ser considerada como não mais válida, a ciência do direito não pode determinar. Isso é deixado a cargo da decisão do órgão competente para a aplicação do direito. Nisso, deve ser observado que o fato mencionado por segundo: o *ser-aplicado* está no primeiro plano. Deve, certamente, ser suposto que uma norma jurídica, também quando ela nunca foi cumprida, contudo, em regra, é aplicada pelos tribunais, é considerada como válida. Isso é a consequência do fato que o direito é compreendido como uma ordem normativa que estatui atos de coerção como sanções e essas sanções são ordenadas e executadas na aplicação do direito.

Que eficácia do direito é, no sentido antes determinado, uma condição da validez do direito, é o autêntico sentido da suposição que entre *direito e poder*

---

[19] Leipzig 1923, S. 120.

[20] Logos, Bd. IV, 1913, S. 269.

[20a] Comparar minha Reine Rechtslehre, 2. Aufl., S. 212 ff.

existe uma correlação, que, como se tem o costume de expressar, "atrás" do direito tem de estar um poder que o impõe. Como esse poder é, em geral, considerado o estado. Assim, diz, por exemplo, *Ernst Forsthoff*:[21] "O positivismo pressupõe a disposição do estado sobre o direito. Ele está em conexão estreita com a soberania estatal. Pois o poder de fixação do direito do estado é escoadouro de sua soberania como força extrema." Mas o estado é mesmo uma ordem de conduta humana e como ordem ele pode ser somente o ordenamento jurídico. Pensado como pessoa, ele é somente a personificação dessa ordem que constitui uma comunidade. Seu "poder" é nada mais que a eficácia dessa ordem. Que um poder é necessário, que impõe o direito, significa que os atos de coerção, estatuídos nas normas jurídicas, são executadas, que essas normas jurídicas são eficazes. Isso mostra-se bem claramente, quando o princípio, que direito não vale sem poder, também encontra aplicação no direito internacional público, que apresenta um ordenamento jurídico ou constitui uma comunidade de estados que não é designada como "estado" soberano.

A consequência essencial do positivismo jurídico é a *separação do direito da moral* e, por isso, também do chamado *direito natural*, que forma um componente da moral, que pode ser considerado como metafísica do direito e que não fixado por atos de vontade humana, mas – segundo a doutrina do direito natural – deduzido da natureza; o que, contudo, somente seria possível sob a suposição teológica: que na natureza, criada por deus, manifesta-se a vontade de deus.[22] A separação do direito da moral não significa, naturalmente – como frequentemente é entendido mal –, a recusa da exigência, que o direito deve corresponder à moral e, especialmente, à norma moral da *justiça*, que o direito deve ser justo. Mas, quando essa exigência é colocada, tem de se estar consciente que existem sistemas morais muito distintos e que estão em conflito um com o outro e, por isso, ideais de justiça muito distintos, que estão em conflito um com o outro – por exemplo, o do liberalismo capitalista e o do socialismo –; que um ordenamento jurídico positivo pode corresponder a um ideal de justiça, simultaneamente, porém, contradizer a um outro ideal de justiça e que a validez do direito positivo é independente de sua relação para com a moral, em geral, e para com o ideal da justiça, em particular. Por isso, é a visão, frequentemente sustentada, a essência do direito é realizar a ideia da justiça, incompatível com o positivismo jurídico; também quando essa exigência é limitada no sentido que é somente um *mínimo* em moral ou justiça que a autoridade que fixa o direito tem de corresponder.

Do mesmo modo incompatível com o positivismo jurídico é a opinião, uma norma pode somente obrigar quando ela é moral.[22a] Essa opinião termina na anu-

---

[21] *Ernst Forsthoff,* Zum Problem der Rechtserneuerung, in Naturrecht oder Rechtspositivismus, hrsg. v. Werner Maihofer, 1962, S. 74.

[22] Comparar meu tratado "Die Grundlage der Naturrechtslehre", Österreichische Zeitschrift für öffentliches Recht, Bd. XIII, 1963. [Nota do tradutor: esse tratado encontra-se nesta obra, sob o número 3 (ver sumário).]

[22a] Essa opinião é sustentada por *Hans Welzel*, "Naturrecht und Rechtspositivismus", in Festschrift für Hans Niedermeyer, Göttingen, 1953, S. 293. *Welzel* afirma, existem "deveres jurídicos somente como deveres morais". Esse princípio é uma "barreira" do positivismo jurídico, que nenhuma ordem estatal deveria exceder "sem

lação da separação, essencial para o positivismo jurídico, de direito e moral. Do ponto de vista do positivismo jurídico uma determinada conduta é conteúdo de um dever jurídico, quando a conduta contrária é condição de uma sanção. As normas jurídicas, criadas no caminho da *dação de leis* ou costume, podem ligar a qualquer conduta uma sanção.

Uma outra consequência do positivismo jurídico é que um direito positivo, que emprega órgãos que funcionam com divisão do trabalho, especialmente órgãos dadores de lei e aplicadores de lei, corresponde mais ou menos à exigência político-jurídica da *previsibilidade* das decisões jurídicas e à exigência, com isso unida, da *segurança jurídica*. À medida que somente normas jurídicas gerais, fixadas no caminho da dação de leis e regulamento e *publicadas*, podem ser aplicadas no caso concreto, pode o sujeito, submetido ao direito, prever mais ou menos as consequências jurídicas de sua conduta e, por isso, formar essa conduta de modo que ela, nisso, evita antijurídico e, assim, as consequências do antijurídico, as sanções estatuídas nas normas jurídicas gerais. Que isso somente é possível até um certo grau resulta disto, que normas jurídicas gerais nunca podem predeterminar completamente a fixação de normas jurídicas individuais pelos órgãos aplicadores do direito, que sempre tem de existir um poder discricionário, mais ou menos amplo, desses órgãos e, que, sobretudo, uma norma geral, expressa em idioma humano, quase sempre permite interpretações distintas. Por isso, não é exato que o positivismo jurídico – como *Hoffmeister* afirma[23] – faz do juiz uma "máquina de subsunção, cuja atividade em uma operação lógico-formal – na subsunção do fato da vida sob o tipo apresentado, determinado em modo rígido, da norma legal – esgota-se".

É de importância máxima que o positivismo jurídico é unido com a suposição que um ordenamento jurídico positivo pode ser aplicado em cada caso apresentado a um tribunal para decisão, que, nesse sentido, não existem lacunas no direito. Contanto que o tribunal tem de aplicar normas gerais, criadas por lei ou costume, ele tem de, segundo o direito positivo vigente, quando nenhuma norma, criada por lei ou costume vale, pela qual é constituído um dever jurídico que, segundo afirmação do acusador ou demandante, foi violada em um caso concreto, absolver o acusado ou denegar a demanda. Também uma tal decisão é aplicação do direito, embora não aplicação de uma norma jurídica determinada. O defeito de uma norma jurídica, que constitui o dever jurídico que está em questão, pode ser indesejável de um ponto-de-vista moral-político-jurídico. Mas ele não impede a decisão aplicadora do direito que cabe ao tribunal. Mas também quando o tribunal, autorizado por lei ou costume, pode decidir um caso segundo poder discricionário completamente livre, quando ele, por exemplo, não considera conveniente

---

tornar-se, de imediato, inválida e não vinculativa". Esse princípio, porém, não é uma barreira, mas a anulação do positivismo jurídico. Que uma conduta é moral ou imoral, é uma sentença de valor moral que pode sair muito distinta. Se essa sentença de valor compete ao sujeito a ser obrigado, como *Welzel* supõe, já que ele vê nesse princípio "a autonomia moral do co-humano, pode cada sujeito, sujeito ao direito, anular a validez do direito para si com a fundamentação que o dever, imposto a ele pelo direito, não é moral".

[23] aaO (Fußn. 10) S. 479.

a aplicação da norma geral que diz respeito a esse caso – e somente com base em autorização legal ou jurídico-costumeiro é isso admissível – existe, porque o tribunal faz uso de uma autorização, dada a ele pelo direito positivo, também nesse caso, aplicação do direito. Finalmente, deve ser observado que segundo um princípio, estatuído legal ou jurídico-costumeiramente, uma decisão jurídica pode passar à coisa julgada e, por isso, não mais ser impugnada do fundamento que ela não corresponde a uma norma jurídica geral vigente ou que o tribunal não estava autorizado a decidir segundo poder discricionário completamente livre. A possibilidade que o tribunal não pode aplicar o direito vigente a um caso presente a ele é, assim, excluída.

O positivismo jurídico não leva – como *Radbruch* afirma[24] – à substituição da filosofia do direito por uma teoria do direito geral, a uma "eutanásia da filosofia do direito", mas a uma divisão do trabalho entre ambas. A doutrina do direito geral tem de descrever o direito positivo sem cada avaliação do mesmo, assim como ele é, não assim, como ele deve ser; e ela tem de definir os conceitos necessários para essa descrição objetiva. Ela é, como *Radbruch* a ela – injustificadamente – objeta, "cega para valores". Mas isso ela tem de – como *ciência* – ser. Isso não significa que o *direito* nada tem a ver com valor. A norma do direito constitui, como cada norma, que prescreve uma conduta como *devida*, um valor, o valor jurídico específico. As sentenças, que uma conduta é jurídica, uma conduta, antijurídica, são sentenças de valor. Mas, ao a doutrina do direito geral, comprovar a função constituinte de valor das normas jurídicas, ela não avalia essa função. Uma tal avaliação, a resposta à questão, como o direito deve ser, o que é o direito correto, justo, é reservado à filosofia do direito que, com isso, exerce uma função da *política* jurídica e que, como existem ideais de justiça muito distintos, nisso, pode chegar a resultados muito distintos.

---

[24] Rechtsphilosophie, 3. Aufl., Leipzig 1932, S. 21.

— 5 —

Uma concepção teórico-discursiva da razão prática*

Robert Alexy

Tradutor: Luís Afonso Heck

Introdução

O tema deste congresso, "Sistema jurídico e razão prática", parece pressupor o que primeiro deve ser mostrado: que existe algo como razão prática. Porque somente quando razão prática existe, pelo menos, no sentido que é possível realizá-la, é conveniente perguntar sobre sua relação para com o sistema jurídico. Uma olhada na literatura filosófico-jurídica de nosso século [20.] mostra que na possibilidade e, com isso, na existência da razão prática pode ser duvidado. Até Alf Toss e Hans Kelsen consideraram o conceito de razão prática um "conceito cheio de contradições em si".[1] A razão diz respeito ao conhecimento, no âmbito do prático cai, pelo contrário, somente o querer. O conhecer, porém, é, justamente, definido pelo fato de não ser um querer e para o querer é constitutivo que ele não tem o caráter do conhecer. O conceito de razão prática é, por conseguinte, um "conceito insustentável logicamente".[2]

Essa concepção deveriam todos os representantes de uma ética não cognitivista, portanto, por exemplo, todos os emotivistas,[3] pelo menos, na tendência,[4] aprovar. Segundo a teoria emotivista, declarações normativas como "Todas as pessoas têm um direito à liberdade e dignidade" têm somente função de expres-

---

* Este artigo encontra-se publicado em Rechtssystem und Praktische Vernunft. Verhandlungen des 15. Weltkongresses der Internationalen Vereinigung für Rechts- und Sozialphilosophie (IVR) in Göttingen, August 1991. Herausgegeben von Robert Alexy und Ralf Dreier. Stuttgart: Franz Steiner 1993, S. 11 ff. ARSP Beiheft 51. Título no original: Eine diskurstheoretische Konzeption der praktischen Vernunft.

[1] H. Kelsen, Das Problem der Gerechtigkeit, in: ders., Reine Rechtslehre, 2. Aufl., Wien 1960, S. 415; A. Ross, Kritik der sogenannten praktischen Erkenntnis, Kopenhagen/Leipzig 1933, S. 19.

[2] H. Kelsen (Fn. 1), S. 419.

[3] Comparar como o mais significativo dos emotivistas, Ch. L. Stevenson, Ethics and Language, New Haven/London 1944.

[4] Essa limitação é necessária porque Stevenson, pelo menos, distingue entre métodos de fundamentação racionais e não racionais; comparar ders. (Fn. 3), S. 115 ff., 139 f.

sar ou provocar sentimentos ou colocações. Como mero meio de expressão do sentimento e da influência psíquica tais declarações não teriam nada a ver com verdade ou correção e, por conseguinte, também nada com razão prática. Críticos da razão enfáticos como Nietzsche concordam, ao fim e ao cabo, com a escola do emotivismo metaético sóbrio. Para Nietzsche, a razão é, e bem particularmente, a razão prática, "uma mulher fraudadora velha"[5] que estorva uma moral sadia, e isso é, segundo Nietzsche, uma dominada "por um instinto da vida".[6]

Deve, realmente, ser tirada a conclusão que nós temos de lidar com um conceito cheio de contradições em si que, no melhor dos casos, pode ser usado como arma semântica em um processo permanente da manipulação recíproca e, no pior dos casos, defrauda-nos da vida? Minha tese diz: não. A questão é como essa tese pode ser fundamentada.

II. Para o litígio sobre o conceito da razão prática

Um primeiro problema diante do qual cada um está que quer expor que razão prática é possível e, nesse sentido, existe, consiste nisto, que o conceito de razão prática é indeterminado em medida extrema. Além disso, a terminologia vacila. Em vez "razão prática" é, frequentemente, falado de "racionalidade prática". Para evitar qualquer decisão prévia, devem ambas essas expressões, aqui, ser tratadas como sinônimas.

Com isso, afila-se o problema. A multiplicidade daquilo que pode ser compreendido como racionalidade prática parece ser quase ilimitada. Assim, distingue, por exemplo, Lenk vinte tipos de racionalidade.[7] Pode tentar-se, nessa situação, tratar de descobrir características gerais do conceito da racionalidade prática.[8] Nisso, irá encontrar-se coisas como consistência, fundamentabilidade, verdade empírica, efetividade, otimização e reflexibilidade. Porém, mesmo se desse bom resultado distinguir tais conceitos como característica mais geral do conceito de racionalidade prática e determinar sua relação um com o outro, pouco estaria ganho. O verdadeiro litígio sobre a racionalidade prática tem lugar abaixo desse plano da abstração. Ele não é um litígio sobre características de racionalidade mais gerais, mas um litígio sobre concepções distintas de racionalidade prática.

Na discussão atual concorrem, sobretudo, três concepções de razão prática ou de racionalidade prática, que se pode, com referência a modelos históricos, designar como a "aristotélica", a "hobbesiana" e a "kantiana". Agrega-se a posição sustentada por Nietzsche da crítica radical do conceito da razão prática, então se ganha para essas três concepções um adversário comum. As teses dos represen-

---

[5] Fr. Nietzsche, Götzen-Dämmerung, in: Friedrich Nietzsche, Werke, hg. v. K. Schlechta, 9. Aufl., München 1982, Bd. 2, S. 960.

[6] Ders. (Fn. 5), S. 967.

[7] H. Lenk, Rationalitätstypen, in: G. Pasternak (Hg.), Rationalität und Wissenschaft, Bremen o. J., S. 9 ff.

[8] Comparar para isso, D. Buchwald, Der Begriff der rationalen juristischen Begründung, Baden-Baden 1990, S. 58 ff.

tantes atuais dessas concepções mostram que ao litígio entre as concepções de racionalidade distintas cabe muito mais que somente um significado acadêmico. Trata-se do fundamento normativo da vivência em comum humana e da autoconsciência do particular e da sociedade. Assim, segundo Alasdair MacIntyre, o representante, atualmente certamente o mais discutido, de uma concepção aristotélica,[9] o "projeto do iluminismo" fracassou.[10] Todas as variantes do individualismo liberal devem ser rejeitadas.[11] Qualquer moral universalista mostra-se com espectro.[12] A crença em direitos do homem deve parecer-se com a crença em bruxos e unicórnios.[13] Em vez disso, é recomendada uma orientação pela ideia de uma boa vida integrada no local e particular.[14] Representantes da concepção hobbesiana como Buchanan[15] e Gauthier[16] ampliaram a ideia weberiana da racionalidade da finalidade[17] ao conceito da maximização da utilidade individual e formularam de novo as teorias contratuais clássicas no quadro das teorias modernas da eleição racional e do negociar racional.[18] Que também isso inclui implicações normativas, sobre as

---

[9] Para uma apresentação geral da concepção aristotélica, comparar H. Schnädelbach, Was ist Neoaristotelismus?, in: W Kuhlmann (Hg.), Moralität und Sittlichkeit, Frankfurt/M. 1986, S. 38 ff., assim como J. -E. Pleines, Zur Sache des sogenannten Neoaristotelismus, in: Zeitschrift für philosophische Forschung 43 (1989), S. 133 ff. Ambos os artigos são, sob o ponto de vista da divisão das concepções de racionalidade, interessantes por causa da tese que o neo-hegelianismo, no âmbito da filosofia política, é associado ao neo-aristotelismo. Essa tese está na base da classificação aqui sustentada.

[10] A. MacIntyre, After Virtue, 2. Aufl., London 1985, S. 271.

[11] Ders. (Fn. 10), S. X, 220 f., 259.

[12] Ders. (Fn. 10), S. 43 ff., 60, 256 ff.

[13] Ders. (Fn. 10), S. 69.

[14] Ders. (Fn. 10), S. 219, 126 f.

[15] J. M. Buchanan, The Limits of Liberty, Chicago/London 1975.

[16] D. Gauthier, Morals by Agreement, Oxford 1986.

[17] O conceito da racionalidade da finalidade, considerado isoladamente, ainda não define uma concepção de racionalidade. Toda atuação humana racional tem uma estrutura teleológica. Por conseguinte, a lógica da atuação teleológica vale para cada concepção de racionalidade. Esta não se limita, como Max Weber realçou (M. Weber, Wirtschaft und Gesellschaft, 5. Aufl., Tübingen 1976, S. 13), à questão, se um meio é necessário para obter a finalidade com ele perseguida. Ao contrário, ela requer, mais além, uma ponderação tríplice: (1) a do meio contra a finalidade, (2) a da finalidade contra as consequências secundárias inevitáveis e (3) a da finalidade perseguida com finalidades outras possíveis (ders., Der Sinn der "Wertfreiheit" der soziologischen und ökonomischen Wissenschaften, in: ders., Gesammelte Aufsätze zur Wissenschaftslehre, 6. Aufl., Tübingen 1985, S. 508). Em uma concepção de racionalidade autônoma a ideia da racionalidade da finalidade converte-se primeiro quando ela é unida com a tese não cognitivista que a eleição de finalidades, como também a ponderação de finalidades contra meios, consequências secundárias e finalidades concorrentes, em último lugar, depende de preferências subjetivas que não mais se fundamentam racionalmente. Essa é a concepção de Max Weber: "Trata-se exatamente entre os valores, em último lugar, em toda a parte e sempre de novo, não só de alternativas, mas de uma luta mortal invencível, assim como entre 'deus' e 'diabo'" (ders., a.a.O., S. 507; comparar, ademais, ders., Wissenschaft als Beruf, in: ders., Gesammelte Aufsätze zur Wissenschaftslehre, 6. Aufl., Tübingen 1985, S. 603 f.).

[18] A teoria da justiça de Rawls não faz parte das concepções hobbesianas mas das kantianas. Em Ralws são, com a determinação da posição inicial (original position) que, com o véu do desconhecimento, retém ao decididor qualquer informação sobre sua pessoa, pré-determinados os desenvolvimentos pretendidos: pode somente ainda do ponto de vista de cada uma pessoa, e sob esse aspecto, imparcial e justamente, ser decidido. A posição inicial de Rawls contém, com isso, uma decisão normativa para uma concepção de racionalidade universalista e, com isso, kantiana. O próprio Ralws, por conseguinte, designou a tese suposta por ele anteriormente, que uma teoria da justiça é uma parte da teoria da eleição racional (J. Rawls, A Theory of Justice, Cambridge, Mass. 1971, S. 16, 583), como equivocação e retratou (ders., Justice as Fairness: Political not Metaphysical, in: Philosophy and Public Affairs 14 (1985), S. 237, Fn. 20).

quais se pode discutir, mostra a tese de Buchanan que um contrato de escravidão pode, sem mais, ser o resultado possível de uma negociação racional.[19] Como um cético, que anda nos rastros de Nietzsche, seja, finalmente, citado Foucault, segundo o qual atrás da "vontade para a verdade" e do discurso escondem-se "o desejo e o poder".[20] Trata-se disto, de desmascarar "instinto, paixão, fúria inquisitorial, refinamento cruel, malícia ... (e) violência" como "formas e transformações da vontade para o saber".[21]

Eu vou tentar defender a concepção kantiana em uma variante teórico-discursiva. Nisso, por falta de tempo, não é possível apresentar e criticar pormenorizadamente as posições contrárias. Somente eu chegarei a falar de algumas objeções de seu arraial.

III. Uma concepção kantiana da racionalidade prática: a teoria do discurso

A base de cada concepção kantiana da racionalidade prática forma a ideia da universalidade. Essa ideia pode ser interpretada muito diferentemente. Aqui, deve somente interessar a interpretação da teoria do discurso.[22]

1. A ideia fundamental da teoria do discurso

A teoria do discurso é uma teoria procedimental. A concepção de racionalidade da teoria do discurso é, por isso, a de uma racionalidade universalista procedimental. Também as teorias contratuais de Buchanan e Gauthier, que estão na tradição hobbesiana, são teorias procedimentais. Segundo elas, como segundo a teoria do discurso, vale que uma norma rigorosamente então é correta, quando ela

---

[19] J. M. Buchanan, The Limits of Liberty (Fn. 15), S. 59 f.; ders., The Gauthier Enterprise, in: Social Philosophy and Policy 5 (1988), S. 84 ff. Gauthier tenta evitar tais resultados pelo fato de ele formular para a posição de negociação inicial uma reserva que deve excluir que alguém traga algo à mesa de negociação que ele antes obteve à custa de um outro (D. Gauthier, Moral by Agreement (Fn. 16), S. 200 ff.). Buchanan objetou contra isso, com razão, que desse modo a teoria da negociação de Gauthier, ao contrário de seu ponto de partida hobbesiano, acolhe premissas morais, porque entre maximizadores da utilidade, de modo nenhum, sob todas as circunstâncias, é necessário renunciar a todas as vantagens da exploração (J. M. Buchanan, The Gauthier Enterprise, S. 84 ff.; comparar, ademais, G. Harman, Rationality in Agreement, in: Social Philosophy and Policy 5 (1988), S. 11). A objeção que ele, em sua posição de negociação inicial, acolhe demais em moral leva Gauthier à vizinhança de Rawls, cuja teoria deve ser classificada como kantiana (comparar nota 18). Às avessas, deixa-se, com referência a fracos e aleijados, que somente pouco ou nada podem trazer à mesa de negociação, fazer valer que a concepção de Gauthier contém muito pouco em moral (assim, J. S. Fishkin, Bargaining, Justice, and Justification: Towards Reconstruction, in: Social Philosophy and Policy 5 (1988), S. 52). Ambas juntadas mostra que a proposta de Gauthier inclui uma decisão para uma determinada moral, que não somente pela ideia da maximização da utilidade pode ser fundamentada.

[20] M. Foucault, Die Ordnung des Diskurses, Frankfurt/Berlin/Wien 1977, S. 15.

[21] Ders., Nietzsche, die Genealogie, die Historie, in: ders., Von der Subversion des Wissens, Frankfurt/Berlin/Wien 1978, S. 107.

[22] Para a estimativa da teoria do discurso como kantiana, comparar R. Alexy, Theorie der juristischen Argumentation, 2. Aufl., Frankfurt/M. 1991, S. 153; J. Habermas, Moralität und Sittlichkeit, in: W. Kuhlmann (Hg.), Moralität und Sittlichkeit, Frankfurt/M. 1986, S. 16 ff.; O. Höffe, Kategorische Rechtsprinzipien, Frankfurt/M. 1990, S. 343 f.

pode ser o resultado de um determinado procedimento.[23] A diferença consiste na formação do procedimento. O procedimento das teorias contratuais é um procedimento de negociação, o da teoria do discurso, um procedimento de argumentação. No centro da teoria contratual está o conceito da decisão racional. Essa é determinada pela ideia da maximização da utilidade individual. O conceito nuclear da teoria do discurso é o conceito de juízo* racional. Esse é definido pelo conceito da fundamentação ou argumentação racional. O último, outra vez, é determinado pela ideia do discurso racional.

Um discurso prático é racional quando nele são cumpridas as condições do argumentar prático racional. Essas condições deixam-se em um sistema das regras do discurso[24] reunir.[25] Razão prática pode ser definida como a capacidade de, por esse sistema de regras, chegar a juízos práticos.

As regras do discurso deixam classificar-se de modo múltiplo. Aqui, recomenda-se uma divisão em dois grupos: em regras, que dizem respeito imediatamente à estrutura de argumentos e em regras, cujo objeto imediato é o procedimento do discurso. As regras do primeiro grupo, portanto, as regras que dizem respeito imediatamente à estrutura de argumentos exigem, por exemplo, liberdade de contradição (1.1),[26] universalidade no sentido de um uso consistente dos predicados empregados (1.3), (1.3'), clareza conceitual-idiomática (6.2), a verdade das premissas empíricas empregadas (6.1), completitude dedutiva dos argumentos (4), a consideração das consequências (4.2), (4.3), ponderações (4.5), (4.6.), a execução de uma troca de papéis (5.1.1) e a análise do nascimento de convicções morais (5.2.1), (5.2.2). Todas essas regras também são empregáveis monologicamente e muita coisa fala em favor disto, que nenhuma teoria do argumentar ou fundamentar prático racional pode renunciar a ela. Com isso, é claro que a teoria do discurso, de modo nenhum, substitui o fundamentar por mera produção de consensos. Ela inclui completamente as regras do argumentar racional relacionadas com argumentos. Sua particularidade consiste exclusivamente nisto, que ela acrescenta a esse plano um segundo plano, ou seja, o das regras relacionadas com o procedimento do discurso.

Esse segundo grupo de regras é de tipo não monológico. Sua finalidade principal é o asseguramento da imparcialidade da argumentação prática e, com isso,

---

[23] Comparar para isso, R. Alexy, Die Idee einer prozeduralen Theorie der juristischen Argumentation, in: Rechtstheorie, Beiheft 2 (1981), S. 178. [Nota do tradutor: esse artigo encontra-se publicado em Alexy, Robert. Direito, razão, discurso. Estudos para a filosofia do direito. Porto Alegre: Livravria do Advogado Editora, 2010, página 77 e seguintes. Tradução: Luís Afonso Heck.]

* Nota do tradutor: neste artigo, a palavra *Urteil*, tanto sozinha como em palavras compostas, será traduzida por juízo.

[24] O conceito da regra do discurso é, aqui, formulado de modo que ele inclui tanto regras como princípios no sentido da teoria das normas geral. Para essa distinção, comparar R. Alexy, Theorie der Grundrechte, Baden-Baden 1985 (Neudr. Frankfurt/M. 1986), S. 75 ff.

[25] Para um tal sistema de 28 regras do discurso, comparar R. Alexy, Theorie der juristischen Argumentation (Fn. 22), S. 234 ff.

[26] A numeração diz respeito às formulações das regras in: R. Alexy, Theorie der juristischen Argumentation (Fn. 22), S. 234 ff.

da formação do juízo prática baseada nela. As regras que servem a essa finalidade podem ser designadas como "regras do discurso específicas". As mais importantes dizem:

1. Cada um que pode falar tem permissão de participar em discursos. (2.1)
2. (a) Cada um tem permissão de pôr em questão cada afirmação.
   (b) Cada um tem permissão de introduzir no discurso cada afirmação.
   (c) Cada um tem permissão de manifestar suas colocações, desejos e carências.
3. Nenhum falante pode, pela coerção dominante dentro ou fora do discurso, ser impedido nisto, de salvaguardar seus direitos determinados em (1) e (2). (2.3)

Essas regras expressam, em traje teórico-argumentativo, o caráter universalista da concepção teórico-discursiva da racionalidade prática. Se essas regras valem, então vale a condição seguinte de aprovação universal:

> UZ: uma norma pode, em um discurso, somente então encontrar aprovação universal, quando as conseqüências de seu cumprimento geral para a satisfação dos interesses de cada um particular podem, em virtude de argumentos, ser aceitas por todos.[27]

Uma norma, que encontra aprovação universal sob essa condição, é correta em um sentido ideal. Ela tem, por conseguinte, uma validez moral ideal. Esse conceito da validez moral ideal corresponde ao princípio de Kant do poder dador de leis:

> "Portanto, pode somente a vontade, concordante e unida, de todos, contanto que cada um decida sobre todos e todos sobre cada um o mesmo, portanto, somente a vontade popular universalmente unida ser dadora de leis."[28]

2. O status da teoria do discurso como teoria da correção e racionalidade prática

a) Discurso e bons fundamentos

Weinberger objetou contra a teoria do discurso como teoria da correção prática que a correção de uma tese não depende disto, se ela pode ser o resultado de um discurso, mas somente disto, se se deixam alegar para ela bons fundamentos.[29]

---

[27] A condição de aprovação universal converte-se em uma regra do discurso quando a produção de uma aprovação universal é considerada como ordenada. Comparar para isso, a regra (5.1.2) em R. Alexy, Theorie der juristischen Argumentation (Fn. 22), S. 252, assim como o princípio da universalização U de Habermas in: J. Habermas, Diskursethik – Notizen zu einem Begrundungsprogramm, in: ders., Moralbewußtsein und kommunikatives Handeln, Frankfurt/M. 1983, S. 75 f., 103.

[28] I. Kant, Metaphysik der Sitten, in: Kant's gesammelte Schriften, hg. v. der Königlich Preußischen Akademie der Wissenschaften, Bd. 6, Berlin 1907/14, S. 313 f.

[29] O. Weinberger, Logische Analyse als Basis der juristischen Argumentation, in: W. Krawietz/R. Alexy (Hg.), Metatheorie juristischer Argumentation, Berlin 1983, S. 188 ff.

Que um consenso não pode ser um critério de verdade já pode ser reconhecido nisto, que aquele, em situações de psicose coletiva, rapidamente pode realizar-se.[30]

A ele deve ser oposto que a situação da psicose coletiva é, rigorosamente, o contrário da situação do discurso racional. Eu já expus que a teoria do discurso inclui completamente as regras do argumentar racional relacionadas com argumentos.[31] Todavia, deve ser concedido que somente a observância das regras do discurso ainda não garante a qualidade dos argumentos. Isso leva a uma premissa, para a teoria do discurso, essencial e até agora, em geral, muito pouco realçada.[32] A teoria do discurso pressupõe que os participantes do discurso, portanto, pessoas, assim como elas de fato existem, estão capacitados, fundamentalmente, para distinguir fundamentos bons de ruins. Ela parte, portanto, de uma capacidade de juízo, fundamentalmente existente, dos participantes.[33] Isso não significa que a capacidade de juízo é uma exigência do procedimento.[34] A relação entre o procedimento do discurso e a capacidade de juízo de seus participantes correspon-de, ao contrário, a entre a constituição de um estado constitucional democrático e a capacidade de seus cidadãos para atividades políticas, econômicas e sociais. O último não é exigido por normas constitucionais, mas pressuposto pela constituição.[35]

b) A necessidade da comunicação

Uma segunda objeção diz que o conceito do fundamentar racional não necessariamente é unido com o do discurso racional. Assim, Tugendhat objeta contra a teoria do discurso que "fundamentar tudo ... não (é) essencialmente comunicativo, porque também, ainda, é efetivável por um particular para si, portanto, nesse sentido, monologicamente".[36]

---

[30] Ders. (Fn. 29), S. 192.

[31] Spaemann coloca a questão, pelo que o discurso "deve ser distinguido de quaisquer outros processos dinâmicos de grupos" (R. Spaemann, Gluck und Wohlwollen, Stuttgart 1990, S. 177). É a observância das regras do argumentar racional.

[32] Comparar R. Alexy, Probleme der Diskurstheorie, in: Zeitschrift fur philosophische Forschung 43 (1989), S. 89.

[33] Trata-se, nisso, de algo como um "elo perdido" entre as regras do discurso e a correção do resultado, cuja falta foi multiplamente objetada. Comparar, por exemplo, O. Höffe, Kritische Uberlegungen zur Konsensustheorie der Wahrheit (Habermas), in: Philosophisches Jahrbuch 83 (1976), S. 330; K. -H. Ilting, Geltung als Konsens, in: neue hefte fur Philosophie 10 (1976), S. 34; A. Kaufmann, Recht und Rationalität, in: Rechtsstaat und Menschenwurde, Festschr. f. W. Maihofer, hg. v. A. Kaufmann/E. –J. Mestmäcker/H. F. Zacher, Frankfurt/M. 1988, S. 36.

[34] Para essa variante, comparar A. Wellmer, Ethik und Dialog, Frankfurt/M. 1986, S. 72.

[35] O pressuposto da capacidade de juízo é em um duplo sentido uma premissa fraca. Por um lado, mal uma teoria ética sai bem sem ela. A teoria do discurso não precisa, por conseguinte, recorrer a uma premissa particular e, nesse sentido, forte. Por outro, o conceito de capacidade de juízo, considerado isoladamente, é, como base de uma teoria ética, muito pobre de conteúdo. Ele não contém nem critérios para juízos corretos nem procedimentos de chegar a eles. A ideia, que está em sua base, é que por uma argumentação, suficiente às suas exigências, um controle e desenvolvimento ótimo da capacidade de juízo torna-se possível.

[36] E. Tugendhat, Zur Entwicklung von moralischen Begrundungsstrukturen im modernen Recht, in: Archiv fur Rechts- und Sozialphilosophie, Beiheft N. F. 14 (1980), S. 6.

A ele deve ser oposto que, em todo o caso, a formação do juízo *prática* necessariamente tem de ser encaixada em uma estrutura comunicativa, se a medida em racionalidade deve ser realizada, que é possível. A formação de juízo prática visa não só, como Habermas considerou,[37] à comprovação do comum, portanto, de interesses partilhados por todos. Praticamente mais significativos são os juízos sobre uma compensação justa de interesses não comuns, portanto, particulares.[38] Uma compensação de interesses é, no núcleo, um assunto de ponderação de interesses. Como não existe um critério geral e rigorosamente aplicável para o peso de interesses diversos, podem as ponderações, necessárias para a compensação, ser determinadas só relativamente aos interesses existentes, cada vez, dos outros. Sobre o peso relativo ou a justificação relativa de interesses, porém, deixa argumentar-se. Uma determinação, obtida em virtude de argumentos, dos pesos relativos dos interesses colidentes é superior a uma determinação do peso sem argumentos, sob o ponto de vista da racionalidade e, com isso, da correção.

O ponto decisivo é, agora, que a interpretação e ponderação dos respectivos interesses é assunto do afetado ou dos, cada vez.[39] Quem impugna isso não respeita a autonomia do outro. Ele não o leva a sério como particular. Com isso, é claro que são duas coisas que levam a uma estrutura necessariamente comunicativa do fundamentar prático: primeiro, a possibilidade de argumentar sobre o peso relativo de interesses, que se converte em necessidade, se se quer uma compensação de interesses justa e, por conseguinte, correta, e, segundo, a exigência de levar o outro a sério como particular.[40]

3. Para a fundamentação das regras do discurso

A exigência, antes mencionada, de levar a sério o outro como particular, expressa uma premissa normativa que está na base da teoria do discurso. Ela reflete-se nas regras do discurso específicas, que garantem o direito de participação de cada um em discursos, assim como a liberdade e igualdade em discursos. A questão diz, como aquelas premissas ou essas regras podem ser fundamentadas. Nessa questão trata-se nada menos que da fundamentação do caráter universalista da racionalidade prática.

---

[37] J. Habermas, Diskursethik – Notizen zu einem Begrundungsprogramm (Fn. 27), S. 83.

[38] Mais pormenorizado para isso, R. Alexy, Antwort auf einige Kritiker, in: ders., Theorie der juristischen Argumentation (Fn. 22), S. 406 f.

[39] Comparar G. Patzig, Zur Begrundung sozialer Verhaltensnormen, in: ders., Tatsachen, Normen, Sätze, Stuttgart 1980, S. 116: "Cada fundamentação de normas tem de partir das carências, interesses e desejos reais das pessoas, cada vez, afetadas ... Disso resulta, porém, também, que ninguém pode ter o direito de jogar por cima da cabeça dos indivíduos participantes suas carências e interesses 'objetivos', portanto, próprios e verdadeiros, perante suas carências subjetivas ... Fundamentação de normas, portanto, não é possível de uma vez, por um para todos, mas somente em um discurso racional contínuo."

[40] Spaemann afirmou que o discurso não é uma "instância de decisão normativa" (R. Spaemann, Gluck und Wohlwollen (Fn. 31), S. 179). Nisso, é correto que a competência de formação do juízo tem de permanecer no particular. Do mesmo modo, porém, também é correto que a realização do discurso é condição necessária de formação de juízo prática correta e, por conseguinte, racional.

Contra a concepção de racionalidade da teoria do discurso foi objetado que ela somente é expressão de uma forma de vida determinada,[41] ou seja, a do racionalismo europeu em sua variante enformada pelo conceito da razão prática. Ela, já por isso, não pode requerer uma validez universal. Uma crítica formulada pós--modernamente tem o costume de, com referência aos problemas da modernidade, acrescentar que o racionalismo, com o iluminismo, não só obteve o seu ponto culminante, mas também o ultrapassou. Outras formas de vida têm, como, por exemplo, Paul Feyerabend acentua, fundamentalmente, os mesmos direitos.[42] Não é, por conseguinte, justificado produzir uma união necessária da teoria do discurso com conceitos como aqueles de verdade, de correção ou de racionalidade. Ao contrário, as regras do discurso são historicamente condicionadas e, sob esse aspecto, relativas. A suposição do postulado de racionalidade, que está na base delas, é um assunto de decisão pessoal.[43]

Essas objeções tornam claro que dois aspectos da universalidade devem ser distinguidos. Um afeta o conteúdo das regras do discurso, o outro, sua validez. Universal quanto ao conteúdo são essas regras à medida que elas exigem direitos iguais para todos no discurso. A questão é se essa universalidade quanto ao conteúdo pode requerer validez universal.

Minha tese diz que a validez universal das regras do discurso pode ser fundamentada com um argumento que se compõe de três partes.[44] A primeira parte compõe-se de uma versão muito fraca de um argumento pragmático-transcendental. A ela é acrescentado, como segunda parte do todo, um argumento que direciona para a maximização da utilidade individual. Essa união pressupõe, como terceira parte, uma premissa empírica.

O caráter universalista da teoria do discurso descansa, essencialmente, na primeira parte do argumento total, no argumento pragmático-transcendental. Este forma o núcleo da fundamentação. Argumentos pragmático-transcenden-

---

[41] Comparar, por exemplo, C. Braun, Diskurstheoretische Normenbegrundung in der Rechtswissenschaft, in: Rechtstheorie 19 (1988), S. 254.

[42] Feyerabend designa o "racionalismo ocidental" como "ideologia do tronco" (P. Feyerabend, Irrwege der Vernunft, Frankfurt/M. 1989, S. 431, 436). Irá mostrar-se que a teoria do discurso distingue-se da simples ideologia do tronco pelo fato de ela formular as condições de coexistência daquilo que Feyerabend, provavelmente, entende sob "ideologia do tronco". A teoria do discurso leva a direitos fundamentais e do homem que asseguram espaços para formas de vida diferentes e, com isso, dão uma forma jurídica ao postulado de Feyerabend da "igualdade de direitos de tradições" (ders., a.a.O., S. 446). Uma diferença essencial para com Feyerabend consiste, todavia, nisto, que a ética do discurso tenta fundamentar direitos fundamentais e do homem e não deixa a decisão sobre eles somente a "tradições e iniciativas populares", "propensões para", "sentimentos", "opiniões", concisamente: "fundamentos subjetivos" (ders., a.a.O., S. 446 ff.).

[43] H. Rußmann, Rez.: R. Alexy, Theorie der juristischen Argumentation, in: Rechtstheorie 10 (1979), S. 113.

[44] O argumento todo não leva a uma fundamentação última no sentido que ele coage a cada um não só a ver como corretas as regras do discurso, mas também a cumprir. Ele tenta, todavia, expor que uma prática universalista deixa fundamentar-se melhor que qualquer outra. Para a renúncia à fundamentação última, comparar G. Patzig, "Principium diiudicationis" und "Principium executionis", in: G. Prauss (Hg.), Handlungstheorie und Transzendentalphilosophie, Frankfurt/M. 1986, S. 218: "Mas a renúncia à fundamentação última é, na ética, do mesmo modo suportável como na ciência: nós temos procedimentos para distinguir fundamentos melhores de piores e o que, cada vez, mostra-se melhor fundamentado, isso nós podemos aceitar, até nova ordem, como base de nossa prática."

tais são uma variante de um tipo de argumento geral, ou seja, do argumento transcendental. Cada argumento transcendental compõe-se de, pelo menos, duas premissas.[45] A primeira premissa identifica o ponto de partida do argumento, que se compõe de coisas como percepções, ideias ou atuações práticas. Do objeto, eleito como ponto de partida, é afirmado, na primeira premissa, que ele, em algum sentido, é necessário. A segunda premissa diz, a seguir, que algumas categorias ou regras são necessárias, se o objeto, eleito como ponto de partida, deve ser possível. A conclusão diz, finalmente, que essas categorias ou regras valem necessariamente.

Eu elejo como ponto de partida e, com isso, como objeto da versão, a ser aqui proposta, de um argumento pragmático-transcendental, o ato de falar da afirmação e inicio com a segunda premissa, portanto, com teses sobre aquilo que afirmações necessariamente pressupõem. A primeira tese diz que afirmações, somente então, são possíveis, se algumas regras do afirmar valem. Isso mal é impugnado. O litígio concentra-se na questão, quais regras são essas.[46] Se o argumento pragmático-transcendental deve dar bom resultado, tem de essas regras ser demonstradas como pressupostos necessários da possibilidade de afirmações. Não pode haver alternativa para elas.[47]

O problema seria insolúvel se se pudesse, sob afirmações, entender qualquer coisa. Se poderia, então, distinguir numerosos conceitos de afirmação e definir cada um deles por um sistema de regras correspondente.[48] Que isso, pelo menos, não é possível ilimitadamente deve ser reconhecido nisto, que afirmações deixam distinguir-se de outros atos de falar, por exemplo, de manifestações de reações emocionais[49] ou meras tomadas de posição.[50] Existe um significado nuclear da expressão "afirmação".[51] Dele faz parte que afirmações somente são tais atos de falar com os quais é feita uma pretensão de verdade ou correção.[52]

---

[45] Para a estrutura de argumentos transcendentais, comparar R. Chisholm, What is a Transcendental Argument?, in: neue hefte fur philosophie 14 (1978), S. 10 ff.; S. L. Paulson, Läßt sich die Reine Rechtslehre transzendental begrunden?, in: Rechtstheorie 21 (1990), S. 171 ff.

[46] Comparar H. Keuth, Fallibilismus versus transzendentalpragmatische Letztbegrundung, in: Zeitschrift fur allgemeine Wissenschaftstheorie 14 (1983), S. 334 ff.; G. Patzig (Fn. 44), S. 213.

[47] H. Albert, Die angebliche Paradoxie des konsequenten Fallibilismus und die Anspruche der Transzendentalpragmatik, in: Zeitschrift fur philosophische Forschung 41 (1987), S. 424; S. L. Paulson, (fn. 45), S. 174, 176.

[48] Comparar H. Keuth (Fn. 46), S. 334 f.

[49] Comparar G. Patzig, Relativismus und Objektivität moralischer Normen, in: ders., Ethik ohne Metaphysik, Göttingen 1971, S. 75.

[50] Comparar para isso, H. Keuth (Fn. 46), S. 332.

[51] A isso corresponde a tese de Kuhlmann "que existe um âmbito nuclear de regras de argumentação e de afirmação essenciais" (W. Kuhlmann, Reflexive Letztbegrundung versus radikaler Fallibilismus, in: Zeitschrift fur allgemeine Wissenschaftstheorie 10 (1985), S. 373).

[52] Comparar D. Davidson, Kommunikation und Konvention, in: ders., Wahrheit und Interpretation, Frankfurt/M. 1990, S. 376: "Quem estabelece uma afirmação apresenta-se como alguém que acredita no que ele diz e, talvez, como alguém, cuja convicção é justificada. E como nós queremos que nossas convicções sejam verdadeiras parece ser correto ... que aquele, que estabelece uma afirmação, apresenta-se como alguém que tenciona dizer a verdade." Fusfield objetou contra o argumento pragmático-transcendental que ele é ou circular ou termina em um regresso infinito ou baseia-se em intuições não revisáveis, portanto, fracassa no terceiro chifre do conheci-

A pretensão de verdade ou correção implica uma pretensão de fundamentabilidade. Quem expõe algo como afirmação e, simultaneamente, diz que não existem nenhuns fundamentos para o afirmado, talvez, nem sequer estabelece uma afirmação autêntica. Em todo o caso, a sua afirmação é, necessariamente, viciosa. À pretensão de fundamentabilidade corresponde o dever argumentativo de, a pedido, fundamentar o afirmado ou citar fundamentos para isto, porque uma fundamentação é denegada.[53]

Quem afirma algo perante um outro está, com isso, prima facie, sob o dever, perante esse, de, a pedido, fundamentar sua afirmação. Sob esse aspecto, é o manifestar de uma afirmação a entrada no âmbito da argumentação. Quem fundamenta algo pretende, pelo menos, aceitar o outro, pelo menos, no que concerne ao fundamentar, como parceiro de fundamentação com os mesmos direitos e nem exercer mesmo coerção nem apoiar-se em coerção exercida por outros. Ele requer, ademais, poder defender sua afirmação não só perante o respectivo destinatário, mas, mais além, perante cada um. A essas pretensões correspondem as regras do discurso específicas que garantem o direito de cada um de participar em discursos, assim como a liberdade e igualdade em discursos.

Poderia ser objetado que tudo isso é um truque relativo à definição. O caminho do conceito de afirmação para as regras do discurso específicas, com as estações intermediárias: pretensão de correção, pretensão de fundamentabilidade e dever-prima-facie de fundamentação, consiste de nada mais que de uma cadeia de definições. Se se introduz um tal conceito forte de afirmação, as regras do discurso específicas são, de fato, sem alternativa. Pode, contudo, também sustentar-se um conceito mais fraco, para o qual isso não vale. Essa objeção reconduz à primeira premissa do argumento pragmático-transcendental que, agora, pode ser formulada no sentido que afirmações, no sentido aqui definido, em algum aspecto, são necessárias.[54] A questão diz, se essa tese é exata.

---

do Munchhausen-Trilemma, no dogmatismo (W. D. Fusfield, Can Jurgen Habermas "Begrundungsprogramm" Escape Hans Albert's Munchhausen-Trilemma?, in: Jahrbuch Rhetorik 8 (1989), S. 77 ff.). Ele dirige-se, sobretudo, contra isto, de *fundamentar* regras do discurso por meio de contradições performativas (ders., a.a.O., S. 77). Fusfield deve ser aprovado nisto, que na referência a uma contradição performativa não se trata da fundamentação de uma proposição por uma outra proposição dela independente, porque uma contradição performativa nasce somente então, quando uma regra do discurso já vale. Trata-se, por isso, somente de um meio com o qual pode ser *mostrado* que regras do discurso valem. Trata-se, portanto, somente da explicação daquilo do qual é suposto que é pressuposto em comum. Essa suposição pode, como cada suposição, ser falsa e a explicação, por conseguinte, inadequada. Análogo vale para suposições sobre o significado nuclear do conceito de afirmação e sua explicação.

[53] A isso corresponde a regra de fundamentação geral: cada falante tem de, a pedido, aquilo que ele afirma fundamentar, a não ser que ele possa citar fundamentos que justificam denegar uma fundamentação (2). Comparar para isso, R. Alexy, Theorie der juristischen Argumentation (Fn. 22), S. 165 ff., 239.

[54] Watt destacou, acertadamente, que entre ambas as premissas do argumento transcendental existe uma relação estreita. Quanto mais conteúdo normativo é incluído na segunda premissa, tanto mais duvidosa torna-se a necessidade da primeira. Às avessas, cai o conteúdo normativo da segunda premissa com certeza ascendente da necessidade da primeira. Comparar A. J. Watt, Transcendental Arguments and Moral Principles, in: The Philosophical Quarterly 25 (1975), S. 43 ff.

DIREITO NATURAL – DIREITO POSITIVO – DIREITO DISCURSIVO

Segundo Apel e Habermas, uma renúncia a afirmações, no sentido aqui definido, se ela inclui uma denegação de argumentação consequente, tem consequências muito amplas. Assim, fala Apel da perda "da possibilidade da autoconsciência e da auto-identificação", sim, da "autodestruição",[55] e Habermas de "esquizofrenia e suicídio".[56] Isso são suposições empíricas, sobre as quais se pode discutir.[57] Aqui, deve bastar uma tese conceitual mais fraca. Ela diz que é necessário, no sentido que segue, fazer afirmações e fundamentações: quem, durante toda a sua vida, não estabelece nenhuma afirmação (no sentido aqui definido) e não dá nenhuma fundamentação (no sentido aqui definido) não participa naquilo que se pode denominar a "forma de vida mais geral da pessoa". O argumento transcendental é, desse modo, radicalmente atenuado. Ele não mais fundamenta, por exemplo, a obrigação do mais forte de, aquilo que ele quer exigir de um mais fraco, justificar perante este. Ele pode manifestar uma simples ordem e impor essa com uma ameaça de violência e, contudo, participar de forma de vida mais geral da pessoa se ele, somente em algumas outras conexões, estabelece afirmações e faz fundamentações. Mas o que permanece é um resto normativo significativo extremamente sistemático. Se não existem circunstâncias descomunais, como o crescer em completa isolação, deveria ser faticamente impossível não participar na forma de vida mais geral da pessoa pelo fato de não se fazer nenhuma, por mais trivial, afirmação, não se expor a nenhuma fundamentação, independente de como constituída, e também nunca colocar o contrário de afirmações e fundamentações, a questão "por quê?". Cada um tem, fundamentalmente, a capacidade de colocar essa questão, manifestar afirmações e expor um fundamento, que não precisa ser um bom, e cada um dispõe – prescindindo de circunstâncias descomunais – com vista a essas capacidades, pelo menos, de uma prática mínima.

A tese sobre a forma de vida mais geral da pessoa é compatível com isto, que existem formas de vida diferentes. Ela diz, porém, que todas as formas de vida humanas necessariamente contêm universais teórico-argumentativos, que podem ser expressos pelas regras do discurso. Esses universais podem, em virtude de tabus, tradições ou terror ainda não muito chegar a ser eficazes na realidade. Desaparecer completamente, eles iriam primeiro se os membros de uma forma de vida perdessem completa e definitivamente a capacidade de colocar a questão "por quê?". As regras do discurso, por conseguinte, não definem uma forma de vida particular, mas algo que é comum a todas as formas de vida, sem prejuízo do fato que, nelas, ele faz valer-se em medidas muito diferentes.[58] A teoria do discurso trata de descobrir, sob esse aspecto, na realidade humana, potenciais de razão existentes.

---

[55] K. –O. Apel Transformation der Philosophie, Bd. 2, Frankfurt/M. 1973, S. 414.

[56] J. Habermas (Fn. 27), S. 112.

[57] G. Patzig (Fn. 44), S. 213.

[58] Isso implica que um discurso também é possível, fundamentalmente, entre membros de formas de vida distintas. Comparar para isso, R. Alexy, Aarnio, Perelman und Wittgenstein, in: A. Peczenik/J. Uusitalo (Hg.), Reasoning on Legal Reasoning, Vammala 1979, S. 121 ff.

Nesse sentido, ela é, para empregar uma formulação de Höffe, "esclarecimento sobre a existência da pessoa".[59]

Para a fundamentação moral, com isso, certamente ainda não muito está ganho. Disso, que alguém possui a capacidade de solucionar argumentativamente conflitos de interesses, não resulta que ele tem de fazer uso dessa capacidade em cada conflito de interesses perante cada afetado. Ao mais forte, cada vez, pode parecer mais vantajoso limitar-se a rituais de dominação, ordens e exercício de força. À participação na forma de vida mais geral da pessoa ele, nisso, não precisa renunciar. Ele pode fazer discursos com os membros de seu grupo. Isso seria somente então diferente, se se pudesse, em cada pessoa, pressupor um interesse, preponderante a todos os outros interesses, nisto, de solucionar conflitos de interesses corretamente no sentido do justo. A experiência ensina que um tal pressuposto seria insustentável. Parece, por conseguinte, que o argumento transcendental pode fundamentar somente a validez hipotética das regras do discurso: elas valem somente se e à medida que existe um interesse em correção.[60]

Neste ponto inicia a segunda parte da fundamentação. Ela direciona para a maximização da utilidade individual e tem, sob esse aspecto, um caráter hobbesiano. Suponha-se, uma camada dominante definida, por exemplo, por características racistas, está, em primeiro lugar, interessada nisto, de manter as vantagens da exploração da camada dominada. Os membros da camada dominante podem tentar, por mera força, produzir um equilíbrio natural correspondente a seus interesses. Isso não seria para ela, contudo, por vários fundamentos, ótimo. Eu quero, aqui, considerar apenas um fundamento. Ele baseia-se em uma tese empírica que é a terceira parte do todo de minha fundamentação. Ela diz que sempre um número tão grande de pessoas tem um interesse em correção, que para os membros da camada dominante, pelo menos, a longo prazo, é mais vantajoso justificar seu domínio que se apoiar exclusivamente em força. Essa tese vale tanto para a relação dos dominantes para com os dominados como para a relação entre os membros da camada dominante.[61] Os argumentos que são expostos para a justificação do domínio não precisam ser bons. Pode tratar-se de pura propaganda. Decisivo é, contudo, que, no fundo, é argumentado. Com isso, a maximização da utilidade, se tem de ser contado com um interesse suficiente em correção, leva ao reino da argumentação.

Poderia ser objetado que isso ainda não basta para a fundamentação das regras do discurso. Quem simplesmente, por fundamentos estratégicos, aceita discursos, precisa somente fazer somente como se ele aceitasse a liberdade e igualda-

---

[59] O. Höffe, Kategorische Rechtsprinzipien (Fn. 22), S. 336.

[60] Comparar para isso, G. Patzig, "Principium diiudicationis und Principium executionis" (Fn. 44), S. 212, 216 f. Em Habermas, uma tal validez meramente hipotética parece, pelo menos, ocasionalmente: "porque cada um que quer argumentar seriamente tem de aceitar a suposição idealizada de uma forma de comunicação cheia de pretensões" (J. Habermas, Wie ist Legitimität durch Legalität möglich?, in: Kritische Justiz 20 (1987), S. 12 – realce de R. A.).

[61] Comparar para isso, R. Alexy, Antwort auf einige Kritiker (Fn. 38), S. 424 f.

de dos outros como parceiros do discurso. Isso, contudo, somente então seria uma objeção, se se tivesse de considerar a produção de uma motivação, correspondente quanto ao conteúdo às regras do discurso, como componente necessário de uma fundamentação de regras do discurso. Isso, contudo, não é o caso. Também no âmbito do discurso pode ser distinguido entre uma validez subjetiva, portanto, relacionada com a motivação, e uma objetiva, portanto, a conduta externa.[62] A fundamentação, aqui exposta, visa somente à validez objetiva ou institucional das regras do discurso. Uma validez subjetiva ou motivacional existe somente então, quando existe um interesse em correção. Esse é pressuposto em alguns, não, porém, em todos, e somente por uma fundamentação não pode ser produzido. Que a fundamentação das regras do discurso limita-se à validez objetiva ou institucional mostra que essa deve ser associada primariamente ao âmbito da legalidade e, com isso, do direito.[63]

Um crítico da teoria do discurso, com isso, ainda não se precisa dar por vencido. Ele pode fazer valer que até agora somente se tratou de regras para o discurso. Para a atuação, disso nada resulta. Essa objeção aponta para o problema da aplicação, que agora deve ser tratado.

Como resultado intermediário, deve ser conservado que as regras do discurso deixam fundamentar-se em um sentido tríplice. As regras do discurso expressam, primeiro, uma competência que faz parte da forma de vida mais geral da pessoa. Cada um que toma parte nela manifesta qualquer dia perante qualquer pessoa uma afirmação, coloca qualquer dia a qualquer pessoa a questão "por quê?" e cita qualquer dia perante qualquer pessoa um fundamento. Ao ele fazer isso, ele exercitou aquela competência, pelo menos, rudimentarmente. Segundo, tem de cada um, se ele tem um interesse em correção, fazer uso daquela competência. Terceiro, é para aquele, que não tem interesse em correção, em todo o caso, a longo prazo, vantajoso a observância objetiva das regras do discurso sob o ponto de vista da maximização da utilidade individual.

4. A aplicação da teoria do discurso

Até agora se tratou somente da fundamentação das regras do discurso como regras para o âmbito do discurso. Racionalidade prática visa à atuação praticamente correta. A questão diz, o que resulta das regras do discurso para a atuação. Nisso, devem ser distinguidos dois problemas: o problema do conteúdo e o da imposição. No problema do conteúdo trata-se da questão, se e em qual proporção deixam distinguir-se, na base das regras do discurso, normas para atuação correta. Objeto do problema da imposição é a questão, como pode ser assegurado que

---

[62] Essa distinção corresponde à de Kant entre moralidade e legalidade; comparar I. Kant, Metaphysik der Sitten (Fn. 28), S. 219.

[63] Comparar para isso, a tese de Höffe que a ética do discurso argumentativamente tem dificuldades menores se ela é concebida somente como "ética do direito e do estado" (O. Höffe, Kategorische Rechtsprinzipien (Fn. 22), S. 379).

normas, reconhecidas como corretas, também sejam cumpridas. Eu inicio com o problema da imposição.

O problema da imposição nasce porque a visão na correção de uma norma é algo diferente que seu cumprimento.[64] Assim, a apreciação concordante de uma norma como justa não tem, necessariamente, o seu cumprimento por todos como consequência. Se, porém, alguns, sem mais, podem infringir uma norma, o seu cumprimento não deve mais ser exigido de ninguém. Do fato que em discursos, sem dúvida, podem ser criadas visões, mas não sempre motivações correspondentes a elas, resulta, assim, a necessidade de regras armadas com coerção e, com isso, a necessidade do direito.[65] Aqui se mostra, pela primeira vez, o que, mais além, irá certificar-se: a teoria do discurso pode, somente então, obter significado prático se ela for encaixada em uma teoria do direito.

Dificuldades muito maiores causa o problema do conteúdo. Isso tem a sua causa nisto, que o sistema de regras da teoria do discurso não oferece nenhum procedimento que permite, em um número finito de operações, sempre chegar a, rigorosamente, um resultado. Isso tem três fundamentos: as regras do discurso não contêm, primeiro, nenhuma determinação com respeito aos pontos de partida do procedimento. Pontos de partida são as convicções e interpretações de interesses, cada vez, existentes, dos participantes. Segundo, as regras do discurso não determinam todos os passos da argumentação. Terceiro, uma série de regras do discurso é cumprível só aproximativamente. A teoria do discurso é, sob esse aspecto, uma teoria não definida de decisão. Isso vale, em todo o caso, para discursos reais, e, em uma certa medida, provavelmente, também para ideais.[66]

Disto, que a teoria do discurso não em todos os casos leva a, rigorosamente, uma solução, contudo, ainda não resulta que ela, em nenhum caso, determina a solução.[67] A questão diz, por conseguinte, se, pelo menos, existem alguns resul-

---

[64] A isso corresponde a distinção de Kant entre o principium diiudicationis [princípio de conhecimento] e o principium executionis [princípio de execução]: "Se a questão é: o que é moralmente bom ou não, então isso é o princípio de conhecimento, segundo o qual eu aprecio a boa qualidade e defeito das atuações. Se, porém, a questão é, o que me move viver segundo essa lei? Então isso é o princípio da mola propulsora" (I. Kant, Vorlesungen uber Moralphilosophie: Moralphilosophie Collins, in: Kant's gesammelte Schriften, hg. v. d. Akademie der Wissenschaften der DDR und der Akademie der Wissenschaften zu Göttingen, Bd. XXVII, I, Berlin 1974, S. 274; comparar para isso, G. Patzig "Principium diiudicationis" und "Principium executionis" (Fn. 44), S. 205 ff.).

[65] Esse argumento corresponde, no essencial, a um dos argumentos de Kant para a travessia do estado natural para o estado civil; comparar I. Kant, Metaphysik der Sitten (Fn. 28), S. 312. Para o emprego desse argumento no quadro da teoria do discurso, comparar R. Alexy, Die Idee einer prozeduralen Theorie der juristischen Argumentation (Fn. 23), S. 186; J. Habermas, Law and Morality, The Tanner Lectures on Human Values (1988), S. 245. No texto é mencionada somente uma premissa para a fundamentação da necessidade do direito. Pressuposta é uma segunda premissa, ou seja, esta, que é ordenado que normas, vistas como corretas universalmente, universalmente sejam cumpridas. Além disso, a premissa citada no texto deve ser intensificada no sentido que, por causa da fraqueza motivacional do discurso, o direito, pelo menos, é um meio necessário para assegurar o cumprimento geral. Com a formulação, contida na conclusão, "necessidade do direito", é considerado que é ordenado introduzir regulações jurídicas, portanto, passar para um estado jurídico.

[66] Comparar para o último, R. Alexy, Probleme der Diskurstheorie (Fn. 32), S. 85 f.

[67] Para a tese que a teoria do discurso, em nenhum caso, leva a, rigorosamente, uma solução, comparar L. Kern, Von Habermas zu Rawls, Praktischer Diskurs und Vertragsmodell im entscheidungslogischen Vergleich, in: L. Kern/H. -P. Muller (Hg.), Gerechtigkeit. Diskurs oder Markt?, Opladen 1986, S. 91. Habermas parece aproxi-

tados, que são discursivamente necessários, e alguns, que são discursivamente impossíveis.[68]

Para responder a essa questão, deve ser distinguido entre dois tipos de regras de atuação ou normas de atuação: tais de tipo procedimental e tais de substancial. Exemplos para as regras de atuação procedimentais oferecem as normas de organização do estado constitucional democrático; o exemplo principal para regras de atuação de tipo substancial são os direitos do homem. Seja, inicialmente, colocada a questão, se na base da teoria do discurso direitos do homem deixam fundamentar-se.

Uma conclusão direta das regras do discurso sobre direitos do homem não é possível.[69] As regras do discurso são somente regras do falar. Observá-las significa simplesmente tratar o outro *no discurso* como parceiro com os mesmos direitos.[70] Disso ainda não resulta que o outro absolutamente, portanto, também no *âmbito da atuação*, tem de ser reconhecido como pessoa. Para, das regras do discurso, chegar a regras de atuação, são necessárias suposições sobre os resultados de discursos. Essas suposições têm de ter por conteúdo que determinadas regras de atuação, no caso presente, tais que concedem direitos do homem, são resultados do discurso necessários. Aqui, deve, primeiro, ser perguntado se direitos do homem, nesse sentido, deixam fundamentar-se se à validez objetiva das regras do discurso acrescenta-se a premissa que todos os participantes têm um interesse em correção. Se isso desse bom resultado, poderiam os direitos do homem, em todo o caso, sob o pressuposto de um interesse em correção, e, nesse sentido, hipoteticamente, ser fundamentados.

Direitos do homem regulam conflitos de interesses fundamentais. Se conflitos de interesses devem ser solucionados exclusivamente por negociações entre os maximizadores da utilidade individuais, pode, em posições de partida desfavorá-

---

mar-se disso quando ele defende uma "autoconsciência discreta da teoria moral" e destina a essa somente a tarefa de "esclarecer e de fundamentar o ponto de vista moral". A teoria do discurso tem de "renunciar a contribuições substanciais próprias" (J. Habermas, Moralität und Sittlichkeit (Fn. 22), S. 32). Ela não dá "orientações quanto ao conteúdo" (ders., Diskursethik – Notizen zu einem Begrundungsprogramm (Fn. 27), S. 113).

[68] Para os conceitos da possibilidade, impossibilidade e necessidade discursiva, comparar R. Alexy, Die Idee einer prozeduralen Theorie der juristischen Argumentation (Fn. 23), S. 180 ff.

[69] Uma tentativa de fundamentar teórico-discursivamente direitos do homem por uma conclusão direta encontra-se em Adela Cortina. Cortina passa da premissa, que "cada participante virtual" tem de, "em um discurso prático, ser reconhecido como pessoa", imediatamente para a conclusão, que se "tem de atribuir a esse parceiro do discurso real e virtual alguns direitos" (A. Cortina, Diskursethik und Menschenrechte, in: Archiv fur Rechts- und Sozialphilosophie 76 (1990), S. 44). O problema dessa conclusão reside na premissa, e precisamente, no conceito do reconhecer como pessoa. As regras do discurso exigem, como regras do falar, somente reconhecer o outro como parceiro da discussão. Disso ainda não resulta nenhum reconhecimento como pessoa no âmbito da atuação. Cortina pode tirar sua conclusão somente porque ela carrega normativamente o conceito do discurso prático. Ele deve incluir o objetivo do entendimento como esquema teleológico (dies., a.a.O., S. 40 f.). Acima foi exposto que tais exigências motivacionais não se deixam fundamentar pragmático-transcendentalmente. O que pode ser fundamentado de tal maneira é somente a validez objetiva das regras do discurso.

[70] Leist fala, acertadamente, de um "reconhecimento pragmático-idiomático" que tem de ser distinguido de um reconhecimento moral geral relacionado com a atuação (A. Leist, Diesseits der 'Transzendentalpragmatik': Gibt es sprachpragmatische Argumente fur Moral?, in: Zeitschrift fur philosophische Forschung 43 (1989), S. 303 f.).

veis de alguns parceiros da negociação, o resultado consistir no status de escravo, não excluído por Buchanan. Aquilo que, em geral, é entendido sob direitos do homem, é, então, não mais suscetível de fundamentação. Também em discursos práticos, e, com isso, também em discursos sobre direitos do homem, interesses formam a base da argumentação. Pode também lá ser aceito que cada um aspira a uma vantagem máxima.[71] A diferença consiste nisto, que se tem de tratar de uma vantagem máxima *justificada*. Isso, porque aquilo que o particular deseja para si em direitos e nega a outros tem de ser fundamentado. Sobre isto, o que compete ao particular em direitos, é decidido não em virtude de poder ou tradições, mas em um procedimento de fundamentação caracterizado por liberdade argumentativa e igualdade argumentativa e, com isso, sob as condições da imparcialidade argumentativa.

Eu gostaria de afirmar que, sob essas condições e sob o pressuposto do interesse em correção, determinados direitos do homem mostram-se discursivamente necessários, e sua negações, discursivamente impossíveis. Pertencem a eles, pelo menos, o direito à vida e integridade corporal e, de mais a mais, os direitos à integridade da pessoa, à liberdade de atuação fundamental, à liberdade de crença, de opinião e reunião, à liberdade de profissão e propriedade, à igualdade de tratamento fundamental e à participação no processo de formação da vontade política. Ademais, desses direitos também deveriam fazer parte direitos fundamentais sociais mínimos,[72] como, por exemplo, o direito a um mínimo existencial.

Quem quer impugnar isso, tem de fazer valer que seja possível que alguém, sem dúvida, observa as regras do discurso e também tem um interesse em correção, contudo, não aprova alguns ou todos os direitos do homem. Um exemplo, conduzido ao campo contra a teoria do discurso, é o racista, que acredita que membros de outras raças, somente em virtude de sua raça, não tem alguns ou todos os direitos do homem citados ou em proporção menor.[73] Se o racista tem um interesse em correção e observa as regras do discurso, ele tem de, para a sua afirmação, citar argumentos e expor esses à crítica. Suponha-se que o racista seja um nacional-socialista que considera sua teoria da raça como teoria científica. Ele iria, com essa teoria, já por fundamentos empíricos, fracassar. Sério fica o assunto, contudo, quando o racista apoia sua tese em revelações religiosas, afirmações metafísicas não revisáveis ou visões mágicas. Contudo, a fundamentação teórico- -discursiva dos direitos do homem não é feita cair. Quem impugna a existência dos direitos do homem de fundamentos não revisáveis religiosos, metafísicos ou

---

[71] Para a tese que também a ética do discurso não sai bem sem o conceito de vantagem, comparar O. Höffe, Kategorische Rechtsprinzipien (Fn. 22), S. 386.

[72] Para esse conceito, comparar R. Alexy, Theorie der Grundrechte (Fn. 24), S 457, 465 ff. Segundo A. Honneth, as implicações normativas da ética do discurso não se limitam aos direitos do homem como direitos fundamentais e a exigências procedimentais. A ética do discurso deve, como tal, já conter uma "concepção de justiça social" (A. Honneth, Diskursethik und implizites Gerechtigkeitskonzept, in: W. Kuhlmann (Hg.), Moralität und Sittlichkeit, Frankfurt/M. 1986, S. 189 ff.). Implicações claramente mais fortes que as aqui sustentadas aceita também A. Cortina (dies., Diskursethik und Menschenrechte (Fn. 69), S. 46 f.).

[73] Comparar A. Leist, Diesseits der 'Transzendentalpragmatik' (Fn. 70), S. 307 ff.

DIREITO NATURAL – DIREITO POSITIVO – DIREITO DISCURSIVO

mágicos, pode, sem dúvida, ter um interesse em correção, mas ele não segue objetivamente as regras do discurso. Essas admitem então, quando, como nos direitos do homem, trata-se da solução de conflitos de interesses, somente argumentos revisáveis por todos os participantes.[74]

Até agora, eu somente esbocei um argumento para os direitos do homem sob o pressuposto de um interesse em correção. Uma situação completamente nova nasce quando esse interesse falta. Tome-se o já mencionado maximizador da utilidade individual, que somente de fundamentos estratégicos participa em discursos para maximizar a sua utilidade pelo fato de ele legitimar seu domínio. Ele faz isso somente porque um domínio, que é reconhecido como justo, a longo prazo, é mais vantajoso que um regime somente apoiado em força. Esse maximizador da utilidade tem de pagar o reconhecimento dos direitos do homem como preço para a legitimação de seu domínio. Todos os participantes do discurso querem uma vantagem fundada. Uma vantagem à custa dos direitos do homem de outros não pode, no discurso, mostrar-se vantagem fundada. Por conseguinte, são, para os maximizadores da utilidade particular, os direitos do homem, de fundamentos da racionalidade da finalidade, necessários discursivamente mediatamente.

Até agora foi exposto que a existência de direitos do homem deixa fundamentar-se teórico-discursivamente. Com isso, está ganho alguma coisa, mas não tudo. Quem, alguma vez, teve de lidar com a aplicação dos direitos do homem, portanto, com a questão, o que resulta deles em contextos e casos determinados, sabe que nisso nascem inúmeros problemas de interpretação e de ponderação. Para a maioria desses problemas não pode somente sobre a base da teoria do discurso ser demonstrada uma solução como discursivamente necessária ou impossível.[75] A ética do discurso determina, como tal, sem dúvida, alguma coisa quanto ao conteúdo, mas ela deixa também muitas coisas aberto. Nem tudo que é discursivamente meramente possível pode, simultaneamente, valer juridicamente. Isso iria significar que todos os conflitos sociais deveriam ser solucionados com base em regras reciprocamente contraditórias. Com isso, o problema do conteúdo leva à necessidade de procedimentos jurídicos que garantem um resultado definitivo.[76] A teoria do discurso pressupõe, por conseguinte, a necessidade do direito não só por causa do problema da imposição, mas também por causa do problema do conteúdo.

---

[74] Comparar as regras (6.1) e (6.2) em R. Alexy, Theorie der juristischen Argumentation (Fn. 22), S. 255.

[75] Um exemplo instrutivo proporciona o caso, investigado por Neil MacCormick, de blasfêmia. MacCormick mostra que, sem dúvida, algumas soluções do problema da blasfêmia são discursivamente impossíveis, que, porém, do outro lado dos limites do discursivamente impossível, mais que uma regulação é discursivamente possível. Discursivamente impossível são a proibição de argumentos sérios e objetivos a favor e contra doutrinas religiosas e a proteção somente de uma ou algumas religiões por uma proibição de blasfêmia. Pelo contrário, são discursivamente possíveis tanto uma renúncia completa a uma proibição de blasfêmia como uma proteção de todas as religiões perante blasfêmia (MacCormick, Moral Disestablishment and Rational Discourse, in: H. Jung/H. Muller-Dietz/U. Neumann (Hg.), Recht und Moral, Baden-Baden 1991, S. 227 ff.).

[76] Comparar R. Alexy, Die Idee einer prozeduralen Theorie der juristischen Argumentation (Fn. 23), S. 186; J. Habermas, Law and Morality (Fn. 65), S. 245; ders., Wie ist Legitimität durch Legalität möglich? (Fn. 60), S. 13 f.

Normas jurídicas podem em procedimentos muito diferentes ser criadas e aplicadas. Com isso, coloca-se a questão, se a ética do discurso exige para o âmbito, no qual ela, como tal, não determina regras de atuação quanto ao conteúdo ou substanciais, pelo menos, regras procedimentais. Algumas regras procedimentais resultam já dos direitos do homem fundamentáveis pela ética do discurso. A eles pertence o direito à participação no processo de formação da vontade política. O procedimento de criação do direito tem de ser democrático. Ademais, o princípio da maioria não deve valer ilimitadamente. Têm de existir providências institucionais que asseguram que decisões da maioria não infrinjam direitos do homem discursivamente necessários. Tem importância particular que a pretensão de correção não é abandonada com a transferência da decisão a procedimentos jurídicos.[77] Disso resulta a necessidade de institucionalizar fundamentação e crítica nos procedimentos jurídicos e de, fora desses procedimentos, assegurar jurídico--fundamentalmente. A teoria do discurso mostra-se, com isso, teoria de base do, apoiado em discussão,[78] estado constitucional democrático.[79]

A concepção kantiana da racionalidade prática foi, no início, contraposta a três concepções concorrentes. Agora, é claro o que se deixa alegar para sua dignidade de preferência. Ela pode mostrar ao cético, que segue a Nietzsche, que e como razão prática é possível. Perante a concepção hobbesiana, ela pode conduzir ao campo que a ideia da maximização da utilidade individual já tem de ser complementada pela da generalizabilidade porque deve ser contado com um interesse em correção. A ideia da correção prática inclui a ideia da generalizabilidade. Aos partidários da concepção aristotélica pode ser mostrado que a variante teórico--discursiva da concepção kantiana, de modo nenhum, é vazia de conteúdo e meramente formal. Ela leva, pelo menos, a direitos do homem e democracia. Nisso, a fraqueza de suas exigências quanto ao conteúdo mostra-se vantagem. Os direitos do homem asseguram, como direitos fundamentais, espaços para formas de vida e concepções da vida boa diferentes e o processo democrático cria a possibilidade de uma compensação justa, na qual uma multiplicidade de vozes pode falar. A teoria do discurso mostra, por isso, como razão prática pode tornar-se real sem recusar formas de vida e concepções da vida boa diferentes.

---

[77] Comparar MacCormick, Moral Disestablishment and Rational Discourse (Fn. 75), S. 224 f.

[78] Comparar BVerfGE 5, 85 (197 f.).

[79] Comparar M. Kriele, Recht und praktische Vernunft, Göttingen 1979, S. 30 ff.; R. Alexy, Probleme der Diskurstheorie (Fn. 32), S. 93; J. Habermas, Interview mit Hans Peter Kruger, in: ders., Die nachholende Revolution, Frankfurt/M. 1990, S. 82 f.

— 6 —

Direito e moral*

Robert Alexy

Tradutor: Paulo Gilberto Cogo Leivas

Dos numerosos problemas, aos quais a questão sobre o conceito e a natureza do direito leva, é o da relação entre direito e moral um dos, simultaneamente, mais fundamentais e tenazes. Duas posições estão face a face desde há mais de dois mil anos: o positivismo e o não positivismo. Todos os positivistas sustentam a tese da separabilidade e a da separação. Todos os não positivistas opõem a isso, pelo menos, uma versão da tese da união.

1. A tese da separabilidade e a da separação

A tese da separabilidade diz que não existe conexão conceitualmente necessária entre direito e moral. Isso implica que todas as conexões entre direito e moral têm um mero caráter contingente. Com isso é impugnado que existe uma conexão necessária entre aquilo que o direito ordena e aquilo que a moral ou a justiça exige, ou entre o direito como ele é e o direito como ele deve ser. O grande positivista do direito Hans Kelsen formulou isso na fórmula: "Cada conteúdo qualquer pode ser direito."[1]

A tese da separabilidade define a versão mais fraca do positivismo jurídico. Ela diz somente que é possível dar ao direito cada conteúdo qualquer independente de todas as exigências da justiça. Ela, com isso, não exclui a possibilidade de que o direito positivo de uma determinada comunidade abarque princípios morais, o que, por exemplo, pode ocorrer por determinações constitucionais que transformam direitos do homem em direito positivo. Do ponto de vista de um conceito de direito, positivamente entendido, a única coisa que o conceito de direito, como tal, pede é que o abarcamento de conteúdos morais no direito seja tratado como questão de fato, portanto, como meramente contingente e, em nenhum caso, de alguma maneira, como necessário.

---

* Este artigo encontra-se publicado em Härle, Wilfried und Preul, Reiner (Hg.). Ethik und Recht. Marburg: N. G. Elwert Verlag, 2002, S. 83 ff. Título no original: Recht und Moral.

[1] H. Kelsen, Reine Rechtslehre, 1. Aufl., Leipzig/Wien 1934, S. 63.

Uma forma mais forte do positivismo é expressa pela tese da separação. A tese da separação pressupõe, necessariamente, a tese da separabilidade e acrescenta a ela que existem fundamentos normativos bons para isto, de definir o conceito de direito de modo que todos os elementos morais sejam excluídos. Isso significa que a tese da separabilidade e a da separação dizem respeito a dois tipos diferentes de argumentos. Na tese da separabilidade trata-se, do mesmo modo que no seu equivalente – a tese da não separabilidade –, daquilo que é necessário, analítico ou apriorístico. Também a tese da separação depende de tais argumentos, pois não pode existir separação sem separabilidade. Mas ela vai além. Ela não se limita a dizer isto, que definições do direito são possíveis, mas tenta, mais além, identificar a melhor. Para isso são necessários argumentos normativos. Existe, por isso, uma divisão de trabalho entre a tese da separabilidade e a da separação. Os argumentos para a primeira tese tentam mostrar que é possível excluir todos os elementos morais do conceito de direito; os argumentos para a segunda tese visam a isto, que a essa exclusão deve ser preferida uma inclusão.

Se a tese da separação é correta, permanecem somente dois elementos de definição: o da decretação de acordo com a ordem e o da eficácia social. O conceito de eficácia social diz respeito a coisas como costumes, ordens ameaçadas de sanção, convicções, sentimentos e colocações. Autores do arraial do realismo jurídico tentaram, nessa linha, reduzir o direito a fatos sociais ou psíquicos como fatos naturais.[2] O conceito de decretação de acordo com a ordem é mais complicado. É impossível distinguir entre o decretado de acordo com a ordem e o decretado não de acordo com a ordem sem referir-se às normas que fundamentam e definem a competência para a disposição do direito. A norma fundamentadora de competência mais célebre é a norma fundamental de Kelsen. Kelsen visa, com a introdução dessa norma fundamentadora de competência fundamental, à normatividade sem moralidade.[3]

Os elementos da eficácia social e da decretação de acordo com a ordem podem ser interpretados e postos em relação um com o outro de modos muito diferentes. Isso é um fundamento para isto, que numerosas variantes do positivismo jurídico são possíveis. Comum a todas elas é que os conceitos de eficácia social e/ou de decretação de acordo com a ordem devem ser suficientes para a definição do direito. A moralidade, como tal, não deve ser nem um terceiro elemento necessário nem desejável do conceito de direito. Rigorosamente isso impugna o não positivismo. Todos os não positivistas compartilham a concepção de que o conceito de direito tem de ou deve abarcar elementos morais. Se o abarcamento de elementos morais é considerado como conceitualmente necessário, pode ser falado de uma "tese da união forte". A tese da união forte é a negação da tese da separabilidade. Se o abarcamento é considerado somente como devido ou digno de preferência, não, porém, como conceitualmente necessário, pode ser falado de uma "tese da

---

[2] K. OLivercrona, Laws as fact, Kopenhagen/London 1939, S. 27.

[3] S. L. Paulson, Introduction, in: S. L. Paulson/ B. Litschewski Paulson (Hg.), Normativity and Norms, Oxford 1998, S. XXX-XXXV.

união fraca". A tese da união fraca não faz valer uma união conceitual, mas somente uma normativamente necessária. É a negação da tese da separação.

O conceito do direito não positivista mais radical nasce da substituição completa da eficácia social e da decretação de acordo com a ordem pela correção moral. Isso seria uma teoria do direito natural pura. Na prática, tal teoria do direito natural pura radical iria terminar em anarquismo. Por conseguinte, jusnaturalistas sérios, como Thomas von Aquin, enfatizam a necessidade do direito positivo definido por decretação de acordo com a ordem e eficácia social.[4] A questão decisiva não é, por isso, se o direito deve ser definido ou pela eficácia social, juntamente com a decretação de acordo com a ordem, ou pela correção moral, mas, ao contrário, se a eficácia social e a decretação de acordo com a ordem devem ser unidas ou não, de um ou de outro modo, com a correção moral. Existem três tipos possíveis de uma tal união. A moral pode, primeiro, ser unida com o direito positivo pelo fato de princípios e argumentos morais serem abarcados no direito, segundo, pelo fato de pela moral o conteúdo possível do direito ser limitado pela moral, e, terceiro, pelo fato de a moral fundamentar um dever para com a obediência ao direito. Pode, por conseguinte, diferenciar-se três problemas da relação entre direito e moral: o problema do abarcamento, o problema da limitação e o problema da fundamentação.

2. O problema do abarcamento

A base lógica do problema do abarcamento, ou como também se pode dizer, da inclusão, é a estrutura aberta do direito. Positivistas e não positivistas concordam nisto, que o direito, primeiro, tem uma estrutura aberta[5] e que, segundo, casos, que caem no âmbito de abertura do direito positivo, frequentemente são decididos em virtude de fundamentos morais. Uma tal união puramente fática é completamente compatível com o positivismo jurídico. Permanece-se, mesmo então, no arraial positivista, quando se vai um passo além e supõe que princípios morais, por causa de sua correção, são incorporados no direito por uma regra de conhecimento como "prática normativa convencional".[6] Uma prática convencional é uma prática que ou existe ou não existe. Se ela existe ou não, porém, é uma questão que será decidida pelo sistema jurídico positivo respectivo. É, por isso, correto designar isso como "positivismo inclusivo".[7]

O positivismo transforma-se, primeiro então, em não positivismo, quando é feito valer que o abarcamento de princípios e argumentos morais no direito é necessário e não meramente contingente. O argumento principal para a necessidade desse abarcamento é o argumento da correção. Ele consiste de duas partes. Em um primeiro passo, será tentado mostrar que o direito necessariamente promove

---

[4] Thomas von Aquin, Summa theologiae, I-II, qu. 90, a. 3, 4; qu. 91, a. 3; qu. 95, a. 1; II-II, qu. 57, a. 2.

[5] H. L. A. Hart, The Concept of Law, 2. Aufl., Oxford 1994, S. 128.

[6] J. Coleman, Authority and Reason, in: R. P. George (Hg.), The Autonomy of Law, Oxford 1996, S. 316.

[7] O mesmo, (Fn.6), S. 287.

uma pretensão de correção. A isso associa-se, como segundo passo, a tentativa de expor que essa pretensão leva a uma união necessária entre direito e moral.

Pretensões implícitas podem fazer-se explícitas pelo fato de ser mostrado que sua negação explícita é absurda. Suponha-se um juiz que proclama a seguinte sentença: "O acusado é, o que é uma interpretação falsa do direito vigente, condenado à pena privativa de liberdade perpétua." A absurdidade dessa sentença resulta da contradição entre a pretensão de correção, que é implicitamente promovida com os atos de aplicação do direito, e sua negação explícita. Essa contradição pode somente então ser evitada se a pretensão de correção é abandonada e substituída por algum tipo de pretensão de poder. Isso, porém, iria significar a despedida do direito. Uma prática social que não requer nada afora poder ou força, não seria um sistema jurídico. Nesse sentido, a pretensão de correção está necessariamente unida com o direito.

Um positivista pode concordar com isso e, simultaneamente, afirmar que a união necessária entre o direito e a pretensão de correção não implica que existe uma união necessária entre o direito e a moral. Para isso, tem de ele somente expor que a pretensão de correção tem um conteúdo puramente jurídico e que esse conteúdo jurídico não abarca nenhumas implicações morais.

Isso leva ao segundo passo do argumento da correção. Que um caso caia no âmbito de abertura do direito positivo significa que o direito positivo não determina sua solução. Se o juiz estivesse vinculado exclusivamente pelo direito positivo, poderia ele, sempre então, quando os fundamentos jurídico-positivos acabam, solucionar o caso baseando-se em suas preferências pessoais ou até jogando dados. Isso seria, certamente, somente então, compatível com a pretensão de correção se, afora os fundamentos do direito positivo, não existissem nenhuns fundamentos para a correção de uma decisão jurídica. Pois bem, decisões jurídicas são respostas a questões práticas e existem, fora da classe dos fundamentos jurídico-positivos, uma pluralidade de fundamentos para respostas a questões práticas. O espectro estende-se de considerações de conformidade com a finalidade, sobre ideias, que radicam na tradição, do bem e do mal, até princípios de justiça.

Justiça é correção em referência à distribuição e compensação e questões de justiça são questões morais. Pois bem, trata-se, em decisões jurídicas, essencialmente de distribuição e compensação. Por conseguinte, trata-se, em decisões jurídicas, essencialmente de questões morais. Isso leva, juntamente com a necessidade, com a qual é promovida a pretensão de correção com decisões jurídicas, a uma união necessária da argumentação jurídica e moral. Essa união necessária de argumentos não significa que decisões jurídicas, moralmente viciosas, não podem ter validez jurídica. Ela significa, porém, que tais decisões não só moralmente são viciosas, mas também juridicamente. Desse modo, é a ideia de justiça abarcada no conceito de direito. Isso tem consequências fundamentais para a imagem do direito.[8]

---

[8] Comparar R. Alexy, Recht und Richtigkeit, in: The Reasonable as Racional? Festschrift fur Aulis Aarnio, hg. v. W. Krawietz/ R. S. Summers/O. Weinberger/G.H. v. Wright, Berlin 2000, S. 11 f., 18 f.

3. O problema da limitação

Se o argumento da correção é exato, então são normas jurídicas e decisões jurídicas, que de fundamentos morais não cumprem a pretensão de correção, sem dúvida, juridicamente viciosas, porém elas, somente por isso, não perdem necessariamente seu caráter jurídico ou sua validez jurídica. Anarquia seria a consequência, se cada viciosidade moral, como tal – portanto, sem algum ato de decisão institucional –, fosse bastar para eliminar a validez jurídica ou até o caráter jurídico de uma norma ou decisão. Até aqui, existe um largo consenso. Altamente debatida é, contudo, a questão, se a injustiça gritante elimina a validez jurídica ou o caráter de direito. Dessa questão tratou-se na crítica bem conhecida de Hart[9] à fórmula célebre de Radbruch.[10] A formulação mais abreviada imaginável desta fórmula diz: antijuridicidade extrema não é direito. Essa fórmula, que foi aplicada pelos tribunais alemães após a repressão do nacional-socialismo no ano de 1945 e após o desmoronamento da república democrática alemã no ano de 1989, não exige – de outra forma como a pretensão de correção – uma completa concordância de direito e moral. Ela deixa, ao contrário, a normas, decretadas de acordo com a ordem e eficazes socialmente, mesmo em grave injustiça, sua validez jurídica. Primeiro em casos de injustiça extrema essa fórmula dá primazia à justiça material ante a segurança jurídica. Desse modo, ela monta um limite extremo no direito. Substancialmente, esse limite é definido pelo núcleo dos direitos do homem.

A aceitabilidade da fórmula radbruchiana depende essencialmente disto, se ela é apreciada do ponto de vista de um observador ou do de um participante. Não causa nenhum problema ao não positivista conceder que um observador, que quer descrever somente o direito de um sistema antijurídico, pode empregar e deveria empregar um conceito de direito positivista, que exclusivamente direciona para a decretação de acordo com a ordem e a eficácia social. O litígio sobre a fórmula radbruchiana inicia, contudo, assim que se trata da perspectiva do participante. A perspectiva do participante ocupa quem em um sistema jurídico – por exemplo, como titular de um cargo que tem de aplicar direito ou como cidadão que tem de cumprir ele – pergunta o que é, segundo esse sistema jurídico, a resposta correta a uma questão jurídica.

O litígio sobre isto, se um limite moral extremo deve ou não ser montado no conceito de direito, não pode ser decidido somente em virtude de argumentos conceituais. O significado da expressão "direito" não exclui nem a fórmula de Radbruch nem sua negação. A decisão pode apoiar-se apenas em fundamentos normativos. Isso significa que o abarcamento, do mesmo modo como a exclusão, de um limite moral extremo não pode ser fundamentado sobre uma necessidade conceitual, mas somente sobre uma normativa.

---

[9] H. L. A. Hart, Positivism and the Separation of Law and Morals, in: Harvard Law Review 71 (1958), S. 615-621.

[10] G. Radbruch, Gesetzliches Unrecht und übergesetzliches Recht, in: Süddeutsche Juristen-Zeitung 1 (1946), S. 107.

Existem bons argumentos para ambas as posições. O argumento principal dos positivistas é o da segurança jurídica. Eles fazem valer que a fórmula radbruchiana leva a uma retroatividade encoberta que, no direito penal, termina em uma violação do preceito fundamental *nulla poena sine lege*.* A fórmula radbruchiana toma de leis de um regime antijurídico, que permitem antijuridicidade extrema, a validez. Isso é inaceitável, pois o preceito fundamental *nulla poena sine lege* protege cada um e, com isso, mesmo os serventes de um regime antijurídico, enquanto suas atrocidades são cobertas somente pelo direito positivo desse sistema. O não positivista pode a isso objetar que a segurança jurídica e, em especial, o preceito fundamental *nulla poena sine lege*, são, sem dúvida, de fato, valores altos, mas não os únicos aqui correspondentes. Eles colidem com a justiça material, da qual as vítimas, passadas e futuras de regimes antijurídicos, têm a pretensão. O problema deve, em último lugar, ser solucionado somente por ponderação dos princípios que se encontram no jogo. Em situações normais tem de, nisso, ser concedida a primazia ao princípio *nulla poena sine lege*. Em casos de antijuridicidade extrema, a situação, contudo, não é tão simples. Existem bons fundamentos para isto, conceder a primazia à proteção dos direitos de vítimas passadas e futuras ante a proteção daqueles que, em sua complicação nas medidas de um regime antijurídico, confiaram em uma justificação jurídica de seus atos por uma positivação de antijurídico.[11]

4. O problema da fundamentação

No terceiro problema da relação entre direito e moral trata-se da questão, se existe uma obrigação moral de todos os destinatários do sistema jurídico de obedecer ao direito somente porque é o direito, portanto, independente de seu conteúdo. Essa é a questão sobre um dever moral geral para com a obediência ao direito.[12] Se uma tal obrigação moral geral existe, então oferece a moral uma fundamentação do direito.

Entre o problema da fundamentação ou, como também se pode dizer, da fundação e o positivismo jurídico existe uma relação completamente outra que entre o positivismo jurídico e os problemas do abarcamento e da delimitação ou limitação. O positivismo é compatível tanto com a suposição de um dever moral geral para com a obediência ao direito como com a recusa completa de uma tal obrigação. A primeira versão pode ser denominada "positivismo moral", a segunda, "positivismo neutral". O positivismo moral é a forma mais forte do positivismo. Ele une o dever moral, de obedecer mesmo ao direito mais imoral, com a tese de que o direito pode ser tão imoral quanto possível, enquanto não perde sua eficácia social. O positivismo neutral é uma forma, de longe, mais fraca

---

* Nota do revisor: nenhuma pena sem lei.

[11] Comparar para isso, D. Dyzenhaus (Hg.), Recrafting the Rule of Law: The Limits of Legal Order, Oxford/Portland Oregon 1999.

[12] Comparar J. Raz, The Authority of Law, Oxford, Clarendon Press, 1979, S. 233-249.

do positivismo. O direito fundamenta, segundo isso, somente deveres jurídicos. Esses deveres jurídicos não têm de contradizer deveres morais, mas eles o podem. Positivistas neutrais podem até dizer que, em caso de conflito, os deveres morais têm primazia. Eles permanecem positivistas, enquanto eles dizem que a primazia de um dever moral, como dever moral, não anula a validez jurídica do dever jurídico contraditório. A situação de um não positivista é mais complicada. De modo nenhum todos, contudo, alguns conflitos entre direito e moral são para ele já solucionados antes de aparecer a questão de um dever moral para com a obediência ao direito. O caso da antijuridicidade extrema não é entendido pelo não positivismo como um caso de conflito entre direito vigente e a moral, mas como um exemplo para os limites do direito. Por conseguinte, não existem, do ponto de vista dos não positivistas, no caso da antijuridicidade extrema, nenhuns problemas com um dever geral para com a obediência ao direito. Abaixo do umbral da antijuridicidade extrema o problema de um dever geral para com a obediência ao direito é, todavia, para os positivistas como para os não positivistas, o mesmo. O não positivismo é capaz de atenuar esse problema, não, porém, solucionar. Sua solução é um problema moral.

Os fundamentos mais gerais para um dever geral para com a obediência ao direito são os valores da solução pacífica dos conflitos e da cooperação social. Nenhum deles pode ser realizado sem o direito, e ambos deveriam ser realizados porque direitos estão em perigo quando conflitos sociais são solucionados por pura força, e bem-estar geral e felicidade não são possíveis sem cooperação social. Esse é o clássico argumento para um dever geral para com a obediência ao direito, como ele – no que concerne à proteção dos direitos – encontra-se em Kant.[13]

Existem dois tipos de objeções contra um dever moral geral para com a obediência ao direito. As do primeiro tipo tentam anular os fundamentos para tal dever, as do segundo, conter eles. A objeção anuladora faz valer que existem casos, nos quais o não cumprimento do direito não prejudica, no fundo, os valores de solução dos conflitos pacífica e cooperação social – ou, então, somente tão minimamente que isso pode ser descuidado. Dois exemplos, frequentemente citados, são o passar um semáforo vermelho tarde da noite em um lugar abandonado, no qual não existe ninguém que pudesse observar, e o pequeno delito tributário que ninguém jamais irá descobrir. Se pode ser considerado como certo que, nesses casos, ninguém irá observar as infrações, então não é dado nenhum mau exemplo que poderia pôr em perigo a disposição geral de cumprir o direito e, com isso, a eficácia social do direito. No que concerne a isso, assim ambos os casos encontram-se, de fato, em um plano. Existe, contudo, uma diferença fundamental. Se as condições do caso da circulação são cumpridas – nenhum perigo e nenhum observador –, então é esse caso, de fato, um caso, no qual a violação do direito não tem consequências negativas. A decisão depende, então, da solução de um problema geral da filosofia moral, a saber, disto, se atuações ou regras são os verdadeiros

---

[13] I. Kant, Die Methaphysik der Sitten, in: Kant's gesammelte Schriften, hg. v. der Königlich Preußischen Akademie der Wissenchaften, Bd. 6, Berlin 1907, S. 312.

objetos da apreciação moral. Esse é o núcleo do debate entre o utilitarismo de ato e o utilitarismo de regra.[14] Se se segue o utilitarismo de ato, então o dever geral para com a obediência ao direito, em casos como o do semáforo vermelho, é anulado. O significado prático dessa solução é, todavia, pequeno, pois situações, nas quais se pode estar completamente certo que ambas as condições – nenhum perigo e nenhum observador – são cumpridas, são raras.

Enquanto é possível considerar como anulado o dever geral para com a obediência ao direito no caso do semáforo, é isso impossível no caso do tributo. Mesmo quando se trata somente de um pequeno montante em dinheiro, é claro que a infração influencia negativamente a situação financeira pública geral. À vantagem do lado do infringente do direito corresponde um prejuízo do lado da comunidade. Tirar uma vantagem disto, que não se contribui para uma empresa comum, enquanto os outros prestam sua contribuição é – pelo menos *prima facie* – incorreto. No caso do tributo, o dever moral para com a obediência ao direito, por isso, não é anulado, mesmo quando a disposição geral para o cumprimento do direito não é posta em perigo, porque ninguém sabe alguma coisa da infração.

O problema do mau exemplo tem de ser distinguido do problema, se existe um dever moral de obedecer ao direito imoral. Aqui se trata da questão da contenção do dever geral para com a obediência ao direito. Esse problema é, essencialmente, um problema de ponderação entre segurança jurídica e correção moral. Somente aqueles que dão ao valor moral da segurança jurídica uma primazia absoluta irão jamais admitir que o dever moral geral para com a obediência ao direito é contido por fundamentos morais. Todos os outros têm de solucionar dilemas morais difíceis, caso a caso. Também para eles existe um dever geral para com a obediência ao direito, mas esse dever não é irrefutável. Isso vale não só para positivistas, que vão com um conceito de direito ilimitado para a ponderação, mas também para não positivistas, que com sua cláusula da antijuridicidade extrema, sem dúvida, podem solucionar os dilemas mais urgentes, mas, de modo nenhum, todos os morais que se colocam no direito.

---

[14] Comparar para isso, J. Rawls, Two concepts of Rules, in: The Philosophical Review 64 (1955), S. 3-32.

— 7 —

Teoria do discurso e direitos fundamentais

Robert Alexy

Tradutor: Maria Cláudia Cachapuz

A relação entre discurso e teoria dos direitos fundamentais é estreita, profunda e complexa. Ela abrange três dimensões, que estão intrinsicamente unidas.

I. Três dimensões

A primeira dimensão concerne ao fundamento ou alicerce dos direitos fundamentais. Poderia chamar-se isso a dimensão *filosófica* dos direitos fundamentais. A segunda concerne à institucionalização dos direitos fundamentais. Para distinguir esse problema da primeira, poderia chamar-se '*político*'. A terceira dimensão concerne à interpretação dos direitos fundamentais. Esse problema pode ser classificado como '*jurídico*'. Eu irei concentrar-me nos problemas filosóficos e jurídicos.

II. Três conceitos de direitos fundamentais: formal, material e procedimental

É difícil dizer como algo pode ser alicerçado, institucionalizado e interpretado sem ter uma ideia sobre o que é isso que será apoiado por razões, transformado em realidade e tornado vivo sobre uma prática interpretante. A questão sobre o que são direitos fundamentais é a questão sobre o conceito dos direitos fundamentais. Quando se trata de direitos fundamentais, há três tipos de conceitos: formal, material e procedimental.

Um *conceito formal* é empregado se os direitos fundamentais são definidos como direitos contidos numa constituição ou numa certa parte dela, ou se os direitos em questão são classificados por uma constituição como direitos fundamentais, ou se eles são dotados pela constituição com especial proteção, por exemplo,

---

* Este artigo encontra-se publicado na Fundamental Rights through Discourse On Robert Alexy's Legal Theory. European and Theoretical Perspectives. Agustín J. Menéndez and Erik O. Eriksen (eds). ARENA Report No 9/2004, p. 35 ff. Título no original: Discourse Theory and Fundamental Rights.

DIREITO NATURAL – DIREITO POSITIVO – DIREITO DISCURSIVO

em um recurso constitucional promovido perante uma corte constitucional. Sem dúvida, um conceito formal é útil, mas ele não é suficiente se alguém quer entender a natureza dos direitos fundamentais. Um tal entendimento é necessário não só por razões teóricas na natureza, mas também por razões que concernem à prática da aplicação do direito. Um exemplo que ilustra isso é o artigo 93 (1) (número 4a), da lei fundamental da república federal da Alemanha, que prevê que um recurso constitucional pode ser promovido por qualquer um com a fundamentação que seus ou os direitos fundamentais *como* direitos, listados na primeira parte da lei fundamental sob o título "Grundrechte", ou direitos contidos nos artigos 20 (4), 33, 38, 101, 103 e 104, tenham sido infringidos por uma autoridade pública. O segundo grupo contém, *inter alia**, o clássico direito ao *habeas corpus*. Parece, à primeira vista, ser completamente natural conceber todos os direitos nominados no artigo 93 (1) (número 4a) da lei fundamental como direitos fundamentais. Em exame mais rigoroso, contudo, esta primeira impressão prova ser falsa. Esta leitura decididamente literal do artigo 93 (1) (número 4a) inclui demais. Um item dessa lista é o artigo 38, da lei fundamental. O artigo 38 não só garante – na primeira proposição do seu primeiro parágrafo – o direito do cidadão de votar, o que facilmente pode ser concebido como um direito fundamental, mas – na segunda proposição do primeiro parágrafo – também garante direitos que definem a posição fundamental do representante, isto é, um membro do *parlamento federal*. Esses direitos, contudo, são fundamentalmente diferentes dos direitos do cidadão contra o estado. São direitos que determinam o status do representante não *como* pessoa privada mas como um elemento da organização do poder público. A corte constitucional federal tem, por conseguinte, decidido que esses direitos não podem ser defendidos por um recurso constitucional, mas somente por meio de uma ação entre órgãos estatais, que é regulada no artigo 93 (1) (número 1).[1] A razão para esta decisão, que é uma decisão contra a formulação da constituição, é que os direitos do representante – embora, de fato, são direitos garantidos pela constituição – não são direitos fundamentais no significado verdadeiro da palavra.

Uma tal afirmação, contudo, é somente possível se também existir um *conceito material* de um direito fundamental, um que sirva para revisar resultados que vêm da aplicação do conceito formal. Assim entendido, um conceito material de um direito fundamental tem de incluir critérios que vão acima e além do fato que um direito é mencionado, elencado ou garantido numa constituição. Um exemplo clássico de um tal conceito material tem sido apresentado por Carl Schmitt e Ernst Forsthoff.[2] Eles afirmam que os únicos direitos fundamentais autênticos são direitos de defesa do cidadão contra o estado. Para seguir Schmitt e Forsthoff aqui teria de ser aceito um entendimento exclusivamente liberal de

---

* Nota do revisor: entre outras coisas.

[1] BVerfGE 43, 142 (148-9); 64, 301 (312); 99, 19 (29).

[2] Carl Schmitt, *Verfassungslehre* (1928), citado da reimpressão de 1970, Berlin: Duncker and Humblot, at pp. 163-5; Ernst Forsthoff, artigo: 'Grundrechte', in Joachim Ritter (ed.), *Historisches Wörterbuch der Philosophie*, vol. 3, Basel and Stuttgart: Schwabe, 1974, at pp. 922-3.

direitos fundamentais. Certamente, há boas razões para incluir direitos liberais em um conceito material de direitos fundamentais. Há, contudo, também boas razões para não limitar esse conceito a esses direitos. Direitos de proteção, direitos de organização e procedimento e direitos sociais não devem ser excluídos do grupo dos direitos fundamentais autênticos meramente porque um conceito segue a tradição. Se alguém então decide expandir o conceito de direito fundamental, apenas um critério parece ser adequado para definir um conceito material de direitos fundamentais. Ele é o conceito de direitos humanos. Novamente, existe uma diferença entre a impressão inicial e ao que se chega após reflexão. À primeira vista, parece que um conceito material de direitos fundamentais é possível, que simplesmente define direitos fundamentais como direitos humanos transformados em direito constitucional positivo. Sobre essa base, direitos humanos e fundamentais tornam-se extensivamente equivalentes. Isto, contudo, contaria ambos como muito- e pouco-inclusivo. Constituições podem conter direitos que não são classificados como direitos humanos e pode bem haver direitos humanos que não encontram entrada em uma determinada constituição. Contudo, alguém pode, em exame mais rigoroso, levar em consideração ambas as duas direções possíveis de divergência e de uma relação essencial entre direitos humanos e fundamentais se alguém afirmar que direitos fundamentais são direitos acolhidos em uma constituição com a intenção de transformar direitos humanos em direito positivo.[3] Essa teoria da intenção torna possível conceber os catálogos de direitos fundamentais de diferentes constituições como diferentes tentativas de transformar direitos humanos em direito positivo. Como geralmente ocorre, as tentativas de transformar direitos humanos em direito positivo podem ser exitosas em uma medida maior ou menor. A teoria da intenção tem consequências amplas para o problema filosófico do fundamento ou alicerce de direitos fundamentais. O fundamento de direitos fundamentais é, no fundo, um fundamento de direitos humanos. Desse modo, uma dimensão crítica é trazida no conceito de direitos fundamentais. Se direitos humanos, *como* direitos que devem ser constitucionalmente protegidos, podem ser alicerçados e se uma constituição não contém esses direitos, então o fundamento tornar-se uma crítica. Essa crítica pode conduzir a uma reforma constitucional ou a uma modificação na constituição pela revisão constitucional. O último mostra que há uma união essencial entre problemas filosóficos e jurídicos. Em todo caso, um ponto parece ser claro: alguém não pode apresentar a questão do alicerce ou do fundamento de direitos fundamentais sem apresentar a questão do alicerce ou do fundamento de direitos humanos.

O terceiro conceito de direitos fundamentais é tipicamente *procedimental*. Esse conceito reflete os problemas institucionais de transformar direitos humanos em direito positivo. Acolher direitos humanos em uma constituição e garantir à corte a competência da revisão judicial com referência a toda autoridade estatal é limitar a competência do parlamento. Nesse sentido, os direitos fundamentais

---

[3] Ver Robert Alexy, 'Grundrechte', in Hans Jörg Sandkühler (ed.), *Enzyklopädie Philosophie*, vol. 1, Hamburg: Felix Meiner, 1999, pp. 525-9, at p. 526.

são uma expressão de desconfiança no processo democrático. Eles são, simultaneamente, tanto a base como o limite da democracia. Correspondente a isso, há um conceito procedimental de direitos fundamentais afirmando que direitos fundamentais são direitos que são tão importantes que a decisão de proteger eles não pode ser deixada para a simples maioria parlamentar.[4] Os três conceitos estão estreitamente unidos. Uma teoria adequada de direitos fundamentais deve abordar não só todos os três conceitos, mas também as relações nas quais eles estão reciprocamente.

III. O fundamento dos direitos fundamentais

Como já mencionado acima, a relação essencial entre direitos constitucionais e humanos, que é expressa pelo conceito material de direitos fundamentais, responde à questão de por que o problema do fundamento dos direitos fundamentais é, no essencial, um problema do fundamento dos direitos humanos. Isto é, se direitos humanos podem ser alicerçados, direitos fundamentais podem também, pois se direitos humanos não podem ser alicerçados, então direitos fundamentais também, têm de permanecer sem fundamento. Esse estado de coisas iria ter consequências amplas para a legitimação e interpretação dos direitos fundamentais. A compreensão de que não há fundamento dos direitos fundamentais sem um fundamento dos direitos humanos torna possível a nós tratar a questão do fundamento dos direitos humanos como uma parte da questão do fundamento dos direitos fundamentais.

O conceito de direitos humanos é altamente impugnado por razões tanto de natureza filosófica como política. Não é possível retomar esse debate aqui e, felizmente, não é necessário, tão pouco, fazer isso. A resposta à pergunta, se um fundamento dos direitos humanos é possível, pede somente a ideia do que são direitos humanos. A ideia geral pedida pode ser expressa por meio de uma definição que emprega cinco propriedades que servem para explicar o que direitos humanos são. Segundo essa definição, direitos humanos são, primeiro, universais, segundo, fundamentais, terceiro, abstratos, quarto, direitos morais que são, quinto, estabelecidos com prioridade sobre todos os outros tipos de direitos.[5]

Sobre a base dessa definição, a questão de como alicerçar direitos humanos pode agora ser formulada como a questão de como normas morais ou regras que garantem, com prioridade, direitos universais, fundamentais e abstratos, podem ser alicerçadas. Isso mostra que o problema do alicerce ou justificação dos direitos humanos não é nada mais que um caso especial do problema geral de justificação de normas morais.

---

[4] Robert Alexy, *A Theory of Constitutional Rights*, trans. Julian Rivers, Oxford: Oxford University Press, 2002, p. 297 (no seguinte, TCR).

[5] Ver Robert Alexy, Die Institutionalisierung der Menschenrechte im demokratischen Verfassungsstaat, in Stefan Gosepath and Georg Lohmann (eds) *Philosophie der Menschenrechte*, Frankfurt: Suhrkamp, 1998, pp. 246-54.

Para ser capaz de estimar se e em qual grau a teoria do discurso é capaz de fornecer uma justificação dos direitos humanos, é necessário ter considerado outras tentativas de fornecer um tal fundamento. Nenhuma tentativa é perfeita. Assim, o conceito comparativo de ser melhor ou de ser bom o suficiente desempenha um papel central no contexto do fundamento dos direitos humanos.

As teorias sobre a justificabilidade de normas morais em geral e também aquelas teorias que dizem respeito somente à justificabilidade dos direitos humanos podem ser classificadas em muitos sentidos diferentes. A distinção mais fundamental é aquela entre aproximações que, em geral, impugnam a possibilidade de cada uma de tal justificação e aproximações que afirmam que algum tipo de justificação é possível. A recusa geral pode ter suas raízes em formas radicais de emotivismo, decisionismo, subjetivismo, relativismo, naturalismo ou desconstrutivismo. A suposição geral da possibilidade de uma justificação pode bem incluir um ou mais desses elementos céticos, mas ela insiste que existe a possibilidade de dar razões para direitos humanos, razões que podem apresentar uma pretensão de objetividade, correção ou verdade.

A aproximação que reflete essa última perspectiva distingue-se extraordinariamente. Isto não exclui, contudo, várias combinações. Oito aproximações devem ser distinguidas aqui.

A primeira é o modelo *religioso*. Um alicerce religioso de direitos humanos fornece um fundamento muito forte. Quem acredita que o ser humano é criado por deus segundo sua imagem tem uma boa razão para considerar o ser humano como tendo valor ou dignidade. Esse valor ou dignidade é uma boa base para direitos humanos. Essas razões fortes servem, contudo, como razões somente para aquelas pessoas que acreditam em deus e na criação do homem segundo sua imagem. O mesmo se aplica a todos os outros tipos de argumentos religiosos.

A segunda aproximação é a *intuicionista*. Direitos humanos são justificados segundo o modelo intuicionista se é afirmado que eles são evidentes. Evidência, contudo, não conta como uma razão se não é possível dividir a evidência sem, com isso, expor-se a qualquer censura do outro que não se divide essa forma de evidência. Se intuicionismo não é enraizado no pensar lógico, termina no emotivismo. Se é enraizado em argumentos, não mais é intuicionismo. Evidência pode ser o resultado do argumento, mas não é um substituto para argumento.

A terceira é a *consensual*. Se um consenso não é nada mais que uma mera congruência de crenças, então consensualismo não é nada mais que intuicionismo coletivo. Sua única fonte de objetividade é o fato da congruência. Se essa congruência abrange todos os seres humanos e se é estável, então ela não deve ser subestimada. Apesar disso, contudo, razões para a crença concordante podem ser pedidas. Se consenso é unido com argumento, a aproximação é mais que uma aproximação meramente consensual. Ela move-se na direção da teoria do discurso. Se o consenso não é completo, o papel da razão conta mais que meras maiorias, que podem bem estar baseadas em argumentos ruins.

DIREITO NATURAL – DIREITO POSITIVO – DIREITO DISCURSIVO

Os modelos intuicionista e consensual são baseados em crenças ou afirmações sem argumento. A quarta aproximação abandona até crenças e afirmações, substituindo elas pelo comportamento. É a aproximação *biológica* ou, mais precisamente, *sócio-biológica*. Segundo esse modelo, moralidade é uma espécie de altruísmo. Determinadas formas de comportamento altruísta – por exemplo, em particular, ocupar-se com as próprias crianças e auxiliar parentes, mas também altruísmo recíproco gerando auxílio mútuo – são ditos ser melhor para a sobrevivência do grupo genético de indivíduos que a indiferença mútua ou até agressividade. A tendência de maximizar o seu sucesso reprodutivo pode, em alguns casos, conduzir a respeitar e a auxiliar em vista de algumas pessoas, mas esse é um padrão de comportamento 'freqüentemente acompanhado por indiferença e até hostilidade perante marginalizados'.[6] Isto é incompatível com o caráter de universalidade dos direitos humanos. Se direitos humanos podem ser justificados, então isso não é por meio de qualquer observação de fatos empíricos sobre a natureza biológica dos seres humanos, mas somente por meio de uma explicação de sua natureza cultural. Esse é caminho da teoria do discurso.

A quinta aproximação é a *instrumentalista*. A justificação dos direitos humanos é instrumentalista se é argumentado que a aceitação dos direitos humanos é indispensável à maximização da utilidade individual. Essa aproximação aparece em formas decididamente primitivas e também em modelos altamente sofisticados. Um exemplo da versão primitiva é o argumento: 'Se você não quer ser morto, você deve respeitar o direito do outro à vida.' Modelos altamente sofisticados foram desenvolvidos, por exemplo, por James Buchanan e David Gauthier. Se é possível para algumas pessoas aumentar sua utilidade por violar os direitos humanos de outros, então o argumento primitivo fracassa. A história mostra que essa possibilidade não pode ser excluída, não, em todo o caso, enquanto direitos humanos não tiverem sido transformados em lei positiva, apoiada por sanções organizadas de um modo eficaz. Os modelos sofisticados nem têm de trabalhar com cláusulas de reserva que excluem resultados inaceitáveis, como Gauthier faz quando ele diz que 'direitos fornecem o ponto de partida para, e não o resultado de acordo',[7] nem seus proponentes têm de estar dispostos a aceitar resultados que, expressado nas palavras de Buchanan, 'pode ser algo semelhante ao contrato de escravos, em que o 'fraco' aprova produzir bens para o 'forte' em troca de ser permitido reter algo além da pura subsistência, que eles podem ser incapazes de assegurar no quadro anarquista'.[8] O modelo de Buchanan é um modelo puramente instrumental, mas a possibilidade de um contrato de escravo mostra que ele não é compatível com direitos humanos. O modelo de Gauthier pode ser compatível, mas isso é completamente por causa das razões abordando elementos que podem ser justificados somente dentro de uma aproximação não instrumentalista. Tudo

---

[6] Günther Patzig, Can Moral Norms be Rationally Justified?, in 41 (2002) *Angewandte Chemie. International Edition*, p. 3553-8, at p. 3355.

[7] David Gauthier, *Morals by Agreement*, Oxford: Oxford University Press, 1986, p. 222.

[8] James M. Buchanan, *The Limits of Liberty*, Chicago and London; Chicago University Press, 1975, p. 60.

isso não significa que a aproximação instrumentalista não tem nenhum valor com referência aos direitos humanos. À medida que ela pode fornecer razões para respeitar os direitos humanos, ela deve ser acolhida em um modelo mais compreensivo. Esse modelo, contudo, tem de ser governado por princípios que pensar lógico puramente instrumentalista não pode produzir.

A sexta aproximação é a *cultural*. Ela afirma que a convicção pública da existência dos direitos humanos é uma conquista da história da cultura humana. Radbruch apresenta uma combinação desse argumento com um consensual: 'Certamente, seus detalhes permanecem um pouco duvidosos, mas o trabalho de séculos tem estabelecido um núcleo sólido disso e eles vieram a gozar tal consenso amplo nas declarações dos direitos humanos e civis que somente o cético intencional ainda pode ter dúvidas sobre alguns.'[9] O modelo cultural também é útil, mas não suficiente. Direitos humanos não são o resultado da história de todas culturas. O mero fato, que eles terem se desenvolvido em uma ou mais culturas, não é suficiente para justificar sua validade universal que está incluída em seu conceito exato. História cultural pode somente ter significado na justificação como um processo que une experiência e argumento. Validade universal não pode ser estabelecida por tradição, mas somente por pensar lógico.

Nossa consideração sobre as seis aproximação mostrou que se algo pode estabelecer a validade universal de direitos humanos, então isso é pensar lógico que estabelece isso. Teoria do discurso é uma teoria centrada no conceito de pensar lógico. Essa é a razão mais geral para a perspectiva que teoria do discurso pode contribuir para o fundamento dos direitos humanos. A aproximação teórico--discursiva pode ser chamada '*explicativa*' por ela tentar dar um fundamento aos direitos humanos por tornar explícito o que é necessariamente implícito na prática humana. Fazer explícito o que é necessariamente implícito em uma prática segue as linhas da filosofia transcendental de Kant. O argumento teórico-discursivo é não somente complexo, ele é também carente de apoio por meio de outros argumentos. Eu tentei elaborar isso há algum tempo,[10] e meus argumentos são, certamente, carentes de melhoramento. Isso, contudo, não pode ser feito aqui. Eu irei limitar-me a um punhado de considerações que podem, talvez, sugerir como teoria do discurso pode servir para justificar direitos humanos.

O argumento procede em três passos ou em três níveis. No primeiro nível, ele tenta mostrar que a prática de afirmar, perguntar e argumentar pressupõe regras do discurso que expressam as ideias de liberdade e igualdade como necessariamente unidas com pensar lógico. Esse primeiro passo concerne àquilo que Robert Brandom chama a 'práticas de dar e perguntar por razões'.[11] A suposição

---

[9] Gustav Radbruch, 'Five Minutes of Legal Philosophy', trans. Stanley L. Paulson, in Joel Feinberg and Hyman Gross (eds), *Philosophy of Law*, Belmont, California: Wadsworth, 1980, at p. 90.

[10] Ver Robert Alexy, 'A Discourse-Theoretical Conception of Practical Reason' in 5 (1992) *Ratio Juris*, pp. 231-51; 'Discourse Theory and Human Rights' in 9 (1996) *Ratio Juris*, pp. 209-35.

[11] Robert B. Brandom, *Articulating Reasons*, Cambridge, Mass. and London: Harvard University Press, 2000, p. 11.

que discurso necessariamente pressupõe liberdade e igualdade como regra do pensar racional não é, contudo, de modo nenhum, suficiente para justificar direitos humanos. Isso não implica nem que essas práticas, como tais, são necessárias nem que as ideias de liberdade e igualdade, pressupostas por elas como regras de pensar lógico, implica direitos humanos, que não são somente regras do discurso, mas também regras de ação. Assim, um segundo e um terceiro passo tem de seguir o primeiro passo.

O segundo passo concerne à necessidade de práticas discursivas. Eu tentei argumentar que alguém que em sua vida nunca participou em qualquer movimento de alguma prática discursiva não participou da forma mais geral de vida dos seres humanos.[12] Seres humanos são 'criaturas discursivas'.[13] Não é fácil para eles renunciarem a participar em algum discurso, independente de qual. Uma possibilidade aqui seria abolir a capacidade fática de fazer assim. Isso seria um tipo de autodestruição. Uma outra possibilidade seria sistematicamente substituir qualquer prática de dar e de perguntar por razões por uma prática de expressar desejos, manifestar imperativos e exercitar poder. A escolha de uma despedida tal da razão, objetividade, e verdade é uma escolha existencial. Isso será o tópico de nossa última aproximação, a oitava.

Antes de nós podermos prosseguir para esse último modelo, contudo, nós temos de realizar o terceiro passo da justificação explicativa dos direitos humanos. Esse passo concerne à transição do discurso à ação. Para produzir essa transição, premissas adicionais são necessárias. O primeiro é o argumento da autonomia. Ele diz que quem seriamente participa em discursos pressupõe a autonomia de seus parceiros.[14] Isso exclui a recusa de autonomia como a fonte do sistema de direitos humanos. A segunda premissa adicional é estabelecida pelo argumento do consenso. Ela diz que a igualdade dos direitos humanos é um resultado necessário de um discurso ideal.[15] A terceira premissa adicional une as ideias do discurso, democracia e direitos humanos. Por meio dessa terceira premissa a dimensão filosófica dos direitos humanos é unida com o problema político. Essa união expressa o fato que a justificação teórico-discursiva dos direitos humanos é tipicamente holística. Ela compõe-se da construção de um sistema que expressa como um todo a natureza discursiva dos seres humanos.

Por este meio, a aproximação explicativa da teoria do discurso é unida com uma oitava aproximação, que pode ser chamada 'existencial'. Ela concerne à necessidade da natureza discursiva dos seres humanos. É realmente impossível abandonar essa natureza discursiva? Parece, pelo contrário, ser possível fazer assim, pelo menos, até um determinado grau e em determinado aspecto. Isso signi-

---

[12] Alexy, *supra*, fn 10 (1996), at p. 217.

[13] Brandom, *supra*, fn 11, at p. 26.

[14] Alexy, *supra*, fn 10 (1996), p. 222.

[15] Ibid.

fica que o grau de discursividade depende de decisões que concernem à aceitação de nossa natureza discursiva e, com isso, de nós mesmos.

IV. A institucionalização dos direitos fundamentais

Direitos humanos são institucionalizados por meio de sua transformação em direito positivo. Se isso tem lugar em um nível na hierarquia do sistema legal, que pode ser chamado 'constitucional', direitos humanos tornam-se direitos fundamentais. A incorporação de um catálogo de direitos humanos em um nível como alto no sistema legal como possível não é o único pedido que a teoria de discurso faz em respeito à constituição. O segundo requisito constitucional é a organização de uma forma de democracia que expressa o ideal do discurso na realidade. Essa forma de democracia é a democracia deliberativa. Em vez de 'democracia deliberativa' pode falar-se também em 'democracia discursiva'.

Pode pensar-se que a institucionalização dos direitos humanos *como* direitos fundamentais seria perfeita se eles fossem unidos com democracia discursiva. Isso, contudo, poderia significar que o legislativo parlamentar seria controlado somente por si e por argumento público. No mundo, como ele é, isto não poderia excluir violações a direitos fundamentais por justamente esse poder que deve proteger e realizar eles, ou seja, o legislativo. Para evitar isso até aonde é possível, a institucionalização da revisão constitucional tem de ser adicionada a direitos fundamentais e democracia.

Isso, contudo, não somente resolve problemas, mas também causa novos. Teoria do discurso é compatível com a revisão constitucional em uma democracia deliberativa, isto é, discursiva somente se revisão constitucional, da sua parte, é tipicamente discursiva. Revisão constitucional tem um caráter discursivo se a interpretação da constituição, e especialmente dos direitos fundamentais nela contidos, pode ser concebida como um discurso que pode ser unido ao discurso democrático geral, em certo modo, que chegue mais próximo aos ideais discursivos que discurso democrático geral é capaz de chegar sozinho. Esse critério conduz a um feixe de problemas. Aqui somente a questão, se e sob quais condições a interpretação dos direitos humanos pode ser concebida como um discurso racional, deve ser de interesse.

V. A interpretação dos direitos fundamentais

A) O princípio da proporcionalidade

Um dos temas principais no debate atual sobre a interpretação de direitos fundamentais é o papel do balanceamento ou ponderação. Na prática atual de muitas cortes constitucionais, balanceamento desempenha um papel central. Na lei constitucional alemã, balanceamento é uma parte do que é pedido por um princípio mais amplo. O princípio mais amplo é o princípio da proporcionalidade (*Verhältnismäßigkeitsgrundsatz*). O princípio da proporcionalidade compõe-se de três subprincípios: os princípios da adequação, da necessidade e da proporcionalidade em seu sentido restrito. Todos esses princípios expressam a ideia de otimização. Interpretar direitos fundamentais à luz do princípio da proporcionalidade significa tratar direitos fundamentais como requisitos de otimização, isto é, como princípios, não simplesmente como regras. Como requisitos de otimização, princípios são normas que pedem que algo seja realizado na maior medida possível, dadas as possibilidades legais e fáticas.[16]

Os princípios da adequação e da necessidade concernem à otimização relativa ao que é faticamente possível. Eles, com isso, expressam a ideia da otimidade-Pareto. O terceiro subprincípio, o princípio da proporcionalidade em seu sentido restrito, concerne à otimização relativa às possibilidades legais. As possibilidades legais são, essencialmente, definidas por princípios concorrentes. Balanceamento consiste em nada mais que otimização relativamente a princípios concorrentes. O terceiro subprincípio pode, por conseguinte, ser expresso por uma regra que declara:

> Quanto maior o grau de não satisfação de, ou prejuízo para, um princípio, tanto maior a importância de satisfazer o outro.

Essa regra pode ser chamada "lei do balanceamento".[17]

B) A Crítica de Habermas à aproximação do balanceamento

O fenômeno do balanceamento no direito constitucional conduz a tantos problemas que mesmo uma lista deles não é possível aqui, muito menos uma discussão. Eu irei limitar-me a duas objeções levantadas por Jürgen Habermas.

A primeira objeção de Habermas é que a aproximação do balanceamento espolia direitos fundamentais de seu poder normativo. Por meio do balanceamento, ele afirma, direitos são rebaixados ao nível de objetivos, programas e valores. Eles, com isso, perdem a '*prioridade* rigorosa' que é característico de 'pontos de vista normativos'.[18] Assim, como ele expressa isso, uma 'parede de fogo' vem a desmoronar:

> 'Pois se em casos de colisão todas as razões podem adquirir o caráter de argumentos de programa, então a parede de fogo, estabelecida no discurso legal por um entendimento deontológico de normas e princípios legais, fracassa.'[19]

Esse perigo de aguamento de direitos fundamentais deve ser acompanhado com 'o perigo do decidir irracional'.[20] Segundo Habermas, não há critérios racionais para balanceamento:

---

[16] TCR, 47.

[17] TCR, 102.

[18] Jürgen Habermas, *Between Facts and Norms*, trans. by William Rehg, Cambridge: The MIT Press, 1996, at p. 256.

[19] Ibid, at p. 258.

[20] Ibid, at p. 259.

'Porque não há critérios racionais aqui, ponderação tem lugar ou arbitrária ou irrefletidamente, segundo critérios e hierarquias habituais.'[21]

Essa primeira objeção aborda, então, dois efeitos ou consequências, presumidos consideráveis, da aproximação do balanceamento: aguamento e irracionalidade. A segunda objeção concerne a um problema conceitual. Habermas afirma que a aproximação do balanceamento retira decidir legal do âmbito definido por conceitos como certo e errado, correção e incorreção e justificação e introduz em um âmbito definido por conceitos como adequado e inadequado e poder discricionário. 'Ponderação de valores' deve ser capaz de produzir uma sentença quanto ao seu '*resultado*' mas não é capaz de '*justificar*' esse resultado:

'A sentença da corte é então mesma uma sentença de valor, que mais ou menos adequadamente reflete uma forma de vida que se expressa no andaime fundamental de uma ordem concreta de valores. Mas essa sentença não mais é unida com as alternativas de uma decisão correta ou falsa.'[22]

Essa segunda objeção é, pelo menos, tão séria como a primeira. Ela equivale à tese que a perda da categoria de correção é o preço a ser pago pelo balanceamento ou ponderação.

Se isso fosse verdade, então, certamente, o tratamento do balanceamento teria sofrido um golpe mortal. Direito é necessariamente unido com uma pretensão de correção.[23] Se balanceamento ou ponderação fosse incompatível com correção e justificação, não teria lugar no direito.

É balanceamento intrinsecamente irracional? É a aproximação do balanceamento incapaz de impedir o sacrifício de direitos individuais? Significa balanceamento realmente que nós somos coagidos a despedir-nos da correção e justificação e, assim, da razão também?

C) A escala triádica

É difícil responder essas questões sem saber o que é balanceamento. Saber o que é balanceamento pressupõe compreensão em sua estrutura. *A lei do balanceamento* mostra que balanceamento pode ser dividido em três fases. A primeira fase envolve estabelecer o grau de não satisfação ou prejuízo do primeiro princípio. Isso é seguido por uma segunda fase em que a importância de satisfazer o princípio que concorre é estabelecida. Finalmente, na terceira fase, é estabelecido se a importância de satisfazer o último princípio justifica o prejuízo ou não satisfação do primeiro. Se não fosse possível fazer sentenças racionais sobre, primeiro, intensidade da interferência, segundo, grau de importância e, terceiro, sua relação

---

[21] Ibid, at p. 259, (edição traduzida).

[22] Jürgen Habermas, 'Reply to Symposium Participants', in Michel Rosenfield and Andrew Arato (eds) *Habermas on Law and Democracy*, Berkeley, Los Angeles, and London: California University Press, 1998, pp. 381-452, at p. 430.

[23] Robert Alexy, 'Law and Correctness', in M.D.A. Freeman (ed.), *Legal Theory at the End of the Millennium*, Oxford: Oxford University Press, 1998, pp. 205-221, at pp. 209-14.

recíproca, então, a objeção levantada por Habermas seria justificada. Tudo depende, então, da possibilidade de fazer tais sentenças.

Como pode alguém mostrar que sentenças racionais sobre intensidade da interferência e graus de importância são possíveis, tal que um resultado pode ser racionalmente estabelecido sobre balanceamento? Um possível método é a análise dos exemplos, uma análise que aspira trazer à luz o que nós pressupomos quando decidimos casos por balanceamento. Como um exemplo, eu devo retomar uma decisão do tribunal constitucional federal alemão sobre advertências à saúde (a sentença *tabaco*).[24] O tribunal qualifica o dever dos produtores de tabaco de colocar advertências à saúde referente aos perigos de fumar em seus produtos como uma interferência relativamente baixa ou *leve* na liberdade de seguir sua profissão (*Berufsausübungsfreiheit*). Em oposição a isso, a proibição completa de todos os produtos do tabaco poderia contar como uma interferência *grave*. Entre tais casos baixos e sérios, outros de interferência de intensidade *moderada* podem ser encontrados. Nesse modo, uma escala pode ser desenvolvida com as fases '*leve*', '*moderada*' e '*grave*'. Nosso exemplo mostra que atribuições válidas que seguem essa escala são possíveis.

O mesmo é possível no lado das razões que competem. Os riscos à saúde que resultam do fumar são grandes. As razões que justificam a interferência, por conseguinte, pesam pesadamente. Se, nesse modo, a intensidade da interferência é estabelecida como baixa e o grau de importância das razões da interferência como alto, então o resultado do exame de proporcionalidade no sentido restrito pode bem ser descrito – como o tribunal constitucional federal, na realidade, descreveu ele – como 'manifesto'.[25]

As conclusões tiradas da sentença *tabaco* são certificadas se se considera outros casos. Bastante diferente é a sentença da *Titanic*. A revista satírica, amplamente publicada, Titanic descreveu um oficial da reserva paraplégico primeiro como um 'nascido assassino' e, então, em uma edição posterior, como um 'aleijado'. Um tribunal alemão decidiu contra Titanic e ordenou a revista a pagar danos ao oficial na quantia de 12.000 marcos alemães. Titanic promoveu um recurso constitucional. O tribunal constitucional federal realizou um 'caso-específico de balanceamento'[26] entre a liberdade de expressão da revista (artigo 5 (1) (1) da lei fundamental) e do direito geral de personalidade do oficial (artigo 2 (1) em união com o artigo 1 (1) da lei fundamental). No pós-escrito da *A teoria dos direitos constitucionais* eu tentei mostrar que esse caso também pode ser reconstruído por meio da escala triádica 'leve', 'moderado' e 'grave'.

D) A ideia de um sistema inferencial

A estrutura triádica como tal não é, contudo, suficiente para uma exposição que o balanceamento é racional. Para isso, é necessário que um sistema inferencial

---

[24] BVerfGE 95, 173.

[25] BVerfGE 95, 173 (187).

[26] VerfGE 86, 1 (11).

seja implícito no balanceamento, que, por sua vez, é intrinsecamente unido com o conceito de correção. No caso de subsunção sob uma regra um tal sistema inferencial pode ser expresso por meio de um esquema dedutivo chamado 'justificação interna', que é construído com o auxílio da lógica proposicional, predicativa e deôntica. Isso é de importância central para a teoria de discurso legal que no caso do balanceamento de princípios exista um equivalente a esse esquema dedutivo. Ele deve ser chamado 'fórmula peso'.

E) A fórmula peso

A forma mais simples da fórmula peso vai como segue:

$$W_{i,j} = \frac{I_j}{I_i}$$

'I_i' representa a intensidade de interferência no princípio P_i, isto é, o princípio que garante a liberdade de expressão da Titanic. 'I_j' representa a importância de satisfazer o princípio que concorre P_j, em nosso caso, o princípio que garante o direito de personalidade ao oficial paraplégico. O '$W_{i,j}$' representa o peso concreto de P_i. A fórmula peso chama a atenção sobre isto, que o peso concreto de um princípio é um peso relativo. Ela faz isso por produzir o peso concreto para o quociente da intensidade de interferência com este princípio (P_i) e a importância concreta do princípio que concorre (P_j).

Agora, a objeção é clara que só se pode falar sobre quocientes na presença de números e que números não são usados no balanceamento realizado no direito constitucional. A resposta a essa objeção pode iniciar com a observação que o vocabulário lógico que usamos para expressar a estrutura da subsunção não é usado no pensar lógico judicial e que isso é, contudo, o melhor meio de tornar explícita a estrutura inferencial de regras. O mesmo se aplica à expressão da estrutura inferencial de princípios por números, que são substituídos pelas variáveis da fórmula peso.

F) Sequência geométrica

Os três valores do nosso modelo triádico, leve, moderado e grave, deverão ser representados por 'l', 'm' e 's'. Há várias possibilidades para atribuir números à l, m e s. Uma bastante simples e simultaneamente altamente instrutiva consiste em tomar a sequência geométrica 2^0, 2^1 e 2^2, isto é, 1, 2 e 4. Nessa base, l tem o valor 1, m o valor 2 e s o valor 4. O tribunal constitucional federal considerou a intensidade da violação (I_i) com a liberdade de expressão (P_i) na sentença Titanic como grave (s) e a importância de satisfazer o direito de personalidade (P_j) do oficial (I_j), no caso de descrever ele como um 'nascido assassino', por causa do contexto altamente satírico, como somente moderado (m), talvez até como leve (l). Se nós inserirmos os valores correspondentes da nossa sequência geométrica para s e m, o peso concreto de Pi ($W_{i,j}$) é, nesse caso, $^4/_2$, isto é, 2. Se I_i fosse m e I_j fosse s, o valor seria $^2/_4$, isto é, $^1/_2$. Em todos casos de empate esse valor é 1.

A precedência de P_i é expressa por um peso concreto maior que 1, a precedência de P_j por um peso concreto menor que 1. A descrição do oficial como 'aleijado' foi considerada como grave. Isso causou um empate, com a consequência que o recurso constitucional da Titanic não foi exitosa à medida que é unida com danos para a descrição 'aleijado'.

G) Transferência de correção

A racionalidade de uma estrutura inferencial essencialmente depende da questão se ela é unida a premissas que novamente podem ser justificadas de modo racional. A estrutura expressada pela fórmula peso não seria uma estrutura do pensar lógico racional se sua adoção tivesse um caráter que a excluiu do âmbito da racionalidade. Isso, contudo, não é o caso. A contribuição, que é representada por números, é sentença. Um exemplo é a sentença que a descrição pública de uma pessoa severamente incapacitada como 'aleijado' é uma 'violação grave'[27] do direito de personalidade dessa pessoa. Essa sentença levanta uma pretensão de correção e pode ser justificada como uma conclusão de outro esquema inferencial em um discurso. O tribunal constitucional federal faz assim por apresentar o argumento que a descrição do paraplégico como um 'aleijado' foi humilhante e sem respeito. A *fórmula* peso transfere a correção desse argumento, juntamente com a correção de argumentos que concernem à intensidade da interferência com a liberdade de expressão, à sentença sobre o peso do direito da Titanic no caso concreto, que, novamente, implica – juntamente com outras premissas – a sentença que expressa o decidir do tribunal. Isso é uma estrutura racional para estabelecer a correção de uma sentença legal em um discurso.

H) Parede de fogo e o aumento sobreproporcional de resistência

A fórmula peso é apresentada aqui em sua forma mais simples. Essa simplificação é suficiente para expressar a parte da estrutura inferencial das sentenças tabaco e Titanic que foi de interesse até agora. Frequentemente, contudo, refinamentos são necessários. Eles correm em qualquer das quatro direções. A primeira concerne à inclusão dos pesos abstratos dos princípios, o que se torna necessário onde são diferentes; a segunda diz respeito à confiabilidade das suposições empíricas acolhidas na estrutura inferencial; a terceira concerne à inclusão de mais de um princípio de um lado ou de outro ou de ambos os lados do balanceamento; a quarta aspira a um refinamento da escala. Somente esse último refinamento é de interesse aqui, é necessário para a possibilidade de refinar a escala para fazer completa a rejeição à objeção de Habermas da parede de fogo.

Não pode ser excluído que pode haver casos em que nem até a escala triádica bastante rude é aplicável. Esses são casos em que é somente possível distinguir dois graus, isto é, leve e grave. Aí uma escala dupla tem de ser usada. Isto seria suficiente para balanceamento. Balanceamento é excluído somente se nenhuma graduação, no fundo, é possível, que é o caso quando tudo tem um valor igual. De

---

[27] BVerfGE 86, 1 (13).

muito maior importância prática é a possibilidade de refinar a escala. Um método que parece corresponder bem a nossa prática dp balanceamento consiste em uma iteração da escala triádica. Por isso, uma escala triádica-dupla é produzida, que se parece como isso: (1) *ll*, (2) *lm*, (3) *ls*, (4) *ml*, (5) *mm*, (6) *ms*, (7) *sl*, (8) *sm*, (9) *ss*. Essa escala deixa compatibilizar-se bem com expressões como 'muito leve' (ll) 'já médio' (ml), 'já grave' (sl), 'realmente grave' (sm) ou 'extremamente grave' (ss). O ponto decisivo é que a aplicação de uma sequência geométrica torna isso possível, em oposição a uma sequência aritmética, para expressar o aumento sobreproporcional de resistência dos direitos fundamentais contra violações. Isto não é muito fácil de reconhecer no caso da escala triádica simples. Aqui, 2^0, 2^1, 2^2 só expressam diferenças bastante pequenas, ou seja, essas entre 1, 2 e 4. Isso é completamente diferente do caso no qual se usa uma escala triádica dupla. A escala geométrica $2^0,\ldots, 2^8$ vai de 1 a 256. A distância entre *sm* e *ss* é 128.

Isso fornece uma reconstrução mais sutil da *sentença Titanic*. A humilhação e a falta de respeito expressadas pela designação pública de uma pessoa severamente incapacitada como um 'aleijado' viola sua dignidade. Violações de dignidade são, em todo caso, não somente violações simples (*s*) ou já graves (*sl*), mas violações realmente (*sm*) ou até extremamente graves (*ss*). Isso torna difícil de justificar a existência de contra-razões que vêm até a esse nível. É rigorosamente essa estrutura que estabelece algo como uma parede de fogo, precisamente onde Habermas pensa que a aproximação do balanceamento tem de fracassar.

— 8 —

A interpretação de Ralf Dreier
da definição do direito kantiana*

Robert Alexy

Tradutor: Luís Afonso Heck

Em seu artigo, publicado pela primeira vez em 1979, "Zur Einheit der praktischen Philosophie Kants",[1] Ralf Dreier, depois de uma descrição da história da recepção da filosofia prática de Kant na ciência do direito, comprova que atualmente – portanto em 1979 – "não ou mal" é "a Metaphysik der Sitten" que chama o interesse.[2] Recepcionados foram, em vez da obra principal de Kant para a filosofia do direito, sobretudo, seus escritos para a filosofia moral geral.

O descuido da filosofia do direito de Kant tem hoje um final e o trabalho de Dreier para a unidade da filosofia prática de Kant deu, para isso, impulsos essenciais. A situação atual é caracterizada por uma concentração de energias científicas sobre a "Metaphysik der Sitten" como ela, até agora, não se deu. Isso vale tanto para a interpretação dessa obra, antigamente, tão frequentemente depreciada,[3] como tal, como para a tentativa de fazer ela fecunda no quadro de uma teoria do estado constitucional democrático. Sejam aqui somente mencionadas as monografias de Dietze, Deggau, Kühl, Kersting, Sandermann, Unruh, Rosen, Zotta e Flikschuh,[4] assim como as coletâneas editadas por Byrd, Hruschka e Joerden, por

---

* Este artigo encontra-se publicado em Alexy, Robert (Hg.). Integratives Verstehen. Zur Rechtsphilosophie Ralf Dreier. Tübingen: Mohr, 2005, S. 95 ff. Título no original: Ralf Dreiers Interpretation der Kantischen Rechtsdefinition.

[1] *Ralf Dreier*, Zur Einheit der praktischen Philosophie Kants, in: Perspecktiven der Philosophie. Neues Jahrbuch, Bd. 5 (1979), 5-37, outra vez impresso, in: *ders.*, Recht – Moral – Ideologie, Frankfurt a. M. 1981, 286-315. No que segue será, sob a denominação "Einheit", referido à publicação mencionada por último.

[2] *Dreier*, Einheit, 288.

[3] Particularmente duro bate Schopenhauer: "Somente da debilidade senil de Kant é para mim toda sua doutrina do direito como um entrelaçamento singular de equivocações, que atraem reciprocamente, ... explicável." *Arthur Schopenhauer*, Die Welt als Wille und Vorstellung, in: *ders.*, Sämtliche Werke, Bd. 1, Darmstadt 1961, 459.

[4] *Gottfried Dietze*, Kant und der Rechtsstaat. Tübingen 1982; *Hans-Georg Deggau*, Die Aporien der Rechtslehre Kants, Stuttgart-Bad Cannstadt 1983; *Kristian Kühl*, Eigentumsordnung als Freiheitsordnung, Freiburg/München 1984; *Wolfgang Kersting*, Wohlgeordnete Freiheit (1984), Frankfurt a. M. 1993; *Edmund Sandermann*, Die Moral der Vernunft, Freiburg/München 1989; *Peter Unruh*, Die Herrschaft der Vernunft, Baden-Baden 1993; *Allan Rosen*, Kant's Theory of Justice, Ithaca, N.Y./London 1993; *Franco Zotta*, Immanuel Kant. Legitimität und Recht, Freiburg/München 2000; *Katrin Flikschuh*, Kant and Modern Political Philosophy, Cambridge 2000.

Höffe e por Timmons.[5] Apesar desse forte crescimento da literatura, porém, o dito de Dreier, que "a filosofia do direito de Kant, hoje tanto como antes," apresenta-se como um feixe, dificilmente dissolúvel, de problemas de interpretação",[6] não perdeu sua validez. É impossível considerar aqui todos os aspectos das tentativas dreierianas de desatar ele. O olhar deve, por conseguinte, ser concentrado sobre a interpretação de Dreier da definição do direito kantiana. As questões da unidade da filosofia prática de Kant, como também as da posição da filosofia do direito no sistema total de Kant podem, nisso, somente na margem ser abordadas.

I. Conceito de direito de Kant

Kant formula o conceito de direito em uma definição. Ela diz:

> "O direito é, portanto, a totalidade das condições sob as quais a arbitrariedade de um com a arbitrariedade do outro pode ser unida em conjunto segundo uma lei geral de liberdade."[7]

No tratado "Rechtsbegriff und Rechtsidee", do ano de 1986, que leva o subtítulo "Kants Rechtsbegriff und seine Bedeutung für die gegenwärtige Diskussion", Dreier examina os elementos particulares dessa definição. Nisso, fica claro que toda a doutrina do direito de Kant pode ser entendida como uma explicação de seu conceito de direito. Como esse sistema, outra vez, está encaixado no sistema da filosofia prática, e esse, outra vez, no sistema total de Kant, cada esclarecimento dessa definição leva, em último lugar, a tudo em Kant. Tanto mais importante é proceder passo a passo.

1. Totalidade de condições

O primeiro elemento da definição é "a totalidade das condições".[8] O direito é, segundo Kant, a totalidade das condições para isto, que algo seja possível. Aquilo que as condições devem fazer possível é a união da arbitrariedade de um com a

---

[5] *B. Sharon Byrd/Joachim Hruschka/Jan C. Joerden* (Hg.) 200 Jahre Kants *Metaphysik der Sitten* (Jahrbuch für Recht und Ethik, Bd. 5), Berlin 1997; *Otfried Höffe* (Hg.), Immanuel Kant. Metaphysische Anfangsgründe der Rechtslehre, Berlin 1999; *Mark Timmons*, Kant's *Metaphysik of Morals*. Interpretative Essays, Oxford 2002.

[6] *Dreier*, Einheit, 288.

[7] MdS VI, 230 – Kant é citado segundo a "Kant's gesammelte Schriften", hrsg. V. d. Königlich Preußischen Akademie der Wissenschaften (später: Preußische Akademie der Wissenschaften (Bd. XVII-XXII), Deutsche Akademie der Wissenschaften zu Berlin (Bd. XXIII), Deutsche Akademie der Wissenschaften zu Berlin und Akademie der Wissenschaften zu Göttingen (Bd. XXVI, XXVIII), Akademie der Wissenschaften der DDR und Akademie der Wissenschaften zu Göttingen (Bd. XXVII, XXIX) und Berlin-Brandenburgische Akademie der Wissenschaften und Akademie der Wissenschaften zu Göttingen (Bd. XXV)), Berlin 1902 ff. "MdS" representa "Metaphysik der Sitten". Seguem número do volume da publicação da academia e número de página. Na "Kritik der reinen Vernunft" (KrV) serão – desviadoramente dessa regra – indicados os números das páginas da primeira (A) ou da segunda (B) edição.

[8] A caracterização do direito como uma "totalidade" tem um paralelo na caracterização de Kant da natureza como "totalidade(s) de todas as apresentações" (KrV B, 163). Se e até aonde isso expressa uma simetria, aqui não pode ser perseguido.

do outro segundo uma lei geral de liberdade. Mas o que é, para isso, condição da possibilidade? Segundo Dreier, é a "totalidade das leis exteriores".[9] O conceito de condição na definição do direito de Kant é, segundo isso, definido pelo conceito da lei exterior. "Totalidade das condições" significa, em conformidade com isso, "totalidade das leis exteriores". Com isso, as agulhas estão postas.

a) Leis interiores e exteriores

A próxima questão diz, o que são leis exteriores. A dicotomia interior/exterior tem em Kant, na presente conexão, três significados. Em todos os três casos ela diz respeito a isto, que algo é devido, portanto, a normas, ou, na terminologia de Kant, a leis. No primeiro significado trata-se do objeto das leis. Exige a lei, desde uma motivação determinada, ou seja, do dever, o atuar, então ela é uma lei interior. Leis interiores, como leis que exigem um atuar do dever, são leis da virtude. Elas regulam o uso interior da liberdade. Exige a lei, pelo contrário, somente a efetivação de uma atuação determinada, indiferente desde qual motivação, então ela é uma lei exterior.[10] Leis exteriores regulam o uso exterior da liberdade.[11] Também leis exteriores estatuem deveres. Esses deveres são, porém, "somente deveres exteriores".[12] Eles limitam-se a isto, exigir "a mera concordância ... de uma atuação com a lei sem consideração à mola propulsora da mesma", o que Kant denomina "legalidade". O equivalente para isso é a "moralidade", que é definida pelo fato de "a idéia do dever da lei, simultaneamente, ser a mola propulsora da atuação".[13] Direito limita-se à conduta conforme o seu dever, a ética exige, mais além, atuar do dever.

b) Dação de leis interior e exterior

Ambos os outros significados da dicotomia interior/exterior dizem respeito àquilo que Kant denomina "dação de leis". Esse conceito é, por Kant, relacionado tanto com a validez de normas como com a sua imposição. No segundo significado da dicotomia interior/exterior trata-se da validez. Existem, segundo Kant, dois tipos de validez de normas. Atuações podem "ou a *priori* pela mera razão ou pela arbitrariedade de um outro" ser prescritas.[14] O primeiro é a "dação de leis interior da razão",[15] o último, uma "dação de leis exterior".[16] Para realçar a faticidade da dação de leis exterior, Kant fala também de uma "dação de leis exterior real".[17]

---

[9] *Ralf Dreier*, Rechtsbegriff und Rechtsidee. Kants Rechtsbegriff und seine Bedeutung für die gegenwärtige Diskussion, Frankfurt a. M. 1986 (no que segue: Rechtsbegriff), 12.

[10] MdS VI, 224.

[11] MdS VI, 214.

[12] MdS VI, 219.

[13] Ibid.

[14] MdS VI, 218.

[15] MdS VI, 227.

[16] MdS VI, 219.

[17] MdS VI, 224.

Ambas as variantes, até agora consideradas, da dicotomia interior/exterior admitem quatro enlaces. Nisso, nasce uma assimetria interessante. Sempre quando se trata de leis interiores, pode a dação de leis somente ser uma interior. A combinação, leis interiores/dação de leis exterior é já, por fundamentos conceituais, excluída. Do lado do direito são, pelo contrário, possíveis ambas as combinações e sobre isso descansa todo o sistema da filosofia do direito de Kant. Tem a dação de leis interior, portanto, a dação de leis pela razão prática pura, leis exteriores como objeto, então é aquilo que é criado, como Kant, em ligação com o uso do idioma transmitido, o denomina, o "direito natural".[18] Essa terminologia deve, aqui, ser seguida, ainda que a expressão "direito racional" coubesse melhor, pois a essência daquilo que Kant chama "direito natural" é que ele baseia-se "em puros princípios *a priori*", portanto, na razão pura.[19]

Direito positivo nasce, pelo contrário, na quarta combinação, portanto, então, quando leis exteriores são criadas por dação de leis exterior,[20] sob o que Kant entende, sobretudo, a dação de leis estatal. É uma parte nuclear da interpretação dreieriana do conceito de direito kantiano que o modo de falar "totalidade das condições" compreende todas as leis exteriores, independente disto, se elas valem em virtude de dação de leis interior ou em virtude de exterior.[21] O conceito de direito de Kant abarca, com isso, tanto o direito natural como o direito positivo. A relação de tensão clássica entre direito e moral[22] é, assim, deslocada ao conceito de direito, o que tem consequências sistemáticas extensas.

c) *Coerção interior e exterior*

O terceiro significado da dicotomia apresenta-se, antes, casualmente e poderia ser-se da concepção que ele já, de alguma maneira, está contido em ambas as primeiras. Contudo, vale a pena isolar ele conceitualmente. Kant designa a dação de leis exterior como uma dação de leis que não transforma o dever em mola propulsora, mas tira sua "mola propulsora dos fundamentos de determinação patológicos da arbitrariedade, as propensões e aversões, e, sob esses, daqueles do último tipo". A dação de leis exterior deve, nesse sentido, ser "obrigatória".[23] Na dação de leis, obrigatórias sob recurso a "aversões", não se trata de dação de leis como decisão sobre isto, o que vale, mas de dação de leis como provocação que, aquilo que vale, seja feito, portanto, de uma espécie de casualidade. No caso da jurídica, portanto, exterior, dação de leis isso ocorre pelo enlace da lei exterior com "coer-

---

[18] MdS VI, 237.

[19] Ibid.

[20] Ibid.

[21] *Dreier*, Rechtsbegriff, 12.

[22] O conceito da moral é empregado aqui em um sentido amplo, como ele também se encontra em Kant, quando esse contrapõe as "leis da liberdade" como leis "morais" às leis naturais e, em um outro passo, divide essas leis morais em "jurídicas" e "éticas". As últimas exigem que "elas (as leis) mesmas devem ser os fundamentos de determinação das atuações", as primeiras contentam-se com atuações meramente exteriores (MdS VI, 214). Quando é dito que a definição do direito de Kant desloca a relação de tensão de direito e moral ao conceito de direito, então são, com "moral", consideradas leis morais em forma de leis jurídicas.

[23] MdS VI, 219.

ção exterior".[24] Da dação de leis ética está, como mola propulsora, pelo contrário, à disposição somente a coerção interior situada na ideia do dever.

O direito natural está de través para com ambos os casos puros da lei exterior de dação de leis exterior com coerção exterior e da lei interior de dação de leis interior com coerção interior, pois nele trata-se de leis exteriores de dação de leis interior. Toma-se todas as três variantes da dicotomia, então domina, contudo, também aqui, o exterior. Também quando ainda nenhum legislador encarregou-se dos seus é coerção exterior para a defesa de direitos naturais, que tiveram origem na dação de leis interior, admissível, pois vale: "Direito e poder para coagir significam, portanto, o mesmo."[25] O direito natural está, apesar de sua validez em virtude de dação de leis interior, de antemão, por seu poder de coerção, unido com a faticidade.

Com isso, são, no total, três coisas que o conceito da totalidade das condições reúne: (1) o direito positivo como direito fixado, (2) o direito em sua imposição por coerção e, nesse sentido, em sua eficácia social e (3) o direito como expressão da razão, portanto, do correto. Decretação e eficácia expressam a faticidade, razão como correção, a idealidade do direito. O desenvolvimento do conceito de direito kantiano é, por isso, necessariamente um desenvolvimento da relação de tensão de faticidade e idealidade.

2. União de arbitrariedades

O segundo elemento da definição do direito kantiana é expresso pelo modo de falar "sob as quais a arbitrariedade de um com a arbitrariedade do outro ... pode ser unida em conjunto".[26] Dreier realça, com razão, que, com isso, não é considerada uma mera relação entre duas partes, mas a relação de todos para com todos.[27] O objeto, que deve ser "unido em conjunto", é a arbitrariedade. O conceito de arbitrariedade compõe-se de dois elementos. O primeiro é a "capacidade *de fazer ou de deixar a seu gosto*",[28] o segundo é a "consciência da capacidade de sua atuação para a produção do objeto".[29] Arbitrariedade é, portanto, a capacidade fática de fazer ou não uma atuação, inclusive o saber sobre essa capacidade.

a) Arbitrariedade e liberdade exterior

É de importância fundamental que a dicotomia interior/exterior também é aplicável à arbitrariedade, e precisamente, sob o emprego do conceito de liberdade. Kant emprega, na introdução do conceito da legalidade e da moralidade, no

---

[24] MdS VI, 220.

[25] MdS VI, 232.

[26] MdS VI, 230.

[27] Dreier, Rechtsbegriff, 12.

[28] MdS VI, 213 – realce no original espacejado.

[29] Ibid.

primeiro[30] título da introdução na "Metaphysik der Sitten", que leva o título característico "Von dem Verhältnis[31] der Vermögen des menschlichen Gemüths zu den Sittengesetzen",[32] a distinção entre a "liberdade no uso exterior" e a "liberdade no ... uso interior da arbitrariedade".[33] O último é assunto da moralidade, o primeiro, objeto da legalidade, portanto, do direito. Pois bem, a liberdade no uso exterior da arbitrariedade é a "liberdade exterior".[34] Se se compreende sob liberdade exterior, pode-se, por conseguinte, seguir Dreier nisto, que Kant poderia ter formulado sua definição do direito, em vez de com auxílio do conceito de arbitrariedade, também com auxílio do conceito de liberdade.[35] O direito mostra-se, então, como a totalidade das leis positivas e das jurídico-naturais, sob as quais a liberdade de cada um com a liberdade de todos os outros pode ser unida em conjunto.

b) Os problemas do valor e da exclusividade da liberdade exterior

No primeiro elemento de definição, no conceito da lei exterior, ficou conhecível a relação de direito natural e direito positivo. Também com seu segundo elemento de definição, Kant adquire um problema considerável. Ele deixa formular-se na questão, porque a liberdade exterior, primeiro, no fundo, deve ser um objeto e, segundo, o único objeto do direito. Lugar à primeira questão, portanto, a esta, porque a liberdade exterior, no fundo, deve ser um objeto do direito, dá a origem do conceito de liberdade da filosofia moral kantiana. Para Kant a liberdade interior, portanto, a capacidade para a autodação de leis, é o fundamento para isto, que a pessoa tem dignidade.[36] Isso dá à liberdade interior um valor. Por que, porém, deve a liberdade exterior ser tão importante que ela converte-se no conceito central do direito?[37] A segunda questão coloca-se quando se concede que a

---

[30] Na edição, editada nova por *Bernd Ludwig, de Immanuel Kant*, Metaphysische Anfangsgründe der Rechtslehre. Hamburg 1986, 15 ff., resultou do primeiro velho título o segundo.

[31] 2. edição: "relações".

[32] MdS VI, 211.

[33] MdS VI, 214.

[34] MdS VI, 396.

[35] *Dreier*, Rechtsbegriff, 13.

[36] Grundlegung zur Metaphysik der Sitten IV, 440: "A dignidade da humanidade consiste, precisamente, nessa capacidade de ser universalmente dadora de leis, embora com a condição, precisamente, de estar submetida mesma, simultaneamente, a essa dação de leis."

[37] Essa questão visa imediatamente à relação de liberdade como autodação de leis por razão pura, portanto, autonomia, e liberdade como mera arbitrariedade. Mediatamente trata-se nela da relação do imperativo categórico como "princípio supremo de doutrina moral" (MdS VI, 226), para com a "lei jurídica" (MdS VI, 231). Às numerosas opiniões, sustentadas para isso, deixam associar-se três teses: a tese da independência, a tese da realização e a tese do abarcamento. Segundo a tese da independência (para essa expressão, *Kersting* (Anm. 4), 136), não resulta nem algum valor da arbitrariedade do valor da liberdade como autonomia nem a lei jurídica do imperativo categórico. Os âmbitos da ética e do direito são, segundo ela, não só separáveis conceitualmente, eles não são também objetivamente unidos um com outro, o que se mostra nisto, que se pode aceitar um e rejeitar o outro. Assim está escrito em Ebbinghaus: "O que, porém, concerne à 'liberdade moral', cuja lei teria de ser a da autodação de leis, da razão prática pura, assim não é sua possibilidade, em nenhum modo, a pressuposição para a validade do conceito de liberdade negativo, pressuposto pela doutrina do direito de Kant" (*Julius Ebbinghaus*, Die Strafen für Tötung eines Menschen nach Prinzipien einer Rechtsphilosophie der Freiheit, in: Kantstudien, Ergänzungshefte 94 (1968), 21 f.), e em Wood trata-se não só de uma independência, mas até de uma independência completa: "Considerada simplesmente como deveres jurídicos, contudo, eles pertencem ao ramo da me-

tafísica da moral que é *completamente independente* da ética e também de seus princípios supremos", o que, um pouco mais além, é reunido para a versão, a mais curta imaginável, da tese da independência: "Direito é independente da ética" (*Allen Wood*, The Final Form of Kant's Practical Philosophy, in: Mark Timmons (Hg.), Kant's *Metaphysics of Morals* (Anm, 5), 9 f.). Contra a tese da independência fala o que Kant mesmo expôs para a unidade de sua filosofia prática. O imperativo categórico é, segundo Kant, de modo nenhum, somente o princípio supremo da ética, mas – muito mais – o "princípio supremo da doutrina moral" (MdS VI, 22) e a doutrina do direito é a sua primeira parte (MdS VI, 205). Como princípio supremo, o imperativo categórico deve desempenhar um papel que fundamenta o direito, o que Kant formula nas palavras, que o imperativo moral ... é uma proposição ordenadora de dever, da qual, depois, pode ser desenvolvida a capacidade de obrigar a outros, isso é, o conceito do direito" (MdS VI, 239). O que assim se deixa desenvolver de uma fonte comum compartilha uma propriedade essencial. São, indiferente se se trata de leis jurídicas ou de éticas, sempre "leis da liberdade"(MdS VI, 214). O imperativo categórico e o conceito da liberdade unem, segundo isso, direito e moral, em vez de, como afirma a tese da independência, separar eles. A natureza dessa união, certamente, não é fácil de determinar. Uma interpretação radical leva ao equivalente da tese da independência, à tese da realização. Segundo ela, o direito é um meio para a realização da autonomia moral no mundo assim como ele é. Em torno disso trata-se quando Dulckeit realça que a arbitrariedade de um não é limitada por causa da arbitrariedade do outro, mas para a proteção da liberdade como autodação de leis, que Dukckeit contrapõe "à arbitrariedade empírica" como "liberdade transcendental": "Conforme isso, deve, portanto, no direito, a arbitrariedade empírica de um ser limitada para que os efeitos, conforme a apresentação, da liberdade transcendental do outro ao lado da ... arbitrariedade daquele possam existir" (*Gerhard Dulckeit*, Naturrecht und positives Recht bei Kant, Leipzig 1932, 4 f.). Schreiber afila isso: A tarefa do direito não consiste nisto, "assegurar a cada um uma certa medida, 'suportável por todos', de liberdade de arbitrariedade empírica". O direito visa, ao contrário, à liberdade transcendental, portanto, à autonomia. Sua finalidade é a proteção da "possibilidade de sua realização" (*Hans-Ludwig Schreiber*, Der Begriff der Rechtspflicht, Berlin 1966, 42). A tese da realização soa, à primeira vista, plausível. À segunda vista levantam-se, contudo, dúvidas. Se o imperativo categórico é o "princípio supremo da doutrina moral", que une a doutrina do direito e da virtude, então o extensão das atuações, que teriam de ser protegidas segundo esse princípio supremo como expressão de "liberdade transcendental", é equivalente com a extensão daquilo que o imperativo categórico exige, portanto, proíbe e ordena. Pois bem, o imperativo categórico é um critério formal e negativo. Isso mostra-se nisto, que ele, de modo nenhum, divide a classe das atuações possíveis, no fundo, completamente em atuações ordenadas e proibidas. Ao lado de ambas essas classes parciais existe, como terceiro, a classe parcial das atuações nem ordenadas nem proibidas. O imperativo categórico ordena e proíbe, sem dúvida, alguma coisa, muita coisa, porém, é, segundo ele, nem ordenado nem proibido, portanto, liberado (para esse conceito *Robert Alexy*, Theorie der Grundrechte, 3. Aufl., Frankfurt a. M. 1996, 185). Quem vê o direito exclusivamente como meio de proteção da realização de atuações, cuja efetivação ou não efetivação o imperativo categórico exige, portanto, ordena ou proíbe, tem de considerar o amplo espaço do, segundo o imperativo categórico, liberado como juridicamente irrelevante e deixar sem proteção. Isso, porém, seria incompatível com a construção da lei jurídica kantiana. Sua aplicação não pressupõe que em atuações moralmente exigidas (moralmente necessárias) seja intervindo por atuações moralmente proibidas (moralmente impossíveis). Uma intervenção moralmente impossível no moralmente possível basta para a qualificação como "antijurídico". A terceira tese, a tese do abarcamento, promove a pretensão de poder satisfazer a isso. Ela está, com isso, diante da tarefa de explicar porque arbitrariedade, como atividade no espaço do moralmente meramente possível, portanto, liberado, merece proteção diante de intervenções moralmente impossíveis, portanto, proibidas. Essa questão enlaça dois aspectos: de uma parte, a arbitrariedade como atividade no espaço do moralmente meramente possível e, de outra parte, sua proteção diante de intervenções moralmente impossíveis. A tese do abarcamento faz valer para o primeiro aspecto que a dignidade, sem dúvida, tem seu fundamento na liberdade como autonomia, mas se estende mais além que esse fundamento. Ela tem um caráter excedente, que abarca a arbitrariedade como liberdade de atuação geral. Essa ideia parece em Kant, quando ele, primeiro, diz que a liberdade como "independência da arbitrariedade que obriga de um outro" é o único direito que compete a cada pessoa "em virtude de sua humanidade" (MdS VI, 237), segundo, designa a "capacidade de fixar-se, no fundo, alguma finalidade (como) o característico da humanidade" (MdS VI, 392) e, finalmente, terceiro, enlaça o conceito da humanidade com o da dignidade: "A humanidade mesma é uma dignidade" (MdS VI, 462). Para fundamentar a arbitrariedade como objeto do direito de liberdade geral basta interpretar esse passo triplo de modo que a arbitrariedade, como capacidade da escolha da finalidade, sem dúvida, não é uma condição suficiente da dignidade, certamente, porém, uma necessária. A dignidade, que encontra seu fundamento na autonomia, é, assim, *aumentada* da arbitrariedade como uma de suas condições. Esse resultado encontra uma certificação quando se toma em consideração o segundo aspecto, acima mencionado, da questão sobre o abarcamento ao se relacionar o imperativo categórico com a conjuntura da intervenção, segundo ele, proibida, no atuar, segundo ele, permitido. O direito não acrescenta nada à proibição da intervenção nessa conjuntura, exceto o poder (portanto, a permissão ou autorização – o que

liberdade exterior é tão importante que ela não pode faltar na definição do direito. Ela visa à exclusividade da liberdade exterior, quer, portanto, saber porque a liberdade exterior é a única coisa que, pelo direito, deve "ser unida em conjunto". Não poderiam, na prestação de união do direito, também outras coisas, como interesses ou carências, desempenhar um papel? Aqui falta o espaço para responder ambas essas perguntas. Pelo menos, porém, contribui para a preparação de uma resposta, quando é progredido para o terceiro elemento de definição.

3. Segundo uma lei geral de liberdade

O terceiro elemento da definição do direito kantiana indica segundo quais critérios a liberdade de todos deve ser unida: "segundo uma lei geral de liberdade." Na exposição, que segue a definição do direito, para o princípio geral do direito falta a determinação mais circunstanciada da lei geral como uma "de liberdade".[38] Isso deixa conhecer que para Kant trata-se da lei geral. Isso sugere, de imediato, a presunção que, com isso, somente pode estar considerado o imperativo categórico que, na "Metaphysik der Sitten", recebe, como princípio supremo da doutrina moral, a seguinte formulação: "Atue segundo uma máxima que, simultaneamente, pode valer como lei geral."[39] Pois bem, o imperativo categórico, ao ele exigir o atuar segundo máximas gerais, porém, diz respeito ao uso da liberdade interior, portanto, à moralidade, o que, como exposto, de modo algum, ajusta-se à definição do direito e também, como visto antes, apresenta o fundamento para os problemas da travessia da liberdade interior para a exterior. Dreier soluciona o problema pelo fato de ele distinguir dois usos do imperativo categórico: um jurídico e um ético. No uso ético o imperativo categórico tem não somente a propriedade de ordenar atuar externamente correto, mas também a propriedade de motivar atuar internamente bom.[40] Ele inclui, por conseguinte, dois deveres, o que, no "mandamento ético geral" de Kant: "Atue conforme o seu dever do dever",[41] expressa-se.[42] Está, primeiro, uma vez, diante dos olhos essa duplicação, então é fácil de conhecer como pode produzir-se um uso jurídico do imperativo categórico. Tem de, simplesmente, abstrair do mandamento de atuar

de ambos tem de, aqui, permanecer aberto) de opor-se com coerção à intervenção moralmente proibida. Sobre a proibição da intervenção não precisa o imperativo categórico no direito, outra vez, ser aplicado se a comprovação dessa proibição já é o resultado de sua aplicação possível, independente do direito. Trata-se, então, somente ainda da *ampliação* de sua aplicação sobre o impedimento da intervenção, moralmente impossível, por coerção. Não é difícil de dizer que se pode querer que a máxima, que se pode opor com coerção a intervenções, moralmente proibidas, na liberdade de arbitrariedade, vale como lei geral. Com isso, a tese do abarcamento abarca tanto a arbitrariedade na dignidade como a coerção na generalizabilidade.

[38] MdS VI, 230 f.

[39] MdS VI, 226; comparar MdS VI, 225, onde a formulação, que varia completamente leve só idiomaticamente, "Atue segundo uma máxima que, simultaneamente, pode valer como uma lei geral!", expressamente é classificada como imperativo categórico.

[40] *Dreier*, Einheit, 292 f.

[41] MdS VI, 391.

[42] *Dreier*, Einheit, 293 f.

do dever e, assim, reter somente ainda o mandamento de atuar conforme o seu dever. O imperativo categórico encolhe-se, desse modo, a um mandamento de atuar externamente generalizável, os motivos podem ser como eles querem. Se se dessubjetiva a formulação, já mencionada, do imperativo categórico na introdução da "Metaphysik der Sitten"[43] pelo fato de se substituir o conceito, que direciona para o lado interior, pelo da regra e, com o fim de aclaração da objetivação, qualificar o atuar exigido como externo, então se ganha a seguinte formulação de uma lei objetiva abstrata da razão prática geral: "Atue externamente segundo uma regra que, simultaneamente, pode valer como lei geral."[44] Isso é uma abstração tanto perante o imperativo categórico como perante o conceito de direito. A abstração perante o imperativo categórico é fácil de conhecer. Ela diz respeito ao aspecto interior ou subjetivo do atuar do dever. Não tão simples é a abstração perante o conceito de direito. Para aqui, no fundo, poder falar de uma abstração, a definição do direito tem de ser trazida em uma forma imperativista. Nisso, pode apoiar-se na "lei jurídica geral" que claramente contém o elemento da definição da união de arbitrariedades.[45] Para incluir o elemento da totalidade das condições, que inclui também o direito positivo, na lei jurídica geral tem de, nessa, ser inserida uma cláusula como "segundo normas do direito positivo e do direito natural". A lei jurídica geral recebe, então, forma seguinte: "Atue segundo normas do direito positivo e do direito natural externamente de modo que o uso livre de tua arbitrariedade com a liberdade de cada um possa existir em conjunto segundo uma lei geral." Desse modo fica claro que a lei abstrata da razão prática geral contém duas abstrações perante a lei jurídica geral. Ela abstrai, primeiro, da liberdade como objeto da generalização. Dela nada é excluído como objeto da generalização. Ela seria, portanto, aplicável a interesses ou carências. Segundo, ela abstrai do direito positivo. Ela diz respeito a leis exteriores absolutamente, poderia, portanto, também exclusivamente ser relacionada com direito natural. Quando Dreier, com vista a algo assim como a lei abstrata da razão prática geral, fala do "uso jurídico" do imperativo categórico, então, com isso, não já pode ser considerado um uso de direito no sentido da definição do direito, portanto, não já uma aplicação do "princípio geral do direito" ou da "lei jurídica geral".[46] Isso claramente se expressa nele nisto, que ele não equipara o princípio de direito como o uso jurídico do imperativo categórico, mas considera como necessário uma derivação daquele princípio desse uso, para a qual são necessárias "premissas adicionais" que resultam da "construção kantiana do conceito de direito".[47]

---

[43] MdS VI, 226.

[44] Poderia achar-se que a abstração teria de realizar-se tanto relativamente à exterioridade como relativamente à interioridade. Mas o que deveria, então, ser o conteúdo do conceito de atuação? Existe um atuar do qual nem vale que ele é externo nem que ele interno? Um tal conceito de atuação teria de pressupor quem tanto da exterioridade como da interioridade quer abstrair e não somente pôr um conceito de atuação no ápice, que já em si une conjuntiva ou disjuntivamente a exterioridade e a interioridade.

[45] MdS VI, 231: "Atue externamente de modo que o uso livre de tua arbitrariedade com a liberdade de cada um possa existir em conjunto segundo uma lei geral."

[46] MdS VI, 230 f.

[47] *Dreier*, Einheit, 295.

Também na terceira característica da definição colocam-se problemas. Eles concernem ao caminho do imperativo categórico sobre a exteriorização do mesmo para o direito. Os problemas dessa travessia cruzam-se com os problemas da travessia da liberdade interior para a exterior. O imperativo categórico é um elemento necessário na conexão de dever interior e liberdade interior. Ele não perde, por essa exteriorização, sua força? Pode a abstração e objetivação, situadas na exteriorização, no fundo, fundar uma conexão que ultrapassa uma mera técnica de apresentação? Uma resposta positiva depende disto, se existe uma relação necessária entre o imperativo categórico e a definição de direito de Kant ou – trata-se aqui somente de uma variante de formulação – sua "lei jurídica geral".[48]

II. O status do conceito de direito kantiano

Mostrou-se que cada um dos três elementos de definição leva a problemas. O da totalidade das condições busca a relação de tensão do direito positivo e direito natural para o conceito de direito; o da união de arbitrariedades deixa perguntar por que a liberdade exterior deve ser o único objeto do direito; o das leis gerais, por fim, leva à questão, como pode ser lançada uma ponte da interioridade do imperativo categórico para a exterioridade do direito. Aqui o conceito de direito de Kant, como tal, está no primeiro plano. Desse fundamento as outras exposições irão limitar-se ao primeiro problema.

Poderia achar-se que o encaixe de uma relação de tensão no direito, sem dúvida, traz problemas consigo – tensões causam sempre problemas –, que isso, porém, nada de particular é, pois tensões existem precisamente em toda parte. Até se poderia ser da opinião que então, quando na realidade, à qual um conceito diz respeito, existem relações de tensão, é mais problemático manter elas afastadas dele que incluir elas nele. Diante desse fundo, a referência da definição de direito kantiana tanto ao direito natural como ao direito positivo parece levar a um, sem dúvida, problema difícil, porém, em último lugar, realmente, antes cotidiano: ao da ponderação entre segurança jurídica e justiça.

Essa impressão desaparece, contudo, quando se olha para a solução de Kant da relação de tensão entre direito natural e direito positivo. Essa consiste em uma primazia absoluta do direito positivo perante o direito natural que se mostra, entre outras coisas, na exclusão de Kant de cada direito de resistência. O mandamento absoluto da obediência ao direito é concebido como "uma idéia do princípio da razão prática" e formulado como segue: "Ter de obedecer o poder dador de leis agora existente, sua origem pode ser qual ela queira."[49]

A primazia absoluta do direito positivo tem a consequência que o conceito de direito kantiano fica extensionalmente equivalente com conceitos jurídicos

---

[48] Comparar supra, nota 37.
[49] MdS VI, 319.

positivistas quaisquer. Permanece, porém, uma diferença intencional* e, rigorosamente, aqui Dreier começa.

O fundamento dessa diferença intencional consiste nisto, que segundo Kant, é "uma ideia como princípio da razão prático"[50] que exige a validez rigorosa do direito positivo. No conceito da ideia como princípio da razão reside a chave para a solução do problema. Princípios da razão expressam conceitos da razão e assim como o intelecto, segundo Kant, é a "capacidade das regras", assim é a razão a "capacidade dos princípios".[51] Assim como os "conceitos do intelecto puros" são "categorias", assim são os "conceitos da razão pura ... ideias".[52] Essas distinções de Kant levam a numerosas questões. Cuja resposta é facilitada quando se limita ao papel das ideias no âmbito da razão prática, o que deve ocorrer aqui.

---

* Nota do tradutor: "*Intenção/extensão*. Ambos os conceitos têm sua importância em uma teoria do significado. A intenção é o sentido ou o significado de uma expressão idiomática ou de um termo. Dentro da filosofia analítico-idiomática, sobretudo Frege, Carnap e (em seguimento a Frege) Dummet, chamaram a atenção sobre a função fundamental da intenção. A intenção de um termo reproduz em qual sentido a nós é dado um objeto e indica, simultaneamente, a possibilidade ou o caminho sobre o qual se pode chegar ao objeto da referência. Isto é, quem compreendeu a intenção de um termo está, pelo menos, em princípio, capacitado para descobrir quais objetos são considerados com isso ou quais objetos caem sob o termo e quais não. Pois com a intenção se compreendeu o modo do ser dado de um objeto e, com isso, também a possibilidade de seu ser dado. Frege traz para isto, que sempre se refere a um objeto em um sentido determinado, o exemplo de "estrela vespertina" e "estrela matutina". Ambos expressam um, cada vez, sentido específico: ou a estrela que, de noite, como primeira, pode ser vista claramente, ou a estrela que, de manhã, por mais tempo. Ambos os nomes apresentam um sentido diferente, têm, porém, o mesmo objeto de referência, ou seja, o planeta vênus. Na fenomenologia de Husserl (*Logische Untersuchungen* II) isso encontra uma correspondência na formulação "do objeto no como de seu dado". Por Husserl isso é ilustrado com referência à forma histórica de Napoleão, que pode ser concebido no sentido "do vencedor de Jena" e no sentido "do perdedor de Waterloo". Em ambos os exemplos fica claro que a intenção, simultaneamente, oferece a possibilidade de identificação de um objeto. Uma tal possibilidade de identificação é pressuposto para cada ato referencial, uma vez que não existe saber imediato sobre isto, o que são os objetos de referência dos termos (pelos quais é referido). O conhecimento do objeto de referência é proporcionado primeiro pelo sentido respectivo, isto é, eles pressupõem um saber unido com a intenção de um termo. Esse saber pode variar de cultura para cultura, de mundo da vida para mundo da vida. A intenção de um termo para espécies naturais é determinada por ideia explícita sobre um exemplar "estandardizado" desse gênero (por exemplo, mesa, cadeira ou cavalo). Apropria-se a intenção por descrição ou por referência a exemplares normais da respectiva espécie ou por trato concreto no mundo da vida. – A extensão é equivalente à extensão do conceito. Na filosofia analítico-idiomática foi, sobretudo por Carnap, favorecida aquela teoria do significado que determina o significado de um termo pela extensão do conceito. Isto é, os objetos, que em virtude da associação-objeto-termo caem sob um conceito, são a extensão do termo. Nisso, deve ser precisado o que deve ser entendido sob "objeto": é o termo uma expressão de predicado, então por ele é determinada uma classe de objetos, é ele um nome de indivíduo, então objetos particulares. A determinação do significado da extensão corresponde ao conceito da interpretação de fórmulas da lógica dos predicados em virtude de um âmbito do indivíduo que está na base delas: o significado do termo singular consiste na associação de um único indivíduo, o de um predicado de uma variável, na associação de uma quantidade de indivíduos. De relevância particular é para essa teoria do significado a determinação da igualdade da extensão: duas proposições têm a mesma extensão, quando elas concordam no valor da verdade, dois predicados, quando eles determinam a mesma classe de objetos, dois nomes de indivíduos, quando deles designam o mesmo objeto (como, por exemplo, "estrela matutina" e "estrela vespertina")" Prechtl, Peter, in: *Metzler-Philosophie-Lexikon: Begriffe und Definitionen*/Hrsg. von Peter Prechtl und Franz-Peter-Burkard. 2. Aufl., Stuttgart; Weimar: Metzler, 1999, S. 263 f. [Artikel Intension/Extension].

[50] Ibid.

[51] KrV B, 356.

[52] KrV B, 368.

Uma ideia prática é, segundo Kant, algo que "estabelece" um "máximo para o protótipo"[53] e exige a "aproximação", tão ampla quanto possível, "à ... perfeição".[54] Isso corresponde, como Dreier, com razão, realça, ao conceito de princípio teórico-normativo.[55] A primazia absoluta do direito positivo mostra-se em sua luz como uma maximização das ideias da segurança jurídica e da paz. Uma tal maximização seria coercitivamente ordenada se a formulação de Kant, que a "pacificação geral e continuadora representa não meramente uma parte, mas a finalidade final toda da doutrina do direito dentro dos limites da mera razão",[56] teria de ser interpretada de modo que a ideia da paz e da segurança é a única ideia que no direito desempenha um papel. Dreier nega isso ao ele distinguir a ideia da paz da "ideia do direito, no fundo, como ele (Kant) a formula em sua definição do direito", e deixa abranger a última tanto a ideia da paz como a ideia do direito justo.[57] A ideia do direito, no fundo, perde seu caráter volumoso, quando se faz uso da ideia abstrata, que ocorre no cosmos das ideias práticas de Kant: da ideia da perfeição que, de certo modo, é a ideia da ideia, e relaciona esta com o direito, de modo que nasce a ideia do direito perfeito. No conceito do direito perfeito a relação de tensão do direito positivo e direito natural está anulada pelo fato de o direito positivo todo corresponder ao direito natural. Isso é o caso, quando, como Kant formula no Geschickts-Traktat de 1784, "liberdade, sob leis exteriores, é encontrada unida, no grau tão grande quanto possível, com força irresistível, isso é, uma constituição civil perfeitamente justa".[58] Perfeição é, aqui, a união de liberdade, tão grande quanto possível, com segurança, tão grande quanto possível.

Se tanto a ideia da liberdade, tão grande quanto possível, de todos como a ideia da segurança, tão grande quanto possível, está contida no conceito de direito de Kant, então não pode existir dúvida que esse conceito, como todo, é um conceito que abobada. Um conceito que abobada é um conceito que contém em si princípios concorrentes distintos e, como ideia, exige sua realização ótima, em que a realização ótima ideal seria sua realização perfeita.

Faz parte da natureza das ideias e, com isso, também da natureza de sua perfeição, que elas, na realidade, só aproximativamente podem ser realizadas. A remissão à ideia do direito perfeito diz, portanto, pouco para aquele que quer saber o que é o direito na realidade. Uma resposta possível seria a suposição de um abismo infinito entre idealidade perfeita e faticidade completa. Faz parte da grandeza do conceito de direito kantiano que esse não reduz o direito nem a um nem a outro ponto e também não deixa, de alguma maneira, no meio disso, vagabundear, mas constroi de modo que ele recebe um lugar, claramente determinado, nesse campo

---

[53] KrV B, 374.

[54] KrV B, 372.

[55] *Dreier*, Rechtsbegriff, 18.

[56] MdS VI, 355.

[57] *Dreier*, Rechtsbegriff, 22.

[58] Idee zu einer allgemeinen Geschichte in weltbürgerlicher Absicht VIII, 22.

de tensão. Aquele fica claro quando se considera quatro consequências do conceito de direito kantiano para o âmbito do direito imperfeito, portanto, real.

A primeira é que o direito, segundo o conceito de direito kantiano, necessariamente está unido com uma pretensão de correção, que inclui uma pretensão de justiça. Essa união resulta da interpretação do conceito de direito kantiano como ideia, pois a tese da ideia é, ao fim e ao cabo, equivalente com a tese da pretensão. Esse enlace tem como consequência que uma ordem social, que nem sequer promove uma pretensão de correção, não é um sistema jurídico. Um tal "ato" não pode fundamentar direito, porque ele seria mera força, não, porém, uma "força suprema legal, que primeiro determina o que publicamente deve ser *direito* ou não".[59]

A segunda consequência parece em Kant, quando ele, para o caso que "a organização do estado por si mesmo fosse *viciosa*", sem dúvida, exclui resistência, mas considera reformas como necessárias.[60] Se a ideia da justiça é abarcada no conceito de direito, então é a viciosidade, que tem de ser eliminada, uma viciosidade jurídica. Isso, porém, significa que Kant, sem dúvida, nega cada conexão imaginável entre direito positivo e direito natural, que do primeiro, em infração contra o último, toma a validez jurídica ou o caráter jurídico (conexão classificadora), conexões qualificadoras, que consistem nisto, que direito positivo, que contradiz o direito natural, *juridicamente* é direito vicioso, porém, afirma. Tal direito é, sem dúvida, direito, mas não direito que cumpre as exigências de seu conceito de direito.

A terceira consequência é que então, se a segurança jurídica e a justiça material são, de modo fundamentalmente igual, princípios, no sistema de Kant ganha-se a possibilidade de girar um pouco o parafuso do peso para, em antijurídico extremo, deixar cair o caráter jurídico ou a validez jurídica. Isso corresponderia, em sua estrutura, à alteração da posição radbruchiana depois de 1945, que não foi uma modificação do sistema, mas somente uma modificação das consequências dele tiradas. Kant observou, com vista à doutrina das ideias platônica, "que é absolutamente nada descomunal, tanto em conversações comuns como em escritos, pela comparação das ideias, que um escritor manifesta sobre seu objeto, entender ele até melhor que ele entendeu a si mesmo".[61] Alguma coisa fala em favor disto, de fazer uso dessa possibilidade, concedida por Kant, também perante Kant. Ao conceito de direito kantiano, então, de modo algum mais, teria de ser inserido algo assim como uma fórmula radbruchiana como algo novo e adicional. Ele já a conteria. De outra forma seriam as coisas, todavia, se não se fosse conceder à segurança jurídica e à justiça material status fundamentalmente igual. Isso poderia ocorrer pelo fato de se tratar somente a justiça material como ideia, a segurança jurídica, porém, como uma categoria. Estaria-se então no âmbito das regras e a

---

[59] Comparar MdS VI, 372 – realce de R. A.

[60] Ibid. – realce de R. A.

[61] KrV B, 370.

primazia absoluta kantiana do direito positivo seria inevitável. Porém, isso, aqui, não pode ser perseguido mais além.

A quarta consequência concerne ao âmbito de aplicação dos princípios da razão. Kant acentua que se tem de pôr para o fundamento a ideia "da *liberdade humana maior* segundo leis que fazem que *a liberdade de cada com a dos outros pode existir em conjunto* ... não somente no primeiro projeto de uma constituição de estado, mas também em todas as leis".[62] Com isso, a dação da constituição e a dação de leis são vinculadas aos princípios da razão. De uma vinculação correspondente da aplicação do direito nada se acha em Kant. O fundamento para isto é que ele considera como suficiente a vinculação do poder jurisdicional às leis positivas. Na ética pode, sem dúvida, existir a necessidade "da limitação de uma máxima do dever pela outra",[63] pois os deveres são lá de vinculatividade ampla; os do direito são, pelo contrário, "segundo sua natureza rigorosamente (precisamente) determinantes", razão por que a doutrina do direito "precisamente tão pouco como a matemática pura carece de uma prescrição (método) geral como deve ser procedido no julgar".[64] À comprovação de Dreier, que hoje é claro "que Kant nisso equivocou-se",[65] nada tem de ser acrescentado. Aqui somente tem importância que uma correção da perspectiva kantiana do método da aplicação do direito nada modifica em seu conceito de direito como tal. Ela leva, porém, a isto, que o dualismo, abarcado nesse conceito de direito, de faticidade e idealidade também para a aplicação do direito torna-se significativo. Os princípios da razão são não somente ao dador de constituição e de leis endereçados. Eles também se dirigem ao aplicador do direito.

Tem-se presente as quatro consequências, então se pode dizer não somente que no conceito de direito de Kant quase tudo já está contido, que na discussão atual do conceito de direito desempenha um papel, mas também, que as correções, que são necessárias para determinar corretamente a relação desses elementos, ou – isso vale para a correção metodológica – são fáceis de fazer ou – como a correção que exclui o antijurídico extremo – já estão apoiadas em seu sistema. O conceito de direito de Kant mostra-se, com isso, em conjunto, tão vivo como no primeiro dia.

---

[62] KrV B, 373 – realce no original espacejado.

[63] MdS VI, 390.

[64] MdS VI, 411.

[65] *Dreier*, Einheit, 302.

— 9 —

O conceito de Kant da lei prática*

Robert Alexy

Tradutor: Luís Afonso Heck

A divisão mais abstrata de Kant das leis é a em leis que dizem respeito a todos os objetos e leis que têm a ver somente com objetos determinados. No primeiro grupo caem as leis da lógica, que Kant designa como as "leis gerais e formais do intelecto e da razão",[1] no segundo grupo, por um lado, as leis da natureza, com as quais, por exemplo, ocupa-se a física como "doutrina natural", e, por outro, as leis da liberdade, que são objeto da "doutrina moral".[2] Aqui se deve tratar do último. Inicialmente, porém, seja dada uma olhada nas leis da natureza, pois o que são as leis da liberdade pode somente então ser completamente conhecido quando é claro tanto aquilo que une elas com as leis da natureza como aquilo que separa elas delas.

I. Leis da natureza

Kant é, em geral, econômico com exemplos. Para o esclarecimento do conceito da lei e dos conceitos, com esse unidos, porém, ele emprega um. Trata-se

---

* Este artigo encontra-se publicado em Behrends, Okko (Hg.). Der biblische Gesetzesbegriff. Auf den Spuren seiner Säkularisierung. 13. Symposion der Kommission "Die Funktion des Gesetzes in Geschichte und Gegenwart". Abhandlungen der Akademie der Wissenschaften zu Göttingen. Philologisch-Historische Klasse. Dritte Folge, Band 278. Göttingen: Vandenhoeck & Ruprecht, 2006, S. 197 ff. Título no original: Kants Begriff des praktischen Gesetzes.

[1] KrV, B 84 – Kant é citado segundo a "Kant's gesammelte Schriften", hrsg. V. d. Königlich Preußischen Akademie der Wissenschaften (später: Preußische Akademie der Wissenschaften, Deutsche Akademie der Wissenschaften zu Berlin, Deutsche Akademie der Wissenschaften zu Berlin und Akademie der Wissenschaften zu Göttingen, Akademie der Wissenschaften der DDR und Akademie der Wissenschaften zu Göttingen, Berlin-Brandenburgische Akademie der Wissenschaften und Akademie der Wissenschaften zu Göttingen), Berlin 1902 ff. "Prol." representa "Prolegomena zu einer jeden künftigen Metaphysik, die als Wissenschaft wird auftreten können", "GMS" representa "Grundlegung zur Metaphysik der Sitten", "KpV" representa "Kritik der praktischen Vernunft", "Rel." representa "Die Religion innerhalb der Grenzen der bloßen Vernunft" e "MS" representa "Metaphysik der Sitten". Seguem, cada vez, número do volume da publicação da academia e número de página. Na "Kritik der reinen Vernunft" (KrV) é – desviadoramente dessa regra – indicado o número da página da segunda (B) edição.

[2] GMS IV, 387.

DIREITO NATURAL – DIREITO POSITIVO – DIREITO DISCURSIVO

de duas proposições. A primeira reza: "Se um corpo é iluminado o suficiente pelo sol, então ele fica quente", a segunda diz: "Sol é, por sua luz, a causa do calor."[3] À primeira vista, parece existir entre ambas essas proposições nenhuma diferença grande. Olha-se, contudo, com os olhos de Kant, mais de perto, então se mostra uma diferença poderosa. A primeira proposição é composta somente de dois componentes: da percepção e da forma lógica do juízo condicionado, de um condicional. A primeira percepção é esta, que o sol ilumina um corpo, em outras variantes do exemplo é uma pedra, tempo mais longo, a segunda, esta, que o corpo, nossa pedra, fica quente. O condicional diz que o último segue o primeiro regularmente ou, como Kant o expressa, "constantemente".[4] Isso, segundo Kant, para uma lei, contudo, de modo algum, basta. Um tal condicional apresenta somente um "enlace lógico das percepções em um sujeito pensante".[5] Um tal enlace de percepções em um sujeito é, também quando ele baseia-se em "longo costume",[6] somente "subjetivamente valido".[7] Falta a ele cada "validade objetiva".[8] Essa pressupõe "validade universal necessária (para cada um)".[9] Essa validade universal, porém, pode ser criada por nada mais que pelo fato de às percepções e ao seu enlace condicional serem acrescentados os "conceitos do intelecto puro *a priori*"[10] da causa, portanto, a categoria da causalidade.[11] Por meio disso acontece uma transformação fundamental: a mera "regra empírica",[12] que somente expressa subjetivo e casual, converte-se em uma "lei",[13] que, como necessária e válida universalmente e, com isso, como "objetivamente válida", é declarada[14] ou "considerada".[15] Rigorosamente isso expressa a segunda proposição: "Sol é, por sua luz, a causa do calor."

Necessidade e universalidade, e precisamente, universalidade rigorosa, pertencem, segundo Kant, "inseparavelmente uma a outra".[16] Ambas em conjunto devem, outra vez, ser "conceitos alternos" do conceito da "validade objetiva".[17] Com isso, está comprovado um primeiro resultado: leis são regras que, por causa de sua necessidade e universalidade rigorosa, valem objetivamente. Seu equivalente são

---

[3] Prol. IV, 312. Variantes encontram-se nas páginas 301 e 309.

[4] Prol. IV, 312.

[5] Prol. IV, 298.

[6] Prol. IV, 311.

[7] Prol. IV, 298.

[8] Ibid.

[9] Ibid.

[10] Prol. IV, 302.

[11] Prol. IV, 305 Anm.

[12] Prol. IV, 312.

[13] Ibid.

[14] Prol. IV, 299.

[15] Prol. IV, 312.

[16] KrV, B 4.

[17] Prol. IV, 298.

regras que somente subjetivamente valem. Irá mostrar-se que rigorosamente isso também se aplica às leis práticas.

Neste ponto impõe-se a questão, como, então, a proposição "Sol é, por sua luz, a causa do calor" pode ser necessária como lei se ela, como Kant realça, simultaneamente, é uma "proposição da experiência"[18] e "experiência como conhecimento *a posteriori*" pode "dar somente juízos casuais".[19] Essa questão leva a um fendimento do conceito de lei que, como irá mostrar-se, justamente na filosofia prática tem grande importância. A proposição sobre o sol como causa do aquecimento da pedra é um exemplo para aquilo que Kant designa como "lei particular".[20] Leis particulares nascem da união de percepções ou apresentações, como tais, a posteriori e, com isso, casuais, com categorias, aqui, as da causalidade, que "prescrevem *a priori* às apresentações ... leis",[21] pelo que o enlace torna-se necessário.[22] A multiplicidade das leis naturais como leis particulares apresenta, portanto, uma mistura de empírico e apriorístico. O equivalente para elas são as "leis naturais realmente gerais, que existem completamente *a priori*".[23] Isso são aquelas "leis *a priori*" que são prescritas pelas categorias, como conceitos do intelecto puro, "à natureza como a totalidade de todas as apresentações".[24] Esse caráter realçado Kant expressa pelo fato de ele não só simplesmente falar de "leis *a priori*", mas também de "princípios fundamentais *a priori*".[25]

Em seus pormenores colocam-se, para a perspectiva de Kant da relação das leis gerais supremas e das particulares, numerosas questões. Aqui, contudo, somente é de interesse que no âmbito das leis da natureza, no fundo, existe essa relação. Ela desempenha na moral, como relação do imperativo categórico para com as leis morais particulares, um papel central.

Ao lado da união do conceito de lei com os conceitos da objetividade, da universalidade e da necessidade e da relação entre leis supremas ou gerais e especiais ou particulares tem importância, sobretudo, um terceiro ponto para a compreensão da relação entre as leis da natureza e aquelas da liberdade. É a relatividade das leis sobre o sujeito, que Kant formula na fórmula: "Pois leis existem ... só relativamente para o sujeito."[26] O intelecto não depreende as leis de uma natureza existente independente dele, ele faz, ao contrário, as leis mesmo ao ele transformar as regras meramente empíricas em leis. Nesse sentido, é ele também no âmbito da natureza um dador de leis. A objetividade, criada por essa dação de leis, pode, por causa de sua relatividade sobre o sujeito, ser designada como "objetividade interna".

---

[18] Prol. IV, 312.

[19] Prol. IV, 305.

[20] KrV, B 165.

[21] KrV, B 163.

[22] Prol. IV, 305.

[23] Prol. IV, 295.

[24] KrV, B 163.

[25] Prol. IV, 302, 306.

[26] KrV, B 164.

II. Lei prática e mola propulsora

Perante as três comunidades aludidas entre as leis da natureza e aquelas da liberdade, a objetividade, a gradualidade dupla e a relatividade sobre o sujeito, existe uma diferença fundamental: a dicotomia de ser e dever*. As leis da natureza são "leis, segundo as quais tudo ocorre", as leis da liberdade são, pelo contrário, leis "segundo as quais tudo deve ocorrer".[27] Disso resulta para as leis da liberdade um problema que as leis da natureza não conhecem: o problema do cumprimento. A natureza corresponde necessariamente às suas leis, pois ela é realmente "a existência das coisas, contanto que ela é determinada segundo leis gerais".[28] Às leis da liberdade pode, pelo contrário, abstrai-se do ser santo sobrenatural,[29] tanto ser correspondido como não correspondido. Isso tem como consequência que de toda dação de leis prática, como Kant diz na introdução na Metaphysik der Sitten, fazem parte "duas partes": "**primeiro**, uma lei que ideia a atuação, que deve ocorrer, objetivamente como necessária, isso é, que transforma a atuação em dever, **segundo**, uma mola propulsora, que enlaça o fundamento de determinação da arbitrariedade para essa atuação subjetivamente com a idéia da lei."[30] Um afilamento particular encontra esse dualismo de lei e mola propulsora na preleção-ética de Kant, do semestre de inverno 1784/85, na qual, segundo o escrito acompanhado, publicado na publicação da academia como "filosofia moral Collins", de Georg Ludwig Collins (1763-1814), sob emprego da cláusula, antes citada, "duas partes", diz-se: "Nós temos de olhar aqui primeiro para 2 partes, 1) para o princípio da decisão da vinculatividade e 2) para o princípio da execução ou prestação da vinculatividade ... Se a questão é: o que é moralmente bom ou não, então isso é o princípio da decisão, segundo o qual eu aprecio a boa qualidade e defeito das atuações. Se, porém, a questão é, o que me move viver segundo essa lei? Então isso é o princípio da mola propulsora. A aprovação da atuação é o fundamento objetivo, mas ainda não o fundamento subjetivo."[31]

Ambas as passagens do texto levam a uma lacuna[32] entre o conhecimento daquilo que é correto moralmente e uma atuação correspondente a esse conhecimento. Na Metaphysik der Sitten Kant fala até disto, que a ideia de uma atuação como dever é "um mero conhecimento *teórico*".[33] Mais rigoroso mal se pode separar conhecer moral e atuar moral. Naturalmente Kant não se detém nessa separação entre "principium diiudicationis"** e "principium executionis".*** Ao contrário,

---

* Nota do tradutor: *dever* é a tradução de *Sollen*, traduzido, em geral, por dever-ser.

[27] GMS IV, 387 f.; comparar, ademais, 427.

[28] Prol. IV, 294.

[29] MS VI, 222.

[30] MS VI, 218.

[31] Moralphilosophie Collins XXVII. 1, 274.

[32] Comparar para isso Günther Patzig, "Principium diiudicationis" und "Principium executionis" in: Gerold Prauss (Hrsg.), Handlungstheorie und Transzendentalphilosophie, Frankfurt a. M. 1986, S. 205.

[33] MdS VI, 218; realce de R. A.

** Nota do tradutor: "princípio de conhecimento."

*** Nota do tradutor: "princípio de execução."

a tentativa de sua união é um dos temas centrais de sua filosofia prática. Porém, antes de abordar essa união, deve, inicialmente, o "principium diiudicationis" ser tomado em consideração.

Até agora foi falado, bem genericamente, de "leis da liberdade". Doravante, devem ser feitas outras distinções. Na citação da introdução na Metaphysik der Sitten trata-se de "toda dação de leis", "ela pode, agora, prescrever atuações interiores ou exteriores e essas ou *a priori* por mera razão ou pela arbitrariedade de um outro".[34] Com isso, é referido tanto a leis éticas como a jurídicas. A distinção de leis éticas e jurídicas é a divisão principal das leis da liberdade. As leis da liberdade devem, no que segue, um pouco mais simples, ser designadas como "leis práticas".[35] O problema da mola propulsora coloca-se em todas as leis práticas. Todavia, são os problemas, em leis éticas e jurídicas, de tipo extremamente diferente.

Princípio fundamental supremo de todas as leis práticas é o imperativo categórico. Em uma relação, a ser determinada não facilmente, para com ele está a lei jurídica geral como princípio supremo do jurídico ou direito. Inicialmente seja considerado o primeiro. Minhas exposições devem, nisso, limitar-se a três aspectos concernentes ao conceito de lei. O primeiro é o caráter de lei do imperativo categórico mesmo. O segundo é que o imperativo categórico, como lei, diz respeito a leis, sob esse aspecto é, portanto, uma metalei. No terceiro aspecto trata-se da relação dessa estrutura de leis dupla para com a dação de leis.

III. Imperativo categórico

O imperativo categórico é a lei prática suprema. Kant designa ele como "lei fundamental da razão prática pura"[36] e como "princípio supremo da doutrina moral".[37] À doutrina moral, porém, pertence não só a doutrina da virtude, mas, "como a primeira parte",[38] também a doutrina do direito, o que leva ao problema, como uma lei suprema, que exige o atuar do dever, também pode ser relacionada com um sistema de leis que, como leis jurídicas, somente se contentam com atuar conforme o seu dever.

Kant dá numerosas formulações do imperativo categórico. A fórmula fundamental é a primeira fórmula,[39] no segundo título da Grundlegung zur Metaphysik der Sitten, a fórmula da lei geral. Ela diz: "atue somente segundo aquela máxima

---

[34] MdS VI, 218; realce de R. A.

[35] O conceito da lei prática é, por Kant, ideado como um dos conceitos que são "comuns à Metaphysik der Sitten em ambas suas partes" (MS VI, 222). Se ele é empregado aqui como conceito geral tanto das leis éticas como das jurídicas, então essa linha é seguida.

[36] KpV V, 30.

[37] MS VI, 226.

[38] MS VI, 205.

[39] A contagem das fórmulas distintas segue H. J. Paton, Der kategorische Imperativ, Berlin 1962, S. 152 ff.

pela qual tu, simultaneamente, podes querer que ela torne-se uma lei geral."[40] Dá na vista, de imediato, que essa fórmula, não só, como "lei fundamental", mesma expressa uma lei, mas, como lei, também diz respeito a leis. Aqui se mostra uma gradualidade dupla, como ela, já na relação das categorias ou das "leis naturais realmente gerais"[41] para com as "leis particulares",[42] era observável. Uma diferença fundamental existe, todavia, naquilo que "transforma" a lei suprema do mero subjetivo em objetiva, portanto, leis particulares.[43] No âmbito teórico, regras empíricas, que se baseiam em percepções, como "Se um corpo é iluminado o suficiente pelo sol, então ele fica quente", no âmbito prático, máximas, que Kant também designa como "regras práticas",[44] certamente só se elas resistirem ao teste da generalização, são transformadas em leis particulares. Um exemplo de Kant para uma máxima, que não resiste ao teste, é: eu quero "fazer uma promessa na intenção de não cumprir".[45] Uma tal máxima é, segundo Kant, um "princípio subjetivo"[46] que, sob determinadas circunstâncias, por certo, pode ser propício ao nosso "amor próprio",[47] mas nunca pode receber o status de uma "lei prática".[48] Não se pode querer, realmente, nem sequer pode "ser pensado"[49] que essa máxima torne-se uma lei geral, pois "a universalidade de uma lei, que cada um, depois que ele acredita estar em dificuldade, pode prometer o que lhe vem à mente, com o dolo, de não cumprir, iria fazer impossível a promessa e a finalidade mesma, que se pode ter com isso, pelo fato de que ninguém iria acreditar que a ele esteja prometido algo, mas iria rir sobre todas tais manifestações como determinar vão".[50] A máxima iria, transformada em lei geral, "destruir-se a si mesma".[51] A impossibilidade de uma permissão da "promessa mentirosa",[52] porém, significa que o "contrário ... universalmente" deve "permanecer uma lei".[53] Concebe-se, o que é natural, como contrário, a negação, então se chega à proibição da promessa mentirosa.[54]

---

[40] GMS IV, 421.

[41] Prol. IV, 295; comparar, ademais, KrV, B 163.

[42] KrV, B 165.

[43] Prol. IV, 297.

[44] GMS IV, 389, 413, 421.

[45] GMS IV, 402.

[46] GMS IV, 420.

[47] GMS IV, 422.

[48] GMS IV, 420.

[49] GMS IV, 424.

[50] GMS IV, 422.

[51] GMS IV, 403.

[52] Ibid.

[53] GMS IV, 424.

[54] Pode-se apresentar a permissão de sua atuação (p) como "Pp". Pp é com $\neg O \neg p$ equivalente. A negação de $\neg O \neg p$ é $O \neg p$. $O \neg p$ diz que a atuação p é proibida. Comparar para isso, Robert Alexy, Theorie der Grundrechte, 3. Aufl., Frankfurt a. M. 1996, S. 182-5.

Enquanto no sol que esquenta a regra da percepção é transformada em uma lei, ela é, aqui, a negação de uma máxima não suscetível de generalização.[55]

A ideia da generalizabilidade deve, aqui, interessar somente sob o aspecto da lei. É fácil de comprovar que a lei prática particular "Tu não deves dar promessas mentirosas" compartilha com a lei teórica particular "Sol é, por sua luz, a causa do calor", se se pressupõe a validez do imperativo categórico, todas as qualidades que, segundo Kant, necessariamente estão contidas no conceito de lei. A validez da proibição da promessa mentirosa não depende de alguma propensão ou interesse subjetivo, mas vale, se o imperativo categórico vale, sem "exceção"[56] e "para todos os seres racionais".[57] Sob esse aspecto, pode, de fato, falar-se de universalidade necessária e validade objetiva. A questão decisiva diz, por isso, se isso também se aplica ao imperativo categórico mesmo. Das leis teóricas, diz Kant que elas existem "só relativamente ao sujeito".[58] Isso leva do conceito da lei para o conceito da dação de leis e, com este, às duas outras fórmulas principais do imperativo categórico.

Kant formula sua mudança contra a tradição na imagem, que a filosofia "nem no céu, nem na terra" deve ser "pendurada em algo ou apoiada em quê".[59] O imperativo categórico tem de, portanto, ser depreendido exclusivamente da razão do sujeito. A fórmula da lei geral pede que o agente se pergunte se ele pode querer sua máxima considerada como lei geral. Colocar essa questão significa assumir habilmente e cumprir completamente o papel de um dador de leis. O conceito de dação de leis forma uma ponte, em seus pormenores, complicada, mas, ao fim e ao cabo, plausível, para a terceira fórmula fundamental do imperativo categórico, a fórmula da autonomia. Ela diz: atue "assim que a vontade, por sua máxima, possa considerar a si mesma, simultaneamente, como universalmente dadora de leis".[60] O imperativo categórico recebe, com isso, um papel duplo. O particular é, por meio dele, simultaneamente, submetido à lei e elevado ao dador de leis.[61] Pelo último nasce uma união necessária do conceito da lei prática com o conceito da autonomia.

Falta ainda a fórmula-em-si-finalidade que, em Kant, é introduzida como segunda fórmula fundamental. O fundamento para isto, que essa fórmula aqui primeiro aparece em terceiro lugar, é, que, primeiro, a qualidade da pessoa, como finalidade em si mesma, com sua qualidade, ter dignidade, conceitualmente está

---

[55] A transformação consiste na transformação do querer subjetivo, contido na máxima, em um dever objetivo. Nisto, que essa transformação passa por uma negação, reflete-se o caráter contrafático do dever.

[56] GMS IV, 424.

[57] GMS IV, 425.

[58] KrV, B 164.

[59] GMS IV, 425.

[60] GMS IV, 434.

[61] GMS IV, 431: "A vontade, portanto, não somente é submetida à lei, mas submetida de modo que ela também tem de ser considerada como autodadora de leis e, precisamente, por cujo motivo, primeiro submetida à lei (disso ela mesma pode considerar-se autora)." O dever é, assim, unido com a autorização.

unido,[62] presumivelmente, até concorda e que, segundo, a autonomia antes pode ser considerada como fundamento para a dignidade do que a dignidade como fundamento para a autonomia. A isso corresponde, quando Kant diz: "Autonomia é, portanto, o fundamento da dignidade da natureza humana e de cada racional."[63] A fórmula-em-si-finalidade: "Atue assim que tu utilizas a humanidade, tanto em tua pessoa como na pessoa de cada um outro, a qualquer hora, simultaneamente, como finalidade, nunca meramente como meio",[64] conclui, com isso, um argumento, que inicia com a universalidade da lei, dela passa para a autonomia e, de lá, progride para a pessoa como finalidade em si mesma e, com isso, para a sua dignidade.[65]

A questão diz se tudo isso, realmente, pode requerer objetividade ou se a autonomia, que inclui tanto liberdade e dação de leis própria, como "conceitos alternos",[66] e que implica dignidade, somente é "uma ilusão vazia e conceito quimérico".[67] O último iria significar que à pretensão de objetividade deveria ser objetada algo como uma "teoria de erros" mackieiana.[68] Isso, aqui, contudo, não pode ser seguido. Deve, por conseguinte, no que concerne ao imperativo categórico como "principium diiudicationis"*, ser seguida a tese kantiana que ele está "dado" ... a nós, "de certo modo, como um fato da razão prática",[69] o que significa que basta tratar de descobrir analiticamente[70] a lei moral em nossa razão. Com isso, Kant renuncia a uma dedução, como ele ainda a tentou no terceiro título da Grundlegung zur Metaphysik der Sitten.[71] Como fundamento para isso ele cita que

---

[62] A conexão conceitual é, no que concerne à finalidade em si, fundada pelo conceito do "valor absoluto" (GMS IV, 428) e, no que concerne à dignidade, pelo do "valor incondicional, incomparável" (GMS IV, 436). Se, o que é natural, sob valores "absolutos" deve ser entendido o mesmo como sob valores "incondicionais, incomparáveis", então é, por este meio, produzida uma conexão necessária entre finalidade em si mesma e a dignidade. Ambos os conceitos mostram-se, com isso, "conceitos alternos".

[63] GMS IV, 436.

[64] GMS IV, 429.

[65] Ambas as proposições-chave, para o escrito de Kant da lei sobre a dação de leis para a dignidade, dizem: "Pois nada tem um valor que aquele que a lei determina a ele. A dação de leis mesma, porém, que determina todo o valor, tem de, precisamente por isso, ter uma dignidade, isso é, valor incondicional, incomparável" (GMS IV, 436). Se se entende sob "valor" "valor moral", então a primeira proposição é acertada. Não tão simples situam-se as coisas na segunda proposição. Pelo menos, porém, deixa dizer-se que então, se sem lei não existe nenhum valor e sem dação de leis, nenhumas leis, a dação de leis, como fonte de todos os valores, apresenta um valor de segundo grau e, sob esse aspecto, superior. Esse valor, fundamentador de dignidade, diz respeito, certamente, somente à competência abstrata para a dação de leis. Para, a partir daqui, chegar a "dignidade da natureza ... humana" (ibid.), é ainda necessária uma ponte da competência de dação de leis abstrata para a, como Kant, citando Haller, diz, "pessoa com seus defeitos" (MS VI, 397). Porém, isso, aqui, não pode ser seguido.

[66] GMS IV, 450.

[67] GMS IV, 402.

[68] J. L. Mackie, Ethics. Inventing Right and Wrong, Harmondsworth 1977, S. 35.

* Nota do tradutor: "princípio de conhecimento."

[69] KpV V, 47; comparar, ademais, 30, 55, 91; MS VI, 252.

[70] Para a distinção do método meramente analítico do sintético, essencialmente mais cheio de pretensão, porque pede uma "dedução", comparar Prol. IV, 273 f., 276.

[71] GMS IV, 454; comparar para isso, Dieter Schönecker, Kant: *Grundlegung* III. Die Deduktion des kategorischen Imperativs, Freiburg/München 1999.

o imperativo categórico, como expressão de uma "capacidade fundamental",[72] mesmo não carece de nenhum fundamento justificador".[73] Essa classificação do imperativo categórico como expressão de uma capacidade fundamental (ou de uma competência fundamental), cujo objeto, o "ato da arbitrariedade livre, no fundo",[74] não é, como o objeto da experiência, "dado" a ele "de alguma maneira, por algo, em outra parte",[75] mas, às avessas, por nada mais que ele mesmo produzido, tem não só importância sistemática considerável para a determinação da relação das leis práticas para com as teóricas. Ela também abre a possibilidade de relacionar o "principium diiudicationis"* com o conhecimento dessa competência e o "principium executionis"** com os fundamentos para o seu exercício. Com isso, nós estamos, outra vez, no problema da mola propulsora. Antes de isso ser seguido deve, contudo, ainda ser dada uma olhada na lei jurídica geral.

IV. A lei jurídica geral

A "lei jurídica" geral diz: "Atue externamente assim de modo que o uso livre de tua arbitrariedade possa existir com a liberdade de cada um segundo uma lei geral."[76] A interpretação dessa fórmula apresenta numerosas questões. Aqui se deve tratar somente da relação para com o imperativo categórico, em que o problema da mola propulsora estará no primeiro plano.

Duas concordâncias da lei jurídica geral com a primeira fórmula do imperativo categórico saltam, de imediato, à vista. A primeira é que ambas as fórmulas direcionam para o conceito da lei geral e, com isso, para a ideia a generalizabilidade. É rigorosamente esse ponto ao que visa Ralf Dreier quando ele equipara ao uso ético do imperativo categórico um uso jurídico para, assim, alçar à luz um elemento central da unidade da filosofia prática de Kant.[77]

A segunda concordância é, pelo contrário, enganadora. Ela consiste nisto, que ambas as fórmulas iniciam imperativisticamente. Kant acentua, imediatamente depois da formulação da lei jurídica geral, que essa, do seu destinatário, abordado pelo "atue", de modo nenhum, exige que ele deve limitar sua liberdade mesmo com vista à sua compatibilidade com a liberdade dos outros. Ela diz somente que sua liberdade, por essa condição, "está limitada e por outros também, de fato, pode ser limitada".[78] Como se isso não já fosse claro o suficiente, Kant

---

[72] KpV V, 47.

[73] Ibid.

[74] MS VI, 218, Anm.

[75] KpV V, 46.

* Nota do tradutor: "princípio de conhecimento."

** Nota do tradutor: "princípio de execução."

[76] MS VI, 231.

[77] Ralf Dreier, Zur Einheit der praktischen Philosophie Kants, in: ders., Recht – Moral – Ideologie, Frankfurt a. M. 1981, S. 294.

[78] MS VI, 231.

acrescenta: "assim não se deve e pode mesmo fazer presente cada lei jurídica como mola propulsora da atuação."[79] Mola propulsora é, ao contrário, somente a "possibilidade de uma coerção exterior".[80] Com isso, a lei jurídica, no que concerne ao "principium executionis"*, é tirada, tão longe somente de alguma maneira imaginável, da lei ética.

Naturalmente deve, isso tão rigorosamente separado, de imediato, outra vez, ser unido. Pode-se, sem dúvida, com apoio em Julius Binder, dizer que, segundo a interpretação de Kant de sua própria lei jurídica geral, o direito, mais exatamente: o direito rigoroso, como direito não obriga a nada,[81] mas somente impõe o risco da sanção, isso, porém, não significa que ele não tem, de fundamentos éticos, uma força obrigatória. Kant lança a ponte, que leva a esse resultado, entre direito e ética com a proposição: "Fazer o atuar jurídico como máxima para mim é uma exigência que a ética faz a mim."[82] Todos os deveres jurídicos convertem-se, com isso, em deveres "ético-indiretos".[83] Com isso, existem no sistema das leis práticas de Kant duas molas propulsoras: o dever como "necessidade de uma atuação da consideração pela lei"[84] e a coerção.

Ambas as molas propulsoras são unidas com uma série de problemas. Compara-se o seu peso, então os da consideração preponderam muito aos da coerção. No que segue devem, por conseguinte, ser considerados somente aqueles.

V. Mola propulsora

O problema da mola propulsora nasce da separação do conhecimento moral e motivação moral. Kant formula esse problema na simples questão: "Por que, porém, eu devo submeter-me, pois, a esse princípio?"[85] Suas tentativas de dar uma resposta a isso deixam reunir-se em quatro argumentos estreitamente um com o outro entrelaçados: (1) no argumento da determinação extrema, (2) no do bem extremo, (3) no do ser comum ético e (4) no da decisão.

1. O argumento da determinação extrema

O argumento da determinação extrema funda-se na tese que a moral é algo superior que todos o resto, o que nos quer mover para o atuar. Ele aparece em duas variantes. Na primeira variante trata-se da relação do particular para com a lei,

---

[79] MS VI, 231.

[80] MS VI, 232.

* Nota do tradutor: "princípio de execução."

[81] Julius binder, Rechtsnorm und Rechtspflicht, Leipzig 1912, S. 47: "O direito obriga juridicamente a nada."

[82] MS VI, 231.

[83] MS VI, 221.

[84] GMS VI, 400.

[85] GMS VI, 449.

na segunda, da relação do particular para consigo mesmo. Primeiro na segunda variante ele é completo.

Kant circunscreve o status particular da lei em múltiplos modos que, decerto todos, acabam no mesmo. Certamente o mais conhecido é a primeira proposição da decisão da Kritik der praktischen Vernunft: "Duas coisas enchem o ânimo com admiração e veneração sempre nova e progressiva, quanto mais e continuamente a reflexão ocupa-se com isto: o céu estrelado sobre mim e a lei moral em mim."[86] À admiração e veneração são, na apóstrofe ao dever, que começa com as palavras "dever! tu sublime, grande nome ...",[87] acrescentados os conceitos da sublimidade, da grandeza, do respeito e do nobre ("nobre origem").[88] A lista deixaria alongar--se. Ela é aqui concluída com "majestade",[89] "elevador de alma"[90] e "santidade".[91]

Tudo isso não são argumentos. Um tal entra primeiro em consideração, quando Kant fundamenta a sublimidade da lei com isto, que, primeiro, pela lei "a pessoa ..., como pertencente ao mundo sensual", é submetida à "sua própria personalidade", como pertencente ao mundo inteligível, e que, segundo, a pertinência ao último é a "determinação extrema".[92]

No terceiro título da Grundlegung zur Metaphysik der Sitten essa doutrina dos dois mundos é enlaçada com a tese de dois pontos de vista. Ralf Dreier vê nisso, com razão, uma versão inicial de uma teoria do ponto de vista moral, como ela, por exemplo, nos anos cinquenta do século 20., por Kurt Baier[93] foi apresentada.[94] O problema da mola propulsora, com isso, deixa formular-se na questão, porque eu devo atuar do ponto de vista moral. A tese de Kant que "o mundo do intelecto contém o fundamento do mundo sensual, portanto, também as leis do mesmo",[95] não basta para isto, quando se a interpreta como mera afirmação de uma primazia ontológica do espiritual perante o sensual. Algo diferente vale, certamente, quando se vê o sentido dessa tese nisto, que o mundo do intelecto é a fonte da, como está escrito nos Prolegomena, "correção objetiva".[96] O ponto de vista moral converte-se, assim, no ponto de vista da correção. Pois bem, correção, por si somente, de modo nenhum, tem força motivadora coercitiva para todos em todos os casos. Contudo, pode dizer-se que existe um ponto que inclui uma força motivadora, no qual o ponto de vista da correção é superior que o da vantagem própria exclusiva.

---

[86] KpV V, 161.

[87] KpV V, 86.

[88] Ibid.

[89] Rel. VI, 23.

[90] Rel. VI, 49.

[91] Ibid.

[92] KpV V, 87.

[93] Kurt Baier, The Moral Point of View, Tthaca/London 1958.

[94] Ralf Dreier, Der moralische Standpunkt bei Kant und Hegel, in: B. Ziemske/T. Langheid/H. Wilms/G. Haverkate (Hrsg.), Staatsphilosophie und Rechtspolitik. Festschrift für Martin Kriele, München 1997, S. 814.

[95] GMS IV, 453.

[96] Prol. IV, 311.

Seja pressuposto que não existem problemas no plano do "principium diiudicationis"*, para todos, portanto, é claramente conhecível o que é moralmente correto e o que moralmente falso. Cada um iria, então, preferir o correto ao falso, se ele não tivesse um fundamento para a preferência às avessas, e cada um irá conceder, que ele preferiria se sua decisão, do amor próprio, também ainda, estivesse correta. Mesmo o "malvado mais grave" de Kant "deseja-"[97] se, todavia, que seu atuar estivesse de acordo com a moral. Esse desejo é expressão do reconhecimento do ponto de vista da moral como o ponto de vista superior.

Pois bem, algo é para alguém não primeiro então uma "determinação extrema" quando ele a obtém. Basta que ela seja um ideal, em cujo sentido iria atuar-se se molas propulsoras em sentido contrário não fossem mais fortes. Rigorosamente nisso consiste a força motivadora do ponto de vista moral. À lei moral não cabe, com isso, no que concerne ao atuar fático, como mola propulsora, nenhuma força motivacional absoluta, mas somente uma relativa. Como ela, porém, opõe-se aos fundamentos de atuação não morais com sua pretensão de correção, ela tem, simultaneamente, nesse sentido, uma força normativa absoluta, enquanto ela somente então pode perder sua força motivacional fática para indivíduos, quando esses despedem completamente os conceitos da correção e objetividade, o que os transforma, se dá bom resultado, em seres completamente diferentes, sob esse aspecto, portanto, tem um preço.

Ralf Dreier é da opinião que a "consciência de uma determinação superior da pessoa ... pode ser concebida como núcleo de uma consciência religiosa".[98] O enlace de moral e religião é objeto do segundo argumento da mola propulsora, do bem extremo.

2. O argumento do bem extremo

O conceito do bem extremo leva da filosofia moral de Kant para a sua filosofia da religião. Kant não fica, nessa travessia, cansado de acentuar que a independência da moral não é tangido por esse passo. Assim, inicia sua "Religion innerhalb der Grenzen der bloßen Vernunft" com a proposição: "A moral, contanto que é fundada no conceito da pessoa como um ser livre que, precisamente, por isso, porém, também vincula a si mesmo, por sua razão, a leis incondicionais, não carece nem da ideia de um outro ser sobre ele para conhecer o seu dever, nem de uma outra mola propulsora que a lei mesma para observar ela."[99] A religião não deve ser pressuposto ou parte da moral, mas exclusivamente ser sua consequência, em que Kant, sob "religião" entende uma religião natural, da qual "cada um pode

---

* Nota do tradutor: "princípio de conhecimento."

[97] GMS IV, 454.

[98] Dreier (Anm. 94), S. 818.

[99] Rel. VI, 3.

ser convencido por sua razão",[100] portanto, uma "religião da razão"[101] e não uma fé revelada determinada, embora ele acentue que uma religião pode ser tanto natural como revelada, o que acontece com a religião cristã.[102]

Um ser finito racional como a pessoa tem de, sem dúvida, na moralidade ver o bem, que precede a todos os outros bens e, nesse sentido, *supremo*, como ser que carece da felicidade ele tem de, no bem *extremo*, que abrange todos os bens, mais além, ainda incluir a felicidade, isso, certamente, só na medida do mérito de ser feliz. O bem extremo consiste, com isso, em uma união de moralidade e felicidade, na qual a felicidade está "bem rigorosamente na proporção da moralidade (como valor da pessoa e de seu mérito de ser feliz)".[103] Pois bem, vale, segundo Kant, "a proposição: faça o, no mundo possível, bem extremo para a tua finalidade final!" como proposição sintética *a priori*.[104] De mais a mais, deve ser uma "necessidade, unida com" esse "dever como carência", "pressupor a possibilidade desse bem extremo".[105] Como, porém, "a capacidade humana não basta para isto, efetuar a felicidade no mundo unanimemente com o mérito de ser feliz", o mundo, assim como ele é, portanto, não garante nenhuma proporcionalidade de moralidade e felicidade, assim tem de "ser suposto" um "ser moral totalmente capaz como soberano universal, sob cuja prevenção isso ocorre".[106] A lei moral leva, assim, sobre o bem extremo, para a existência de deus e, o que aqui não mais deve ser tomado em consideração, para a imortalidade da alma como postulados da razão prática pura.[107] O imperativo categórico é, desse modo, posto em um sistema, que abrange tudo, de ordem de sentido, no qual a finalidade final da pessoa é reconciliada com a finalidade final da criação, o que Kant formula nestas palavras: "Moral, portanto, inevitavelmente leva para a religião, pelo que ela amplia-se para a ideia de um dador de leis, moral, que tem poder, fora da pessoa, em cuja vontade está aquela finalidade final (da criação do mundo), o que, simultaneamente, pode e deve ser a finalidade final da pessoa."[108] O conteúdo da moral não se modifica com isso, certamente, porém, seu caráter. As leis práticas convertem-se em mandamentos divinos: "Religião é (subjetivamente considerado) o conhecimento de todos os nossos deveres como mandamentos divinos."[109]

---

[100] Rel. VI, 155.
[101] Rel. VI, 121 f.
[102] Rel. VI, 157.
[103] KpV V, 110.
[104] Rel. VI, 7.
[105] KpV V, 125.
[106] Rel. VI, 8.
[107] KpV V, 122, 124.
[108] Rel. VI, 6.
[109] Rel. VI, 153.

Não deve ser posto em dúvida que o cumprimento da lei moral um sentido[110] receberia, que ele, por si só, nunca pode ter, se ele pudesse ser unido com a garantia do bem extremo por deus. Porém, de fato, é exato que "a proposição: é um deus" "somente resulta da moral"?[111] Segundo Kant, essa proposição tem o status de um postulado da razão prática pura. Sob um tal postulado entende Kant "uma proposição teórica, como tal, porém, não demonstrável, ..., contanto que ela esteja unida inseparavelmente a uma lei prática vigente *a priori* incondicionalmente".[112] Essa definição mostra que um postulado da razão prática pura é o resultado de um dever/ser-silogismo.[113] Em ser/dever-silogismos acostumou-se a isto, considerar eles como inválidos. Como está com o dever/ser-silogismo de Kant?

Uma variante inicial, instrutiva encontra-se na Kritik der reinen Vernunft. O postulado da existência de deus é lá a resposta à questão "O que eu posso esperar?"[114] Esperar é menos que saber. Um enlace instrutivo desses ambos conceitos encontra-se na proposição seguinte: "Eu digo, por conseguinte: que precisamente assim como os princípios morais são necessários segundo a razão em seu uso prático, precisamente assim necessário é também supor segundo a razão em seu uso teórico, que cada um tem motivo de esperar a felicidade na mesma medida que ele fez-se digno da mesma em sua conduta."[115] A conclusão do dever/ser-silogismo consiste aqui na suposição teórica ("supor"), portanto, no saber que se tem motivo para esperança. Entram em questão dois objetos da esperança. O primeiro é que deus existe, o segundo, que ele então, se ele existe, cuida da "felicidade proporcional".[116] O deus de Kant é uma "razão extrema",[117] o que exclui que ele distribua felicidade segundo resoluções incompreensíveis. Não mais se tem de esperar, portanto, distribuição proporcional quando consta que deus existe. Portanto, pode ser objeto da esperança somente que deus, no fundo, existe. A conclusão do dever/ser-silogismo diz, portanto, que nós sabemos que nós temos esperança que deus existe. Um saber, cujo objeto é uma esperança, porém, não é mais que essa esperança mesma. Portanto, pode o dever/ser-silogismo enlaçar a moral, sem dúvida, com uma esperança em deus, não, porém, com um saber de sua existência. Esperanças, porém, pode rejeitar-se, de outra forma como saber. Assim, o argumento do bem extremo leva a uma mola propulsora para os que esperam, para os que não esperam, porém, não.

---

[110] Comparar para isso, Otfried Höffe, Immanuel Kant, 6. Aufl., München 2004, S. 249; Jürgen Sprute, Religionsphilosophische Aspekte der kantischen Ethik, in: Neue Zeitschrift für Systematische Theologie und Religionsphilosophie 46 (2004), S. 295, 300.

[111] Rel. VI, 6.

[112] KpV V, 122.

[113] Comparar KrV, B 834: "acaba, por último, na conclusão que algo é (o que determina a finalidade possível última), porque algo deve ocorrer."

[114] KrV, B 833.

[115] KrV, B 837.

[116] Ibid.

[117] KrV, B 838.

A um outro resultado então se chegaria, se se deixasse a esperança fora do jogo e logo fosse completamente ao saber. Isso, certamente, traria a moral em um perigo, no qual, segundo Kant, ela não pode chegar. Esse perigo fica visível, quando Kant diz que a razão vê-se obrigada ou "a supor ..." um "autor e governante sábio ou considerar as leis morais como fantasias vazias".[118] Isso é um *modus tollendo tollens** que leva da negação da existência de deus para a negação da moral.[119] Isso, certamente, contradiz tudo o que Kant disse sobre a independência da moral. O argumento do bem extremo é, por isso, como solução do problema da mola propulsora, ou muito fraco ou muito forte.

3. O argumento do ser comum ético

O terceiro argumento, o do ser comum ético ou da comunidade ética, é só indiretamente um argumento da mola propulsora. Ele não está em condições de fundamentar molas propulsoras, mas somente, intensificar elas. Rigorosamente isso é, quando se toma em consideração o problema da mola propulsora como um problema do sistema total de direito e moral, certamente, de interesse particular.

A lei jurídica geral diz respeito às condições sob as quais a liberdade de um pode ser feita compatível com a liberdade de cada um outro. Essas condições podem ser realizadas somente em um estado jurídico público ou civil, pelo qual o "estado natural, no qual cada um segue sua própria cabeça", é vencido.[120] A lei jurídica geral leva, assim, ao estado.

O imperativo categórico parece carecer completamente desse traço para o público. É uma das ideias filosófico-juridicamente mais interessantes do escrito

---

[118] KrV, B 839.

* Nota do tradutor: "*Modus ponens/modus tollens*, designações para regras de conclusões, nas quais, de duas declarações uma terceira pode ser derivada validamente. Os modos válidos de silogismos hipotéticos são, segundo isso, distinguidos, quais esquemas de declarações (podem) ser enlaçados um com o outro:

(a) modus ponendo ponens (conclusão afirmativa em virtude da disposição afirmativa (ponendo) da proposição intermediária): se é partido dos dois esquemas de declarações (1) "se A, então B" e (2) da disposição positiva de "A", então pode, na afirmação de "A" ser concluído pela validade de "B" (exemplo: (1) se chove (A), então a estrada está molhada (B), (2) chove (A) – consequentemente: a estrada está molhada (B);

(b) modus tollendo ponens (conclusão afirmativa por "disposição anuladora" (tollendo), isto é, negação da proposição intermediária): do (1) esquema de declaração "ou A ou B" e (2) da negação de "A", pode "B" ser deduzido;

(c) modus tollendo tollens (conclusão negadora em virtude da negação da proposição intermediária): do (1) esquema de declaração "se A, então B" e (2) da negação de "B", pode a negação de "A" ser deduzida;

(d) modus ponendo tollens (conclusão negadora em virtude da disposição positiva ("ponendo") da proposição intermediária): do (1) esquema de declaração "ou A ou B" e (2) da afirmação de "A", pode a negação de "B" ser deduzida." Prechtl, Peter, in: *Metzler-Philosophie-Lexikon: Begriffe und Definitionen*/Hrsg. von Peter Prechtl und Franz-Peter-Burkard. 2. Aufl., Stuttgart; Weimar: Metzler, 1999, S. 375 [Artikel Modus ponens/modus tollens].

[119] Comparar, ademais, KpV V, 114, onde, em referência à relação do bem extremo para com a moral, está escrito: "assim tem de a impossibilidade do primeiro comprovar também a falsidade do segundo."

[120] MS VI, 312.

da religião, que o fendimento em "assuntos privados morais"[121] ou "deveres privados"[122] e deveres jurídicos públicos deve ser vencido. Esse vencimento deve ocorrer pelo fato de, entre a ética como algo privado e o direito como algo público, ser posto algo que é tanto ético como público: o "ser comum ético".[123]

Entre o ser comum ético e o estado existe, como Kant mesmo observa, por um lado, uma "certa analogia",[124] razão por que ele também fala de um "estado ético",[125] por outro, porém, as diferenças são grandes. O equivalente para o "estado civil-jurídico"[126] é o "estado natural" de direito ou "jurídico",[127] o para o ser comum ético, o "estado natural ético".[128] Ambos os estados são estados naturais, porque em ambos, primeiro, "cada um" dá "a si mesmo a lei" e, segundo, "cada um" é "seu próprio juiz".[129] Assim como o estado, como equivalente para isso, é um "estado (político) civil-jurídico", assim deve o ser comum ético ser um "estado civil-ético".[130]

Aqui acabam, certamente, as comunidades. As leis do estado jurídico são – como Kant sabiamente observa limitativamente: "no total"[131] – leis de coerção. A união no estado ético ocorre, pelo contrário, sob "leis livres de coerção, isso é, meras leis de virtude".[132] Assim como o direito já inclui, segundo seu conceito, coerção,[133] assim o ser ético comum "já em seu conceito" leva "consigo a liberdade da coerção".[134] Isso também vale para a produção dos estados. Enquanto existe um dever para a entrada no estado jurídico,[135] que pode ser imposto com coerção,[136] permanece o cidadão "completamente livre: se ele, com outros concidadãos, além disso, também quer entrar em uma união ética ou prefere permanecer no estado natural desse tipo",[137] portanto, perseverar em sua privacidade moral.

Nenhum racional muda, sem fundamentos, de um estado para um outro. O estado natural jurídico tem de ser abandonado, porque ele é "um estado de guerra de cada um contra cada um",[138] o ético, porque ele, "um estado de hostilidade

---

[121] Rel. VI, 100.
[122] Rel. VI, 151.
[123] Rel. VI, 94.
[124] Rel. VI, 94.
[125] Ibid.
[126] Rel. VI, 140.
[127] Rel. VI, 95.
[128] Ibid.
[129] Ibid.
[130] Ibid.
[131] Ibid.
[132] Ibid.
[133] MS VI, 232: "Direito e poder para coagir significam, portanto, o mesmo."
[134] Rel. VI, 95.
[135] MS VI, 307.
[136] MS VI, 256, 307.
[137] Rel. VI, 96.
[138] Ibid.

contínua do princípio bom, que reside em cada pessoa, pelo mal".[139] Assim como a paz é o objetivo do estado jurídico, assim é o bem o objetivo do ético.[140]

Depois que Kant, como apresentado, com auxílio do argumento do bem extremo, transformou a lei moral em uma divina, não é difícil para ele identificar o ser comum ético com uma igreja: "Um ser comum ético sob a dação de leis moral divina é uma igreja",[141] em que ele, certamente, visa, em primeiro lugar, a uma "igreja invisível", que se funda na razão.[142] A relação complicada dessas invisíveis para com as visíveis, portanto, igrejas existentes como instituições, aqui não deve interessar. Tem importância, na conexão com o problema da mola propulsora, somente que a suposição de Kant, sem mais, é plausível, que o estado moral de uma comunidade está melhor quando tem lugar uma comunicação pública sobre o bem moral que quando a moral é declarada completamente assunto privado, pressuposto, todavia, que todo esse público, como Kant, com razão, exige, permanece "completamente livre".[143]

4. O argumento da decisão

O argumento da determinação extrema produziu não mais que uma mola propulsora que tem de concorrer com outras molas propulsoras. O do bem extremo tinha de ser reduzido a esperanças e o do ser comum ético apresentou-se, de antemão, somente como mola propulsora já existente de argumento intensificador. Tudo isso, sem dúvida, nada não é, mas, também, não muito e, certamente, menos que Kant procurou obter. Com isso, fica situada uma grande carga no quarto argumento, no da decisão.

O argumento da decisão diz que a lei moral para nós é uma mola propulsora eficaz, quando nós nos decidimos para isso. Kant fala de uma "decisão transformável única", pela qual uma "pessoa má" "atrai uma pessoa nova",[144] e de uma "escolha livre própria".[145] Porém, pode algo, que nos impele primeiro em virtude de nossa decisão, no fundo, ainda ser denominada uma mola propulsora?

Isso seguramente então não seria o caso, se tudo resultasse somente da decisão, que, portanto, seria mera decisão. A decisão certifica, porém, somente aquilo que, como "principium diiudicationis"*, já foi conhecido como correto e, com isso, não nos põem em alguma posição, mas naquela, da qual nós já sabemos que ela é a superior. Sob esse aspecto, a decisão tem um caráter certificador. Que, contudo, permanece um resto decisionista, que se poderia denominar também "existencial", parece, no âmbito do prático, não ser evitável.

---

[139] Rel. VI, 96 f.

[140] Rel. VI, 94.

[141] Rel. VI, 101.

[142] Ibid.

[143] Rel. VI, 96.

[144] Rel. VI, 47 f.

[145] Rel. VI, 182.

* Nota do tradutor: "princípio de conhecimento."

— 10 —

Flexibilidade da dignidade humana?
Para a estrutura do
artigo 1, alínea 1, da lei fundamental* **

Nils Teifke***

Tradutor: Roberto José Ludwig

A questão, se a dignidade humana é flexível, deve ser respondida por uma investigação da estrutura do artigo 1, alínea 1, da lei fundamental, e baseia na questão fundamental sobre a suscetibilidade de ponderação da dignidade humana. A análise da estrutura é necessária para poder dizer se a garantia da dignidade humana da lei fundamental é absoluta ou suscetível de ponderação. Para se saber o que é uma garantia absoluta, tem de ser determinada a relação entre absolutidade e ponderação. Essa determinação de relação é necessária porque, quase sempre, quando se acentua que a dignidade humana vale absolutamente, ao mesmo tempo, é afirmado que ela não é acessível à ponderação. Os conceitos *absoluto* e *não suscetível de ponderação* são, por isso, empregados frequentemente como sinônimos. Por conseguinte, absolutidade e suscetibilidade de ponderação excluem--se reciprocamente. Que, porém, garantias chamadas absolutas frequentemente só pretendidamente são absolutas e por detrás delas se escondem estruturas de ponderação, é, em regra, ou não reconhecido ou conscientemente tabuizado.[1] Aqui

---

* Este artigo encontra-se publicado em ARSP-Beiheft 103, 2005, S. 142 ff. Título no original: Flexibilität der Menschenwürde? Zur Struktur des Art. 1 Abs. 1 GG.

** Por referências valiosas eu agradeço ao Prof. Dr. Robert Alexy e aos participantes do seu colóquio de dou-torandos.

*** Colaborador científico na cátedra de direito público e filosofia do direito na universidade Christian-Albrecht em Kiel (Prof. Dr. Robert Alexy).

[1] Não meramente tabu é o processo real de uma ponderação da dignidade humana. Em grande medida, como ruptura de tabu, vale já a discussão sobre a suscetibilidade de ponderação da dignidade humana. Para essa união de tabu da atuação e de tabu da tematização, comparar *Poscher*, "Die Würde des Menschen ist unantastbar.", JZ 2004, S. 756-762, S. 758 ff., que afirma que já a estrutura da garantia da dignidade humana como tal mostra um tabu e recusa, "no fundo, a entrar na argumentação racional-final com respeito à absolutidade da proteção da dignidade humana". Que, ao contrário, a tabuização e a absolutidade da proteção da dignidade humana são racionais, não se deixa explicar no quadro do sistema jurídico e da sua dogmática, porém da perspectiva externa sociológico-jurídica. Isso, contudo, para a questão do dever jurídico é de limitada força de declaração.

começa a análise teórico-estrutural para poder caracterizar o tipo exato de garantia do artigo 1, alínea 1, da lei fundamental.

Após a discussão da relação de absolutidade e ponderação (I.) deve ser tratada a questão sobre uma primazia abstrata da dignidade humana (II.), antes de, ao final, serem concisamente esboçadas as distintas posições para com o caráter de direito fundamental do artigo 1, alínea 1, lei fundamental.

I. Relação de absolutidade e ponderação

A proposição "A dignidade humana é intangível" proporciona a impressão da absolutidade da dignidade humana. Isso corresponde com a concepção, preponderantemente defendida, segundo a qual cada intervenção na dignidade humana já apresenta sua violação. Uma limitação da dignidade humana estaria, por conseguinte, excluída. Se a dignidade humana vale absolutamente, não se pode, sob nenhumas circunstâncias, intervir nela. Isso fala, inicialmente, contra a flexibilidade da dignidade humana, uma vez que uma garantia absoluta é estática. Flexível é a dignidade humana, em compensação, se ela é suscetível de ponderação.

Se é exato que a dignidade humana, por causa da sua proteção absoluta, deve ser subtraída a cada ponderação, pode ser falado de uma relação de exclusividade entre absolutidade e ponderação. Essa exclusividade parece, à primeira vista, existir, em todo o caso, então, caso, no artigo 1, alínea 1, proposição 1, da lei fundamental, somente se trate de uma norma individual. Sob o pressuposto de que o artigo 1, alínea 1, proposição 1, da lei fundamental, somente expressa uma norma, pode a tese da exclusividade, com base na distinção teórico-normativa entre regras e princípios, ser aclarada.

1. Norma da dignidade humana e teoria dos princípios

A distinção, relevante para a estrutura da norma da dignidade humana, entre regras e princípios deve aqui ser discutida sobre o fundamento da teoria dos princípios na forma da concepção de Robert Alexy.[2] Segundo a definição de Alexy, *princípios* são normas "que ordenam que algo seja realizado em uma medida, tão alta quanto possível, relativamente às possibilidades jurídicas e fáticas. Princípios são, por conseguinte, *mandamentos de otimização"* e expressam um dever*-prima facie.[3] A forma de aplicação do direito típica para princípios é a ponderação. "Pelo

---

[2] *Alexy*, Theorie der Grundrechte, 3. Aufl. Frankfurt a.M. 1996, S. 71 ff.

[3] *Alexy* (Fn. 2), S. 75 f. Deve ser perseverado aqui no conceito de *mandamento de otimização*, também quando se encontra em *Alexy*, Zur Struktur der Rechtsprinzipien, in: *B. Schilcher/P. Koller/B.-C. Funk* (Hg), Regeln, Prinzipien und Elemente im System des Rechts, Wien 2000, S. 31-52, S. 38 f., uma refinação, que responde a críticos, dessa definição, com auxílio do conceito de *mandamento a ser otimizado*. Da distinção entre mandamento de otimização e mandamento a ser otimizado não se trata aqui.

* Nota do tradutor: o substantivo *Sollen* é traduzido aqui por *dever*: ele designa todas as modalidades deônticas (mandamento, proibição e permissão), e não somente a primeira (mandamento), sugerida pela acepção literal de "dever".

contrário, *regras* são normas que sempre somente podem ser ou cumpridas ou não cumpridas."[4] Elas são, por isso, mandamentos definitivos e contêm fixações no espaço do possível fático e juridicamente, enquanto princípios carecem de um conteúdo de fixação, com vista a princípios em sentido contrário e possibilidades fáticas.[5] A forma de aplicação do direito típica para regras é a subsunção. Além disso, segundo Alexy, cada norma é ou uma regra ou um princípio.[6] Partindo-se dessas premissas, pode ser retido que o artigo 1, alínea 1, proposição 1, da lei fundamental, é, ou suscetível de ponderação e também carente de ponderação ou não suscetível de ponderação, conforme se trate na norma de um princípio ou de uma regra. Esse resultado certifica, inicialmente, a tese da exclusividade. A análise teórico-estrutural, com isso, porém, ainda não está no seu final. Pois, também à luz da teoria dos princípios, a relação entre absolutidade e ponderação não pode ser determinada tão inequivocamente como parece. Ela se torna particularmente mais complexa pelo fato de que Alexy impugna que existe somente uma norma da dignidade humana em jogo.

a) O modelo de Alexy da dupla estatuição

Alexy parte de que o artigo 1, alínea 1, proposição 1, da lei fundamental, estatui duas normas, uma regra-dignidade humana e um princípio-dignidade humana.[7] Essa possibilidade existe em virtude do caráter duplo geral das determinações de direitos fundamentais.[8] [9] Partindo da distinção, constitutiva para o conceito de norma semântico, entre proposição normativa e norma, determinações de direitos fundamentais são, dito simplificadamente, as proposições contidas no texto da lei fundamental que expressam normas de direito fundamental. O caráter duplo de uma determinação de direito fundamental consiste, agora, em que por ela pode

---

[4] *Alexy* (Fn. 2), S. 76.

[5] *Alexy* (Fn. 2), S. 88. Segundo essa definição, normas com conteúdo de fixação somente em parte não são princípios. mas regras. De outra forma, *Sieckmann*, Regelmodelle und Prinzipienmodelle des Rechtssystems, Baden-Baden 1990, S. 69, segundo cuja distinção normas sem conteúdo de fixação ou com conteúdo de fixação em parte sempre são princípios, normas com conteúdo de fixação completo, em compensação, sempre são regras. Outra vez, de outra forma, para o conteúdo de fixação diferente de regras e princípios, *Borowski*, Grundrechte als Prinzipien. Die Unterscheidung von prima facie-Position und definitiver Position als fundamentaler Konstruktionsgrundsatz der Grundrechte, Baden-Baden 1998, S. 85 ff. Segundo opinião acertada de Borowski, uma norma não pode ser classificada somente em virtude de seu conteúdo de fixação como regra ou princípio. Sem dúvida, uma norma com conteúdo de fixação completo é sempre uma regra e uma norma sem conteúdo de fixação, sempre um princípio (S. 85). Normas com conteúdo de fixação em parte, porém, poderiam ser ou uma regra ou um princípio. Uma e mesma proposição normativa pode ser interpretada tanto como regra no sentido de uma norma meramente dependente de ponderação com conteúdo de fixação em parte, como como princípio no sentido de uma norma com conteúdo de fixação em parte que, na ponderação necessária, deve mesma ser considerada como fundamento. A diferença decisiva consiste, por isso, na questão, se a norma mesma mostra a dimensão do peso e deve ser colocada em ponderações (S. 87).

[6] *Alexy* (Fn. 2), S. 77.

[7] *Alexy* (Fn. 2), S. 97.

[8] Na terminologia de Alexy, determinações de direitos fundamentais são "as proposições formuladas nos artigos 1 a 19 da lei fundamental e as proposições, que concedem direitos individuais, contidas nos artigos 20, alínea 4, 33. 38, 101, 103 e 104 da lei fundamental" (*Alexy* (Fn. 2), S. 56).

[9] Aqui, como no que segue, não é pressuposto nem um modelo de princípios puro nem um modelo de regras puro, mas um modelo-regra/princípios.

ser estatuído tanto um princípio como uma regra.[10] Assim, foi então, quando por meio de uma determinação de direito fundamental tiver sido feita alguma fixação relativamente às exigências de princípios em sentido contrário, estatuído não somente um princípio, mas também uma regra.[11] A regra imediatamente estatuída é, sem dúvida, em geral incompleta, porque ela não é aplicável livre de ponderação. Nesse caso, tem de ser recorrido ao plano dos princípios. Isso, porém, nada modifica nisto, que as fixações, até onde elas alcançam, devem ser levadas a sério. Levar as fixações a sério significa levar a sério o texto da constituição.[12] Nesse sentido, chega, com vista à dignidade humana, na fórmula da intangibilidade e na tese, que se apoia nisto, que cada intervenção na dignidade humana já apresenta sua violação, à expressão o plano das regras da dignidade humana.

Duvidoso é, todavia, qual conteúdo de fixação mostra o texto do artigo 1, alínea 1, proposição 1, da lei fundamental. Com isto unida está a questão de como deve ser comprovada uma violação da dignidade humana. À *comprovação* de uma violação da dignidade humana tem de, necessariamente, preceder uma *determinação* sobre o conteúdo da dignidade humana.[13] Como o conceito de dignidade humana, porém, é muito indeterminado, é a regra-dignidade humana, estatuída imediatamente pela determinação de direito fundamental, semanticamente aberta. Esse âmbito de abertura abre para a determinação, quando a dignidade humana é afetada, um espaço amplo. "Nessa determinação existe a possibilidade da ponderação."[14] Como ponderações, porém, têm lugar no plano dos princípios, permanece intato o plano das regras[15] imediato de direito fundamental. Assim, pode, também no futuro, ser partido de uma regra-dignidade humana absoluta, porque

---

[10] *Alexy* (Fn. 2), S. 121.

[11] *Alexy* (Fn. 2), S. 121. Se se trata de fixações incompletas, todavia, não é necessariamente estatuída uma regra. Comparar supra, nota de pé-de-página 5 (*Borowski* (Fn. 5), S. 86 f.). A norma somente então é uma regra quando ela mesma não é suscetível de ponderação.

[12] Alexy (Fn. 2), S. 121. A exigência de levar a sério o texto da constituição é uma parte do todo do postulado da vinculação à constituição.

[13] Contra isso, deixa fazer-se a objeção que existem casos semanticamente inequívocos, nos quais somente segundo o texto, portanto, segundo o significado da expressão dignidade humana, pode ser *comprovado* que a dignidade humana é violada. Ao final, porém, cada *comprovação* baseia-se numa *determinação*. Pois, não só a *fixação* do resultado de uma *determinação* em espaços semânticos, que se pode designar como *comprovação* final, mas também a *comprovação* do significado de uma regra semântica funda-se em convenções, se pode ser partido disto, que os significados de conceitos são fatos sociais.

Em contrapartida, uma *determinação*, uma vez feita pelo caráter fundado em autoridade e institucional do direito, é futuramente somente *comprovada*.

[14] *Alexy* (Fn. 2), S. 96. Isso é exemplificado com base nas exposições do tribunal constitucional federal na sentença de escuta, BVerfGE 30, 1 (25): "No que concerne ao princípio da intangibilidade da dignidade humana, mencionado no artigo 1, da lei fundamental, ..., assim tudo depende da comprovação, sob quais circunstâncias a dignidade humana pode ser violada. Notoriamente isso não se deixa dizer em geral, mas sempre somente com respeito ao caso concreto."

[15] No que concerne ao plano das regras, assim deve ser distinguido incondicionalmente entre o plano das regras de direito fundamental imediato e o plano das regras de direito fundamental mediato, que resulta da lei da colisão. Comparar para isso, *Borowski* (Fn. 5), S. 71, Fn. 74.

A lei da colisão diz (*Alexy* (Fn. 2), S. 83): "(K) Se o princípio P_1 precede ao princípio P_2 sob as circunstâncias C: $(P_1 \mathbf{P} P_2) C$, e se de P_1, sob as circunstâncias C, resulta a consequência-jurídica R, então vale uma regra que contém C como tipo e R como consequência jurídica: $C \rightarrow R$."

ela, em vista de sua abertura semântica, não carece de limitação. Alexy vê a vantagem dessa construção nisto, que a admissão de uma cláusula de barreira não escrita no tipo* da norma da dignidade humana pode ser evitada, em contrapartida, contudo, ter lugar uma ponderação entre o princípio da dignidade humana e outros princípios.[16] A construção do lado a lado da regra-dignidade humana e princípio-dignidade humana encontrou, em parte, objeções. Essas devem ser esboçadas no que segue.

b) Objeções

As objeções alegadas concernem, no essencial, à determinabilidade do conceito de dignidade humana, à posição especial do artigo 1, alínea 1, da lei fundamental, dentro da constituição e, não por último, à questão, de qual norma e de quantas normas trata-se no artigo 1, alínea 1, da lei fundamental. Para o último, é, finalmente, essencial a distinção entre plano das regras de direito fundamental imediato e de direito fundamental mediato.

1) A determinabilidade do conceito

De acordo com Christoph Enders, chega, já no conceito da dignidade humana, à expressão sua pretensão absoluta.[17] A declaração do artigo 1, alínea 1, da lei fundamental, absoluta segundo o texto, rompe a sistemática da dogmática jurídico-fundamental de âmbito de proteção e barreiras.[18] Além disso, o modo de falar de Alexy da regra absoluta é pleonástico, uma vez que ele define a regra justamente pelo fato de ela ser aplicável livre de ponderação.[19] A isso deve ser replicado que quase cada regra, em virtude de necessárias exceções, não é absoluta, mas ela, contudo, pode "sempre ser somente ou cumprida ou não cumprida".[20] Segundo Enders, não pode, em consideração mais circunstanciada, de modo nenhum, somente a absolutidade da regra distinguir a dignidade humana de outras determinações de direitos fundamentais, uma vez que também outros direitos fundamentais garantidos sem reserva, à primeira vista, estatuem garantias sem exceção possível e, assim, proteção absoluta. Com isso, perderia o artigo 1, alínea 1, da lei fundamental, sua posição especial perante outras determinações de direitos fundamentais, que é fundamentada pela sua qualidade como valor extremo e princípio constitucional supremo.[21] Que essa posição especial unicamente se deve à abertura semântica do conceito de dignidade humana, ele considera como insuficiente. Com a abertura semântica do conceito corresponde somente a abso-

---

* Nota do tradutor: a palavra *tipo* tem sido adotada como correspondente vernacular do germânico *Tatbestand* em diversas disciplinas, inclusive na ciência criminal. No presente texto, cuida-se igualmente de um tipo abstrato.

[16] *Alexy* (Fn. 2), S. 97, Fn. 69.

[17] *Enders*, Die Menschenwürde in der Verfassungsordnung. Zur Dogmatik des Art. 1 GG, Tübingen 1997, S. 102 ff.

[18] *Enders* (Fn. 17), S. 104.

[19] *Enders* (Fn. 17), S. 108, 302, Fn. 52.

[20] *Alexy* (Fn. 2), S. 76.

[21] *Enders* (Fn. 17), S. 103 f., 108.

lutidade *indeterminada* e, por conseguinte, indeterminabilidade absoluta da regra. Mais além, ele critica que o princípio-dignidade humana de Alexy necessariamente é relacionado à ponderação e, com isso, um objeto de ponderação exposto arbitrariamente a colisões.[22] Segundo sua opinião, para a dignidade humana colisões estão, de antemão, per definitionem*, excluídas, porque a dignidade humana, como centro do sistema de valores determinante, forçosamente é barreira dela mesma.[23] Ele supõe, por isso, somente "limitações imanentes ao conceito".[24] Que, segundo Alexy, o conteúdo da regra-dignidade humana apresenta o resultado da ponderação do princípio-dignidade humana com princípios em sentido contrário, leva, por fim, a isto, que a norma da dignidade humana mostra, em comparação com o ponto de partida, um conteúdo *oposto*. O princípio-dignidade humana de Alexy parece, em último lugar, "de tal maneira indeterminado e sem identidade, que ele está capacitado para, sob si, compreender tudo e nada".[25] Essas exposições expressam a posição teórico-interna de Enders. Como, segundo isso, o conteúdo da dignidade humana, abstraindo da remissão ao texto da constituição, deve ser determinado, permanece, todavia, confuso. Em último lugar, sua argumentação visa a isto, não entender a dignidade humana, por causa de sua absolutidade, como direito subjetivo autônomo. Pois também sob a afirmação de uma *limitação imanente ao conceito* não se deixa fundamentar um conteúdo jurídico-subjetivo da garantia da dignidade humana.[26]

2) Posição especial do artigo 1, alínea 1, da lei fundamental

Somente a não garantia de um direito subjetivo assegura à dignidade humana a posição especial, adequada a ela, na ordem constitucional.[27] Por conseguinte, a crítica de Enders não se dirige primariamente contra a distinção de Alexy de duas normas da dignidade humana, mas concerne, ao contrário, muito mais, à questão debatida do caráter de direito fundamental do artigo 1, alínea 1, da lei fundamental. A isso deverá ser voltado.

Também segundo Tatjana Geddert-Steinacher, que considera como não acertado o caráter duplo da dignidade humana,[28] mostra a norma da dignidade, em oposição à tese de Alexy, uma diferença estrutural perante os direitos fundamentais.[29] Com isso, ignora Geddert-Steinacher, todavia, que na estatuição de duas

---

[22] *Enders* (Fn. 17), S. 108 f.

* Nota do revisor: por definição.

[23] *Enders* (Fn. 17), S. 107.

[24] *Enders* (Fn. 17), S. 108.

[25] *Enders* (Fn. 17), S. 109.

[26] *Enders* (Fn. 17), S. 110.

[27] *Enders* (Fn. 17), S. 110.

[28] *Geddert-Steinacher*, Menschenwürde als Verfassungsbegriff. Aspekte der Rechtsprechung des Bundesverfassungsgerichts zu Art. 1. Abs. 1 Grundgesetz, Berlin 1990, S. 24, expõe para isso, que essa afirmação, na sua opinião, funda-se em um déficit de explicação, que consiste na teoria de Alexy nisto, que a "relação teleológico--sistemática de regra e princípio" não é tematizada mais além.

[29] *Geddert-Steinacher* (Fn. 28), S. 129.

normas de dignidade humana justamente deve ser visto o particular da proposição da dignidade humana. Ela considera – como Enders também – uma ponderação no sentido de uma colisão de princípios como excluída. A ponderação desloca-se, ao contrário, para a definição do conceito de dignidade humana. O modelo-regra/ princípios de Alexy não pode compreender o específico da dignidade humana, sua função instrumental como critério da interpretação constitucional: a dignidade humana precede, como uma regra, sempre, porém, ela não é objeto, mas critério da otimização de direitos fundamentais.[30] A crítica concerne, em modo igual como em Enders, à qualidade de direito fundamental da dignidade humana. Deverá, por isso, ainda ser esclarecido como se comporta a questão da absolutidade da dignidade humana para com a pergunta, se o artigo 1, alínea 1, da lei fundamental, estatui um direito fundamental.

3) Somente uma norma

Karl-E. Hain faz valer contra a concepção de Alexy que o texto da constituição contém somente *uma* norma, que estatui a dignidade humana. Por isso, é problemático partir de duas normas da dignidade humana.[31] Na base uma tal argumentação está, todavia, um outro conceito de norma que o semântico. Pois, segundo o último, não é uma norma que estatui algo, mas normas são estatuídas por proposições normativas. Isso inclui a possibilidade que uma e mesma proposição normativa expresse várias normas. Por conseguinte, uma única norma de dignidade humana também não contém "*uma pluralidade indeterminada de regras distintas*", mas as regras, obtidas de ponderações jurídico-fundamentais corretas, são, cada para si, normas de direitos fundamentais, que são associadas às normas de direitos fundamentais imediatamente estatuídas. Hain critica, além disso, que o conteúdo da regra, que resulta de ponderações, da garantia da dignidade iria variar de caso em caso e ao texto fixo da dignidade humana não poderia ser associada uma regra fixa.[32] Segundo sua concepção, a garantia da dignidade mesma não contém as fixações condicionadas que são o resultado de uma ponderação. Fossem as regras, que resultam de ponderações, componentes da garantia da dignidade humana mesma, elas não poderiam ser imodificáveis, o que é incompatível com a intangibilidade da dignidade humana.[33] Contra isso, deve ser objetado que o conceito de intangibilidade não é equivalente ao da imodificabilidade.[34]

---

[30] *Geddert-Steinacher* (Fn. 28), S. 129.

[31] *Hain*, Die Grundsätze des Grundgesetzes. Eine Untersuchung zu Art. 79 Abs. 3. GG, Baden-Baden 1999, S. 253, Fn. 194.

[32] *Hain* (Fn. 31), S. 253, Fn. 194.

[33] *Hain* (Fn. 31), S. 165, Fn. 380.

[34] Comparar *Llompart*, Die praktische Vernunft praktisch betrachtet: Die Argumentation mit der Menschenwürde, in: *R. Alexy/R. Dreier* (Hg.), Rechtssystem und praktische Vernunft. Verhandlungen des 15. Weltkongresses der Internationalen Vereinigung für Rechts- und Sozialphilosophie (IVR) in Göttingen, August 1991, Bd. 1, ARSP Beiheft 51 (1993), S. 166-173, S. 167.

4) Plano das regras de direitos fundamentais imediato e de direitos fundamentais mediato

Mais além, Hain não observa, em sua crítica a Alexy, a diferença entre plano das regras de direitos fundamentais imediato e de direitos fundamentais mediato.[35] Isso é notável, à medida que ele mesmo, em seu modelo, distingue entre três planos, que se pode designar como metaplano, plano da ponderação e plano da aplicação. Esse modelo-três-planos, contudo, não corresponde com o modelo-regra/princípios de Alexy. O metaplano de Hain contém exclusivamente princípios. Princípios ou "idéias diretrizes com a estrutura de princípios", como ele formula em geral, "são estabelecidos em um (meta-)plano, situado na frente do plano das fixações com vista às possibilidades fáticas e jurídicas, e contêm, sob esse aspecto, um *dever não relativizado*".[36] Eles são infinitos de decisão, regras, pelo contrário, definidos de decisão.[37] Como os princípios não são influenciados pelas condições do mundo fático e jurídico, podem eles ser designados como incondicionais e absolutos.[38] Desse modo, absolutidade e ponderação não se excluem, mas são simplesmente estabelecidos em planos distintos. Esse resultado baseia-se em uma separação rigorosa entre o metaplano e o plano da ponderação, que, contudo, deixa muitos problemas não solucionados e sentir a falta de uma referência ao mundo real.[39] Confuso é, além disso, o significado normativo do metaplano. Hain afirma, inicialmente, que os princípios no metaplano "ainda não apresentam conteúdo normativo",[40] em outra passagem, então, porém, que eles "expressam decisões normativas", "mas ainda não" são "relativizados com o mundo fático e jurídico (restante)".[41] Segundo a sua opinião, não é necessária a construção de Alexy,[42] que ele designa como dispendiosa e problemática. Seu modelo, todavia, não por último, por causa das confusões descritas, não é digno de preferência.

Martin Borowski distingue entre dignidade humana em sentido amplo e em sentido restrito.[43] Ele não formula com isso, sem dúvida, nenhuma objeção contra

---

[35] Comparar supra, nota de pé-de-página 15.

[36] *Hain* (Fn. 31), S. 100.

[37] *Hain* (Fn. 31), S. 159, 161.

[38] *Hain* (Fn. 31), S. 159.

[39] No sentido dessa crítica, também *Thomas*,Würde als absoluter und relationaler Begriff, in: ARSP 87 (2001), S. 299-310, S. 308, ao ele afirmar que a conceitualização de uma dignidade absoluta e intangível "não" pode "cobrir o dilema manifesto", que "primeiro a situação da vida *relacional* e prática da pessoa estabelece *suficientemente* a substância da dignidade ou viola essa".

[40] *Hain* (Fn. 31), S. 101.

[41] *Hain* (Fn. 31), S. 159.

[42] *Hain* (Fn. 31), S. 254, Fn. 194.

[43] *Borowski* (Fn. 5), S. 221 ff. A distinção de Borowski entre dignidade humana em sentido amplo e restrito, segue *Jaber*, Über den mehrfachen Sinn von Menschenwürde-Garantien. Mit besonderer Berücksichtigung von Art. 1 Abs. 1 Grundgesetz, Frankfurt a.M. 2003, S. 318 f. Segundo Jaber, com essa distinção, que é terminologicamente mais simples e completamente suficiente, deixando à parte "o instrumentário conceitual teórico-normativo desnecessariamente complicado" que Alexy invoca, também se deixa "reproduzir a quintessência de sua análise, ao se reter que o conteúdo da norma-dignidade humana experimenta definições diferentemente extensas".

a construção de Alexy de uma regra-dignidade humana e de um princípio-dignidade humana, uma vez que a distinção de Alexy deixa interpretar-se na direção da distinção de dignidade humana em sentido amplo e em sentido restrito e Borowski mesmo designa a dignidade humana em sentido amplo como princípio e a dignidade humana em sentido restrito como regra.[44] Com isso, porém, é coberto um ponto não completamente insignificante. Na dignidade humana em sentido restrito trata-se de uma regra que é o resultado de uma ponderação entre a dignidade humana em sentido amplo e princípios colidentes.[45] A criação da regra na solução da colisão de princípios segue, com isso, a lei da colisão.[46] A dignidade humana em sentido restrito de Borowski é, por conseguinte, uma regra *mediata de direito fundamental*, enquanto a regra-dignidade humana de Alexy é uma regra *imediata de direito fundamental*. Nisso, trata-se de dois tipos distintos de normas de direitos fundamentais.

Deve ser distinguido entre as normas de direitos fundamentais estatuídas imediatamente pelas determinações de direitos fundamentais e as normas de direitos fundamentais associadas.[47] As últimas são designadas como *normas associadas*, porque elas são associadas às normas imediatamente estatuídas pelo texto da constituição. As normas de direitos fundamentais imediatamente estatuídas são fundamentos para as normas de direitos fundamentais associadas. As últimas são resultados de ponderações que resultam da lei da colisão. Segundo Alexy, vale, por isso, a seguinte proposição: "Como resultado de cada ponderação jurídico-fundamental correta, deixa formular-se uma norma de direito fundamental associada com caráter de regra, sob a qual pode ser subsumido o caso."[48]

Aqui deve ser retido que a regra-dignidade humana de Alexy é uma norma de direito fundamental imediatamente estatuída e a dignidade humana de Borowski em sentido restrito é uma norma de direito fundamental associada. A única diferença de ambas as construções reside nisto, que em Borowski a dignidade humana em sentido amplo e a em sentido restrito é somente uma norma, enquanto em Alexy existem duas normas da dignidade humana. A dignidade humana em sentido restrito de Borowski, portanto, a regra, não tem nenhum significado independente do princípio. A dignidade humana é um direito teórico-externo.[49] O princípio-dignidade humana na concepção de Alexy é, igualmente, um direito teórico-externo. A regra- dignidade humana teria de, em compensação, seguir a teoria interna, porque ela não pode ser limitada. Pois, segundo a teoria interna, nenhuma posição jurídica pode ser limitada, uma vez que não existe o direito e sua barreira, mas somente "o direito com um *determinado* conteúdo".[50] Isso deixa, outra vez,

---

[44] *Borowski* (Fn. 5), S. 223.

[45] *Borowski* (Fn. 5), S. 222 f.

[46] *Borowski* (Fn. 5), S. 223, Fn. 230.

[47] Para o conceito de *normas de direitos fundamentais associada*s, comparar *Alexy* (Fn. 2), S. 57 ff.

[48] *Alexy* (Fn. 2), S. 87.

[49] *Borowski* (Fn. 5), S. 223.

[50] *Alexy* (Fn. 2), S. 250 (realce de Nils Teifke); comparar também *Borowski* (Fn. 5), S. 31.

surgir dúvida numa posição jurídica teórico-interna, porque a dignidade humana é um conceito *indeterminado* em alta medida. A abertura semântica da dignidade humana fala, sem dúvida, contra a aplicação da teoria interna, porém, ainda não é capaz de refutar ela. Segundo a teoria interna, dúvidas sobre o conteúdo de um direito são dúvidas sobre os limites[51] do direito. Como os limites do direito, porém, devem estar fixados de antemão, trata-se de um problema de conhecimento. A determinação do conteúdo do direito, com isso, não resulta de modo normativo – que considera elementos teórico-argumentativos –, mas puramente epistêmico. Como o problema de conhecimento deve ser resolvido somente com o instrumentário teórico-interno é uma questão não respondida, que neste ponto não pode ser seguida mais além e que permanece a cargo dos representantes da teoria interna.

Depois de tudo isso, pode a dignidade humana, segundo a concepção de Alexy, ser designada como um direito teórico-externo com concessão teórico--interna ao texto da lei fundamental. É, contudo, duvidoso se a existência de duas normas de dignidade humana cabe na concepção total de sua teoria dos princípios. O artigo 1, alínea 1, proposição 1, da lei fundamental, poderia, segundo isso, ser também uma norma de direito fundamental com caráter duplo.

c) Norma de direito fundamental com caráter duplo?

Normas de direitos fundamentais com um caráter duplo são assim construí-das, que nelas estão unidos um com o outro o plano das regras imediato e o plano dos princípios. "Uma união tal de ambos os planos nasce pelo fato de, na formulação da norma de direito fundamental, ser inserida uma cláusula de barreira relacionada a princípios e, com isso, à ponderação."[52] Desse modo, pode uma norma de direito fundamental ser formalmente uma regra, materialmente, porém, em virtude da cláusula de barreira carente de ponderação, um princípio. Assim, poderia, relacionado com a norma da dignidade humana, também a regra-dignidade humana e o princípio-dignidade humana ser unidos em uma norma de direito fundamental com caráter duplo. O que sobraria seria, certamente, uma norma da dignidade humana particular como direito teórico-externo. Isso seria, segundo a teoria dos princípios, uma construção plausível e consequente. Alexy persevera, contudo, em duas normas da dignidade humana, afim de não se ter de inserir na regra-dignidade humana uma cláusula de barreira. Somente assim pode ser mantida a tese da validez absoluta e ilimitabilidade da dignidade humana, porque ela exclusivamente corresponde com uma estrutura teórico-interna da garantia da dignidade humana. Segundo uma concepção, puramente teórico-externa, da norma da dignidade humana, a tese da absolutidade tem somente significado declaratório. Pois, caso a dignidade humana valha absolutamente no plano dos princípios, então pode ela somente ser um princípio absoluto. O conceito de princípio absoluto contradiz, porém, a definição, aqui tomada por base, do conceito de princípio.

---

[51] Segundo a teoria interna, o conceito de barreira é substituído pelo de limite ou "barreira imanente". Comparar *Häberle*, Die Wesensgehaltsgarantie des Artikel 19 Abs. 2 Grundgesetz, 3. Aufl. Heidelberg 1983, S. 179 f.

[52] *Alexy* (Fn. 2), S. 123.

Em um princípio absoluto não seria aplicável o teorema da colisão.[53] Princípios absolutos nunca poderiam ser postos em uma relação de preferência para com outros princípios. Pois, numa colisão de princípios não é fixada uma relação de primazia *absoluta*, mas uma *condicionada*, com vista às circunstâncias do caso. Como princípios absolutos não podem ser cumpridos em graus diferentes, mas sempre somente podem ser ou cumpridos ou não cumpridos, são eles, na verdade, regras ou, no mínimo, "não" é "idôneo o teorema da colisão para a distinção entre princípios absolutos e regras".[54]

Deve ser retido que a concepção de duas normas da dignidade humana é idônea para expressar, por um lado, a absolutidade da dignidade humana e, por outro, a dependência da ponderação da regra-dignidade humana absoluta. Em virtude da dependência do princípio-dignidade humana, suscetível de ponderação e carente de ponderação, pergunta-se, porém, até que ponto a regra-dignidade humana é independente do princípio-dignidade humana e, no fundo, tem significado autônomo. Mostrou-se que o conteúdo da regra-dignidade humana sem ponderações não é comprovável. A regra-dignidade humana abstrata, portanto, somente pode ser concretizada por ponderação. Duvidoso é, se, então, ainda se pode tratar de uma regra absoluta.

2. *Absolutidade e concretização*

Cada norma abstrata carece, para sua aplicação no direito, de concretização. Assim, também a regra-dignidade humana abstrata somente é aplicável quando ela é concretizada por fixações ulteriores. Em compensação, é uma regra, que, após aplicação da lei de colisão, é associada ao princípio-dignidade humana como resultado de uma ponderação, uma norma concreta sob a qual pode ser subsumido. De uma tal norma concreta, contudo, não pode ser concluído pela absolutidade da dignidade humana. Pois, normas concretas são relacionadas a determinados casos. Uma norma, porém, somente então é absoluta, se ela vale de todos os modos, isto é, em todos os casos. Que uma norma vale sob determinadas circunstâncias, certamente, não significa que vale de todos os modos. Desses fundamentos também deve ser recusada a tese de que "primeiro a pretensão da dignidade concretizada" vale absolutamente.[55] Do mesmo modo, não pode ser falado de uma validez absoluta da dignidade humana, se a dignidade humana somente é definida

---

[53] *Alexy* (Fn. 2), S. 94.

[54] *Alexy*, Zum Begriff des Rechtsprinzips, in: *ders.*, Recht, Vernunft, Diskurs. Studien zur Rechtsphilosophie, Frankfurt a.M. 1995, S. 177-212, S. 199. [Nota do tradutor: esse livro foi vertido para a língua portuguesa, sob o título "Direito, razão, discurso. Estudos para a filosofia do direito". Porto Alegre: Livraria do Advogado Editora, 2010. Tradução: Luís Afonso Heck.]

[55] Assim *Herdegen*, in: *Maunz/Dürig*, Kommentar zum Grundgesetz, Art. 1 Abs. 1 (42. Lfg. Februar 2003), Rn. 69. No mesmo sentido atacável é a seguinte afirmação de *Enders* (Fn. 17), S. 108: "Interesses somente para o particular elementares, que constituem a dignidade, que, além disso, devem ser determinados segundo as circunstâncias concretas do caso particular, caem sob a sua proteção absoluta."

da intervenção. Trata-se, então, dos chamados tipos de violação,[56] cada vez relacionados com determinados casos, uma vez que, segundo a tese da absolutidade, uma intervenção na dignidade humana já apresenta sua violação.

A definição da dignidade humana da intervenção corresponde também à linha da jurisprudência do tribunal constitucional federal. Isso deve, na ainda recente decisão para vigilância de espaços de habitação acústica,[57] concisamente ser ilustrado, na qual a estreita relação da inviolabilidade da habitação para com a dignidade humana fica clara. O direito fundamental do artigo 13, alínea 1, da lei fundamental, não vale sem barreiras. Deve, porém, existir um absolutamente protegido "âmbito nuclear da configuração da vida privada",[58] no qual não deve ser intervindo, uma vez que esse faz parte da dignidade humana intangível, segundo o artigo 1, alínea 1, da lei fundamental. O tribunal constitucional federal, porém, não revela que a garantia da dignidade humana somente então estaria absolutamente protegida, se ela não dependesse do princípio em sentido contrário, nesse caso, da capacidade funcional da persecução penal. Isso, contudo, de modo algum, é o caso. Como, em último lugar, trata-se da gravidade da conduta punível, a ser aclarada, se a escuta no *âmbito nuclear da configuração da vida privada* é permitida ou proibida, isso leva ao resultado que num caso a dignidade humana é violada e em um outro caso não, embora, em ambos os casos, existe a mesma intensidade de intervenção. O tribunal faz, certamente, como se no caso da conduta punível particularmente grave não existisse intervenção na dignidade humana, mas somente no artigo 13, alínea 1, da lei fundamental. Em vez de perseverar em uma definição positiva do âmbito nuclear da configuração da vida privada, é apoditicamente determinado: "Conversações, que contêm indicações sobre condutas puníveis cometidas, não pertencem, segundo seu conteúdo, ao âmbito nuclear intangível da configuração da vida privada."[59] Correto seria, em compensação, dizer que, sem dúvida, é intervindo no conteúdo da dignidade humana do artigo 13, alínea 1, da lei fundamental, a intervenção, porém, pode ser justificada por fundamentos em sentido contrário preponderantes. Bem ao contrário, porém, o tribunal apoia sua posição absoluta na afirmação seguinte: "Mesmo interesses preponderantes da comunidade não podem justificar uma intervenção nesse absolutamente protegido âmbito nuclear da configuração da vida privada."[60] Essa proposição, que já se encontra em uma mais antiga decisão,[61] apresenta problemas de interpretação, sobre os quais Alexy já chamou a atenção.[62] Se a proposição deve ser entendida assim, que o princípio da dignidade humana também precede nos casos, nos quais um

---

[56] Para uma casuística dos tipos de violação, comparar *Starck*, in: *von Mangoldt/Klein/Starck*. Das Bonner Grundgesetz. Kommentar, Band 1, 4. Aufl. München 1999, Art. 1, Rn. 16, 39 ff.

[57] BVerfGE 109, 279.

[58] BVerfGE 109, 279 (313).

[59] BVerfGE 109, 279 (319); compare BVerfGE 80, 367 (375).

[60] BVerfGE 109, 279 (313).

[61] BVerfGE 34, 238 (245).

[62] *Alexy* (Fn. 2), S. 95, Fn. 64.

princípio em sentido contrário, *do ponto de vista do direito constitucional*, tem um peso maior, seria ela contraditória. A contradição somente pode ser evitada ao os interesses preponderantes da comunidade, não do ponto de vista do direito constitucional, preponderarem. "Então, porém, poderia, do ponto de vista do direito constitucional, sem mais, ser ponderado e o princípio da dignidade humana iria ser julgado como mais importante."[63] Em virtude disso, nada fala contra a ponderação em conformidade com o princípio da proporcionalidade.

Por fim, na decisão acima, como já na sentença da escuta do tribunal constitucional federal,[64] é chamada a atenção sobre os limites da capacidade de produção da fórmula objeto.[65] Como também a fórmula objeto não define positivamente a dignidade humana, pode ela, em virtude da mera definição negativa, somente ser "direção da interpretação"[66] e distingue-se somente no grau de abstração de uma definição da dignidade humana do processo de violação.

Se uma intervenção, sob nenhumas circunstâncias, pudesse ser justificada, como expressa a tese da absolutidade, então o âmbito de proteção seria sempre idêntico com o âmbito de garantia efetivo. Não deve o conceito de dignidade humana, todavia, servir à definição do âmbito de proteção, mas somente caracterizar o direito definitivo, a tese da absolutidade não tem sentido. Dunja Jaber comprova, por isso, acertadamente:

> "A tese do caráter absoluto da norma-dignidade humana não se deixa, por isso, reduzir à tautologia de que seu *âmbito de garantia efetivo* vale absolutamente – nisso, essa norma não se distingue de outras. Se deve ser perseverado na absolutidade, então pode, por conseguinte, somente valer definitivamente *o âmbito de proteção* da norma."[67]

Pois, o âmbito de garantia efetivo vale *per definitionem** e, portanto, em todas as normas absolutamente.[68] Desse modo, portanto, não pode ser constituída nenhuma posição especial da dignidade humana perante direitos fundamentais particulares. Contudo, continua a existir a impressão de absolutidade da dignidade humana. Essa impressão se manifesta, sobretudo, pelo fato de, em muitos casos, o âmbito de proteção concordar com o âmbito de garantia efetivo da dignidade humana, porque "existe um grupo amplo de condições de primazia, nas quais existe uma medida muito alta de segurança sobre isto, que sob elas o princípio da digni-

---

[63] *Alexy* (Fn. 2), S. 95, Fn. 64.

[64] BVerfGE 30, 1 (25).

[65] A fórmula objeto, cunhada por Günter Dürig (*Dürig*, in: *Maunz/Dürig*, Kommentar zum Grundgesetz, Art. 1 Abs. 1 (Stand 1958), Rn. 28), diz: "A dignidade humana é afetada quando a pessoa concreta é depreciada a objeto, a um mero meio, a grandeza fungível."

[66] Compare *Lorz*. Modernes Grund- und Menschenrechtsverständnis und die Philosophie der Freiheit Kants. Eine staatstheoretische Untersuchung an Maßstäben des Grundgesetzes für die Bundesrepublik Deutschland, Stuttgart/München/Hannover/Berlin/Weimar/Boorberg 1993, S. 283.

[67] *Jaber*, (Fn. 43), S. 315.

* Nota do revisor: por definição.

[68] *Jaber*, (Fn. 43), S. 318.

dade humana precede a princípios em sentido contrário".[69] Com referência a circunstâncias normais pode, por isso, ser falado de uma proteção absoluta.[70] A tese da absolutidade, porém, não protege disto, que sob circunstâncias mais extremas o princípio da dignidade humana pode ser contido.[71] Já se mostrou que também uma pretensamente absoluta norma da dignidade humana não tem nenhum significado independente da norma da dignidade humana suscetível de ponderação. Se, agora, a absolutidade somente se deixa comprovar na relacionalidade, tudo gira em torno da questão do ser preferencial. Pergunta-se se a dignidade humana tem uma primazia abstrata perante todas as outras normas.

II. Primazia abstrata da dignidade humana

A afirmação de uma primazia abstrata da dignidade humana pressupõe já o seu caráter de princípio. Pois, em relações de primazia – também em relações de primazia abstratas ou incondicionadas – somente podem ser colocadas normas que apresentam a dimensão do peso. Na dimensão do peso deve ser visto um critério classificatório para a distinção de regras e princípios.

Uma relação de primazia incondicionada distingue-se pelo fato de na colisão de princípios um princípio determinado sempre preceder ao outro independentemente das condições do caso respectivo.[72] Existem duas proposições de preferência possíveis:

(1) $P_1 \, \mathbf{P} \, P_2$: P_1 precede a P_2 de todos os modos.

(2) $P_2 \, \mathbf{P} \, P_1$: P_2 precede a P_1 de todos os modos.

Em compensação, na relação de primazia abstrata, somente é feita uma declaração sobre isto, qual princípio tem o peso abstrato mais alto.[73] Que P_1, quando ele mostra um peso abstrato mais alto que P_2, contudo não precede a P_2 de todos os modos, deve ser esclarecido com base na fórmula peso[74] desenvolvida por Alexy. A fórmula peso, que formula a estrutura da ponderação numa fórmula matemática, diz:

---

[69] *Alexy* (Fn. 2), S. 95.

[70] *Alexy* (Fn. 2), S. 272.

[71] *Alexy* (Fn. 2), S. 272 chama, nessa conexão, a atenção sobre o seguinte: "A convicção, que existem direitos que também sob as circunstâncias mais extremas não retrocedem – somente tais direitos são genuinamente direitos absolutos – pode o particular, que tem a liberdade de se sacrificar para determinados princípios, considerar para si como vinculativo, do ponto de vista do direito constitucional ela não pode valer."

Semelhantemente, já *Radbruch*, Grundzüge der Rechtsphilosophie, Leipzig 1914 (Gustav Radbruch Gesamtausgabe, Bd. 2, bearb. v. A. *Kaufmann*, Heidelberg 1993, S. 9-204), S. 103: O pathos da absolutidade fica situado "em outra parte que sobre direito e estado: sobre a personalidade", portanto, "do outro lado da idéia de estado".

[72] *Alexy* (Fn. 2), S. 82; *Borowski* (Fn. 5), S. 70, Fn. 64.

[73] *Alexy* (Fn. 2), S. 82, não distingue aqui entre relações de primazia incondicionadas, "abstratas" ou "absolutas".

[74] *Alexy*, Die Gewichtsformel, in: *J. Jickeli/P. Kreutz/D. Reuter* (Hg.), Gedächtnisschrift für Jürgen Sonnenschein, Berlin 2003, S. 771-792. A "fórmula peso ampliada completa" (S. 791) diz:

$$G_{i-m,\,j-n} = \frac{I_i . G_i . S_i + ... + I_m . G_m . S_m}{I_j . G_j . S_j + ... + I_n . G_n . S_n}$$

$$G_{i,j} = \frac{I_i \cdot G_i \cdot S_i}{I_j \cdot G_j \cdot S_j}$$

$G_{i,j}$ designa o peso concreto de P_i, isto é, o peso de P_i sob as circunstâncias do caso a ser decidido, relativamente a P_j, o princípio colidente. I_i representa a intensidade da intervenção em P_i pela medida M, cuja proporcionalidade deve ser examinada. I_j representa a intensidade da intervenção hipotética em P_j pela omissão da intervenção, portanto, pela não intervenção em P_j.

"Intervenções são sempre intervenções concretas. A intensidade da intervenção é, por isso, uma grandeza concreta."[75] G_i e G_j designam, ao contrário, os pesos abstratos de P_i e P_j.[76] "O peso abstrato de um princípio P_i é o peso que cabe a P_i relativamente a outros princípios, independentemente das circunstâncias de casos, sejam quais forem."[77] S_i e S_j representam os graus de segurança de suposições empíricas sobre isto, o que significa a medida respectiva para a não realização de P_i e a realização de P_j no caso concreto. Com isso, encontra consideração a segunda, epistêmica, lei da ponderação. Ela diz:

"Quanto mais grave uma intervenção em um direito fundamental pesa, tanto maior deve ser a certeza das premissas apoiadoras da intervenção."[78]

Existe igualdade sob os pares de fatores respectivos, eles se neutralizam reciprocamente. Para as reflexões aqui feitas, deve, inicialmente, ser partido disto, que S_i e S_j são iguais e, por isso, podem ser reduzidos. O produto permanecente no dividendo é o peso concreto não relativo ou a importância de P_i : $W_i = I_i \cdot G_i$.

Com a fórmula peso pode, assim, ser mostrado que o peso concreto definitivo de P_i relativamente a P_j também depende disto, quão alto é o peso abstrato de ambos os princípios. Se em ambos os lados a dignidade humana é afetada, portanto, trata-se de uma colisão dignidade contra dignidade, então os pesos abstratos são iguais e, por conseguinte, não desempenham nenhum papel. Vale, porém:

Do ponto de vista do direito constitucional, é a dignidade humana o princípio que mostra o peso abstrato mais alto.

[Nota do revisor: a fórmula peso encontra-se publicada em Alexy, Robert. Constitucionalismo discursivo. 2. ed. Porto Alegre: Livraria do Advogado Editora, 2008, página 131 e seguintes. Tradução: Luís Afonso Heck.]

[75] *Alexy* (Fn. 74), S. 778.

[76] Para a possibilidade de comparações abstratas de princípios, comparar também *Sieckmann* (Fn. 5), S. 234 ff.; *Jansen*, Die Abwägung von Grundrechten, in: Der Staat 36 (1997), S. 27-54, S. 43 ff. Jansen constata, com razão, que uma hierarquia diferente em colisões de princípios não implica ordens de hierarquia firmes. Contra uma ordem hierárquica que está estabelecida, também *Luhmann*, Gibt es in unserer Gesellschaft noch unverzichtbare Normen?, Heidelberg 1993, S. 20.

Contra uma ordem hierárquica abstrata do tipo cardinal ou ordinal, não por último *Alexy* (Fn. 54), S. 208 f.; *ders.* (Fn. 2), S. 139 ff.; também *Stelzer*. Das Wesensgehaltsargument und der Grundsatz der Verhältnismäßigkeit, Wien/New York 1991, S. 221 f.

[77] *Alexy* (Fn. 74), S. 778.

[78] *Alexy* (Fn. 74), S. 789. A primeira lei da ponderação diz (*Alexy* (Fn. 74), S. 772; já *ders.* (Fn. 2), S. 146): "Quanto mais alto é o grau do não-cumprimento ou prejuízo de um princípio, tanto maior deve ser a importância do cumprimento do outro."

Duvidoso é se o peso abstrato da dignidade humana é tão alto que pode ser falado de uma primazia *absoluta* abstrata perante outros princípios. Ao contrário do modo de falar propagado de uma primazia absoluta na jurisprudência e na doutrina, a fórmula peso aclara que não pode existir uma primazia absoluta.[79] Uma tal teria de ser determinada independentemente das circunstâncias de um caso concreto. Sem relacionalidade a casos, porém não existem colisões e, com isso, resultados que se contradizem reciprocamente.[80] O peso de princípios não é determinável absolutamente.[81]

Apesar do peso abstrato alto da dignidade humana continua a existir a possibilidade, que em um caso extremo a importância de um princípio em sentido contrário é maior que a importância da dignidade humana. Por conseguinte, pode ser falado de uma *primazia-prima facie* abstrata da dignidade humana. Esta primazia-*prima facie* é, sem dúvida, intensificada pelo fato de em virtude do peso abstrato alto da dignidade humana ser fundamentado em seu favor uma regra de carga de argumentação. Essa regra de carga de argumentação não nega, porém, a necessidade de, no caso concreto, determinar, cada vez, as condições de primazia.

III. Caráter de direito fundamental do artigo 1, alínea 1, da lei fundamental

A questão, colocada no início, sobre a qualidade de direito fundamental do artigo 1, alínea 1, da lei fundamental, e a sua relação para com a tese da absolutidade, pode, aqui, só concisamente ser tratada. Deixam-se distinguir quatro posições fundamentais:

(1) artigo 1, alínea 1, da lei fundamental, concede um direito fundamental e vale absolutamente;

(2) artigo 1, alínea 1, da lei fundamental, não concede nenhum direito fundamental e vale absolutamente;

(3) artigo 1, alínea 1, da lei fundamental, concede um direito fundamental e não vale absolutamente;

(4) artigo 1, alínea 1, da lei fundamental, não concede nenhum direito fundamental e não vale absolutamente.

---

[79] Se, certamente, para o peso abstrato da dignidade humana é notado infinitamente, nenhuma ponderação mais tem lugar. Matematicamente é, sem dúvida, possível operar com um valor infinito na fórmula peso. Isso teria, porém, algo fanático. Para se reconstruir adequadamente o ponderar, é, em compensação, mais conveniente averiguar o valor de $G_{i,j}$ por uma escalação triádica dupla com os graus "leve", "médio" e "grave" e por uma série geométrica (2^0-2^8) relacionada com todos os valores no quociente. Assim, $G_{i,j}$ tende, nas conjunturas extremas, ou para zero ou para o infinito. Isso corresponde, segundo Alexy, à ideia de que existe algo assim como antijurídico sem limite e cabe para a força de resistência ascendente dos direitos em intensidade de intervenção ascendente (*Alexy* (Fn. 74), S. 786 f.).

[80] Compare *Alexy* (Fn. 2), S. 146, Fn. 218: "A colisões chega-se sempre somente com vista à solução de casos."

[81] *Alexy* (Fn. 2), S. 146.

A posição (1) é expressão da concepção preponderantemente sustentada, segundo a qual caráter de direito fundamental e validez absoluta da norma da dignidade humana não se excluem reciprocamente.[82] Desde a entrada em vigor da lei fundamental o caráter de direito fundamental da garantia da dignidade humana, porém, sempre de novo, foi posto em dúvida.[83] Por último, Ernst-Wolfgang Böckenförde manifestou-se criticamente sobre o caráter de direito fundamental da dignidade humana.[84] Böckenförde acentua, com apoio em Dürig, o fundamento pré-positivo da garantia da dignidade humana. A ele corresponde a qualificação do artigo 1, alínea 1, da lei fundamental, como norma jurídico-objetiva, não também como direito fundamental subjetivo. Uma norma meramente jurídico-objetiva que, porém, vale absolutamente,[85] é idêntica com a posição (2). Böckenförde registra: "Dürig sabia (sem o formular expressamente) que cada direito fundamental também tem limites, sim, tem de ter e está sujeito a ponderações, caso ele tenha existência no ordenamento jurídico, enquanto o mandamento de consideração e de proteção da dignidade humana, segundo intenção e formulação, deve valer universal e 'intangivelmente.'"[86] De acordo com Dürig e Böckenförde, não são, portanto, norma de direito fundamental e pretensão de absolutidade compatíveis uma com a outra.

Essa tese da incompatibilidade, porém, somente pode ser feita valer contra a posição (1). Pois, segundo a posição (3), excluem-se igualmente norma de direito fundamental e pretensão de absolutidade, enquanto a posição (4) comporta-se de modo indiferente perante a tese da incompatibilidade. A posição (3) sustenta quem trata a dignidade humana como direito fundamental e todos os direitos fundamentais como princípios, que expressam um dever-*prima facie* e, por conseguinte, não podem requerer uma validez absoluta.[87]

Como um exemplo para a posição (4) pode ser citado um modelo que impugna a necessidade do caráter de direito fundamental da dignidade humana, uma

---

[82] Comparar, em vez de muitos, *Pieroth/Schlink*. Grundrechte, 20. Aufl. Heidelberg 2004, Rn. 350, 365; *Höfling*, Die Unantastbarkeit der Menschenwürde – Annäherungen an einen schwierigen Verfassungssatz, JuS 1995, S. 857-862, S. 858 f.

[83] Comparar *Dürig* (Fn. 65), Rn. 4 ff.; *Dreier*, in: *Dreier* (Hg.), Grundgesetz. Kommentar, Bd. 1, 2. Aufl. Tübingen 2004, Art. 1 Rn. 128; *V. Neumann*, Menschenwürde und psychische Krankheit, in: KritV 1993, S. 276-288, S. 288; mais recentemente, *Jaber* (Fn. 43), S. 286 f.

[84] *Böckenförde*, Die Würde des Menschen war unantastbar. F.A.Z. vom 3. September 2003, Nr. 204, S. 33, 35. Böckenförde aproveita a ocasião da edição revisada do comentário ao artigo 1, alínea 1, por Matthias Herdegen, no Kommentar zum Grundgesetz von Maunz/Dürig, para chamar à lembrança o sistema dürigiano.

[85] Dürig acentua "que a dignidade humana apresenta uma pretensão de consideração *absoluta*, isto é, dirigida contra todo atacante possível". (*Dürig* (Fn. 65), Rn. 3, realce no original.)

Posição (2) sustenta, igualmente, *Enders* (Fn. 17), S. 107.

[86] *Böckenförde* (Fn. 84), S. 33.

[87] Comparar *Borowski* (Fn. 5), F. 222 f.; também *Kloepfer*, Leben und Würde des Menschen, in: *P. Badura/H. Dreier* (Hg.), Festschrift 50 Jahre Bundesverfassungsgericht, 2. Bd., Tübingen 2001, S. 77-104, S. 77 f., e já *ders*. Grundrechtstatbestand und Grundrechtsschranken in der Rechtsprechung des Bundesverfassungsgerichts – dargestellt am Beispiel der Menschenwürde, in: C. *Starck* (Hg.), Bundesverfassungsgericht und Grundgesetz. Festgabe aus Anlaß des 25jährigen Bestehens des Bundesverfassungsgerichts, 2. Bd., Tübingen 1976, S. 405-420, S. 405 ff., aplica a estrutura-barreira/intervenção à norma-dignidade humana.

vez que cada intervenção na dignidade humana deixa analisar-se como uma intervenção ou em um direito de liberdade ou em um direito de igualdade.[88] Nesse aspecto, esse modelo concorda com a concepção de Dürig e a posição (2). Em oposição ao sistema dürigiano devem, porém, segundo esse modelo, para a dignidade humana valer barreiras de direitos fundamentais *imanentes*. Pois, se somente as determinações de direitos fundamentais estivessem sujeitas às barreiras de direitos fundamentais *imanentes* do artigo 2 e seguintes, da lei fundamental, e a dignidade humana não fosse limitável, isso teria por consequência a redução da garantia da dignidade humana aos *"mais brutais envilecimentos"*.[89]

As quatro posições fundamentais distintas são, ademais, combináveis umas com as outras.[90] Em virtude da pluralidade de combinações possíveis e da diversidade geral das posições, não pode ser partido de uma relação de exclusividade entre caráter de direito fundamental e validez absoluta da dignidade humana. Portanto, a qualidade de direito fundamental não é nenhum critério de distinção idôneo entre absolutidade e ponderação. Com isso, não existe, nesse aspecto, nenhuma objeção contra o resultado, que também uma garantia pretensamente absoluta está sujeita a estruturas de ponderação.

Para proteger a dignidade humana de uma trivialização e de um uso inflacionário, parece razoável formular o conceito de dignidade humana tão estreito quanto possível.[91] Que a dignidade humana não deve ser transformada na moeda pequena, porém, não exclui tratar ela como direito fundamental.

---

[88] Comparar *Brugger*, Menschenwürde, Menschenrechte, Grundrechte, Baden-Baden 1997, S. 20 f.

[89] *Brugger* (Fn. 88), S. 23. "Não se necessita da idéia da dignidade humana como direito absoluto de cada uma pessoa para defender efetivamente sua consideração e proteção. Isso também se deixa, no quadro da classificação do artigo 1, alínea 1, 'somente' como princípio constitucional extremo, obter pela fórmula objeto e pela formação de grupos de casos correspondentes." (S. 43.)

[90] Assim é, por exemplo, a construção de Alexy da norma da dignidade humana uma combinação das posições (1) e (3). Comparar *Alexy* (Fn. 2), S. 95 ff.

[91] Assim também *Dreier*. Bedeutung und systematische Stellung der Menschenwürde im deutschen Grundgesetz, in: *K. Seelmann* (Hg.), Menschenwürde als Rechtsbegriff. Tagung der Internationalen Vereinigung für Rechts- und Sozialphilosophie (IVR), Schweizer Sektion Basel, 25. bis 28. Juni 2003, ARSP Beiheft 101 (2004) S. 33-48, S. 47.

— 11 —

As três estruturas de argumentação do princípio da proporcionalidade – para a dogmática da proibição de excesso e de insuficiência e dos princípios da igualdade*

Lothar Michael**

Tradutor: Luís Afonso Heck

Resumo: o trato, metodicamente mais cuidadoso, racionalmente seguível, com o princípio da proporcionalidade é uma dificuldade central do direito público total. A proibição de excesso é, até hoje, em sua estrutura, debatida, a proibição de insuficiência, até em sua existência. A chamada "nova fórmula"[1] do tribunal constitucional federal para o artigo 3 I, da lei fundamental (a norma com o significado estatisticamente maior na jurisprudência judicial-constitucional),[2] ameaça romper esquemas de argumentação tradicionais. O presente artigo tenta expor as estruturas de argumentação diferentes do princípio da proporcionalidade na proibição de excesso, na proibição de insuficiência e nos princípios da igualdade.

---

* Este artigo encontra-se publicado em JuS 2001, Heft 2, S. 148 ff. Título no original: Die drei Argumentationsstrukturen des Grundsatzes der Verhältnismäßigkeit – Zur Dogmatik des Über- und Untermaßverbotes und der Gleichheitssätze.

** O autor é assistente científico na Universidade Bayreuth e bolsista de habilitação da comunidade de investigação alemã.

Eu agradeço a Lothar Michael, hoje professor de direito público na *Heinrich Heine Universität Düsseldorf*, pela autorização da publicação deste artigo, assim como pelos esclarecimentos das dúvidas relacionadas com o trabalho da tradução.

[1] *BVerfGE* 55, 72 (88) – preclusão no processo civil.

[2] Comparar *Sachs*, JuS 1997, 124.

DIREITO NATURAL – DIREITO POSITIVO – DIREITO DISCURSIVO

I. Os três modelos de argumentação e suas variantes

O conceito "proporcionalidade"[3] representa distintos processos de ponderação[4] que, de modo nenhum, estão sujeitos ao mesmo esquema de argumentação. Considerados são, com a distinção, não a proporcionalidade "em sentido amplo" e "em sentido restrito", mas as três estruturas de argumentação que se ocultam atrás da proporcionalidade: a proibição de excesso como barreira perante intervenções em liberdades,[5] a proibição de insuficiência como elemento condutor de deveres de proteção jurídico-fundamentais e a barreira do princípio da igualdade. Elas deixam apresentar-se como três modelos fundamentais com variantes.

1. Proporcionalidade como proibição de excesso

a) *Modelo fundamental: barreiras-de-intervenção perante reservas da lei – vinculação do dador de leis.* Reservas da lei como barreiras de direitos fundamentais estão sujeitas, por sua vez, à barreira da proporcionalidade (chamada "barreira-barreira"). Fala-se, por conseguinte, de uma barreira-barreira. Somente quando o dador de leis, em modo idôneo, necessário e conveniente, persegue uma finalidade legítima, pode ele empregar meios que intervêm em direitos fundamentais (relação-meio-finalidade):

aa) Para produzir uma relação entre meio e finalidade tem de, inicialmente, isoladamente ser destacados meio e finalidade. Inicialmente, tem de o *meio* da atuação estatal ser comprovado como objeto do exame da proporcionalidade. Nisso, pode, certamente, ser remetido ao exame do âmbito de proteção e da intervenção. Como seguinte, devem ser denominadas as *finalidades* da lei. Nesse

---

[3] A ideia de proporcionalidade, da medida justa, deixa provar-se, sem dúvida, até a filosofia antiga (*Wieacker*, in: Festschr. f. Fischer, 1979, S. 867 ff.). Ao contrário, a história *jurídica* do princípio da proporcionalidade é uma notavelmente recente. Ela radica na segunda metade do século 19. na jurisprudência do tribunal administrativo de terceira instância prussiano para o direito de polícia (*Lerche*, Übermaß und Verfassungsrecht, 1961, S. 24, 135, 194; *Hirschberg*, Der Grundsatz der Verhältnismäßigkeit, 1981, S. 3 ff.) que, então, encontrou expressão textual nas leis de polícia (§ 41 II, da lei administrativa da polícia da Prússia, de 1931; hoje mais amplo, por exemplo, no artigo 4, da lei de tarefas da polícia da Baviera), mas também, por exemplo, no § 9 II, da lei de execução administrativa (1953) e no § 17 II, da lei de proteção contra emissões federal (1973). O *tribunal constitucional federal* formulou a proporcionalidade para o direito constitucional, inicialmente, como barreira de intervenção para os direitos de liberdade (E 7, 377 [405 ff.] – sentença-farmácias), essencialmente depois, também no quadro do princípio da igualdade geral (E 55, 72 [88]), finalmente, como proibição de insuficiência dos deveres de proteção (E 88, 203 [254] – interrupção da gravidez II). Há muito foi, no direito comunitário europeu e na convenção para proteção dos direitos do homem e liberdades fundamentais, pelo *tribunal das comunidades europeias* (Slg. 1970, 1125 [1137] – sociedade comercial internacional) e pelas decisões do *tribunal europeu para direitos do homem* (EuGRZ 1975, 301; para o princípio da proporcionalidade que se converte em europeu total, comparar *Frowein*, in: *ders./Peukert*, EMKR, 2. Aufl. [1996], Vorb. Art. 8 – 11, Rdnr. 17), aproveitada a proporcionalidade como critério, embora sem dogmática exata (*Kutscher*, in: *ders.* [u. a., Hrsg.], Der Grundsatz der Verhältnismäßigkeit in europäischen Rechtsordnungen, 1985, S. 94 f.). A transferibilidade das estruturas aqui propostas para o direito europeu seria um tema que excede os quadros aqui fixados.

[4] Para isso, *Michael* JÖR 48 (2000), 169 ff.

[5] "Proibição de excesso" seja, aqui, empregado como "designação geral" (*Lerche*) para as barreiras de intervenção (da idoneidade, não só da necessidade e proporcionalidade em sentido restrito); assim, também *Hirschberg* (acima, nota de pé-de-página 3), S. 18 f., com numerosas outras indicações.

ponto, vale desenvolver faculdade de sentir jurídico-político para isto, de quais motivos o dador de leis atuou (interpretação histórica) e qual é o sentido objetivo da lei. Nunca deveria ser remetido em conjunto ao "interesse público". Em muitos casos, haverá não somente um único fundamento, mas um feixe inteiro de finalidades, as quais se trata de destacar tão concretamente quanto possível. Quanto mais ideias aqui são desenvolvidas, tanto mais fértil será a argumentação na ponderação posterior. Já nesse ponto deveriam ser eliminadas tais finalidades que, consideradas isoladamente, são ilegítimas: universalmente não devem finalidades ser discriminadoras no sentido do artigo 3 III, da lei fundamental; limitações da finalidade especiais contêm as *reservas da lei qualificadas* (por exemplo, artigo 5 II, 6 III, 9 II, 10 II 2, da lei fundamental). No artigo 12 I, da lei fundamental, deve, no quadro da teoria-dos-3-graus, ser observado que as finalidades, nos pressupostos de admissibilidade objetivos, são limitadas a bens comunitários destacadamente importantes. Às avessas, deve, em favor de finalidades particulares, ser discutido se, eventualmente, até existe um pedido de proteção jurídico-constitucional (por exemplo, para vida e saúde por causa do artigo 2 II, da lei fundamental, ou para o meio ambiente por causa do artigo 20a, da lei fundamental). Em vez de, aqui, somente mencionar normas constitucionais ou contentar-se com meras afirmações deveria, nesse ponto, incondicionalmente, ser subsumido exatamente. Nas colisões de direitos fundamentais, que sucedem frequentemente, deveria, aqui, sobretudo, realizar-se um exame do âmbito de proteção renovado.

bb) Somente agora deve, em um passo triplo, ser examinada a idoneidade, necessidade e proporcionalidade em sentido restrito:[6] o critério da *idoneidade* pressupõe somente que o meio, no fundo, serve a uma finalidade, isto é, é útil a ela. Deve somente ser excluído negativamente, que se trata de um "meio" completamente "imprestável".[7] Isso deve, dado o caso, ser examinado para cada uma das finalidades antes mencionadas. Em pareceres irá (subconscientemente), na consideração da finalidade isolada, somente se denominar tais finalidades às quais o meio também serve. Por conseguinte, o ponto do exame "idoneidade", em regra, sai muito concisamente.[8] Uma "aptidão parcial"[9] basta; dado o caso, os meios devem ser limitados em conformidade, especialmente sua aptidão, depois da obtenção da finalidade completa, deixa de existir.[10]

---

[6] Quem teme, outra vez, esquecer de destacar cuidadosamente meio e finalidade diante da relação-meio-finalidade de três graus deveria habituar-se a incorporar o passo triplo seguinte e, no total, a examinar pentagradualmente.

[7] *BVerfGE* 37, 104 (117) – regulação-prejuízo-preferência.

[8] Quem acha, desse fundamento, poder prescindir da consideração do meio ou da finalidade isolada e, em vez disso, denominar, no quadro da idoneidade, as finalidades, às quais o meio serve, deveria considerar o seguinte: por um lado entra, com isso, a denominação diferenciada de todos os meios e finalidades, frequentemente, no inexato. Por outro, existe o perigo que a idoneidade seja carregada por pontos de exame (questões do controle incidental, legitimidade das finalidades) que logicamente lhe são situados na frente.

[9] *Hirschberg* (acima, nota de pé-de-página 3), S. 51.

[10] A proibição de excesso temporal do artigo 14 III, da lei de tarefas da polícia, é – rigorosamente considerado – não só escoadouro do critério da necessidade, mas do da idoneidade; comparar *Gallwas/Mößle*, Bay. Polizei- und SicherheitsR, 2. Aufl. (1996), Rdnr. 572.

Infelizmente, a jurisprudência mescla, às vezes, a idoneidade com a questão de um ajuste à coisa, ordenado pelo princípio da igualdade, da diferenciação.[11] O exame da proporcionalidade não deveria induzir a isto, misturar pontos de vista da proibição de excesso com o artigo 3 I, da lei fundamental. O princípio da proporcionalidade tem, no quadro dos princípios da igualdade, uma estrutura de argumentação própria (ver infra 3). Que a jurisprudência, aqui, frequentemente não distingue exatamente, é, certamente, um dos fundamentos para isto, que o exame da proporcionalidade degenerou em um lugar de invasão para argumentar livre.

Uma lei é somente então *necessária*, quando não existe meio mais atenuado que obtém, (pelo menos) também, as mesmas finalidades. Um meio é mais atenuado, quando ele intervém menos intensivamente em um direito fundamental ou quando iriam ser abertos menos ou mais fracos âmbitos de proteção (por exemplo, artigo 2 I, da lei fundamental, em vez de um direito de liberdade especial). Por conseguinte, deve, dado o caso, já aqui ser ponderada a intensidade da intervenção concreta ou o valor abstrato de âmbitos de proteção, o que, de resto, está reservada à proporcionalidade em sentido restrito. No exame da necessidade trata-se de buscar, ricamente em ideias, por meios alternativos. Esse é o (único) ponto no qual é examinada a relação-meio-finalidade com vista a meios alternativos, enquanto, outras vezes, somente o ato de soberania real, que é objeto do exame, é considerado. Uma atenuação de intervenção não deve ir por conta de terceiros.

Com respeito à consideração da finalidade, o exame da necessidade está sujeito a um critério rígido: somente tais alternativas colocam o meio escolhido em questão que obtêm, (pelo menos) também, a finalidade, e isto é, dado o caso, todas as finalidades. Uma lei permanece, portanto, no sentido jurídico necessária mesmo quando, com meios *consideravelmente* atenuados, as mesmas finalidades iriam ser obtidas *insignificantemente* menos eficazmente ou quando, com a alternativa, somente *quase* todas as finalidades iriam ser obtidas igualmente bem. O ponto de vista da necessidade admite somente alternativas de meios, proíbe, porém, qualquer ponderação de alternativas de finalidade. Como nem fixação da finalidade nem escolha do meio de atuação estatal é tarefa dos tribunais, não pode ser perguntado pela alternativa "mais razoável" que, no total, seja relativamente moderada e relativamente eficaz.

Na *proporcionalidade em sentido restrito* são ponderadas reciprocamente utilidades e desvantagens. Deve ser perguntado se a intervenção no direito fundamental como meio de atuação estatal é conveniente ao grau e valor da obtenção da finalidade. Fala-se também de conveniência ou proporcionalidade. Na conveniência não são, por um lado, em oposição à necessidade, considerados meios

---

[11] Assim, o *tribunal constitucional federal* (decisão 17, 306 [315] f.) considerou inidôneo um dever de autorização para centrais de ir junto dividindo os custos para garantir a finalidade da segurança dos hóspedes de viagem, uma vez que essa finalidade, por possibilidades de ir junto dividindo os custos sem mediação por terceiros, também não é obtida; comparar para isso, *Hirschberg* (acima, nota de pé-de-página 3), S. 54 f.

alternativos, por outro, porém, avaliadas finalidades.[12] A conveniência, portanto, não depende de alternativas de decisão. Uma lei, portanto, também não fracassa na conveniência, mesmo quando, com meios (consideravelmente) atenuados, a mesma finalidade iria ser obtida (insignificantemente) menos eficazmente. Proporcionalidade em sentido restrito não é *nenhuma* questão *comparativa*, mas uma somente *ponderadora*. Em um sentido mais profundo é, sem dúvida, a ponderação de pesos a sua comparação, mas isso deve ser distinguido de considerações de alternativas comparantes. Uma assim entendida proporcionalidade é completamente distinta da direção da vista comparante do artigo 3 I, da lei fundamental.

Na proporcionalidade em sentido restrito, a gravidade da intervenção no direito fundamental pelo meio *escolhido* é ponderada com o peso jurídico--constitucional das finalidades *perseguidas*. A *otimização* de todas as relações--meio-finalidade não é nem conteúdo do controle da necessidade jurídico nem da proporcionalidade em sentido restrito. A busca "pela" solução ótima cabe, ao contrário, à prerrogativa estimatória do legislativo, em autorização correspondente, do executivo. Esses devem decidir-se por *uma* de todas as alternativas imagináveis que eles, segundo sua experiência objetiva, convicção e prognose, "conformam à" colocação do problema ao eles "considerar" politicamente todas as alternativas obteníveis e todos os meios praticáveis. "Conveniência" e "ponderação", no quadro de um critério *de controle* da jurisdição- (constitucional) é, ao contrário, um critério mais limitado, "mais afrouxado" que não exclui espaços de decisão.[13]

A própria ponderação deveria realizar-se nos três passos seguintes: primeiro, deveria ser comprovado *abstratamente* quais interesses estão em jogo. Com respeito ao meio pode, nisso, ser recorrido ao exame do âmbito de proteção e, dado o caso, à valoração no quadro da necessidade. Com respeito às finalidades, deveria ser destacado quão importante sua obtenção, cada vez, é para o bem-estar da comunidade e ser remetido para isto, se e em que proporção elas, dado o caso, por sua vez, serão protegidas jurídico-(constitucionalmente). A parte abstrata da avaliação não tem por objetivo buscar relações de primazia abstratas que tornam

---

[12] De outra forma, porém, *Pieroth/Schlink*, Grundrechte, 15. Aufl., (1999), Rdnrn. 293 ff. A intenção de *Schlink* é substituir o ponderar, racionalmente tão difícil de ser compreendido, por uma argumentação mais exata. *Schlink* gostaria – seguidor, sem dúvida, rangendo os dentes, da opinião dominante – de substituir o controle de conveniência amplamente por um exame de necessidade e, com isso, opor-se a um "entusiasmo de ponderação" (*Schlink*, Abwägung im Verfassungsrecht, 1976, S. 127, para isso, *Michael*, Der allgemeine Gleichheitssatz als Methodennorm komparativer Systeme, 1997, S. 141 ff.; *ders.*, JÖR 48 (2000), 169 [188]. À racionalidade do método, por *Schlink* com razão reclamada, serve, contudo, justamente, quando se separa rigorosamente, com a opinião dominante, necessidade, proporcionalidade em sentido restrito e mandamentos de otimização. *Hirschberg* (acima, nota de pé-de-página 3), S. 175, teme uma "racionalidade fictícia" na extensão do exame da necessidade a pontos de vista da conveniência (comparar também *Wend*, AÖR 104 [1979], 414 [449 ff., 452 ff.]). Cada um desses ambos pontos de exame tem sua própria "direção da vista" e função. Um sadio "ceticismo de ponderação" (para isso, *Häberle*, Die Wesensgehaltgarantie des Art. 19 Abs. 2 Grundgesetz, 3. Aufl. [1983], S. 331) não deveria induzir ao "entusiasmo da necessidade".

[13] Talvez é, por conseguinte, melhor, em vez de um "exame de conveniência", falar somente do controle da "desproporcionalidade" ou – em seguimento a *Lerche* (acima, nota de pé-de-página 3) – do "excesso". Assim, designa *Jakobs*, Der Grundsatz der Verhältnismäßigkeit, 1985, S. 84 f., a diferença entre princípio da proporcionalidade e concordância prática como a diferença entre uma "declaração positiva" e uma "negativa".

prescindível uma outra ponderação e iriam terminar o exame. Trata-se somente de distribuições eventuais da carga da argumentação, de presunções de partida refutáveis para a ponderação concreta.

Segundo, deve ser comprovado *concretamente*, quão gravemente, isto é, quão frequentemente, quão longamente, quão intensivamente o meio intervém em direitos fundamentais, quanto do afetado "exigido"[14] é. Do mesmo modo, deve ser determinado o grau da obtenção da finalidade e, com isso, do ganho do bem-estar da comunidade concreto. Em colisões de direitos fundamentais deve ser examinado incidentalmente a sua proibição de excesso ou de insuficiência.

Terceiro, deve ser perguntado, se sob todas essas premissas a obtenção da finalidade está fora da proporção para com o meio. Primeiro aqui, nesse último ponto, a verdadeira *ponderação* tem lugar, enquanto os passos precedentes devem prepará-la tão bem quanto possível afim de também o resultado da ponderação tornar-se plausível. Importante é cuidar disto, limitar-se a um mero controle de excesso, isto é, declarar desproporcionais somente tais leis, nas quais a valoração não pende de um fio. Assim entendido, a ponderação não permite nenhuma arbitrariedade subjetiva, uma vez que sua valoração, primeiro, é preparada argumentativamente seguível e, segundo, limitada ao mero controle de excesso.

b) *Primeira variante do modelo fundamental: norma de método de barreiras imanentes à constituição.* Também direitos fundamentais sem reserva de lei não são concedidos sem barreiras. Suas barreiras estão sujeitas a pressupostos particulares, imanentes à constituição. A ideia da unidade da constituição[15] ordena considerar nenhum direito fundamental isoladamente, uma vez que isso, do contrário, poderia ir à custa de outras garantias constitucionais. Isso repercute sobre o exame da proporcionalidade como barreira-barreira como segue:

aa) também em direitos fundamentais sem reserva de lei pode – ao lado do executivo e poder judicial – o dador de leis intervir.[16] Tais intervenções são, todavia, vinculadas a medidas quanto ao conteúdo mais rigorosas. Já para o exame *da finalidade* isolado resulta seguinte limitação: somente a realização de direito constitucional colidente pode ser finalidade legítima de uma tal intervenção, portanto, não qualquer interesse público. Os bens constitucionais, cuja proteção tem como objeto a intervenção, devem ser denominados rigorosamente. Aqui, vale subsumir exatamente. Os catálogos de competência da lei fundamental não podem ser invocados sozinhos. Eles denominam, sem dúvida, finalidades dignas de pro-

---

[14] Com razão, acentua *Albrecht*, Zumutbarkeit als Verfassungsmaßstab, 1995, S. 149 ff., 242, a "apreciação autônomo-isolada" da exigibilidade; essa deveria, porém, a meu ver, ser integrada como parte no princípio da proporcionalidade e não ser vista como uma oposição a ele.

[15] *BVerfGE* 1, 14 (32) – estado sudoeste; decisão 49, 24 (56) – barreira de contato (jurisprudência contínua); *Hesse*, Grundzüge des Verfassungsrecht, 20. Aufl. (1995), Rdnr. 20, com mais indicações. [Nota do tradutor: esse livro foi vertido para a língua portuguesa, sob o título "Elementos de direito constitucional da república federal da Alemanha", publicado por Sergio Antonio Fabris, Porto Alegre, 1988. Tradutor: Luís Afonso Heck.]

[16] *Rupp*, NVwZ 1991, 1033 (1036); *Dreier*, in: ders. (Hrsg.), GG I, 1996, Vorb., Rdnr. 89; *Morlok*, ebenda, Art. 4 Rdnrn. 94 f.

teção e, com isso, em sentido amplo, bens constitucionais.[17] Mas eles distribuem simplesmente competências e não conferem nenhuns poderes de intervenção.

bb) O meio tem de ser idôneo e necessário. No quadro da proporcionalidade em sentido restrito tem de ter lugar uma ponderação dos bens constitucionais. A falta de uma reserva de lei – não a colisão de direitos fundamentais – eleva *necessidade* de justificação e densidade de controle. Simultaneamente, ascende a *suscetibilidade* de justificação de uma intervenção em direitos fundamentais com o argumento de direito constitucional opositor. Os critérios da "compensação moderada"[18] e da "concordância prática"[19] ordenam, em intervenções em direitos fundamentais sem reserva de lei, examinar uma otimização de todas as relações-meio-finalidade imagináveis, isto é, de todas as finalidades para a realização do direito constitucional colidente e de todos os meios alternativos. Objetivo tem de ser averiguar a intervenção, no total, minimíssima, em bens constitucionais. Somente tais meios que satisfazem a isso justificam a intervenção no direito fundamental sem reserva de lei. Também o *tribunal constitucional federal* escalona, especificamente ao âmbito, a densidade de controle: ela é tanto maior quanto mais importante ou intensiva é a intervenção. Isso, porém, também aqui não exclui uma prerrogativa estimatória legislativa. O *tribunal constitucional federal* tem de, também aqui, entender-se como mera instância de controle, não como dador de leis substitutivo.

c) *Segunda variante do modelo fundamental: proporcionalidade no direito administrativo*. Normas de poder autorizam a administração a atos administrativos agravantes. Também o exercício concreto de tais poderes pelo executivo está sujeito ao princípio da proporcionalidade.[20] Por conseguinte, a subsunção de um ato administrativo sob o tipo de uma autorização de intervenção legal não justifica sozinha a intervenção. A estrutura de argumentação do controle da proporcionalidade pelos tribunais administrativos corresponde ao modelo fundamental, acima descrito, com seguintes particularidades:

aa) Como ao exame precedeu não a discussão de âmbitos de proteção jurídico-fundamentais, mas a subsunção sob uma norma de poder de intervenção, deveria, aqui, a dimensão jurídico-constitucional do meio ser destacada. A proporcionalidade irá depender essencialmente disto, se e quais âmbitos de proteção (jurídico-ordinários, dado o caso, além disso, jurídico-constitucionais) estão abertos, de outra forma formulado, de qual "relação jurídica constitucional ou administrativa"[21] concreta se trata. Se objeto do exame é o ato administrativo,

---

[17] É até debatido se catálogos de competência não mesmo têm conteúdo puramente organizacional e nenhum conteúdo normativo material. Comparar voto especial *Böckenförde/Mahrenholz BVerfGE* 69, 1, 57 (58) – denegação do serviço militar.

[18] *Lerche*, in: HdbStR V, 1992, § 122 Rdnr. 15.

[19] *Hesse* (acima, nota de pé-de-página 15), Rdnr. 72; para o artigo 4 I, da lei fundamental: *Morlok* (acima, nota de pé-de-página 16), Rdnr. 93.

[20] Isso está regulado expressamente no artigo 4, da lei de tarefas da polícia da Baviera.

[21] Segundo *Sobota*, Das Prinzip Rechtsstaat, 1997, S. 245 ff., deve a ideia da "relação administrativa" da proporcionalidade conferir até um significado além da relação-meio-finalidade.

deve ser distinguido rigorosamente se a desproporcionalidade eventual reside no próprio ato de efetivação ou, então, já na norma abstrata que, dado o caso, deve ser examinada incidentalmente.

Todas as considerações que estão atrás de uma decisão administrativa podem expressamente ser submetidas a limitações *da finalidade* jurídico-ordinárias. Deveria, dado o caso, ser recorrido (citar!) aos catálogos de finalidade antepostos, frequentemente, a leis administrativas mais recentes. Aqui, deixam unir-se riqueza de ideias, conhecimentos da sistemática e trabalho metodicamente mais cuidadoso, um com os outros, no texto da lei. A valência alta da argumentação depende especialmente do cuidado nesse ponto. Dado o caso, deve, além disso, ser chamada a atenção sobre a dimensão jurídico-constitucional das finalidades.

bb) Agora, deve ser examinada a idoneidade, necessidade e proporcionalidade em sentido restrito: com respeito à necessidade deve, na busca por meios alternativos, ser cuidado disto, que esses igualmente estão cobertos por uma norma de poder. Aqui, deixam comprovar-se, outra vez, conhecimentos legais, fantasia jurídica e subsunção exata. Também no controle judicial-administrativo de atos executivos a densidade de controle é limitada.

2. Proporcionalidade como proibição de insuficiência em deveres de proteção jurídico-fundamentais?

Quando medidas de proteção estatais intervêm em direitos fundamentais (de terceiros) essa intervenção está sujeita ao princípio da proporcionalidade (ver supra). Duvidoso é se de direitos fundamentais se deduz deveres de proteção e se também estes devem ser cumpridos proporcionalmente. O tribunal constitucional federal está inclinado a aceitar isso e, nisso, retomou a figura dogmática da proibição de insuficiência.[22]

Muita coisa permanece debatido.[23] Sem dúvida, existem numerosos pontos de contato com a proibição de excesso: assim, pode o estado, para a proteção de direitos fundamentais, ser coagido a intervenções em direitos de terceiros.[24] Déficits de proteção não se deixam, porém, compreender como intervenções mediatas[25] que, por sua vez, estão sujeitas à proibição de excesso. Isso iria nivelar o caráter de exceção e as particularidades dos deveres de proteção e dissolver mais o conceito de intervenção. A proibição de deficiência não é idêntica com a ponderação em colisões de direitos fundamentais e a proibição de excesso (assim, porém, a tese da congruên-

---

[22] *BVerfGE* 88, 203 (254) baseando-se em Isensee, in: HdbStR V, § 111 Rdnrn. 165 f.; comparar já *Canaris*, AcP 184 (1984), 201 (228).

[23] *Hain*, DVBl 1993, 982 ff.; *Hermes/Walther*, NJW 1993, 2337 ff.; para o todo, *Hesse*, in: Festschr. f. Mahrenholz, 1994, S. 541 ff.

[24] Voto especial *Rupp-v. Brünneck/Simon BVerfGE* 39, 1, 68 (73) – interrupção da gravidez I, critica, todavia, o dever para o apenar: "Isso inverte a função dos direitos fundamentais em seu contrário."

[25] Assim, porém, *Schwabe*, Die sogenannte Drittwirkung von Grundrechten, 1971, S. 149; contra isso, já *Alexy*, Theorie der Grundrechte, 1985, S. 416.

cia[26]), mas segue uma estrutura de argumentação própria. Para isso, deixa formular-se um esquema de argumentação.[27] A justiciabilidade dos deveres de proteção não remove, nisso, a distribuição de funções entre o legislativo que age ou executivo e a jurisdição constitucional controladora.

a) *Consideração do meio e da finalidade limitada*. Objeto da proibição de deficiência como critério de controle são sempre os *meios tomados* pelo estado, portanto, a serem atacados, no caso extremo, de inatividade completa de sua omissão. O exame da proporcionalidade do meio de proteção *pedido* iria demonstrar somente sua possibilidade jurídico-constitucional, mas não sua ordenação. A proibição de deficiência, porém, não marca as possibilidades do cumprimento, mas os limites da violação de deveres de proteção. O meio pedido não é objeto do controle, sua ordenação, no máximo, consequência do exame. Como *finalidades* devem ser destacados a finalidade de proteção jurídico-fundamental perante o particular, mas "também perante a totalidade de todos os cidadãos",[28] assim como os interesses colidentes com a proteção.

b) *Idoneidade*: inidôneo é o meio escolhido pelo estado somente quando ele não é útil nem à finalidade da proteção nem a outras finalidades. Quando, exatamente, preponderam finalidades opositoras (o que, primeiro, na conveniência deve ser examinado) não já deve também a medida que não serve à proteção fracassar na idoneidade. Somente com respeito à aptidão para proteção pode resultar uma identidade parcial para a idoneidade da proibição de excesso (com respeito à intervenção em direitos fundamentais colidentes), quando, exatamente, a proteção simultaneamente é finalidade de uma intervenção – (somente) nesse aspecto pode ser aprovada a tese da congruência.

c) *Efetividade em vez de necessidade*. A formação de alternativas é, aqui, oposta a da proibição de excesso: existe um meio protetor mais eficaz que não intervém mais fortemente em direitos fundamentais de terceiros ou outras finalidades (imanentes à constituição)?[29] Enquanto a necessidade no sentido da proibição de excesso pergunta por alternativas *mais moderadas, igualmente efetivas*, devem, no exame da efetividade da proibição de insuficiência, ser considerados meios *mais efetivos, igualmente moderados*. Proibição de deficiência e de excesso são, nisso, distintos, complementam-se e não limitam desmesuradamente o dador de leis e o executivo, uma vez que meios igualmente efetivos ou igualmente moderados irão, na diminuição da intensidade de intervenção ou aumento da qualidade de proteção, tornar-se raros. Uma otimização de todos os meios e finalidades a proibição de deficiência também não ordena. As finalidades devem, aqui, ser diferenciadas: o aumento da efetividade diz respeito à finalidade da proteção, a questão da intensidade da intervenção igual, a finalidades outras, colidentes.

---

[26] *Hain*, DVBl 1993, 982 ff.; contra isso, já *Dietlein*, ZG 1995, 131 (133 ff.).

[27] Posto em dúvida por Dietlein, ZG 1995, 131 (139 f.).

[28] *BVerfGE* 46, 160 (165) – Schleyer.

[29] Assim, já *Möstl* DÖV 1998, 1029 (1038 f.) de cujo esquema o aqui proposto desvia, entre outras coisas, com respeito ao exame da idoneidade.

d) *Conveniência da proteção*. Finalmente, deve ser perguntado se a proteção do meio escolhido é suficiente ou se os déficits de proteção, sob ponderação contra as finalidades particulares, são exigíveis. Nisso, coloca-se, com particular nitidez, a questão da densidade de controle. Especialmente, coloca-se a questão de prognósticos, que proteção medidas estatais oferecem.[30] O *tribunal constitucional federal* tem de, também aqui, entender-se como mera instância de controle.[31] Deveres de proteção jurídico-fundamentais levam só bem excepcionalmente a isto, prescrever ao titular da soberania competente um meio determinado.[32] Em regra, deve somente ser comprovado que um dever de proteção está violado, não como ele deveria ser cumprido. Fundamentalmente, o meio pedido e alternativo não devem ser transformados em objeto do exame de conveniência. Somente quando é manifesto que somente um único meio, de maneira mais idônea, mais efetiva e mais conveniente, basta à proteção, isto é, quando cada outro meio violasse a proibição de insuficiência, pode o poder discricionário de seleção ser reduzido a zero.

3. Proporcionalidade como barreira dos princípios da igualdade

a) *Aplicabilidade do princípio da proporcionalidade no artigo 3 I, da lei fundamental (nova fórmula)*. O princípio da proporcionalidade é, entrementes,[33] também invocado no exame do princípio da igualdade geral. Isso, contudo, de modo nenhum é evidente e também não indiscutível.[34] Debatido é, porém, não somente a problemática das barreiras do artigo 3 I, da lei fundamental, mas já a questão, o que essa norma, no fundo, ordena. Rigorosamente considerado, o artigo 3 I, da lei fundamental, não formula um mandamento, mas a comprovação lapidar: "Todas as pessoas *são*, diante da lei, *iguais*." Desse objetivo têm de mandamentos primeiro ser derivados.

---

[30] Na segunda sentença do aborto (*BVerfGE* 88, 203 [262 f.]), o tribunal *constitucional federal*, de modo digno de atenção, não realizou um mero "controle de evidência", mas, em vez disso, um "controle de sustentabilidade" – comparar para isso, *Möstl*, DÖV 1998, 1037. Ainda continua, "até a um controle quanto ao conteúdo intensivado", a primeira sentença do aborto (*BVerfGE* 39, 1 [46, 51 ff.]) – interrupção da gravidez I; comparar também *BVerfGE* 50, 290 [333] – co-determinação]. Isso, porém, também aqui não exclui uma prerrogativa estimatória legislativa.

[31] Comparar para isso, *Hesse* (acima, nota de pé-de-página 23), S. 556 f.

[32] Comparar *Dreier* (acima, nota de pé-de-página 16), Vorb. Rdnr. 63. A primeira sentença do aborto obrigou o dador de leis ao emprego do meio do direito penal: *BVerfGE* 39, 1 (47). Na segunda sentença do aborto, o *tribunal constitucional federal* também reconheceu meios alternativos, especialmente a concepção de assessoramento: *BVerfGE* 88, 203 [253, 265 f.].

[33] Alusões encontram-se já na *BVerfGE* 8, 51 (68 f.) – doações a partidos I; para a literatura mais velha, comparar *Lerche* (acima, nota de pé-de-página 3), S. 29 f. Um exame da proporcionalidade conforme a regra, porém, primeiro, à "nova fórmula" (*BVerfGE* 55, 72 [88] – nenhuma proposição diretriz e duvidosamente baseando-se na própria jurisprudência – entrementes, jurisprudência contínua; comparar *Hesse*, in: Festschr. f. Lerche, 1993, S. 121, 124, com mais indicações na nota de pé-de-página 12) refere-se.

[34] Voto especial crítico, *Katzenstein* BVerfGE 74, 9, 28 ff. – lei de fomento do trabalho.

Já a chamada "velha fórmula" do *tribunal constitucional federal*[35] é um início de derivar mandamentos do princípio da igualdade, que têm como objetivo a igualdade: segundo isso, "proíbe (artigo 3 I, da lei fundamental) que *essencialmente igual* seja *tratado* desigualmente, não, ao contrário, que essencialmente desigual, desigualmente em conformidade com a desigualdade existente". O *tribunal constitucional federal* pressupõe, nisso, que é distinguido entre essencialmente igual e essencialmente desigual. Isso, mal se pode aplicar. O objetivo da igualdade de direitos deve, exatamente, ser obtido, em parte, por igualdade de tratamento e, em parte, por desigualdade de tratamento (compensadora). A questão decisiva, nisso, é se igualdade de tratamento ou se diferenciação é permitida ou ordenada. Essa delimitação dá bom resultado somente com um *critério comum*. Como tal, entra em consideração somente o tipo e o grau de *desigualdade* real de dois casos. Quisesse-se declarar o que no "essencialmente igual" dever ser o "essencial da igualdade", então se teria de declarar que são "diferenças não essenciais". Por conseguinte, deveriam, de antemão, as desigualdades ser declaradas como critério comum do princípio da igualdade.

A chamada "nova fórmula" do *tribunal constitucional federal* vence a desorientadora fórmula vazia do "essencialmente igual". Segundo a jurisprudência mais recente, deve, com razão,[36] em seguida, ser perguntado se "não existem *diferenças* de tal tipo e de tal peso que elas pudessem justificar o tratamento desigual".[37] Uma distinção entre igual e desigual agora, de modo algum, é, primeiro, exigida.[38]

A *justificação*, exigida pela "nova fórmula", da desigualdade de tratamento parece-se às barreiras dos direitos de liberdade. Mas isso não quer dizer que agora, sem mais, como acima descrito, a proporcionalidade deveria ser examinada. Inicialmente, a jurisprudência distingue entre o *mero controle de arbitrariedade* e uma *revisão de proporcionalidade*.[39] Rigorosamente considerado, o controle de arbitrariedade é um exame da proporcionalidade limitado à idoneidade. Deve, portanto, ser perguntado se a proporcionalidade deve ser examinada completamente ou somente a arbitrariedade. Isso decide-se segundo dois critérios:[40]

aa) Em primeiro lugar, depende disto, se a diferenciação refere-se a características vinculadas a pessoas[41] e, com isso, leva a desvantagens de grupos. Isso é o caso, quando não uma determinada conduta, que cada um *pode conduzir* mais ou menos livremente, mas características, graves ou não modificáveis, do particu-

---

[35] Formulado como proibição de arbitrariedade, o artigo 3 I, da lei fundamental, proíbe, segundo essa fórmula, "tratar desigualmente arbitrariamente essencial igual, igualmente arbitrariamente essencial desigual"; assim, por exemplo, *BVerfGE* 49, 148 (165).

[36] O início novo dogmático do *tribunal constitucional federal* foi, na literatura, preponderantemente, bem acolhido; comparar, por exemplo, *Wendt*, NVwZ 1988, 778, 781 ff.; *Schoch*, DVBl 1988, 863, 875 ff.; *Zippelius*, VVDStRL 47 (1989), 7, 23.

[37] *BVerfGE* 55, 72 (88). Realçado não no original.

[38] Assim, *Badura*, contribuição à discussão in: VVDStRL 47, 94.

[39] *BVerfGE* 88, 87 (96) – transexuais II; 89, 15 (22) – imposição de trabalho noturno; 92, 365 (407) – subsídio de trabalho reduzido; 93, 99 (111) – informação sobre os recursos jurídicos.

[40] Em *Pieroth/Schlink* (acima, nota de pé-de-página 12), Rdnr. 438, os mesmos critérios são reunidos sob três pontos de vista.

[41] *BVerfGE* 88, 87 (96); 92, 26 (51) – registro secundário.

lar levam à desigualdade de tratamento. A delimitação, que lembra a teoria-três--graus do artigo 12 I, da lei fundamental, não leva a uma linha divisória rigorosa, mas é difusa.[42] Quanto mais uma diferenciação concerne a características pessoais determinadas, tanto antes ou tanto mais rigorosamente deve ser examinada a proporcionalidade. Em características vinculadas a pessoas deve ser cuidado disto, se não até uma proibição de discriminação especial do artigo 3 II, da lei fundamental, é eficaz. O exame é tanto mais rigoroso quanto mais os critérios de diferenciação *aproximam-se* das características do *artigo 3 III, da lei fundamental*, e quanto maior é o perigo da discriminação de uma minoria.[43] O argumento da minoria, todavia, produz o efeito contrário, ao o *tribunal constitucional federal* qualificar tipificações exatamente então de sem objeções, quando somente "um grupo, proporcionalmente pequeno, é prejudicado".[44] Assim, deixa argumentar-se livre de contradição somente quando se distingue rigorosamente entre a determinação quantitativa (inofensiva) de um "grupo" numericamente "pequeno" e a avaliação qualitativa com tendências de discriminação perante uma "minoria".

bb) Em segundo lugar, existe uma conexão para com os direitos fundamentais de liberdade: o exame é tanto mais rigoroso "quanto mais fortemente a desigualdade de tratamento de pessoas ou estado de coisas pode repercutir desvantajosamente sobre o exercício de liberdades protegidas jurídico-fundamentalmente".[45] Que intervenções em direitos de liberdade estão sujeitas a um exame da proporcionalidade, é claro. Considerado é, porém, mais, ou seja, uma proporcionalidade relacionada com o princípio da igualdade nos casos nos quais o artigo 3 I, da lei fundamental, e, *além disso*, direitos de liberdade estão afetados. O que isso significa, não se torna claro em seguida pela jurisprudência e também na literatura, até agora, não está esclarecido satisfatoriamente. Isso leva à terceira estrutura da argumentação da proporcionalidade:

b) Modelo fundamental (proibição de diferenciação): a proporcionalidade de diferenciações.

aa) Na jurisprudência não se pode, para a proporcionalidade, no quadro do artigo 3 I, da lei fundamental, descobrir um esquema de argumentação claro. Que ela não distingue entre os três passos, idoneidade, necessidade e proporcionalidade em sentido restrito, poderia indicar a isto, que aqui se trata de uma outra estrutura de argumentação. Como a jurisprudência, porém, no exame da proporcionalidade de desigualdades de tratamento refere-se ao estar afetado de direitos de liberdade, desvanecem-se os pontos de vista da proporcionalidade das intervenções e da

---

[42] *Jarass*, NJW 1997, 2545 (2547), com exemplos.

[43] *BVerfGE* 88, 87 (96).

[44] *BVerfGE* 82, 126 (152) – prazos de rescisão para trabalhadores. Fundamentado isso é com isto, que não é possível "*agravar* mais fortemente um número maior de afetados sem fundamento jurídico" (realçado não no original). Argumentado é, portanto, jurídico-fundamentalmente. Atrás disso esconde-se uma relação de tensão entre a proibição de diferenciação e os direitos de liberdade. No mesmo instante argumenta o *tribunal constitucional federal* – sob esse aspecto, com razão – com proibições de diferenciação eventuais que, de fato, podem justificar um tratamento especial (privilegiação) de minorias.

[45] *BVerfGE* 91, 346 (363) – herança conjunta de uma exploração agrícola.

proporcionalidade da diferenciação.[46] Isso tem a sua causa, não por último, nisto, que a jurisprudência não examina consequentemente os direitos de liberdade, em primeiro lugar, mas, às vezes, inicialmente ou exclusivamente o artigo 3 I, da lei fundamental. Ela, nisso, integra na argumentação aspectos que concernem aos direitos de liberdade para, finalmente, deixar em aberto sua violação.

Como exemplo para esses critérios, antes cobertos com véu, serve, aqui, somente a *segunda decisão-transexual*:[47] lá se tratou da possibilidade, fundamentalmente legalmente concedida, para transexuais de modificarem seu prenome também antes/ sem uma intervenção operativa transformadora do sexo. Duvidoso era se a exclusão legal de todas as pessoas abaixo de 25 anos é anticonstitucional. O *tribunal constitucional federal* comprova (com razão) que essa exclusão "repercute consideravelmente sobre o direito de personalidade geral",[48] remete aos âmbitos de proteção do artigo 2 I, da lei fundamental, em união com o artigo 1 I, da lei fundamental,[49] examina então, porém, exclusivamente o artigo 3 I, da lei fundamental, e deixa a violação dos direitos de liberdade expressamente em aberto.[50]

Como se trata de uma diferenciação relacionada a grupos e relativa a direitos de liberdade,[51] aplica o *tribunal constitucional federal* os critérios rigorosos da proporcionalidade, isto é, examina "fundamentos de tal tipo e de tal peso ... que eles pudessem justificar o tratamento desigual".[52] Ele remete aos "prejuízos sensíveis" e acentua, nisso, a limitação da personalidade e, portanto, o aspecto jurídico-liberal. Explicitamente ele afere o prejuízo pelo objetivo da regulação inteira (ou seja, de possibilitar a troca de papéis de transexuais já antes de uma intervenção operativa),[53] portanto, não por uma finalidade específica da diferenciação, e prova que a exclusão, sob esse aspecto, não foi necessária, se não até inidônea, uma vez que a recusação dessa possibilidade em transexuais mais jovens até "particularmente sensivelmente"[54] repercute. Somente em um último passo ele pergunta-se pelos aspectos das finalidades da diferenciação e comprova que fundamentos para isso "não" são "visíveis".[55] Se o *tribunal constitucional federal* quisesse, de fato, fundamentar somente uma infração do princípio da igualdade, então as poucas proposições teriam bastado com as quais ele rejeita quaisquer fundamentos para a desigualdade de tratamento: a regulação teria de até fracassar na proibição de arbitrariedade. Atua, com certeza, artificialmente, limitar-se ao artigo 3 I, da lei fundamental, como critério de exame e deixar a questão do direito da personalidade expressamente aberta, cuja violação, porém, então, incidentalmente conforme o objeto pormenorizadamente fundamentar.

---

[46] *Dreier* (acima, nota de pé-de-página 16), Vorb. Rdnr. 95, vê o perigo que no quadro da nova fórmula "faticamente são investigados aspectos dos direitos fundamentais de liberdade".

[47] *BVerfGE* 88, 87.

[48] *BVerfGE* 88, 87 (97).

[49] Ebenda.

[50] *BVerfGE* 88, 87 (101).

[51] *BVerfGE* 88, 87 (96).

[52] *BVerfGE* 88, 87 (98).

[53] *BVerfGE* 88, 87 (98 f.).

[54] *BVerfGE* 88, 87 (99).

[55] Ebenda.

bb) Na literatura é, em parte, proposto examinar a proporcionalidade, também aqui, em três graus como idoneidade, necessidade e proporcionalidade em sentido restrito.[56] Isso leva, porém, do mesmo modo a isto, que no traje do artigo 3 I, da lei fundamental, os bens de direitos de liberdade e interesses públicos são ponderados, portanto, nada mais ocorre que em um exame da proporcionalidade no quadro dos direitos de liberdade.

Em vez da intervenção, somente a diferenciação converte-se em objeto do exame. À medida que a diferenciação, simultaneamente, é intervenção, disso não resulta um ponto de vista do exame próprio, especificamente relacionado à igualdade: segundo isso, um tal ato de soberania deve ser idôneo para obter seu objetivo perseguido. Não deve estar à disposição nenhuma diferenciação menos agravante (isto é, nenhuma menos interveniente!) e deve ter lugar uma ponderação de bens (sic !).[57] Um tal exame da proporcionalidade poderia, em vez de no quadro do artigo 3 I, da lei fundamental, também se realizar como barreira-barreira do artigo 2 I, da lei fundamental. Se o *tribunal constitucional federal* nada mais tivesse tencionado, seria a discussão sobre as consequências práticas amplas da nova fórmula, em grande parte, sem objeto.

cc) Uma opinião contrária na literatura,[58] com razão, chamou a atenção sobre isto, que a estrutura do princípio da proporcionalidade é concebida para a justificação de intervenções e, por conseguinte, no artigo 3 I, da lei fundamental, de modo nenhum, sempre cabe. Em parte é, nisso, diferenciado entre "finalidades internas e externas".[59]

O esquema de intervenção não cabe, de fato, no princípio da igualdade geral. Diferenciações realizam-se, em parte, justamente, por causa do princípio da igualdade geral para, exatamente, convenientemente considerar diferenças reais ou até compensar. Tratar elas como uma intervenção no artigo 3 I, da lei fundamental, seria absurdo. Os fundamentos que ordenam uma tal diferenciação são denominados "finalidades internas", isto é, finalidades orientadas pela justiça,[60] ordenadas pelo próprio princípio da igualdade. Duvidoso é, porém, se, por conseguinte, a proporcionalidade deve ser examinada somente em diferenciações para a obtenção de "finalidades externas". A opinião leva, a meu ver, a uma diferenciação que, por um lado, vai muito longe, ao ela suprimir o princípio da proporcionalidade de uma parte dos problemas do princípio da igualdade, por outro, não longe o suficiente, ao ela não exigir nenhuma fundamentalmente outra estrutura do exame da proporcionalidade para o artigo 3 I, da lei fundamental.

---

[56] *Kloepfer*, Gleichheit als Verfassungsfrage, 1980, S. 62 f.; *Koenig*, JuS 1995, 313 ff., 317; *Rüfner*, in: BK, Art. 3 I GG Rdnr. 97; *Osterloh*, in: *Sachs*, GG, 2. Aufl. (1999), Art. 3 Rdnr. 21; *Pieroth/Schlink* (acima, nota de pé-de-página 12), Rdr. 440; aprovador, *Jarass*, NJW 1997, 2545 (2549).

[57] *Jarass*, NJW 1997, 2545 (2549).

[58] *Huster*, JZ 1994, 541; comparar já *Lübbe-Wolff*, Die Grundrechte als Eingriffsabwehrrechte, 1987, S. 258 ff.; já muito antes da discussão sobre a "nova fórmula", *Lerche* (acima, nota de pé-de-página 3), S. 29 f.; semelhantemente, *Sachs*, JuS 1997, 124 (129); crítico, *Heun*, in: *Dreier* (acima, nota de pé-de-página 16), Art. 3 Rdnr. 27.

[59] *Huster*, Rechte und Ziele, 1993, S. 233.

[60] *Huster* (acima, nota de pé-de-página 59) interpreta o artigo 3 I, da lei fundamental, como prescrição de justiça.

dd) *Início próprio*. Em pareceres, os direitos de liberdade deveriam ser examinados sempre diante do artigo 3 I, da lei fundamental. Isso corresponde não só à ideia da preponderância[61] da liberdade diante da igualdade, mas evita também uma mistura do exame do princípio da igualdade e sua proporcionalidade com aspectos da proporcionalidade como barreira de intervenção. No artigo 3 I, da lei fundamental, deve ser considerado exclusivamente o grau da diferenciação; ele deve, conforme a nova fórmula, ser posto em "relação" com o tipo e com o peso das diferenças reais para com os casos comparativos.

Como *meio* da diferenciação devem ser destacados os critérios de diferenciação rigorosos que resultam de fato ou por interpretação dos conceitos legais. Então, deve ser perguntado, quais *finalidades* a diferenciação persegue. Se a "diferenciação não foi empregada finalmente como meio para a obtenção da finalidade da lei",[62] deve ser perguntado por fundamentos objetivos para a diferenciação.

A *idoneidade* é a proibição de arbitrariedade relacionada à igualdade:[63] arbitrária é uma diferenciação quando para ela não existem fundamentos seguíveis racionalmente, isto é, quando ela não é idônea para servir a um objetivo de diferenciação. Os critérios de diferenciação têm de às diferenças, as quais considerar é o seu objetivo, referir-se, de modo idôneo, "relacionado à matéria".[64] Se a diferenciação realiza-se de fundamentos de praticabilidade ou para a obtenção de outras "finalidades externas", então ela tem de ser idônea a servi-los. Importante é que, aqui, são discutidas não universalmente as finalidades da regulação, mas somente as finalidades da desigualdade de tratamento perante os casos comparativos. Com apoio na jurisprudência, tem de ser perguntado se a densidade de controle é limitada à proibição de arbitrariedade (ver acima). Em caso contrário, deve ser examinado mais além:

Um *exame de necessidade* não tem lugar![65] De modo nenhum deve a questão ser apresentada, se medidas "menos agravantes" teriam obtido precisamente assim o objetivo, uma vez que a questão do grau do agravamento já nos direitos de liberdade foi revisada com vista à necessidade. Como lá devem ser examinadas soluções alternativas, tem a proporcionalidade, nos direitos de liberdade, sob esse aspecto, uma dimensão comparativa. Não, porém, deve, às avessas, a proporcionalidade, no quadro do artigo 3 I, da lei fundamental, repetir e misturar esses aspectos.[66] Também não deve ser examinado se uma medida "menos

---

[61] *Dürig*, in: *Maunz/Dürig* u.a., GG, Stand 1958, Art. 2 I Rdnr. 2, com mais indicações.

[62] *Kischel*, AÖR 124 (1999), 174 (193).

[63] *Kirchhof*, in: HdbStR V, 1992, § 124, S. 911: "Pelo menos, no conteúdo parcial da "idoneidade" cobre-se esse princípio da proporcionalidade com a proibição de arbitrariedade ... ."

[64] *BVerfGE* 71, 39 (58) – subsídio de residência.

[65] De outra forma, os mencionados na nota do pé-de-página 56; já *Lerche* (acima, nota de pé-de-página 3), S. 30, chama a atenção sobre isto, que a "direção da vista" do princípio da igualdade e do princípio da necessidade "difere". Também a formulação "relacionado à matéria e sustentável" na decisão 71, 39 (58) indica a um exame de idoneidade e conveniência.

[66] *Hirschberg* (acima, nota de pé-de-página 3), S. 47, limita o significado do exame da necessidade completamente a relações-meio-finalidade.

diferenciadora" entra em consideração. Se, por exemplo, um valor limite é, de praticabilidade, determinado para uma determinada consequência jurídica, então seriam, frequentemente, precisamente assim praticáveis quaisquer outros valores limites e uma consequência jurídica menos diferenciadora. Isso, porém, de modo nenhum leva a isto, que uma regulação já por isso infringe o artigo 3 I, da lei fundamental. Se a diferenciação tem origem em "finalidades internas", isto é, deve ela, justamente, compensar desigualdades, seria até absurdo perguntar por uma regulação menos diferenciadora.

Critério mais decisivo é, ao contrário, a *proporcionalidade em sentido restrito*: quanto mais fundamentos objetivos importantes falam em favor de uma desigualdade de tratamento, em uma medida tão mais forte estão justificadas diferenciações jurídicas. O grau da desigualdade de tratamento tem de ser conveniente ao grau da desigualdade real[67] dos casos comparativos. De outra forma como na proibição de excesso como barreira de intervenção, aqui não deve ser considerada a relação dos *bens* concorrentes no caso particular. No quadro da proporcionalidade no artigo 3 I, da lei fundamental, devem, ao contrário, ser comparadas, uma com a outra, as *valorações* que, dado o caso,[68] resultam de tais ponderações de bens nos casos em questão.[69] O valor abstrato de cada bem jurídico, isto é, o seu peso abstrato, tem de, por causa do artigo 3 I, da lei fundamental, sempre ser o mesmo. Seu peso cohcreto na aplicação, relacionada ao caso particular, da proibição de excesso e de insuficiência difere, nisso, em relação ao seu estar afetado real gradual. Sob esse aspecto, têm de diferenciações ser "proporcionais". Isso significa proporcionalidade no quadro do princípio da igualdade.[70] Expresso de outra forma, têm de as aplicações da proibição de excesso e de insuficiência realizar-se simetricamente. "Simétrico" elas são somente, quando elas dizem respeito à mesma "medida". Essa medida é nada mais que aquela relação abstrata dos bens um com o outro. "Proporcionalidade" e "simetria" estão relacionadas com a mesma *"medida"*. Se, nisso, exige-se a proporcionalidade das diferenciações[71] ou – considerando o reverso da medalha – a simetria das ponderações, é somente uma questão do ângulo visual. Nenhuma outra coisa contém – entendido corretamente – a ideia da "justiça do sistema".[72]

c) *Primeira variante do modelo fundamental: o mandamento de diferenciação*. O artigo 3 I, da lei fundamental, pode também ordenar diferenciações, isto é, ser violado por igualdades de tratamento.

---

[67] De fundamentos de diferenciação "do âmbito fático" fala *Hufen*, Gleichheitssatz und Bildungsplanung, 1975, S. 34 f.

[68] Em prestações estatais devem ser comparadas as valorações para ela decisivas.

[69] Já *Wittig*, DÖV 1968, 817, 822 remete a um "mandamento da diferenciação entre estados de coisas diferentes, nos quais existe uma relação distinta entre meio e finalidade". Para a distinção entre a consideração de estados de coisas distintas no princípio da igualdade, por um lado, e o exame da proporcionalidade, disso independente, por outro, comparar já *Lerche* (acima, nota de pé-de-página 3), S. 29 f., e para isso, *Grabitz*, AÖR 98 (1973), 568, 585.

[70] Comparar também *Hill*, VVDStRL 47 (1989), 172 ff., S. 184, com mais indicações.

[71] *Hill*, ebenda, fala de "igualdade de tratamento proporcional".

[72] Comparar para isso, *Schmitt Glaeser*, in: Festschr. 100 Jahre BayVGH, 1979, S. 291 ff.; crítico, *Peine*, Systemgerechtigkeit, 1985; mediador, *Michael* (acima, nota de pé-de-página 12), S. 275 ff.

aa) O meio a ser atacado é o ato de uma igualdade de tratamento, que pode consistir em tipificações e tratamentos em conjunto. Deve ser perguntado se existem fundamentos para a igualdade de tratamento. Também fundamentos opostos, que se referem a tipo e peso das diferenças reais e falam em favor de uma diferenciação, devem ser mencionados.

bb) A igualdade de tratamento é idônea para servir aos fundamentos para ela? Malogra ela os fundamentos para uma diferenciação?

cc) Um exame de necessidade não tem lugar também aqui.

dd) Se o exame dirige-se contra uma igualdade de tratamento, então deve ser perguntado se essa é inidônea perante o tipo e o peso das diferenças reais. As finalidades da igualdade de tratamento devem ser ponderadas contra os interesses da diferenciação.

d) *Segunda variante do modelo fundamental: as proibições de discriminação do artigo 3 III, da lei fundamental.* Também as proibições de discriminação do artigo 3 III, da lei fundamental, não excluem absolutamente desigualdades de tratamento, mas submetem diferenciações a um requisito de justificação. Se existe uma desigualdade de tratamento no sentido do artigo 3 III, da lei fundamental, então ela deve ser só excepcionalmente justificada. Uma discriminação sexual somente é permitida "à medida que ela" é "coercitivamente necessária para a solução de problemas que, segundo sua natureza, somente podem aparecer ou em homens ou em mulheres".[73] O princípio da proporcionalidade deve, aqui, portanto, ser examinado em modo intensificado.

aa) Se os meios caem sob uma das proibições de discriminação do artigo 3 III, da lei fundamental, devem ser postas às finalidades de uma tal discriminação exigências qualificadas: "Se falta em *razões forçosas* para uma desigualdade de tratamento, deixa essa legitimar-se somente ainda no caminho de uma ponderação com *direito constitucional colidente*."[74] Direito constitucional opositor pode, por exemplo, ser o artigo 3 II, da lei fundamental, para compensar "desvantagens (em outros âmbitos de vida) fáticas, como é típico, concernente a mulheres".[75]

bb) Para cumprimento dessas finalidades qualificadas deve a diferenciação ser idônea.

cc) De outra forma como no modelo fundamental é, no artigo 3 III, da lei fundamental, imaginável um exame de necessidade. Ela está, segundo a jurisprudência, até no centro do controle de proporcionalidade: uma desigualdade de tratamento específica do sexo diante do artigo 3 III, da lei fundamental, somente pode ser justificada "à medida que ela" é "*coercitivamente necessária* para a solução de problemas que, segundo a sua natureza, somente podem aparecer ou em homens ou em mulheres".[76] Deve, portanto, ser perguntado por alternativas da

---

[73] *BVerfGE* 92, 91 (109) – tributo de corpo de bombeiros.

[74] Ebenda.

[75] *BVerfGE* 92, 91 (112).

[76] *BVerfGE* 92, 91 (109).

obtenção da finalidade, que não se referem a características do artigo 3 III, da lei fundamental.

dd) Finalmente, tem de a diferenciação também ser conveniente às finalidades qualificadas.

II. Conclusão

A distinção, aqui proposta, de três estruturas de argumentação do princípio da proporcionalidade deve contribuir para isto, tornar ponderações e relações entre finalidades e meios racionalmente seguíveis. Na determinação rigorosa das estruturas da argumentação reside também uma limitação do controle: a proporcionalidade como critério de controle judicial proíbe, fundamentalmente, considerações de otimização. Também quando proibição de excesso, de insuficiência e proporcionalidade relacionada à igualdade devem ser examinadas cumulativamente, permanecem espaços que, segundo a estrutura da argumentação, aqui exigida, estão retirados do controle judicial. A visão geral que segue reúne as estruturas de argumentação distintas.

Passos do exame	Proibição de excesso	Proibição de insuficiência	Proporcionalidade nos princípios da igualdade: a) proibição de diferenciação b) mandamento de diferenciação c) artigo 3 III, da lei fundamental
1. Consideração do meio isolado: determinar objeto do exame	Intervenções por ato de soberania (leis, atos administrativos, etc.)	Meio de proteção tomado pelo estado	Atos dos mesmos titulares da soberania a) e c) critérios de diferenciação b) igualdade de tratamento
2. Consideração da finalidade isolada	Interesse do bem-estar da comunidade, bens jurídicos colidentes (em direitos fundamentais com reservas de lei especiais, sem reserva de lei e, no direito administrativo, observar limitações da finalidade)	Finalidades de proteção (fundamentar jurídico-fundamentalmente) e destacar finalidades colidentes	a) Finalidades da diferenciação (externa/interna) b) Finalidades da igualdade de tratamento c) Razões forçosas do direito constitucional
3. Idoneidade	Serve o meio às finalidades acima mencionadas (dado o caso, aptidão parcial)?	Servem os meios às finalidades acima mencionadas?	Proibição de arbitrariedade: serve a) e c) à diferenciação das finalidades da diferenciação acima mencionadas? b) à igualdade de tratamento das finalidades acima mencionadas?
4. Necessidade: considerações de alternativas	Não existe um meio mais atenuado que obtém todas as finalidades do mesmo modo efetivamente?	Efetividade: não existe um meio mais efetivo, igualmente atenuado?	a) e b) não têm lugar c) É a diferenciação coercitivamente necessária?
5. Proporcionalidade em sentido restrito	Ponderação dos bens jurídicos afetados concretamente	Déficits de proteção em ponderação de bens (excepcionalmente: ordenação de um determinado meio)	Conveniência da a) e c) diferenciação b) igualdade de tratamento em relação às diferenças objetivas dos casos comparativos: comparação de ponderações de bens distintas

— 12 —

Kant, Hegel e o Direito Penal*

Hellmuth Mayer[1]

Tradutor: José Paulo Baltazar Junior

A exigência, ultimamente feita,[2] de despedir-se de Kant e Hegel, isto é, de suas marchas de ideias jurídico-penais, abarca, em si, extensas consequências. São, realmente, as doutrinas do direito penal de ambos os pensadores somente consequências de suas posições fundamentais ético-filosóficas, consequências que, tão facilmente, não devem ser denegadas. O pressuposto supostamente "metafísico"[3] das posições fundamentais não é nenhum outro que a própria autocerteza da razão humana. Sob esse aspecto, é também o idealismo alemão somente

---

* Este artigo encontra-se publicado na Festschrift für Karl Engisch zum 70. Geburtstag. Frankfurt am Main: Vittorio Klostermann, 1969, S. 54 ff. Título no original: Kant, Hegel und das Strafrecht.

[1] Literatura. Imannuel Kant, Kritik der praktischen Vernunft, 1788, bei Hartknoch Riga, aqui segundo Vorländer 9. Aufl. bei Felix Meiner 1929 = Kr. Pr. V. (números das páginas postos entre parênteses segundo a edição original); Kant, Grundlegung zur Metaphysik der Sitten, Riga bei Hartknoch 1785 = Grundl., aqui segundo Vorländer bei Felix Meiner 3. Aufl. 1906 Neudruck 1965 (números postos entre parênteses segundo a edição da Kgl. Preußischen Akademie der Wissenschaften); Kant, Die Metaphysik der Sitten in Zwei Teilen, Königsberg bei Nicolovius, 1797 = M.d.S. aqui segundo Vorländer bei Felix Meiner 3. Aufl. 1919 (números das páginas postos entre parênteses segundo a edição da academia).

Klug, Abschied von Kant und Hegel, in "Programm für ein neues Strafgesetzbuch", in "Fischerbücherei, – Informationen zur Zeit Bd. 952, 1968 S. 36 ff.

Para Kant: Naucke, Kant und die psychologische Zwangstheorie Feuerbachs, Kieler rechtswissenschaftliche Abhandlungen Nr. 3 1962 = Naucke I, Naucke, Die Reichweite des Vergeltungsstrafrechts bei Kant in Schlesw.-Holst. Anzeigen 1964 S. 203 ff. = Naucke II. Pelos trabalhos de Naucke a literatura dos juristas mais antiga está, em grande parte, ultrapassada. Comparar, porém, Salomon Z. f. d. ges. Strafr. W. Bd. 33 S. 1 ff., ultimamente Eberhard Schmidt, Einführung in die Geschichte der deutschen Strafrechtspflege 3. Aufl. 1965 S. 229 ff. – Do lado filosófico, comparar Julius Ebbinghaus Studium Generale 1954, S. 513 ff., e Studium Generale 1955, S. 611 ff.

Hegel, Grundlinien der Philosophie des Rechts, Bd. 8 der "Werke" 1833 = R. Ph. – (números de páginas postos entre parênteses segundo a edição de Glockner, Bd. 7); Larenz, Vom Wesen der Strafe, Zeitschr. für deutsche Kulturphilosophie Bd. 2, 1936, S. 26 ff. Dulckeit, Rechtsbegriff und Rechtsgestalt 1936, ders. Philosophie der Rechtsgeschichte 1950.

[2] Klug, aaO.

[3] Klug fala, no local citado, bem desprotegido, das posições metafísicas, pelo menos, dos juristas alemães, contudo, também das de Kant e Hegel. O leitor médio de nossos dias pensa nisso em um ultramundo e pós-mundo, do que nem em Kant nem em Hegel, em nossa conexão, pode tratar-se.

DIREITO NATURAL – DIREITO POSITIVO – DIREITO DISCURSIVO

o último grau do racionalismo. Renunciar a esse deveria, porém, também, causar inoportunidades ao século 20.[4]

O movimento das ideias do racionalismo eleva-se para o seu vôo com a palavra conhecida de Descartes "cogito ergo sum"*. Essa proposição é só externamente revestida na forma de uma conclusão, ela tem também "não tanto o significado de uma experiência, como, ao contrário, da primeira verdade racional fundamental".[5] Pode-se, no idioma da atualidade, traduzi-la o melhor como segue: "Eu, como pessoa, sou essencialmente pensar e consciência e essa consciência de mim mesmo é o ponto de partida de todo o conhecimento da verdade humana." Kant continuou a teoria do conhecimento do racionalismo até a crítica da razão (teórica) pura. Em nossa conexão é, porém, de graves consequências a doutrina de Kant do primado da razão prática.[6] Ela deixa simplificadamente assim se declarar: "Eu sou essencialmente pessoa, contanto que eu, como razão subjetiva, sou consciência." Pode também dizer-se: "Ser pessoa significa ter uma consciência e atuar desde a sua consciência." A partir daqui deve ser entendido o célebre dito de Kant:

> "Em toda parte no mundo, sim, no fundo, fora do mesmo, nada é possível pensar, que sem limitação pudesse ser considerado bom, que somente uma boa vontade."[7]

Conquistou Kant à razão subjetiva seu direito eterno, então procura Hegel reconciliar a razão subjetiva com a realidade que, para ele, aparece como realidade do espírito tanto subjetivo como objetivo. Conhecida é sua divisa ao mesmo tempo conservativa e revolucionária:

> "O que é racional, isso é real, e aquilo que é real, isso é racional."[8]

Nessas três proposições desenvolve-se, de Descartes sobre Kant até Hegel, a crença na razão.

I. Os pressupostos filosóficos da doutrina do direito penal de Kant

A doutrina do direito penal de Kant é uma parte de sua ética que, quanto ao conteúdo, deixa apresentar-se independentemente da crítica da razão pura.[9] Ela pressupõe somente a declaração fundamental que a pessoa é, a priori, consciente

---

[4] O positivismo como filosofia, que serve às ciências naturais como fundamento, em verdade, não pode passar sem o seu antecessor, o racionalismo. Como está aqui com o movimento da juventude filosófico, dominante desde 1920, é difícil de dizer. Todas essas direções filosóficas ficam, porém, para as ciências empíricas, atrás do positivismo. Existe, todavia, uma concepção da razão no positivismo, que considera essa meramente como uma dotação de vida particular, nascida na luta da existência dos tipos, da espécie pessoa. Comparar em Wilhelm Busch in "Zu guter Letzt" die "Drum" überschriebenen Zeilen, onde Busch compara a razão com uma lanterna de ladrão.

* Nota do revisor: "Penso, logo existo."

[5] Windelband, Geschichte der Philosophie 12. Aufl. bes. von Rothacker 1928 S. 329.

[6] Kr. pr. V. S. 138-140 (215-219)

[7] Grundl. S. 10 (393)

[8] R. Ph. S. 17 (33)

[9] Sobre a relação da ética para com a Kritik der reinen Vernunft, comparar Ebbinghus, StudGen. 1954, S. 519 ff.

de um dever* incondicional ou da validade incondicional da lei moral.[10] A priori certo é, porém, somente o dever, no fundo, não seu conteúdo (Kant matéria).[11] Kant supõe, exatamente, que todos os princípios materiais, uma vez que eles aspiravam à "felicidade", são de natureza empírica. O imperativo categórico, isto é, o válido sem consideração a quaisquer condições, diz, por conseguinte, bem "formal":

> "Atua assim, que a máxima de tua vontade, a qualquer hora, simultaneamente, pudesse valer como princípio de uma dação de leis universal."[12]

Lê-se essa fórmula em conexão, então indica ela muito mais que uma mera ausência de contradição, não é também, por exemplo, uma "fórmula vazia", na qual cada conteúdo material arbitrário poderia ser incorporado.[13] Sob uma lei "geral" entende Kant exatamente uma lei que une a humanidade toda. As pessoas são, nisso, entendidas como titulares, obrigados à sua consciência, da razão subjetiva, de modo que Kant pode equiparar, quanto ao conteúdo, sua suposta fórmula vazia com o mandamento de amor cristão.[14] O imperativo categórico não deve, portanto, nunca ser pensado como "constituição" de um grupo qualquer, por exemplo, até de um bando de gangsters. Se regras da experiência ética tradicional ou algumas máximas subjetivas devem entrar como conteúdo material do imperativo categórico, então essas regras ou ideias subjetivas são nisso examinadas, não apenas do ponto de vista da ausência da contradição, mas também da dignidade humana e consideração da personalidade. Isso deve ser reconhecido especialmente claro em uma das formulações do imperativo categórico na Grundlegung der Metaphysik der Sitten:

> "Atua assim, que tu usas a humanidade, tanto na tua pessoa, como na pessoa de cada outro, a qualquer hora, igualmente como finalidade, nunca como mero meio."[15]

O imperativo categórico serve, portanto, como um padrão de medida intemporalmente válido para a apreciação das formas, muito variáveis, imagináveis em todos os tempos e zonas, da vivência em comum humana. A ética kantiana é, com isso, aberta para a experiência ética da humanidade e para sua variabilidade histórica.

---

* Nota do tradutor: o substantivo *Sollen* será, neste artigo, traduzido por *dever*, que abrange as três modalidades deônticas, ou seja, mandamento, proibição e permissão.

[10] O espaço escasso proíbe apresentar a dedução correspondente, muito sutil, de Kant, comparar para isso, porém, Ebbinghaus, Stud. Generale 1954 S. 513 ff., Naucke I S. 18 ff. Nós tencionamos aqui somente retificar certos mal-entendidos.

[11] Comparar Kr. pr. V. 34 (53): "Portanto, é a lei moral em nós, da qual nós nos tornamos imediatamente conscientes." A proposição é o resumo final dos resultados do primeiro título da Kr. pr. V.

[12] Kr. pr. V. S. 36 (54 f.)

[13] Klug aaO S. 39 entendeu mal aqui Kant. Kant, todavia, apoiou esse mal-entendido com sua expressão "mera forma".

[14] Kr. pr. V. 97 f. (147 ff.)

[15] Grundl. 52 (429)

A pessoa, como razão subjetiva, como consciência, é livre, e essa liberdade é sua determinação essencial. Pois, com o dever nós nos damos conta, simultaneamente, também, necessariamente, de nosso poder de satisfazer a esse dever. Essa autoconsciência da liberdade humana é para nós, como seres inteligíveis, do mesmo modo certo como, para nós, como apresentações em um mundo de apresentações, o enlace causal é certo. Como nossa consciência teórica, porém, somente diz respeito a um mundo de apresentações, permanece a liberdade da pessoa, como ser inteligível, intacta. Liberdade e responsabilidade são, nisso, apresentadas não como mera ficção necessária à vida, mas como realidade, todavia, em um outro plano que o plano da natureza apresentada no enlace causal.[16] Ebbinghaus[17] é da opinião de que a doutrina do direito de Kant pode também, independente dessa doutrina da liberdade antinômica, conservar sua validade. Basta, como pressuposto, a liberdade de escolha, psicológica, dada conforme a experiência, indiscutível, da pessoa. Nós achamos que essa capacidade de escolha somente pode ser vista como fundamento para responsabilidade humana, se, por trás dela, continua existindo a suposição kantiana de que nós nos damos conta, verdadeiramente, de um dever moral, e, com isso, também, da responsabilidade fundamentada na liberdade. A interpretação kantiana dessa verdade, em sua doutrina da liberdade antinômica, portanto, a dissolução do problema assim colocado, porém, precisamente, também só essa, não é necessária de fato para a doutrina do direito kantiana.

A doutrina do direito, Kant desenvolve na Metaphysik der Sitten. "Metafísica" é essa doutrina denominada, porque ela quer apresentar conhecimentos a priori e esclarecer pela experiência. Com metafísica no sentido popular da ideia de um ultramundo ou pós-mundo essa doutrina não tem nada a ver.[18] Metafísica dos "costumes" denomina-se essa construção de ideias porque nela direito e moralidade, apesar de sua particularidade, formam uma unidade. O direito diz respeito somente a atuações exteriores, em que, ademais, não é distinguido entre atuações puramente exteriores e atuações externo-morais, como, por exemplo, aquelas do chamado âmbito íntimo. Esse reino jurídico das atuações exteriores deve ser ordenado de tal modo que a cada particular é possível uma vida e atuação também exterior, segundo o imperativo categórico. Cada mandamento jurídico é, por isso, um mandamento moral, ao contrário, não cada mandamento moral é um mandamento jurídico. Em mandamento jurídico pode, segundo as finalidades do direito, somente ser transformado aquele mandamento que, por causa da liberdade moral geral, é necessário. De resto, diferenciam-se atuação jurídica e atuação moral somente segundo o móbil. Para atuação jurídica basta obediência legal exterior, moralmente atua a pessoa, ao contrário, somente quando ela atua por causa do dever.

---

[16] Um resumo conciso de sua doutrina da liberdade Kant traz na M. d. S. S. 23 f. (221 f.)

[17] Ebbinghaus, Stud. Gen. 1954 S. 520.

[18] M. d. S. S. 15 ff. (215 ff.), especialmente S. 18, Zeile 11 (216). Também juristas, que se apóiam em Kant, ocupam, por isso, não sem mais, posições metafísicas, como Klug, aaO S. 36, parece aceitar.

Nesse sentido é o conceito de direito um "puro", por isso, conceito prévio a cada experiência.[19] O mandamento jurídico diz:

> "Cada atuação é reta, que, ou segundo sua máxima, pode existir em conjunto a liberdade da arbitrariedade de cada um com a liberdade de cada um segundo uma lei geral."[20]

Uma vida sob leis jurídicas é, como uma simples reflexão mostra, somente no estado possível.[21]

Pois cada estado pré- ou extra-estatal não seria, sem dúvida, necessariamente, um estado de injustiça, certamente, porém, um estado de privação do direito.[22] No contrato estatal, que Kant concebe apenas como "idéia"[23] ou princípio de apreciação racional,[24] não como processo histórico,[25] o particular não abandona sua liberdade meramente natural, por exemplo, em favor da segurança ou bem-estar, mas somente para retomá-la, novamente, como liberdade autêntica, como membro do estado.[26] Expresso de outra forma, fora do estado não existe, no fundo, liberdade jurídica, quando, também em um estado privado de direito, a liberdade moral interna, por certo, até em correntes, pode guardar-se. Não se trata, por isso, no estado, primeiro, do bem-estar ou da felicidade do cidadão, "pois essa pode, talvez, como também Rousseau afirma, no estado natural ou também sob um governo despótico,[27] sair mais agradável e desejada, mas do estado da maior concordância da constituição com princípios de direito".[28] Com isso, Kant não se dirige, de modo nenhum, contra as aspirações de bem-estar do estado que, bem evidentemente, tem a tarefa de atuar civilizatória e culturalmente. Somente consiste, precisamente, a "salvação do estado" no "estado da maior concordância da constituição com princípios de direito". A doutrina do direito diz, portanto, entre outras coisas, que toda a aspiração de bem-estar do estado tem de efetivar-se em liberdade. Como o direito, no fundo, primeiro fundamenta e garante a liberdade da pessoa, temos nós de aspirar pela "concordância do estado com princípios de direito", para o que "a natureza, por um imperativo categórico, nos faz vinculativos".[29] Por isso, o direito também é inviolável. Quem atua contra o direito tem de padecer coerção jurídica, pois, para Kant, o direito é unido com o poder de

---

[19] M. d. S. S. 3 (205)

[20] aaO S. 35 (230)

[21] Comparar a definição de estado na M. d. S. § 45 S. 135 (313)

[22] aaO S. 134 f. (312)

[23] aaO S. 138 (Zeile 35 (315))

[24] Gemeinspruch S. 397

[25] Comparar, pormenorizadamente, Salomon aaO S. 6 ff.

[26] M. d. S. S. 138 f. (315 f.)

[27] Sublinhado por nós: a alusão é muito moderna.

[28] M. d. S. S. 141 (318)

[29] aaO

coagir.[30] Como Kant procura resolver o problema da liberdade situado na coerção jurídica, nós ainda teremos de tratar. Comparar infra, II 4 a.

II. A doutrina do direito penal de Kant

Objetou-se contra a doutrina do direito penal de Kant que ela não concorda com suas visões fundamentais filosóficas. Mais cuidadosamente, diz-se em meu manual de direito penal, Kant não conseguiu uma fundamentação positiva da teoria absoluta.[31] Na verdade, resulta de uma prova rigorosa do texto que Kant, na Metaphysik der Sitten, não quis fornecer absolutamente nenhuma teoria do direito penal abrangedora.

1) Método e alcance da doutrina do direito penal kantiana

a) Conceito e empirismo

O direito é para Kant – como já exposto – um conceito "puro", isto é, derivável a priori de conhecimentos que, contudo, é "colocado em prática, isto é, deve ser aplicado aos casos que sucedem na experiência".[32] Ao âmbito da experiência pertence também o direito positivo histórico, o que Kant, sem dúvida, não diz expressamente, mas, mediatamente, sempre reconhece de novo. A esse direito positivo proporciona o sistema jurídico, deduzido do conceito puro do direito, somente os "princípios inalteráveis".[33] Também a pena é, nesse sentido, em primeiro lugar, uma vez, um instituto encontrável na experiência jurídica. A tarefa de Kant é, portanto, examinar, se e até que ponto essa instalação, dada na experiência, deixa compatibilizar-se com princípios de direito.

b) A doutrina do direito penal de Kant não é concluída

Kant não considera possível exatamente um sistema acabado de uma doutrina do direito, filosófica em seu sentido, isto é, a ser deduzida a priori. Pois um sistema teria de considerar junto a variedade empírica infinita dos casos que aparecem na experiência e da dação de leis empírica. O filósofo teria de, portanto, apresentar a doutrina do direito não só de seu tempo, em sua extensão toda, para filosoficamente examiná-la minuciosamente. Um tal projeto Kant declara inexecutável. Ele quer, portanto, somente dar "fundamentos iniciais metafísicos" e nisso, no texto, somente apresentar o sistema a priori desenvolvido, o que, porém, está relacionado com casos da experiência, ele quer acomodar em "notas, em parte, detalhadas".[34] Infelizmente, Kant não realizou cuidadosamente em toda a parte esse programa prometido no prefácio. Mas, completamente sem dúvida, está

---

[30] aaO S. 36 § D (S. 231)

[31] Salomon aaO S. 24; H. Mayer, Strafrecht Allg. Tl. 1953, S. 30, contra Naucke I S. 30 ff.

[32] M. d. S. S. 3 ff. (205 ff.)

[33] aaO S. 33 (229)

[34] aaO S. 4 (206)

a doutrina do direito penal em uma tal "nota detalhada", ou seja, na "nota geral dos efeitos jurídicos da natureza da associação civil", e precisamente, na letra E da mesma, sob o título "Do direito penal e do indulto",[35] portanto, não sob algum número-parágrafo do sistema. Segundo isso, Kant somente quer entrar na matéria tanto quanto ele considera isso necessário para o aclaramento dos princípios. Além disso, Kant faz, referente ao direito público em geral e ao direito penal em especial, uma outra limitação, sim, com certeza, uma reserva. Ele diz, exatamente, ao final do prefácio,[36] que tratou menos pormenorizado dos títulos que concernem ao direito público (e, com isso, também ao direito penal, o escritor), e precisamente, porque eles, nesse tempo, "estão submetidos a tantas discussões e, contudo, são tão importantes, que eles podem, certamente, justificar a suspensão da sentença decisiva por algum tempo". Kant deixou ficar essa proposição também na segunda edição; era para ele, portanto, sério com limitação e reserva. Até que ponto Kant quis incluir a doutrina do direito penal justamente também na reserva, concernente à validade das declarações, fica em aberto. Contra isso falam seriedade e intensidade das discussões jurídico-penais.

c) A doutrina do direito penal de Kant diz respeito somente ao direito criminal em sentido estrito dos tempos mais antigos, portanto, não ao, naquele tempo, chamado direito civil ou de polícia.[37] Às "penas penosas" estavam sujeitos, por exemplo, não a massa dos casos de furto, mas apenas o furto especialmente qualificado, assim, o grande furto, acima de 20 florins de ouro (=valor de 1-2 cabeças de gado grosso), na reincidência.[38] Somente as matérias penais completamente graves, por exemplo, o assassinato, pertenciam ao âmbito tomado em consideração por Kant. Somente crimes graves de tal maneira ele considera antijurídico, digno de retribuição e carente de retribuição.[39] O direito da infração pequena, o chamado antijurídico civil ou policial, Kant trata, quando muito, à margem. Todavia, já estava o processo de fundição das matérias penais grandes, médias e graves em um direito penal uniforme em plena marcha quando, em 1796, apareceu a primeira edição da doutrina do direito. Porém, Kant manteve-se, sob esse aspecto, no Achenwall mais antigo, cujo Jus Naturalis, de 1767, ele, segundo o uso acadêmico de então, tomou por base para sua preleção.[40]

Com pleno direito Naucke[41] chamou a atenção sobre isto, que todo o modo de expressão e consideração de Kant primeiro dá um sentido, quando se relaciona

---

[35] aaO S. 142 (318), 158 (331)

[36] aaO S. 8 (209)

[37] Comparar sobre a diferença entre os dois âmbitos, H. Mayer GS. Bd. 98 S. 330 f., sobre o significado político-criminal da aplanação da diferença, ders. Strafrechtsreform für heute und morgen 1962, S. 59 ff., 68 f. – em aplicação à Kant Naucke II S. 208 f.

[38] H. Mayer, Strafrechtsreform e assim por diante S. 68 f.

[39] Comparar, exaustivamente, Naucke II S. 205 ff.

[40] Comparar Vorländer, prefácio para M. d. S., S. XXIV, comparar também Naucke II, Anm. 53, 54 com mais literatura.

[41] Naucke II S. 207 ff.

as suas exposições somente com a criminalidade grave. Aqui se impõem tanto, de fato, argumentos segundo o sentimento, que mesmo os reformadores do direito penal mais modernos tem o costume de tê-los em conta. Do contrário, seria completamente incompreensível que justamente os modernos têm o costume de impelir ao castigo os atos violentos nacional-socialistas, embora não se possa falar, de modo nenhum, aqui, de finalidades preventivo-especiais, argumentos preventivo--gerais, porém, só podem ser construídos extremamente artificialmente.

2) A pena como instituição do direito empiricamente dado

Nos pré-conceitos para a Metaphysik der Sitten está a proposição: "O que alguém ... faz menos que a (obrigação, o escritor) exige, é culpa (demeritum) moral. O efeito jurídico de uma culpa é a pena (poena)."[42] Isso é não mais que a definição conceitual de um estado de coisas dado na experiência.[43] Também na passagem decisiva, onde Kant trata ex professo* a doutrina do direito penal e não somente em observações secundárias,[44] aproveita ele o conceito de pena do empirismo, determina-o, todavia, para a aplicação dos princípios filosófico--jurídicos, em modo significativo. A letra E inicia exatamente com a proposição seguinte: "O direito penal é o direito do comandante contra o servil, impor a ele, por causa do seu crime, uma dor." Bem notoriamente, Kant não requer ter deduzido filosoficamente essa proposição nessa passagem. Ele também nem sequer remete indiretamente a uma dedução proporcionada em outro sentido. Sobre isso também o cuidadoso Kant não deve ter tido dúvidas, uma vez que o modo de expressão é escolhido circunspectamente. Contudo, seria falso falar aqui de uma "profissão" ou, mais corretamente, de uma visão a priori, pois, se Kant quisesse ter dito isso, ele certamente o teria dito. Trata-se, bem simplesmente, de uma proposição de experiência. Essa proposição estranha ao leitor atual por seu modo de expressão.[45] Em primeiro lugar, nós nos admiramos sobre um "direito do comandante" contra os "servis". Nisso encontra-se, uma vez, a, para a consciência atual, verdade aborrecida, que o estado, em cada caso, é domínio. De resto, porém, Kant quer referir-se justamente à doutrina, liberal e, naquele tempo, ainda moderna, da divisão dos poderes. "Comandante" é, exatamente, só uma germanização, antes esclarecida, da expressão "executivo". Nisso, Kant não tem dúvidas sobre isto, que o próprio executivo, de modo algum, pode declarar a pena, segundo princípios do direito, isso deveria, segundo a opinião de Kant, ao contrário, o júri fazer. Kant pressupõe, portanto, nessa passagem, o processo acusatório, que ele tratou

---

[42] M. d. S. S. 31 f. (227 f.)

[43] Naucke I, S. 32, Anm. 147, vê nessa proposição uma certificação da teoria da retribuição. Isso é, a meu ver, só condicionalmente correto.

* Nota do revisor: notoriamente.

[44] M. d. S. S. 158 (331 ff.)

[45] Klug aaO S. 36 sente aqui – injustificadamente – um "começo resignante sem esperança".

em passagem prévia.[46] Mais importante é o outro impulso, que nós tomamos não arbitrariamente, quando nós lemos que Kant designa a pena absolutamente como ocasionamento de dor pelo estado. Também esse modo de falar, porém, não é minutado inconsideradamente. Kant quer dizer o seguinte: onde, sempre em nome do estado, por causa de uma culpa, um mal é acrescentado, é esse mal uma pena. Ele rejeita, portanto, ficções como, por exemplo, a seguinte: essa pena não é uma dor, ela não doi, porque tudo ocorre somente para a finalidade do asseguramento ou melhoramento.

Com isso, Kant esclareceu conceitualmente o estado de coisas dado conforme a experiência. É da máxima importância para a compreensão da doutrina do direito kantiana, que Kant aproveita da experiência instituições jurídicas, como elas se desenvolveram historicamente, para aplicar o seu sistema, desenvolvido a priori, sobre esse estado de coisas da experiência. Entende-se mal, ao contrário, como profissão ou visão afirmada a priori, o que, bem simplesmente, quer ser conhecimento da experiência. Que isso é assim, demonstra também que Kant se apoia, ocasionalmente, no intelecto humano saudável geral, como, por exemplo, na proposição seguinte: "Além disso, nunca se ouviu que um condenado à morte por assassinato tivesse se queixado que a ele, com isso, ocorreu demais, e, portanto, antijurídico, cada um iria rir no rosto dele, se ele se manifestasse nesse sentido."[47] Naturalmente, mostra, justamente, esse exemplo que é muito perigoso apoiar-se sobre as sentenças transformáveis do intelecto humano saudável. Ademais, pode o leitor moderno, talvez, sentir a falta de uma disputa metódica sobre isto, o que deduz a priori, o que é experiência. Mas Kant dá tais exposições metódicas na teoria do direito só ocasionalmente e na "nota" sobre o direito penal precisamente de modo nenhum.

3) O "não" de Kant para as teorias relativas

a) O interesse de Kant vale, em primeiro lugar, à liberdade jurídica, que ele quer proteger contra aspiração de bem-estar coletivista, que ele vê em ação em cada forma das teorias relativas. A teoria absoluta ele usa nisso como baluarte, pressupõe ela mais do que ele a fundamenta. Deve ler-se realmente a nota E I, uma vez, em conexão e não logo despedaçar ela em citações ou provas para a própria opinião.[48]

O primeiro título esclarece – como mostrado supra 2 –, em primeiro lugar, uma vez, conceitualmente o estado de coisas da experiência. O segundo título

---

[46] M. d. S. S. 140 f. (317 f.)

[47] M. d. S. S. 162 (334)

[48] Logicamente tem de se proceder como Naucke, S. 30 f., que primeiro deixa Kant fundamentar a pena positivamente como "absoluta". Acertadamente Naucke evita a expressão pena de retribuição. Mas o Kant histórico pode e tem de, aqui, às vezes, ser entendido psicologicamente. Ademais, também Naucke mesmo faz reservas com referência ao seu procedimento, comparar S. 32 Anm. 150.

é, então, aberto com uma recusa incisiva das teorias da finalidade relativas. Nós citamos essa passagem principal no todo:

> "Pena judicial não pode ser aplicada meramente como meio para promover um outro bem, para o próprio delinqüente ou para a sociedade civil, mas tem de, a qualquer hora, somente a ele ser imposta, outra vez, porque ele delinqüiu; pois uma pessoa nunca pode ser manejada meramente como meio para as pretensões de um outro e mesclada sob os objetos do direito das coisas, onde, outra vez, a personalidade inata protege ela."[49]

O direito de punir o delinquente porque ele delinquiu é, aqui, sem fundamentação, simplesmente pressuposto para possibilitar a negação das teorias relativas. Seu "não" fundamenta Kant com o seu princípio, já obtido na Grundlegung zur Metaphysik der Sitten, que a pessoa não pode ser usada como meio. Isso é, então, no que segue, esclarecido. Nisso é até censurada à teoria da felicidade, ela atua segundo o dito "farisaico": "É melhor que uma pessoa morra que o povo todo deteriore-se."[50] O evangelho de João, aqui citado por Kant, relata no cap. 11, 40-50, como segue: fariseus, como fanáticos da religião da lei tradicional, acusam Jesus de sua doutrina herética. No sinédrio torna-se público o temor completamente diferente, o movimento de Jesus pode motivar os romanos a assumir o domínio imediato. O sumo sacerdote Kaifás recusa os fanáticos religiosos com as palavras: "Vocês não sabem nada, vocês também não consideram", chega, porém, à conclusão: "É para vós melhor que uma pessoa morra, que o povo todo deteriore-se." Kant afirma, portanto, a máxima das teorias relativas é nada mais que a máxima da raison d'état*, e esclarece essa afirmação naquele exemplo histórico, que para os leitores de seu tempo, sem dúvida, frequentemente não mais crentes na bíblia, contudo, muito versados na bíblia, teve de atuar particularmente estremecedor. Nessa e em nenhuma outra conexão nós encontramos, finalmente, a proposição que, frequentemente, é utilizada para a teoria absoluta: "Se a justiça desaparece, não tem mais valor que pessoas vivem na terra." Também alguma pessoa moderna de hoje deveria, certamente, associar-se à opinião de Kant, que a vida fica sem valor quando é orientado por mera razão de estado.

Do mesmo modo variam as exposições seguintes somente desse tema, assim quando Kant rejeita "experimentos de graça" em condenados, porque a justiça não tem preço e não se deveria dar por nenhum preço.[51] Também o princípio do talião não é introduzido por causa da ideia de retribuição, mas porque é o único princípio de aplicação da pena válido a priori que protege da arbitrariedade judicial.[52] Certamente, em todas essas exposições, a teoria absoluta é pressuposta, ela parece também, sempre de novo, na fundamentação, mas justamente, porém, somente como tom baixo para a verdadeira melodia. Klug acha que o espírito claro de Kant

---

[49] M. d. S. S. 158 (331)

[50] aaO S. 159 (332). Como se sabe, Robespierre com palavras iguais exigiu a morte de Luís XVI.

* Nota do revisor: razão de estado.

[51] M. d. S. S. 159 (332)

[52] aaO S. 159 (332), 195 f. (362 f.)

aparece aqui obscurecido por visões depressivas.[53] Se de depressões pode tratar--se, então realmente só da depressão histórico-mundial, que toda a Europa sofreu por meio dos assassinatos por finalidade da justiça em massa do período do terror da revolução francesa. Precisamente por esses processos viu-se a crença na razão da época fraudada em suas esperanças. Com outras palavras: Kant encontrava-se em uma situação histórico-espiritual semelhante como os escritores do projeto 62 após a justiça da finalidade dos nacional-socialistas.

b) Na realização da prova de Kant, as teorias relativas envilecem as pessoas para o meio para as intenções de outros, Klug quer ver um erro do pensar "simples", isto é, grosseiro. É, exatamente, uma declaração vazia afirmar, envilece-se o problema da justificação para um problema de finalidade ou de utilidade, à medida que se quer justificar a pena com sua utilidade. Conteúdo obteria uma tal declaração somente quando se designa quanto ao conteúdo a finalidade e, com isso, a dação de sentido da pena. Fixa-se, porém, como finalidade, valores morais tão altos, como proteção do ordenamento da paz e ressocialização, então – de outra forma não se pode entender Klug – essas altas finalidades justificam o meio da pena.[54] Tivesse Klug formulado cuidadosamente sua proposição vivamente iniciada até o final, então ele mesmo teria de ter reconhecido que ele, com isso, elogia a máxima jesuíta,[55] a alta finalidade – nos jesuítas, a finalidade imaginável extrema, ou seja, a salvação eterna da pessoa, inclusive do próprio herege queimado – justifica o meio para essa finalidade. Contudo, a humanidade, também quando ela estava orientada completamente do outro lado, rebelou-se contra tal moral. Naturalmente, guarda-se também Klug, ao ele, poucas linhas depois, escrever, no estado de direito é uma evidência que ninguém pode ser usado meramente como meio para uma finalidade que se situa fora dele. Se nós abstraímos, uma vez, do otimismo de Klug, infelizmente completamente infundado, então está realmente essa proposição em oposição inabrogável para com o prévio, segundo o qual se trata, na pena, das finalidades perseguidas. De outra forma expresso, as teorias relativas levam seus representantes a um dilema indissolúvel que, Exner, uma vez, formulou como segue: "Prevenção do crime não é uma finalidade que cura cada meio."[56] Quer dizer, prevenir o crime cura certos meios, certos outros, não. Com isso, permanece, porém, aberta a questão decisiva, que meios são permitidos por causa de quais finalidades.

---

[53] Klug aaO S. 36.

[54] Nós esperamos, com isso, reproduzir corretamente a marcha das ideias de Klug aaO S. 40. Infelizmente, também o modo de expressão não é, em toda parte, inequívoco.

[55] Aqui não pode ser investigado se os jesuítas alguma vez ensinaram essa proposição. Ademais, abre já o conceito da intentio [intenção] de uma atuação, como ele é ensinado por Tomás de Aquino, a possibilidade de desenvolvimentos defeituosos. A suposta moral dos jesuítas foi, historicamente, em todo o caso, na teologia da controvérsia protestante e, ato contínuo, no iluminismo, entendida no sentido acima apresentado. Não se trata, aqui, para o nosso assunto disto, o que os jesuítas ou a casuística moral católica realmente acharam.

[56] Exner, Theorie der Sicherungsmittel 1914 S. 3; v. Liszt, Lehrbuch 22./23. Aufl. 1922 § 4 III reconhece expressamente só tais limitações que se situam na ideia da finalidade mesma.

Essa questão Kant requer responder de modo válido universalmente. Proibido é, segundo sua opinião, utilizar a pessoa igualmente como uma coisa. A diferença entre pessoa e coisa consiste, para Kant, nisto, que somente a pessoa é finalidade em si. Não deveria ser discutido sobre isto, que a pessoa não é tratada como finalidade em si, mas analogamente à coisa, quando ela é apenada para a finalidade da prevenção geral, especialmente da intimidação de outros. Klug supõe, porém, notoriamente que a pena de ressocialização humana escapa ao veredicto de Kant. Para a ressocialização está o autor no centro de todos os esforços. Ele é aquele que deve ser melhorado tanto quanto possível.[57] Essa objeção ignora os fundamentos da realização da prova kantiana.[58] A pessoa é exatamente para Kant finalidade em si porque e somente porque ela é razão subjetiva, consciência, vontade autônoma. Isso somente distingue ela de toda mera natureza. A pessoa é, portanto, lá antijuridicamente tratada como meio, onde ela é coagida a não fixar autonomamente suas finalidades. Que a teoria da ressocialização, porém, heteronomamente impõe ao apenado as finalidades de seu melhoramento, porém, mal pode ser impugnado. Em algumas teorias da aplicação da pena modernas isso sobressai até particularmente crasso, assim, quando se fala abertamente de "tratamento" (treatment), pelo qual o delinquente, que é mal adaptado à sociedade, tem de ser desabituado de seu deviant behaviour*; Klug mesmo fala de terapia social. De um erro do pensar de Kant, portanto, não se pode tratar, mas somente de um mal-entendido da ideia fundamental que escapou a Klug. É a pessoa essencialmente razão subjetiva, consciência, então uma tal sujeição de sua vontade às finalidades de outros, como ela efetua-se na pena criminal, não pode ser fundamentada com algumas finalidades úteis, também não com a finalidade, bem intencionada e "boa", da ressocialização. Pois, precisamente para Kant, absolutamente nada de bom existe no mundo que a vontade, boa, livre, autônoma, do sujeito.

c) Refuta-se a teoria de Kant em suas consequências? A doutrina do direito penal kantiana se poderia tentar refutar de duas maneiras diferentes, ou ao se atacar seus fundamentos ou ao se provar que essa teoria leva a consequências absurdas. Nós queremos aqui nos ocupar somente com a última tentativa, que Klug, pelo menos, alude.

No quadro da atuação social nós empregamos, todavia, sempre e necessariamente, pessoas como meio em nosso cálculo. Em cada negociação contratual nós impomos à parte motivos que ela mesma não se fixou. Que isso tem o costume de ocorrer mutuamente nada modifica na relação-meio-finalidade. Mas à parte permanece, precisamente, a decisão autônoma livre, se ela quer adotar os motivos fixados alheamente. Ela, portanto, não é usada como "mero" meio. Somente quando, por coação, a autonomia fosse ameaçada ou, por dolo, vencida em astúcia iria a parte ser usada como "mero" meio para nossas finalidades. Isso, precisamente,

---

[57] Klug aaO S. 40.

[58] Kant Grundl. S. 52 ff. (429 ff.)

* Nota do revisor: comportamento desviante.

porém, é também juridicamente inadmissível e, em grande medida, até punível. O mesmo vale também para a atuação, soberana ou não soberana, do estado, de modo que uma mera pena de lição, no sentido de Liszt, talvez pode ser pensada como admissível, enquanto o apenado não é afetado em sua honra. De tais "penas" meramente "civis no sentido do século 18.", então também, Kant, no fundo, não fala, tão pouco de admoestações sujeitas a taxas e coisas semelhantes.

Objetável parece que o estado, por causa de finalidades públicas, invoca o cidadão para o cumprimento de serviços pessoais, por exemplo, para o serviço militar. O direito natural mais antigo discutiu até a questão, se é admissível cobrar impostos. Mas não pode, porém, certamente, existir nenhuma dúvida que o imperativo categórico diz respeito não só a atuações positivas, mas também a omissões. Ele, portanto, não exclui deveres perante à comunidade, mas inclui. Quem não cumpre tais deveres, que são necessários para a conservação da comunidade, viola a liberdade da comunidade e, com isso, de cada um outro. Ele está sujeito, com isso, à coação jurídica. No serviço militar hoje, às vezes, são declaradas objeções de consciência, contra o dever de quarentena mal alguma coisa irá-se deixar objetar.

Somente no direito penal mesmo poderia fracassar, todavia, a doutrina do direito penal de Kant sob o ponto de vista das consequências absurdas. Pois a doutrina do direito penal kantiana pressupõe, precisamente, como admissível que o delinquente é apenado porque ele delinquiu. Devesse a teoria absoluta, porém, positivamente não ser fundamentada, então teria de Kant somente com Tolstoi tirar a consequência que cada forma de justiça penal é inadmissível. Se essa consequência, porém, realmente, seria tão absurda, como ela parece à primeira vista?

4) Uma fundamentação positiva da teoria absoluta na forma de dedução filosófica, isto é, de uma derivação correta das premissas, Kant não deu nem na Metaphysik der Sitten nem em outra parte. Mas ele também não afirmou que a teoria absoluta é a priori visível. Ele pressupõe, ao contrário, a teoria absoluta. Essa lacuna na realização da prova de Kant explica-se disto, que as exposições jurídico-penais são pensadas somente como notas.

a) A dedução possível da pena como forma da coerção jurídica

Quem declara a liberdade como direito original único, que compete a cada pessoa em virtude de sua humanidade,[59] tem de conciliar esse direito fundamental da humanidade com o duro fato da coerção jurídica. Kant não se faz fácil essa tarefa. Ele acentua, como o realista, que ele é, até esse lado negativo do direito e declara o direito como "unido com o poder para coagir",[60] o direito consiste até para Kant na possibilidade de coerção mútua.[61] Somente assim ele acredita poder

---

[59] M. d. S. S. 43 Zeile 23 (237)

[60] aaO Einleitung S. 36 (231)

[61] aaO Einleitung § E S. 36 f. (232)

distinguir inequivocamente entre moralidade e legalidade. A objeção da dogmática jurídica, justamente o direito público contém uma multiplicidade de normas, em cuja coercitividade não pode ser pensada, Kant iria, certamente, recusar com a consideração que ele considera o direito como relação dos cidadãos particulares uns com os outros, as regras no interior do aparato de coerção do estado, porém, somente são normas de auxílio. Acerca da dureza da coerção da pena Kant não se engana:

> "Pena alguém não sofre porque ele a quis, mas porque ele quis uma atuação punível, pois não é nenhuma pena quando a alguém ocorre o que ele quer e é impossível querer ser apenado."[62]

A dissolução do dilema realiza-se em duas séries de ideias. Uma vez, existe liberdade somente à medida que ela é compatível com a liberdade de cada um.[63] Outra vez, deve ser distinguido entre a pessoa como ser empírico e a vontade natural, por um lado, a pessoa como homo numenon* e sua visão racional como o "tribunal interior" na pessoa, por outro. A pessoa natural é submetida pela coerção jurídica, ocorre a ela na pena o que ela não quer. Em compensação, Kant confia na razão interior também do delinquente, sim, ele julga-o capaz até "necessariamente" da visão "de ter de perder a vida".[64] Sob isso, não se deve idear o "ter de voluntário" no sentido do estado de coerção totalitário. Permanece no um contra o outro entre coerção de vontade exterior autêntica e visão interior, à qual, segundo a opinião de Kant, porém, também, o delinquente, em realidade, de modo algum, pode subtrair-se.

Naturalmente, permanecem, nessa passagem, certas questões não solucionadas, assim, as questões do delinquente de convicção, do erro de direito e do endurecimento psicológico real contra a coerção jurídica. Porém, elas deveriam-se deixar responder do ponto de vista de Kant, também quando Kant não as abordou.

A solução mesma deve ser encontrada no § D da introdução para a doutrina do direito:[65]

> "A resistência, que é oposta ao obstáculo de um efeito, é uma promoção desse efeito e concorda com ele. Pois bem, tudo que é antijurídico é um obstáculo da liberdade segundo leis gerais: a coerção, porém, é um obstáculo ou resistência, que ocorre à liberdade. Por conseguinte: se um certo uso da liberdade mesma é um obstáculo da liberdade segundo leis gerais (isto é, antijurídico), então a coerção, que é oposta a ele, como impedimento de um obstáculo da liberdade que concorda com a liberdade segundo leis gerais, isto é, jurídica: portanto, está enlaçado com o direito, simultaneamente, um poder, de coagir aquele que lhe prejudica, segundo a proposição da contradição."

---

[62] aaO S. 163 (335)

[63] aaO S. 43 (237)

* Nota do revisor: homem númeno.

[64] aaO S. 163 f. (335)

[65] aaO S. 36 (231)

Esse cálculo matemático antecipa a proposição atribuída a Hegel, que a pena é negação da negação.[66]

Na aplicação sobre a coerção de cumprimento o cálculo bate certo puramente. À medida que a coerção produz o estado jurídico objetivamente devido também contra a vontade natural do participante, ela elimina, de fato, somente um obstáculo da liberdade. Também o participante não é molestado em sua liberdade racional, porque ele somente é obrigado a tolerar o que ele mesmo, por visão própria, está obrigado a fazer.

Ao contrário, o cálculo não bate certo imediatamente na coerção da pena. Sem dúvida, o crime é um obstáculo da liberdade. Mas esse obstáculo reside no passado e não pode, como ocorrer passado, ser feito não ocorrido, mesmo que seja possível um ressarcimento de dano. Certamente também na coerção de cumprimento a pretensão é realizada, em geral, somente com auxílio de uma transformação do direito. Mas entre crime e pena não se deixa construir, sem mais, uma relação semelhante como entre antijurídico civil e coerção de cumprimento. Pois bem, esse fosso, mesmo assim, deixa vencer-se. Quem, como Kant, pensa o direito como absolutamente unido com a coerção, qualifica-o como inviolável. Essa inviolabilidade tem de confirmar-se também então, quando coerção de cumprimento imediato não é imaginável. Então resta, precisamente, só a pena. A natureza particular dessa coerção jurídica não se deixa então, sem dúvida, fundamentar com a teoria da retribuição "absoluta", contudo, com a teoria da produção, do mesmo modo absoluta, ou seja, com o ponto de vista que a validez ideal, talvez também a psicológica de massas, do direito, pela pena, irá ser restabelecida e, com isso, o ordenamento jurídico, confirmado. Porém, Kant mal aludiu tais reflexões. Certo é somente que Kant, pela posição sistemática do § D na introdução, também relaciona esse à doutrina e teve de permanecer dando-se conta também dessa relação na doutrina do direito penal.

b) Kant não disse em parte alguma que a pena é uma necessidade visível a priori.

Pois bem, existe, sem dúvida, uma série de proposições de Kant que parecem levar à vizinhança de uma tal opinião,[67] mas em parte alguma encontra-se a estranha afirmação que uma tal afirmação isolada é visível a priori. Isso, porém, Kant, também em uma nota, teria de ter dito expressamente, se isso tivesse sido sua opinião. Pode, das exposições, somente se apartar que a pena deixa derivar-se a priori do conceito de direito puro, portanto, de visões. Mas, precisamente, essa derivação ele, infelizmente, como acima mostrado, não deu.

Em seus pormenores seja, todavia, notado o seguinte:

Se Kant acha que a mera ideia de uma constituição do estado entre pessoas leva consigo já o conceito de justiça penal, então isso pode, pelo menos, ser entendido

---

[66] Também Hegel, comparar RPh. § 97, Zusatz (que, porém, não é formulado pelo próprio Hegel), pode ter pensado a dedução kantiana. O cálculo tem, porém, em Hegel, um sentido particular na conexão "dialética".

[67] Comparar a reunião em Naucke I S. 31 f.

DIREITO NATURAL – DIREITO POSITIVO – DIREITO DISCURSIVO

como referência uma possível derivação da pena do conceito de constituição do estado.[68] A proposição célebre, o delinquente pode "somente" ser apenado porque ele delinquiu, nada diz sobre o fundamento material da apenação, fundamenta a declaração negativa somente com a inconsistência das teorias relativas.[69] Também a exposição, particularmente impressionante, frequentemente citada, tem de, antes da dissolução da sociedade civil, cada assassino ser executado, certifica, em primeiro lugar, em um modo muito sério, a inviolabilidade do direito. Se, então, mais adiante se diz, "para que cada um experimente o que valem seus atos", o direito de retribuição somente é pressuposto. Quando, finalmente, Kant diz, o assassinato não deveria permanecer gravado sobre o povo, então isso soa, em primeiro lugar, certamente, bem místico. Mas Kant vê, porém, bem racional, a cumplicidade do povo nisto, que os cidadãos, oposto ao seu dever de cidadãos, não insistiram na apenação.[70] A ideia de retribuição Kant introduz expressamente como princípio diretivo, não como fundamento da pena.[71] As exposições sobre esse último objeto não admitem absolutamente nenhuma dúvida. Quando, finalmente, Kant fala do imperativo "categórico" da lei penal, então isso significa – tomado literalmente – não mais que o imperativo ordena incondicionalmente.[72]

Na tradição religiosa, especialmente também do luteranismo, encontra-se a ideia, que a justiça penal laica é uma reprodução da justiça divina.[73] Com isso, a pena obtém um sentido metafísico. Pois bem, Kant diz, uma vez, realmente, que na ideia da razão prática a ideia de uma transgressão é unida com a ideia de merecimento da pena.[74] Com isso, seria, além da justiça laica, reconhecida a apenação da infração moral como necessidade moral. Contudo, Kant utiliza essa ideia somente para mostrar que a moralidade também não poderia ser concebida como aspirações de felicidade, à medida que ela, pelo temor diante de pena metafísica, poderia ser motivada.

> "De todo, porém, ver todo punir e recompensar somente como obra de máquina na mão de um poder superior, cuja essência racional, com isso, para a sua intenção final (a felicidade), deveria servir somente para pôr em atividade, é um mecanismo até muito visível, que suspende toda liberdade, de sua vontade, para que fosse necessário nos determos com isso."[75]

Certamente podem, nas ideias sobre penas metafísicas em Kant, encontrar-se desacordos. Mas se para Kant a pena metafísica é um assunto tão duvidoso, então, por conseguinte, não se pode, certamente, idear que para ele a pena laica tivesse sido uma necessidade visível a priori.

---

[68] M. d. S. S. 195 (362)

[69] aaO S. 158 (331)

[70] aaO S. 161 (333)

[71] aaO S. 159 ff. (331 f.); ver também S. 195 f. (362 f.)

[72] aaO S. 159 (331 f.)

[73] H. Mayer, Die Strafrechtstheorie bei Luther und Melanchton, Festgabe für Julius Binder 1930, S. 96 ff.

[74] Kr. pr. V. S. 44 f. (65 f.)

[75] aaO S. 45 (67), comparar também S. 174 (271)

5. Resumo. Kant não deu uma doutrina do direito penal completa e também não quis dar. Ele assume a pena retributiva tradicional da transmissão do direito, sem contra ela fazer objeções filosóficas. Uma fundamentação positiva expressa da mesma falta, do mesmo modo como uma determinação filosófica quanto ao conteúdo da mesma. O princípio do talião (princípio de retribuição) é considerado somente como critério, não como fundamento para a apenação. A fundamentação geral da coerção jurídica, no fundo, basta para ele também para a fundamentação da pena. A derivação, mais circunstanciada, do meio de coerção particular pena dessas exposições mais gerais sobre coerção jurídica, ele deixou como problema não solucionado. Seu interesse principal estava dirigido para o princípio da liberdade e, por conseguinte, para a refutação das teorias relativas.

III.

A doutrina do direito penal de Hegel persevera nas ideias fundamentais de Kant, tanto, mais além, a filosofia do direito de Hegel segue caminhos próprios.[76] Todavia, Hegel trata justamente o problema, permanecido aberto em Kant, de uma fundamentação positiva do direito penal estatal. Nós temos de, infelizmente, contentar-nos com uma visão geral concisa e renunciar à fundamentação mais profunda no quadro do sistema dialético hegeliano.

1) O pressuposto filosófico decisivo é o modo pela qual Hegel determina a relação de ideia e realidade.[77] Nós podemos disso, porém, somente proporcionar uma primeira impressão. A proposição, "O que é racional, isso é real", Hegel esclareceu como segue: "Nada vive que não é, de algum modo, ideia."[78] A proposição às avessas: "O que é real, isso é racional", tem, entre outras coisas, o seguinte sentido: "Tudo que não é essa realidade, fixada pelo conceito, é existência temporária, casualidade exterior, apresentação sem essência, falsidade, engano, e assim por diante."[79] A ideia desenvolve-se intelectualmente no sistema do conhecimento dialético, realmente na história do direito. A filosofia do direito de Hegel pode ser entendida como interpretação do sentido do direito que se desenvolve realmente na história, como a razão no desenvolvimento histórico.[80]

2) Os pressupostos especiais da doutrina do direito penal

a) As exposições de Hegel dizem respeito somente ao direito penoso ou criminal em sentido restrito. Isso fica particularmente claro na distinção, muito

---

[76] Larenz aaO S. 30.

[77] Sobre as modificações histórico-filosóficas do conceito platônico de "idéia" pode aqui somente ser chamada a atenção.

[78] Comparar Zusatz zu § 1 R. Ph. (redigido por Gans)

[79] R. Ph. § 1.

[80] Klug S. 4 fala da duvidosidade "teórico-cognitiva" da doutrina do direito penal hegeliana. Sua teoria do conhecimento, Hegel desenvolveu na Phänomenologie des Geistes. A colocação da questão teórico-cognitiva restante parece, perante tais marchas das ideias especulativas, porém, não suficiente.

impugnada, entre crime e fraude, o último também não era punível segundo o direito penoso.[81]

b) Hegel trata o direito penal não só na passagem mais citada dos §§ seguintes, mas em todos os três graus do sistema dialético. Quem somente cita os §§ 90 e seguintes, cita, portanto, erroneamente. Fundamental são, todavia, as exposições no interior do grau do direito abstrato.[82] Como direito abstrato Hegel designa somente o direito pensado como correlação de indivíduos (abstratos) não unidos. Criticou-se frequentemente a independentização relativa de uma tal construção unilateral,[83] contudo, com injustiça. Do direito abstrato não pode, como grau do pensar, ser saltado por cima, ele mostra também na realidade da vida sempre de novo seu poder.[84] Na nossa pergunta especial deve, porém, ser considerado que o delinquente, precisamente, de fato, comporta-se como abstratamente particular.

No segundo grau da "moralidade" Hegel trata a doutrina da imputação e da culpa. Nós não podemos invocar expressamente aqui, infelizmente, essas exposições,[85] uma vez que falta espaço. Somente no terceiro grau da "moralidade"[86] são concluídas as exposições sobre o direito penal. Deve ser consentido que essa classificação da "jurisdição penal" no todo do terceiro grau poderia ter saído mais pormenorizada.

3) Enumeramos agora as declarações mais importantes, em seus pormenores, em breve:

a) O crime é, em primeiro lugar, uma decisão subjetivamente arbitrária, mas, justamente como tal, uma autocertificação da vontade humana, um experimento social. A vontade humana é, em si, "pura indeterminação",[87] como também mostram doutrina da conduta e etnologia que a pessoa é o ser absolutamente indeterminado. A vontade particular indeterminada proporciona-se o seu primeiro conteúdo, sua primeira posição na propriedade e une-se a outras vontades particulares externamente no contrato para uma primeira comunidade. Se isso assim é, então a um outro essa primeira posição do direito abstrato pode parecer arbitrária segundo o princípio: "la propriété c'est le vol."* O delinquente exercita, assim, coerção ou crime como negação do direito até agora somente afirmado, e precisamente, no crime capital também coerção contra a pessoa, uma vez que a união jurídica ainda não é consciente. Isso soa bem especulativo, contém, porém, uma

---

[81] R. Ph. §§ 87-89, comparar também, expressamente, § 95 "Sphäre des peinlichen Rechts".

[82] R. Ph §§ 90 ff.

[83] Larenz aaO S. 45.

[84] Assim, por exemplo, no moderno coletivismo, que no início fundamental é individualista, só que ele, originalmente, coloca particulares não unidos sob a coerção, mais ou menos totalitária, da aspiração do bem-estar comum (maior felicidade do maior número).

[85] Comparar para isso, particularmente, Larenz, Hegels Zurechnungslehre und der Begriff der objektiven Zurechnung, 1927.

[86] Comparar, particularmente, R. Ph. §§ 218, 220.

[87] R. Ph. § 5.

* Nota do revisor: "a propriedade é o roubo."

verdade criminológica real inegável. Pense-se, por exemplo, na postura de protesto das pessoas jovens que forma o fundo da criminalidade juvenil toda. Ao, agora, a negação da primeira posição jurídica ser recusada pela pena, o direito chega à sua realidade, pois realidade é aquilo "que atua e se conserva em sua contradição".[88] Primeiro no âmbito da administração da justiça, no terceiro grau, nós aprendemos, então, que o crime é mais, ou seja, ataque sobre a sociedade civil como um todo.[89]

Nós tentamos, no precedente, esclarecer as abreviaturas de abreviaturas,[90] das quais se compõe, aqui, o compêndio hegeliano. A quem também esses esclarecimentos parecem ainda muito alheios à vida real, esse pode-se deixar dizer que nisso, entre outras coisas, estão contidas declarações práticas seguintes. O delinquente não é nenhum "outro", como Lombroso e seus sucessores acreditam ao eles deixarem seduzir-se pelo esquema da expulsão ainda dado à pessoa. O crime também não é, no todo, uma apresentação patológico-social, como isso, como primeiro, Durkheim corretamente reconheceu,[91] ainda que existam causas de crime patológicas e delinquentes patológicos. O crime tem sua causa verdadeira na indeterminação, não determinabilidade da pessoa. Os delinquentes são, em geral, "delinquentes casuais" e nós, os cidadãos bons, somos "casualmente não delinquentes".

b) Hegel aprofunda sobre esse pressuposto uma fundamentação positiva e determinação quanto ao conteúdo da pena. A pena é a resposta necessária à provocação do crime, em que nós abstraímos da reação do ressarcimento de danos, que certamente também segue ao antijurídico civil imparcial. A negação do direito tem, no dano irreparável e na vontade do autor, também uma existência externa que, em si, é potente o suficiente. Contudo, ela é nula, porque ela não é realidade autêntica da ideia, ela é, portanto, "existência passageira", "casualidade externa". Mas, por si mesmo, o crime não passa, ele conserva seu poder ideal, se ele, por sua vez, não é potentemente negado. Tem de, portanto, a nulidade do crime ser "manifestada", feita notória, do contrário, iria valer o poder do delinquente.[92] Como o crime, porém, tem sua existência exterior essencialmente na vontade do delinquente mesmo, então a sua vontade deve ser dobrada, ele deve sofrer coerção, e assim a validez do direito é restabelecida.[93] A ideia fundamental de Hegel é, portanto: pena é restabelecimento do direito pela manifestação da nulidade do crime. Isso não é um jogo de ideias logicistas, ao contrário, a manifestação da nulidade tem seriedade psicológica de massas muito real.

---

[88] aaO § 82 Zusatz.

[89] aaO § 218.

[90] O idioma conceitual de Hegel somente pode entender quem persegue seu nascimento dos primeiros artigos (Glockner Bd. 1) sobre a Phänomenologie des Geistes e a Logik. Na Rechtsphilosophie essas marchas das ideias são repetidas em abreviações.

[91] Durkheim, Die Regeln der soziologischen Methode, übers. v. König 1961 S. 137, também os esclarecimentos de König no prefácio S. 66 f.

[92] R. Ph. § 97.

[93] aaO § 99.

Nós nos lembramos que Kant não denominou como fundamento da pena a retribuição, mas se limitou à proposição que o delinquente será punido porque ele delinquiu. Hegel expôs o que o "porque" significa em Kant. Manifestação não é retribuição, que Hegel recusa expressamente como fundamento da pena:

"... assim certamente se pode considerar irracional querer um mal somente porque já um outro mal existe."[94]

O modo da manifestação dirige-se segundo as circunstâncias e condições históricas. Em estados não desenvolvidos – ademais, também em tempos de crise do estado e sociedade – é exercido vingança, em estados ordenados chega-se a penas ordenadas segundo a medida da reretribuição, primeiro na forma do talião, posteriormente na forma de uma comparação de valores.[95] Em estados plenamente desenvolvidos sobressai, primeiro, realmente, sem dúvida, a periculosidade do crime como ataque sobre estado e sociedade, simultaneamente, porém, o poder do estado e da sociedade é tão aumentado, que as penas podem ficar bem mais atenuantes, de modo que elas praticamente, em grande medida, convertem-se em repreensão, como, por exemplo, hoje na forma da condenação condicionada.[96] Sempre permanece nisso a retribuição o princípio diretivo, não o fundamento da pena.

c) As teorias relativas Hegel recusa com uma fundamentação objetiva semelhante como Kant. Em sua época ele tinha a ver principalmente com Feuerbach e sua teoria da coerção psicológica, portanto, com um tipo particular da teoria da prevenção geral. Dela ele diz, todavia, muito amargamente, que ela trata as pessoas como um cachorro, contra o qual se ergue o bastão. Ele lembra também do mau êxito prático que os códigos, fundados nessa teoria, experimentaram.[97] De resto, facilmente se deixaria provar para Hegel, do mesmo modo como para Kant, que ele concede às teorias relativas o seu direito, assim que, uma vez, o merecimento da pena do delinquente e a pena justa estão fixas. Evidentemente, a pena justa também tem uma finalidade. Mas essa questão da finalidade é para Kant e Hegel secundária e ela não é, em todo o caso, uma questão filosófica, mas uma questão, essencialmente, da experiência prática e consideração empírica, ademais, também do intelecto humano saudável. Seria uma arrogância, quisesse aqui o filósofo dar conselhos à experiência.

d) Hegel esforça-se, finalmente, com grande seriedade pela proteção do delinquente diante de reação privada de direito. O delinquente tem de, também na pena, ser considerado uma pessoa racional, capaz de conhecimento e decisão, não ser tratado com coerção como doente ou menosprezado como um animal prejudicial. Por conseguinte, a pena somente pode ser depreendida da própria vontade do autor, isto é, do fato. Cada excesso dessa medida, queira ela também ser considerada como melhora bem intencionada, seria antijurídico. Somente na pena pro-

---

[94] aaO

[95] aaO §§ 101, 220.

[96] aaO §§ 218, 220.

[97] aaO § 99, Zusatz.

porcional à culpa, como nós dizemos hoje, permanece mantida a honra humana.[98] Quem experimentou a desonra da pessoa, por exemplo, no internamento preventivo, irá ver nessa opinião de Hegel razão e justiça, mas não mística.

IV. Kant, Hegel e a atualidade

Não de Kant e Hegel deve ser "despedido", certamente, porém, de um modo falso de citar eles. Também os maiores filósofos não são autoridades doutrinárias infalíveis. Cada filosofia é, segundo Hegel, seu próprio tempo formulado em ideias.[99] Por isso, cada tempo tem de, novamente, examinar minuciosamente as velhas questões. Quem cita manifestações de grandes pensadores como declarações doutrinárias infalíveis transforma elas em blocos erráticos, que são adornados com sinais rúnicos e imagens rúnicas raros. Pode ser que nós não mais somos capazes de compartilhar a crença na razão de Kant e Hegel desse modo. Nosso tempo é preponderantemente um tempo de ciências particulares empíricas. As questões, que a autoconsciência da razão humana põe ao pensar empírico, por conseguinte, ainda de modo nenhum estão solucionadas, e assim nós temos de nos deixar monir por Kant e Hegel dos limites, que são postos ao mero empirismo e, por isso, também ao pensar pragmático. Hoje como naquele tempo pode somente o archote da razão aclarar a escuridão empírica, se nós queremos encontrar o caminho da justiça racional.

---

[98] aaO § 100.

[99] aaO S. 19 (35)

Posfácio

Introdução

Diante dessa visão de conjunto, uma questão, agora, parece colocar-se imperiosamente em nosso país, qual seja, a do tratamento dado ao positivismo (reduzido, em geral, a Hans Kelsen). Porque disso depende a compreensão adequada daquilo que Alexy denomina de posição positivista, o que, por sua vez, é pressuposto, uma vez, para a compreensão daquilo que ele denomina de posição não positivista e, outra vez, para a possibilidade de tornar, assim, esta também frutuosa na aplicação do direito. Por isso, esta investigação coloca-se. Se ela der bom resultado, então ela pode valer como uma experiência negativa,[1] oferecer, em amplo pedaço, uma (pré-)compreensão[2] e, assim, prestar uma contribuição à teoria da constituição.[3]

---

[1] Para isso, Gadamer: "Isso já se cunha idiomaticamente nisto, que nós falamos em um duplo sentido de experiência, uma vez, das experiências, que se inserem em nossas esperanças e a certificam, a seguir, porém, da experiência que se 'faz'. Esta, a verdadeira experiência, é sempre uma negativa. Se nós fizemos uma experiência em um objeto, então isso significa, que nós, até agora, não vimos corretamente as coisas e agora sabemos melhor, como está com isso. A negatividade da experiência tem, portanto, um sentido produtivo peculiar" (Gadamer, H. -G. Wahrheit und Methode. Bd. 1. 6. Aufl., Tübingen: Mohr, 1990, S. 359. Versão brasileira: Verdade e método. 7. ed. Petrópolis: Vozes, 2005, página 462. Tradução: Flávio Paulo Meurer; revisão: Enio Paulo Giachini). Mais adiante, uma vez: "De fato, como nós vimos, experiência é, inicialmente, sempre experiência da nulidade. Não é assim como nós supúnhamos. Em vista da experiência, que se faz em um outro objeto, modifica-se ambos, nosso saber e seu objeto. Sabe-se, agora, diferente e melhor, e isso significa: o objeto mesmo não "suporta". O novo objeto contém a verdade sobre o velho" (mesmo autor, mesma obra, S. 360; página 464). Outra vez: "Somente por instância negativas chega-se, como já Bacon sabia, à nova experiência" (mesmo autor, mesma obra, S. 362; página 465). Bacon sabia também: "A verdade surge mais facilmente do erro do que da confusão" (citado segundo Kuhn, Thomas S. The Structure of Scientific Revolutions. Third Edition. Chicago and London: The University of Chicago Press, 1996, p. 18. Versão brasileira: A estrutura das revoluções científicas. 6 ed. São Paulo: Editora Perspectiva S. A., 2001, página 38 e seguinte. Tradução: Beatriz Vianna Boeira e Nelson Boeira). Comparar com os pés-de-página 78 e 79, infra.

[2] Ver para isso Gadamer, H. -G., (nota 1), S. 270 ff.; página 354 e seguintes. Comparar com mesmo autor. Vom Zirkel des Verstehens, in: Wahrheit und Methode. Bd 2. 2. Aufl., Tübingen: Mohr, 1993, S. 57 ff. Versão brasileira: Verdade e método II. Petrópolis: Vozes, 2002, página 72 e seguintes. Tradução: Enio Paulo Giachini; revisão: Márcia Sá Cavalcante-Schuback.

[3] Para o sentido e significado da teoria da constituição, ver Hesse, Konrad. Grundzüge des Verfassungsrechts der Bundesrepublik Deutschland. 20 Aufl., Heidelberg: C. F. Müller, 1999, S. 25, Rn. 65, (S. 24 ff., Rn 60 ff.) Versão brasileira: Elementos de direito constitucional da república federal da Alemanha. Porto Alegre: Sergio Antonio Fabris, 1998, página 63, número de margem 65, (página 61 e seguintes, número de margem 60 e seguintes). Tradução: Luís Afonso Heck.

Para realizá-la, o tratamento será dividido, inicialmente, em dois momentos. No primeiro, a atenção será dirigida a algumas "afirmações" que se fazem de coisas do âmbito do positivismo. Para isso, um autor, tendo em vista sua celebridade e influência, parece indicado. No segundo, a vista será lançada sobre um "modo de apresentação" do positivismo como objeto "científico". Aqui outros autores serão convocados. Depois, serão postos no visor determinados trabalhos monográficos. Segue-se uma conclusão.

I.

A) O acima achado autor é Miguel Reale.[4] De uma de suas obras, Lições preliminares de direito,[5] devem ser realçados determinados pontos. Assim:

1. em uma passagem é dito que a norma fundamental é uma norma suposta: "... não subordinamos a validade desta ou daquela norma jurídica particular ou genérica a uma suposta norma fundamental, cuja admissão equivale a um círculo vicioso: a norma fundamental, com efeito, é suposta...".[6] Que isso não é correto, pode ser comprovado, pelo menos, em trabalhos fundamentais de Kelsen, em dois pontos. Um é a primeira edição de sua Reine Rechtslehre.[7] Diz Kelsen: "Ela vale [a norma fundamental], porque ela não é criada no procedimento do direito, não como norma jurídica positiva, não é fixada, mas – como condição de toda a fixação do direito, de todo o procedimento do direito positivo – *pressuposta*" (re-

---

[4] Por exemplo, Sílvio de Macedo, em sua obra: História do pensamento jurídico. Rio de Janeiro: Freitas Bastos, 1982, na página 188, diz: "Miguel Reale, ..., o maior Filósofo do Direito do continente americano de todos os tempos, ..."; na 190: "Miguel Reale, como toda grande personalidade, é intelectualmente complexo: sociólogo, politicólogo, teórico geral do Estado, Filósofo puro, Filósofo do Direito, também criador de formas estéticas como poeta." e na 192: "Sozinho, tem feito mais pela Filosofia no Brasil que todas as Faculdades de Filosofia existentes e todas as confrarias."

[5] Reale, Miguel. Lições preliminares de direito. 27 ed., São Paulo: Saraiva, 2004. Esse livro não contém notas de pé-de-página. Isso, sob o ponto de vista científico é grave, porque ao leitor está impedido o exame na fonte daquilo que é dito pelo autor. E, sob o ponto de vista da formação, entendida aqui gadamerianamente (ver Gadamer, H. -G., (nota 1), S. 15 ff.; página 44 e seguintes), vicioso, sobretudo, se se tem em vista o público intencionado, que pelo seu título são os iniciantes no estudo do direito, por um lado, e o artigo 93, IX, da constituição federal, por outro. Luiz Alberto Warat, na sua obra Introdução geral ao direito, I. Porto Alegre: Sérgio Antonio Fabris, 1994, em cujo prefácio é indicado por Leonel Severo Rocha como "um dos maiores pensadores latino-americanos da atualidade" (página 8) sendo, "portanto", "necessário que se diga, notadamente para as novas gerações, ansiosas por revolucionarem o direito, da importância desta obra para a história da crítica do direito" (página 9), segue, contudo, também o mesmo caminho. Isso indica, não por último, para um estado de coisas situado, ainda, no tempo, que é anterior ao *logos*, ou seja, do *mito*. Se isso não tem uma conexão com a publicidade do saber é também uma questão. Ver Heck, Luís Afonso. Prefácio, in: Santos, Tânia Maria dos. O direito à cultura na Constituição Federal de 1988. Porto Alegre: Verbo Jurídico, 2007, página 13, nota de pé-de-página 42; comparar com nota de pé-de-página 85, infra.

Diante disso, o término da publicação da RTJ (a última foi a 196, 1) deixa também perguntar: até que ponto o supremo tribunal federal não se põe, assim, na vizinhança desse estado de coisas?

[6] Reale, M., (nota 5), página 196. Ver também nota de pé-de-página 18, infra.

[7] Kelsen, Hans. Reine Rechtslehre. 1. Aufl., Aalen: Scientia Verlag, 1994 (2. Neudruck der 1. Auflage Leipzig und Wien 1934). O ano é, portanto, 1934. Existe uma *adaptação* (porque possui numerosas adjunções e modificações, segundo o próprio Kelsen, p. 7, e por causa disso não será usada neste trabalho) para o francês: Théorie pure du droit. Neuchatel: Éditions de la Baconnière, 1953. Traduit de l'allemand par Henri Thévenaz. Comparar nota de pé-de-página 113, penúltimo parágrafo, infra.

alçado por L. A. H.).[8] O outro está na segunda edição,[9] onde pode ser lido: "Mas a procura pelo fundamento de validez de uma norma não pode, como a procura pela causa de um efeito, ir ao infinito. Ela tem de terminar em uma norma que é pressuposta como última, extrema. Como norma extrema, ela tem de ser *pressuposta*, porque ela não pode ser *fixada* por uma autoridade, cuja competência teria de basear-se em uma norma ainda mais superior. Sua validez não mais pode ser derivada de uma norma superior, o fundamento de sua validez não mais ser colocada em questão. *Uma tal norma, pressuposta como extrema, é, aqui, designada como norma fundamental* (última proposição realçada por L. A. H.)."[10]

Deve, aqui, ainda ser notado: em uma obra, publicada após a morte de Kelsen,[11] aparece novamente[12] a mudança da denominação da norma fundamental, ou seja, de hipotética para ficta. Segundo Kelsen: "Por isso, deve ser observado que a norma fundamental no sentido da filosofia-se-então *vaihinger*iana não é uma hipótese – como que eu mesmo ocasionalmente a designei – mas uma ficção, que se distingue de uma hipótese pelo fato de ela ser acompanhada pela consciência, ou então deve ser acompanhada, que a realidade não corresponde a ela."[13]

---

[8] Kelsen, H., (nota 7), S. 66 f.

[9] Kelsen, Hans. Reine Rechtslehre. 2. Aufl., Wien: Franz Deuticke, 1960. Versão brasileira: Teoria pura do direito. 6. ed. São Paulo: Martins Fontes, 2003. Tradução: João Batista Machado.

[10] Kelsen, H., (nota 9), S. 197; página 217. Kelsen, aqui, remete ainda a outras partes da obra que estão em conexão com isso.

[11] Kelsen, Hans. Allgemeine Theorie der Normen. Wien: Manzshe Verlags- und Universitätsbuchhandlung, 1979. Versão brasileira: Teoria geral das normas. Porto Alegre: Sérgio Antonio Fabris Editor: 1986. Tradução: José Florentino Duarte.

[12] Em 1962 Kelsen já afirmara: "Eu falei em meus escritos mais antigos de normas que não são o sentido de atos de vontade. Minha doutrina toda da norma fundamental eu apresentei como uma norma que não é o sentido de um ato de vontade, mas que é pressuposta no pensar. Agora eu tenho de, infelizmente, confessar a vocês, meus senhores, que eu não mais posso manter essa doutrina, que eu tive de abandonar essa doutrina. Vocês podem acreditar-me que para mim totalmente não foi fácil abandonar uma doutrina que eu sustentei por décadas. Eu abandonei ela no conhecimento que um dever tem de ser o correlato de um querer. Minha norma fundamental é uma norma *fictiva*, que pressupõe um ato de vontade *fictivo* que fixa essa norma. É a ficção que alguma autoridade quer que isso deve ser. Vocês objetam a mim, com razão, que eu falo contra uma doutrina própria, por mim mesmo sustentada. Isso é perfeitamente correto: eu tive de modificar minha doutrina da norma fundamental em sua apresentação. Não pode haver somente normas pensadas, isto é, normas que são o sentido de um ato de *pensar*, não o sentido de um ato de *vontade*. O que se pensa na norma fundamental é a ficção de um ato de vontade que, em realidade, não existe" (Kelsen, Hans. Diskussionen, in: Österreichische Zeitschrift für öffentliches Recht, Band XIII (neue Folge), Wien, 1964, S. 119 ff.). Para esse parágrafo, ver nota de pé-de-página 98, 1. b), infra.

Seja, aqui, notado à margem, que a afirmação de Duarte: "Assim, a norma fundamental, *neste tratado*, recebeu conceituação nova e definitiva, corrigindo, o autor mesmo, o que escrevera anteriormente ao tratá-la como hipótese." (realçado por L. A. H.) não pode ser entendida literalmente (Duarte, J. F., (nota 11), página VIII).

Em outro trabalho, também publicado em 1964, Kelsen dizia: "Uma ficção é, segundo Waihinger um recurso do pensar do qual se serve quando não se pode obter a finalidade do pensar com o material dado. A finalidade do pensar da norma fundamental é: a fundamentação da validez das normas que formam um ordenamento moral ou jurídico positivo, isso é a interpretação do sentido subjetivo do ato que fixa essas normas como seu sentido objetivo, isso é, porém, como normas válidas e o ato que concerne como ato que fixa-a-norma. Esse objetivo somente pode ser alcançado no caminho de uma ficção" (Kelsen, Hans. Die Funktion der Verfassung, in: Verhandlungen des zweiten österreichischen Juristentages, Band II, 7. Teil, Wien, 1964, S. 71). A proposição que segue aqui é a que está citada como primeira pela nota de pé-de-página 13, infra.

[13] Kelsen, H., (nota 11), S. 207; página 329.

Antes, diz Kelsen: "É uma norma-"fundamental", porque sobre o fundamento de sua validez não pode ser perguntado mais além, porque ela não é uma norma fixada, mas pressuposta. Ela não é uma norma positiva, fixada por um ato de vontade real, mas uma pressuposta no pensar jurídico, isto é – como mostrado previamente – uma simulada.[14] Ela apresenta o fundamento de validez último de todas as normas jurídicas que formam o ordenamento jurídico. Somente uma norma pode ser o fundamento de validez de uma outra norma. A norma fundamental pode, mas não tem de ser pressuposta. O que a ética e a ciência do direito dela diz, é: somente quando ela é pressuposta pode o sentido subjetivo dos atos de vontade, dirigidos à conduta de outros, também como seu sentido objetivo, podem esses conteúdos de sentido como normas morais ou jurídicas vinculativas ser interpretados. Como essa interpretação é condicionada pela pressuposição da norma fundamental, tem de ser consentido que proposições-deve somente nesse sentido condicionado podem ser interpretados como normas morais ou jurídicas objetivamente válidas."[15]

Mais além, nessa obra, Kelsen inverte a relação norma primária-sanção e norma secundária-norma ordenadora de conduta: "Se se aceita que a distinção de uma norma que prescreve uma conduta determinada e de uma norma que, para caso da violação da primeira, prescreve uma sanção é essencial para o direito, então se tem de designar a primeira como primária e a segunda como secundária – e não às avessas, como isso foi por mim formulado no precedente."[16] Ambas essas coisas não estão trabalhadas na obra em questão de Reale.[17]

Além disso, a admissão da norma fundamental não equivale a um círculo vicioso. O que se coloca, ao contrário, são silogismos. Assim: "O silogismo da ló-

---

[14] Sobre isso manifesta-se Kelsen assim: ""Por que tem de se obedecer os mandamentos de Jesus?" o que significa tanto como: por que o sentido subjetivo desse ato de vontade de Jesus também é o seu sentido objetivo, isto é, uma norma válida, ou, o que significa o mesmo: o que é o fundamento de validez dessa norma geral? Para o que a resposta unicamente possível é: porque como cristão pressupõe-se que se tem de obedecer os mandamentos de Jesus. É a declaração sobre essa validez de uma norma que tem de ser pressuposta no pensar de um cristão para fundamentar a validez das normas da moral cristã. É a norma fundamental da moral cristã, que fundamenta a validez de todas as normas da moral cristã, uma norma-"fundamental", porque sobre o fundamento de sua validez não mais pode ser perguntado. Ela não é uma norma positiva, isto é, fixada por um ato de vontade real, mas uma pressuposta no pensar do cristão, isto é, uma simulada" (Kelsen, H., (nota 11), S. 205; página 326).
Mais adiante: "É essa a historicamente primeira constituição e se pergunta porque o sentido subjetivo do ato dador de constituição é também um sentido objetivo, isto é, uma norma válida, ou, com outras palavras: o que é o fundamento de validez dessa norma, a resposta diz: porque como jurista pressupõe-se que se deve conduzir assim como a historicamente primeira constituição prescreve. Isso é uma norma fundamental" (mesmo autor, mesma obra, S. 206; página 327).

[15] Kelsen, H., (nota 11), S. 206; página 328.

[16] Kelsen, H., (nota 11), S. 115; página 181. Comparar com mesmo autor, mesma obra, S. 43; página 68.

[17] No sentido da primeira estar ausente e a segunda seguir a posição antiga de Kelsen. Ver, para isto, Reale, M., (nota 5), página 97. O mesmo ocorre em outra obra de Reale, Miguel. Filosofia do direito. 20. ed. São Paulo: Editora Saraiva, página 466 (comparar com 480, onde somente há uma alusão), 462, respectivamente, que será invocada no segundo momento (ver nota de pé-de-página 57, infra). Também não estão trabalhadas numa obra, da qual me ocuparei igualmente no segundo momento (ver nota de pé-de-página 58, infra), uma vez que está em uma determinada "tradição" (ver nota de pé-de-página 85, infra), de Mata-Machado, Edgar de Godoi. Elementos de teoria geral do direito – para os cursos de introdução ao estudo do direito. Belo Horizonte: Editora Lider, 2005, página 148, 150, 181. Aliás, o seu tratamento teria evitado, talvez, a declaração feita por este autor na página 150: "A concepção ultra-coercitivista de Kelsen suprime, sem a mínima cerimônia, os dez mandamentos."

gica-declaração, o chamado silogismo teórico, é uma sucessão de declarações, nas quais a verdade do conteúdo de sentido, que idiomaticamente em uma proposição – na conclusão – é expresso, é deduzida da verdade dos conteúdos de sentido, que idiomaticamente em duas outras proposições – na premissa maior e na premissa menor – são expressos. É, especialmente, a conclusão do geral para o particular, mais rigorosamente, da verdade de uma declaração geral para a verdade de uma declaração individual que aqui está em questão."[18] (...) "Que a verdade da conclusão é "deduzida" da verdade das premissas significa nada mais que a verdade da conclusão é implícita na verdade das premissas."[19] (...) "Como a proposição-conclusão somente é verdade se o seu sentido é contido no sentido das premissas, não é a conclusão um movimento do pensar, que leva a uma nova verdade, mas somente faz uma verdade explícita, que já é implícita na verdade das premissas."[20] (...) "A verdade da declaração geral, "todas as pessoas são mortais" não precede temporalmente a verdade da declaração individual: "a pessoa Sócrates é mortal". A declaração individual já é verdadeira, se a declaração geral é verdadeira; uma circunstância que – como nós veremos – na contraposição do silogismo chamado normativo ao teórico tem importância. Nisso deve ser observado que a regra-conclusão lógica não deve ser mal interpretada psicologicamente. (...) Porque a lógica não diz respeito a atos-pensar reais, mas ao sentido de atos de pensar possíveis."[21] (...) "Como uma conclusão normativa do geral para o particular designa-se uma tal, cuja premissa maior é uma norma hipotética geral que, sob condições determinadas, e precisamente, geralmente determinadas, fixa como devida uma conduta geralmente determinada; cuja premissa menor é uma declaração que afirma o existir individual da condição determinada na premissa maior e cuja proposição-conclusão é uma norma individual que individualmente fixa como devida a conduta geralmente determinada na premissa maior. Isso significa que a norma individual corresponde à norma geral."[22] (...) "Ambas as premissas têm o mesmo caráter lógico. Ambas são declarações. Em um silogismo supostamente normativo, porém, ambas as premissas têm caráter lógico distinto. A premissa maior é uma norma geral, a premissa menor é uma declaração."[23] (...) "Verdade ou não verdade são qualidades da declaração, validez não é uma qualidade da norma, mas sua existência."[24] (...) "A validez da norma individual não pode ser implícita na validez da norma geral e na verdade da declaração, porque a validez de uma norma é condicionada pelo ato de vontade, cujo sentido ela é, enquanto no silogismo teórico a verdade da declaração individual pode ser implícita na verdade da declaração geral, porque a verdade de uma declaração não é condicionada pelo ato do

---

[18] Kelsen, H., (nota 11), S. 181 f; página 288 e seguinte.

[19] Kelsen, H., (nota 11), S. 182; página 289 e seguinte.

[20] Kelsen, H., (nota 11), S. 183; página 291.

[21] Kelsen, H., (nota 11), S. 183; página 291 e seguinte.

[22] Kelsen, H., (nota 11), S. 184; página 293.

[23] Kelsen, H., (nota 11), S. 185; página 294.

[24] Kelsen, H., (nota 11), S. 186; página 295.

pensar, cujo sentido ela é."[25] (...) "Nisso, que a validez de uma norma é condicionada pelo ato de vontade, cujo sentido ela é, reside sua positividade e o problema aqui presente é a aplicabilidade de um princípio lógico em normas positivas da moral e do direito. Nenhum imperativo sem imperador, nenhuma norma sem uma autoridade que fixa a norma, isto é, nenhuma norma sem um ato de vontade, cujo sentido ela é."[26] (...) "Aqui a questão decisiva é: se à relação entre a validez da norma geral, criada pelo dador de leis ou o direito costumeiro, e a validez da norma individual, que o órgão aplicador do direito, em aplicação da norma geral, tem de fixar para um caso concreto, a regra da conclusão é aplicável, isto é: se a validez dessa norma individual pode ser alcançada no caminho de um conclusão lógica. Essa questão não deve ser confundida como, de fato, o órgão aplicador do direito chega à decisão do caso concreto, ou com a questão, se é desejável que o órgão aplicador do direito deduz sua decisão logicamente de uma norma geral ou que o órgão aplicador do direito é vinculado rigorosamente à norma geral pré-determinada. Isso são problemas psicológicos e político-jurídicos. O problema, que aqui nos ocupa, é um puramente lógico. Nisso, é aceito que as normas jurídicas gerais são formuladas clara e inequivocamente, de modo que o argumento frequentemente alegado: *uma dedução lógica somente não é possível, porque a norma geral é formulada muito vagamente, não entra em consideração*" (realçado por L. A. H.).[27] (...) "A norma geral pode valer, porque ela é o sentido de um ato de vontade geral; mas a norma individual não pode valer, quando – de algum fundamento – um ato de vontade não foi fixado, cujo sentido ela é. A validez da norma individual não pode resultar da validez da norma geral assim como a verdade de uma declaração individual resulta da verdade de uma declaração geral, porque a validez de uma norma individual não é implicada assim na validez da norma geral como a verdade da declaração individual é implicada na verdade da declaração geral. Mas quando a declaração universal é verdadeira, a declaração individual, correspondente à geral, tem de ser verdadeira, se ela é feita de fato ou não."[28];

2. em outro lugar é afirmado: "Segundo Kelsen, que é um adepto da Filosofia de Kant, essa norma seria uma *norma transcendental*. Kant denomina "transcendental" toda condição lógica que torna possível a experiência. Dessarte, do ponto de vista estritamente lógico, é a norma fundamental que torna possível a experiência do Direito como um conjunto gradativo de regras entre si logicamente subordinadas e coerentes."[29] Isso, assim, é duvidoso, porque:

---

[25] Kelsen, H., (nota 11), S. 186; página 296.

[26] Kelsen, H., (nota 11), S. 187; página 297.

[27] Kelsen, H., (nota 11), S. 190; página 302; comparar com as notas de pé-de-página 52, 74 e 79, infra. Para o âmbito dos direitos fundamentais, ver Alexy, Robert. Colisão de direitos fundamentais e realização de direitos fundamentais no estado de direito social, in: mesmo autor. Constitucionalismo discursivo. 2. ed. Porto Alegre: Livraria do Advogado Editora, 2008, página 69, 62 e seguinte, 67 e seguinte. Tradução: Luís Afonso Heck.

[28] Kelsen, H., (nota 11), S. 191; página 303. Ver, ainda, S. 203 ff.; página 323 e seguintes.

[29] Reale, M., (nota 5), página 194.

– primeiro: em Kant, transcendental diz respeito não só a experiência, mas também ao *conhecimento*.[30] Perante isso, estão os *transcendentais*.[31];

– segundo: a relação vertical entre as normas pode, mas não precisa, ser apenas de criação. Sob o título: a norma "superior" e "inferior" Kelsen escreve: "Que a validez de uma norma fundamenta a validez de uma outra norma em um ou em outro modo constitui a relação entre uma norma superior e uma inferior. Uma norma é, em relação para com uma outra norma, a superior em relação para com uma inferior, quando a validez desta é fundamentada pela validez daquela. É a validez da norma inferior fundamentada pela validez da norma superior pelo fato de a norma inferior ter sido criada no modo como a norma superior prescreve, então a norma superior tem, na relação para com a inferior, caráter-constituição; visto que a essência da constituição está na regulação da criação de normas. Então é a lei, que regula o procedimento, no qual os órgãos aplicadores do direito, especialmente os tribunais, criam a norma individual, "constituição" na relação para com o procedimento desses órgãos como a "constituição", em sentido específico restrito da palavra, o é na relação para com o procedimento de dação de leis, e a constituição, no sentido lógico-transcendental, na relação para com a historicamente primeira constituição, a constituição no sentido jurídico-positivo. O conceito de constituição é, assim, relativizado. Visto desde a norma fundamental, é tanto um ordenamento moral como um ordenamento jurídico positivo uma conexão-criação, contanto que a norma fundamental somente determina por quem as normas do ordenamento moral ou jurídico devem ser fixadas, isto é, somente a autoridade que fixa a norma é determinada, sem determinar o conteúdo das normas a serem fixadas por essa autoridade autorizada. Se a norma superior determina somente o ato do fixar da norma inferior, não, porém, o conteúdo da norma a ser fixada, isto é, autoriza a fixação de normas de cada conteúdo qualquer, a validez da norma inferior é fundamentada pela validez da norma superior, se somente o ato do fixar da norma inferior corresponde à norma superior. Isso é – como notado – a relação da norma fundamental para com as normas de uma ordenação moral ou jurídica positiva.[32] Mas as normas fixadas pelas autoridades da moral ou do direito supremas, autorizadas pela norma fundamental, – deus, o dador de constituição –, podem mesmas, outra vez, autorizar outras autoridades a fixar normas e, nisso, determinar ou não determinar o conteúdo das normas a serem fixadas. Visto desde o ponto da autoridade moral ou jurídica suprema, autorizada pela norma fundamental, não é a estrutura das normas positivas, que formam o ordenamento moral ou jurídico, necessariamente uma mera conexão de criação. (...) No âmbito do direito é isso – em regra – do mesmo modo, visto que a constituição, em geral, não se limita a isto, determinar o procedimento para a criação de normas jurídicas gerais – a chamada dação de leis –, mas, muito frequentemente, também determina o conteúdo de leis futuras, pelo menos, negativamente, ao ela excluir certos conteúdos como

---

[30] Ver infra, II. A) 1.

[31] Ver infra, II. A) 2. e a nota de pé-de-página respectivo.

[32] Kelsen remete, aqui, na nota de pé-de-página, a várias páginas da Reine Rechtslehre, nas quais isso é tratado.

DIREITO NATURAL – DIREITO POSITIVO – DIREITO DISCURSIVO

limitação da liberdade de manifestação de opinião, da liberdade de religião, ou a consideração de certas desigualdades, como as da raça. Mas também as normas gerais, fixadas pelo dador de leis, determinam sempre não só o procedimento dos órgãos, que têm de aplicar essas normas, mas também o conteúdo dessas normas, de modo que também um ordenamento jurídico positivo, pelo menos visto desde as leis, não é uma mera conexão de criação. Porém, é imaginável um ordenamento jurídico que tem esse caráter: o ordenamento jurídico do estado ideal de Platon autoriza o juiz, sem estar vinculado a normas gerais, pré-determinadas, decidir casos individuais segundo seu poder discricionário."[33];

– terceiro: Kelsen assume a posição de Kant[34] para, do caos das percepções sensuais, poder fazer um cosmos pelo conhecimento ordenador da ciência: "É também correto que, no sentido da teoria do conhecimento kantiana, a ciência do direito como conhecimento do direito, assim como todo conhecimento, tem caráter constitutivo e, por isso, "cria" seu objeto, à medida que ela o compreende como um todo cheio de sentido. Assim como o caos de percepções sensuais primeiro pelo conhecimento ordenador da ciência converte-se em cosmos, isto é, em natureza como um sistema uniforme, assim se converte a multiplicidade das normas jurídicas gerais e individuais, fixadas pelos órgãos jurídicos, isto é o material dado à ciência do direito, primeiro pelo conhecimento da ciência do direito em um sistema uniforme, sem contradição, em um ordenamento jurídico. Mas essa "criação" tem um caráter puramente teórico-cognitivo. Ela é algo completamente diferente que a criação de objetos por trabalho humano ou a criação do direito pela autoridade jurídica."[35];

3. numa outra passagem é afirmado que "... a hipoteticidade ou condicionalidade da regra de conduta não tem apenas um caráter *lógico*, mas apresenta também um caráter *axiológico*, uma vez que nela se expressa *a objetividade de um valor a ser atingido*, ..."[36] Isso mostra um mal-entendido. Basta confrontar em um ponto na Reine Rechtslehre: "O conceito da conduta boa é: uma conduta, que corresponde a uma norma. Esse conceito contém três elementos: "norma, "conduta", "corresponder" como relação entre "norma" e "conduta". Esse conceito não diz que uma conduta deve corresponder a uma norma, mas somente, que, quando ela não corresponde a uma norma, ela não cai sob o conceito da boa conduta, portanto, não é uma boa conduta. Que a conduta deve corresponder à norma é o sentido da "norma" que, juntamente com a "conduta" e "corresponder", é um elemento do conceito da boa conduta, não o sentido do conceito. A conduta é boa, não por-

---

[33] Kelsen, H., (nota 11), S. 207 f.; página 329 e seguintes.

[34] Ver infra, II. A) 1.; confrontar com II. A) 2. e 3.

[35] Kelsen, H., (nota 9), S. 74 f.; página 81 e seguinte. Ver nota de pé-de-página 60, infra.

[36] Reale, M., (nota 5), página 101; Em uma outra obra sua (O direito como experiência. 2. ed. São Paulo: Saraiva, 1999) o valor é apresentado onticamente (ver página 248, 253, 272, 274) ao contrário de Kelsen, que o vê deonticamente. Ver também nota de pé-de-página 74, infra.

que ela corresponde ao conceito, mas porque ela à norma. Ela pode contradizer a norma, mas não o conceito."[37];

4. em determinada passagem é dito: "A vigência e a eficácia do ordenamento jurídico não são, pois, decorrência de uma *norma fundamental*, como expõe Kelsen ..."[38] Até aonde se pode ver, existe, aqui, uma confusão entre fixação, eficácia e validade. Uma olhada em Kelsen mostra isso: "Fixação e eficácia são, na norma fundamental, transformadas em condição da validez; eficácia, no sentido que ela deve associar-se à fixação para que o ordenamento jurídico, como todo, do mesmo modo como uma norma jurídica particular, não perca sua validade. Uma condição não pode ser idêntica com aquilo por ela condicionada. Assim, deve uma pessoa, para viver, ser nascida; mas, para permanecer com vida, também outras condições devem ser cumpridas, por exemplo, ela precisa receber nutrição. Se essa condição não é cumprida, ela perde sua vida. Mas a vida não é nem com o ser-nascida nem com o receber-nutrição idêntica."[39]

B) Uma outra de suas obras é intitulada O direito como experiência, já mencionada.[40] Nela também devem ser destacadas certas passagens. Assim:

1. ao nela Reale sustentar: "Quando, por conseguinte, Hans Kelsen prolongou a linha essencial do "legalismo" da Escola da Exegese dos Pandectistas, ampliando o conceito de norma para estendê-lo até o nível das estipulações privadas, com sua conhecida distinção entre normas jurídicas *gerais e individualizadas* ...",[41] incorre em duplo equívoco. Um está situado numa parte da proposição

---

[37] Kelsen, H., (nota 9), S. 17, Fußnote; página 401, nota 11.

[38] Reale, M., (nota 5), página 197.

[39] Kelsen, H., (nota 9), S. 219; página 236.

[40] Ver nota de pé-de-página 36, supra. Essa obra contém notas de pé-de-página. Infelizmente, as referências a Kelsen, aqui trabalhadas, carecem delas.

[41] Reale, M., (nota 36), página 170 (ver também página 96). O mesmo ocorre, quanto a isso, na página 94; nela também, ainda, em relação à "..."norma fundamental", que condiciona transcendentalmente o sistema de preceitos vigentes ..." Uma olhada na Reine Rechtslehre comprova-o: "Todavia, forma no silogismo, cuja proposição maior é a proposição-deve que declara a norma superior: deve-se obedecer aos mandamentos de deus (ou os mandamentos de seu filho) e cuja proposição conclusiva é a proposição-deve que declara a norma inferior: deve-se obedecer aos dez mandamentos (ou ao mandamento de amar seus inimigos), a proposição, que comprova um fato-ser: deus promulgou os dez mandamentos (ou o filho de deus ordenou amar os inimigos), como proposição menor, uma parte fundamental. Proposição maior e proposição menor são ambas condições da proposição conclusiva. Mas somente a proposição superior, que é uma proposição-deve, é conditio per quam [condição pela qual] em relação para com a proposição conclusiva, que também é uma proposição-deve; isto é, a norma declarada na proposição superior é o fundamento de validez da norma declarada na proposição conclusiva. A proposição-ser, que atua como proposição menor, é somente conditio sine qua non [condição sem a qual (algo diferente) não (pode ocorrer)] na relação para com a proposição conclusiva; isto é: o fato-ser, comprovado na proposição menor, não é o fundamento de validez da norma declarada na proposição conclusiva" (Kelsen, H. (nota 9), S. 196 f.; página 216). Comparar, por um lado, com Reale, M., (nota 5), página 136 e 192 e seguinte, nas quais o primeiro equívoco também se mostra; por outro, com Reale, M., (nota 17), página 476 e seguinte, onde o segundo equívoco mostra-se também. Além disso, ver mesmo autor, (nota 17), página 463 e seguinte, nas quais a relação: vigência ou validade técnico-formal e eficácia/estática e dinâmica mostra-se não inteligível. Basta, para tanto, primeiro, comparar com o apresentado tanto pela nota de pé-de-página 39, supra, como pelas notas de pé-de-página 42 e 43, infra, e segundo, ler Kelsen, Hans. Allgemeine Staatslehre. Berlin, Zürich: Verlag Dr. Max Gehlen, 1966 (unveränderter f. Nachdruck der ersten Auflage v. 1925), S. 3-21, 18 f. Versão espanhola: Teoria general del estado. 2. ed. México: Ediciones Coyoacán, S. A. de C. V., 2005, página 3-27, 23 e seguinte. Tradução: Luis Legaz Lacambra; (a impressão sob o título Teoria geral do estado. São Paulo: Livraria Acadêmi-

(antes) e o outro na outra parte da proposição (depois). O primeiro é comprovado por certas passagens das Hauptprobleme der Staatsrechtslehre: "Uma modificação importante, que o sistema da teoria pura do direito experimentou perante sua primeira concepção nos "problemas principais" [primeira edição, 1911] consiste nisto, que ao conhecimento jurídico estático, que os "problemas principais" ainda fundamentalmente conservam como o método exclusivo, associou-se complementarmente uma consideração dinâmica."[42] Mais adiante: "O mérito de ter conhecido e apresentado o ordenamento jurídico como um sistema genético de normas que, em concretização por graus, progridem da constituição, sobre lei e decreto e outros graus intermediários, até aos atos jurídicos individuais da efetivação, é devido a Adolf Merkel."[43]

O segundo, pode ser demonstrado, uma vez, pelas Hauptprobleme der Staatsrechtslehre: "... todos os atos estatais, não só as normas abstratas, mas também os atos concretos da chamada efetivação, os atos da administração e jurisdição estatal, têm de ser entendidos como atos da vontade do estado e, assim, como atos-jurídicos, isto é, porém, como conteúdo de proposições jurídicas."[44]

E, outra vez, pela Reine Rechtslehre:[45] "Aplicação do direito a ciência do direito tradicional vê, sobretudo, se não exclusivamente, nas decisões dos tribunais civis e penais que, de fato, quando eles decidem um conflito jurídico ou impõem uma pena a um delinquente, em regra, aplicam uma norma jurídica geral, que foi criada no caminho da dação de leis ou costume. Porém, aplicação do direito situa-se – como resulta do dito anteriormente – completamente do mesmo modo na criação das normas jurídicas gerais, por dação de leis e costume, como nas decisões das autoridades administrativas e – como nós ainda veremos – também no

---

ca Saraiva & C.ª – editores, 1938. Tradução: Fernando de Miranda apresenta-se como uma tradução. Ela, porém, não o é. Ela é uma adaptação); Kelsen, H. (nota 9), S. 215-221, 218 ff.; página 235-238, 236 e seguintes.

[42] Kelsen, Hans. Hauptprobleme der Staatsrechtslehre. 2. Aufl., Tübingen: Mohr, 1923, S. XII.

[43] Kelsen, H., (nota 42), S. XV.

[44] Kelsen, H., (nota 42), S. XII.

[45] Do mesmo modo, por uma investigação de outro trabalho de Kelsen, Hans. Wesen und Entwicklung der Staatsgerichtsbarkeit, VVDStRL, Heft 5, Berlin und Leipzig: Walter de Gruyter, 1929, S. 32, onde, por exemplo, pode ser lido: "O caminho que o direito passa da constituição até ao tipo de execução é um tal de concretização constante. Apresentam constituição, lei e regulamento *normas gerais de direito*, que se enchem sempre mais de conteúdo, então significam sentença judicial e ato administrativo *normas jurídicas individuais*" (realçado por L. A. H.). Na S. 38: "O conteúdo da constituição pode fazer superficial o grau da lei, assim como a lei pode ser formada em um modo que ela não carece de regulamento para ser aplicada em atos administrativos ou judiciais individuais." Na S. 54: "Contanto que jurisdição e dação de leis se pode separar funcionalmente uma da outra, no fundo, deve a diferença entre ambas as funções ser vista, inicialmente, nisto, que pela dação de leis são criadas *normas gerais*, pela jurisdição, somente *normas individuais*" (realçado por L. A. H.). Na S. 60: "Entre a norma jurídica geral, que parte exclusiva e somente de uma autoridade administrativa estatal, e precisamente, central, isto é o regulamento no sentido mais restrito e mais próprio da palavra, e um negócio jurídico geral de privados são, precisamente, possíveis uma série de graus intermediários." Existe uma versão francesa desse trabalho. Ela apresenta-se assim: La garantie juridictionnelle de la Constitution (La Justice constitutionnelle), in: Revue du Droit Public et de la Science Politique en France et a L´étranger. Paris: Marcel Giard, 1928. As páginas correspondentes são: 200, 206 suiv., 224, 231. A versão brasileira diz: "A jurisdição constitucional", in: Kelsen, Hans. Jurisdição constitucional. São Paulo: Martins Fontes, 2003. Tradução: Alexandre Krug. As páginas correspondentes são: 126, 133, 151, 159.

atos jurídico-negociais; e os tribunais aplicam as normas jurídicas gerais de modo que eles fixam normas individuais, determinadas em seu conteúdo pela norma geral, nas quais é estatuída uma sanção concreta: execução coercitiva civil ou pena."[46] Mais adiante pode ser lido: "A norma criada contratualmente tem caráter individual, como, por exemplo, no caso de um contrato de compra e venda, pelo qual uma parte é obrigada a proporcionar a outra, sem repetir, um determinado objeto, e a outra a pagar, sem repetir, uma determinada soma em dinheiro. O contrato pode, porém, também ter caráter geral, isto é: não obrigar a uma prestação ou prestação e contraprestação, sem repetir, mas a um número indeterminado de prestações ou prestações e contraprestações;"[47]

2. em uma outra passagem Reale coloca a teoria pura do direito sob a denominação "normativismo técnico-jurídico".[48] Logo depois afirma: "O que dá colorido próprio à corrente técnico-jurídica, no sentido amplo que estou aqui atribuindo a êste têrmo, é o corte radical feito entre a tarefa da Legislação e a da Jurisprudência ou Ciência do Direito, reservada esta exclusivamente à fase pós-legislativa, para a interpretação e a sistematização do direito pôsto, ou positivo, abstração feita tanto de suas *causas* ou fatôres econômico-sociais, como de suas exigência ou *fins ético-políticos*."[49] Existe, aqui, uma confusão entre o lugar da ciência do direito na ciência e sua relação com a política.[50] Uma olhada no prefácio à primeira edição

---

[46] Kelsen, H., (nota 9), S. 242; página 263. Ver também Kelsen, H., (nota 11), S. 6 f.; página 10 e seguintes.

[47] Kelsen, H., (nota 9), S. 265; página 289. Kelsen dá o exemplo do contrato entre uma sociedade de seguros e o indivíduo: aquela obriga-se a, em cada doença, abonar o custo médico e este a, a cada mês, fazer o pagamento de uma determinada soma em dinheiro (S. 265; página 289).

[48] Reale, M., (nota 36), página 96. Ver também página 54; comparar com página 199.

[49] Reale, M., (nota 36), página 97.

[50] Um exame mais detido auxilia ao seu esclarecimento. Assim, Reale, M., (nota 36), página 140: "Êste ponto afigura-se-me de suma importância, pois a Dogmática Jurídica implica o problema do poder, sendo a experiência jurídica inseparável da experiência do poder. (...) ... – devendo o jusfilósofo limitar-se a pôr em relêvo a essencial correlação existente entre o Direito e o Poder, e o valor dessa correlação no tocante à irrenunciável natureza "dogmática" do Direito, mostrando como se dá a *"jurisfação do Poder"* no processo nomogenético, ..." Página 142: "Já disse que a experiência do poder é inseparável da experiência do direito e que êste não se objetiva em fórmulas normativas sem um ato decisório." Página 172: "Liberta-se, por outro lado, a Dogmática Jurídica [com os modelos] de sua rígida vinculação ao princípio da *divisão dos podêres*, que governa tôdas as construções da Escola da Exegese, com efeitos que, por fôrça de inércia, ainda se percebem até mesmo em teorias infensas ao antigo formalismo legal." Página 63: "O cultor da *Política do Direito* ou Política Legislativa, que procura a vivência dos valôres nas conjunturas e contingências espácio-temporais, a fim de eleger a regra de direito mais oportuna e necessária, em função dos interêsses atuais da comunidade, põe a *nota tônica* no momento da valoração. O legislador ou teórico da Política do Direito não analisa, porém, valores no plano transcendental mas, sim, valorações na órbita empírico-positiva, realizando um trabalho de aferição de *diretivas axiológicas em função do possível político*." Página 179: "Costuma-se dizer que a lei é "obra do legislador", dando-se, assim, ênfase ao ato decisório, mas, na realidade, todo modêlo legal envolve uma série de fatôres, uns estudados pela Política do Direito, quando indaga, por exemplo, do significado da *opinião pública*, dos efeitos dos *grupos de pressão* ou expõe a *técnica de legislar*; outros fatôres são de ordem sociológica, econômica, psicológica, lingüística, etc., o que tudo demonstra que a tarefa de legislar é de *ordem arquitetônica* ou de síntese." Página 247: "Frise-se, aliás, que, se aqui distingo entre plano transcendental ou filosófico e plano científico positivo do hermenêutica, nem por isso vejo entre êles uma solução de continuidade, uma vez que aquêle é pertinente às condições de possibilidade, e o segundo se refere à experiência jurídica possível." Página 233: "O certo é que, mais do que nunca, é mister avançarmos até às raízes do problema, para estabelecer a indispensável conexão entre o filósofo e o jurista." Página 130: "Assim, quando se diz que um *fato* recebe a qualificação jurídica (valor jurídico) que lhe é conferida por uma *norma* em vigor, o problema é resolvido *"ex post norma"*, isto é, sob a perspectiva da regra já

da Reine Rechtslehre também o demonstra: "Não da posição da ciência do direito dentro da ciência e das consequências que resultam disso, trata, na verdade, o litígio – como ele, certamente, tem a aparência; mas da relação da ciência do direito para com a política, da separação cuidadosa de uma da outra, da renúncia ao costume arraigado, em nome da ciência do direito, baseando-se, portanto, em uma instância objetiva, sustentar exigências políticas, que somente podem ter um caráter extremamente subjetivo, também quando elas, com a melhor boa-fé, apresentam-se como ideal de uma religião, nação ou classe."[51];

---

posta, o que equivale a dizer, do ponto de vista da Dogmática Jurídica, cujos raciocínios se desenvolvem tendo o ordenamento jurídico como "lugar geométrico" da validade de seus juízos. Quando, ao contrário, se aprecia a experiência jurídica sob o aspecto genético, ou seja, como série de fatos ou valorações que culmina na estatuição de uma norma de direito, a qualificação jurídica antecede à norma e nela se objetiva: essa perspectiva, que é a pertinente à "nomogênese jurídica", constitui objeto de estudo da Filosofia do Direito e da Política Jurídica, bem como da Teoria Geral do Direito, cada uma delas sob seu respectivo prisma. (...) A Dogmática Jurídica, portanto, deve ser entendida como especificação da *Teoria Geral do Direito*, correspondente ao momento em que a experiência jurídica se põe como efetivo sistema jurídico, enquanto, por conseguinte, o *fato social* se subordina a *esquemas ou modelos normativos* em função de *valorações já positivadas* no todo do ordenamento." Página 231: "O transcender-se da norma para além de seu suporte lógico-proposicional, êsse seu necessário dirigir-se para algo em razão de alguém, em que consiste a dialeticidade da interpretação e aplicação do direito, demonstra que a indagação filosófica do ato interpretativo não pode ficar circunscrita aos aspectos gnoseológicos da questão, para saber-se, por exemplo, qual a natureza do juízo interpretativo, mas deve necessàriamente considerar também os seus aspectos "ontológicos" visando à compreensão integral dos fatores condicionantes daquele juízo." Comparar com o primeiro parágrafo da nota de pé-de-página 59, infra.

A isso tudo pode ser objetado ao notar o seguinte: "Não surpreende, por isso, que o positivismo jurídico é a teoria da validez jurídica predominante nas democracias ocidentais e tira sua legitimação da ideia da tolerância e da limitação do poder judicial no sentido da doutrina da divisão de poderes. Positivistas jurídicos condutores do século 20. (como, por exemplo, H. Kelsen, G. Radbruch antes de 1933, H. L. A. Hart) foram ou são protagonistas do estado de direito democrático" (Otte, Gerhard, in: *Staatslexikon*. 7. Aufl., 4. Bd. Freiburg, Basel, Wien: Herder, 1988 [Artikel Rechtspositivismus, Spalte 725]).

[51] Kelsen, H., (nota 7), S. XI. Mata-Machado, E. G., (nota 17), página 149, afirma: "Por maiores que tenham sido as contribuições de Kelsen ao Direito Positivo, não conseguiu ele fugir ao "coativismo", característico das escolas que negam o direito natural. No fim de contas, o que resta do seu sistema – e é muito, não o negamos, mas não é o suficiente – reside na *lógica* imposta por ele antes à técnica que à ciência do direito. Ele mesmo o confessa com a maior lealdade."

Kelsen esboça a resistência à sua teoria da forma seguinte: "Essa [teoria dele] causou, ao lado do reconhecimento e imitação, também resistência; resistência de uma passionalidade, quase sem exemplo na história da ciência do direito, que de modo nenhum deixa explicar-se dos objetos objetivos que, nisso, saem à luz. *Porque esses baseiam-se, em parte, em mal-entendidos que, de mais a mais, frequentemente, parecem não completamente não intencionados* (realçado por L. A. H.); e mal podem, onde realmente existentes, justificar a profunda irritação dos adversários. Porque a teoria combatida não é, de modo nenhum, tão inauditamente nova e não está em contradição para com tudo que estava aqui até agora. Ela pode ser entendida como continuação de desenvolvimento de inícios que já se anunciavam na ciência do direito positivista do século 19. Dessa, porém, descendem também meus adversários. Não que eu exijo da ciência do direito atual uma modificação de curso completa, mas que eu dela exijo conservar uma das direções entre as quais ela incertamente vacila para cá e para lá, não tanto a novidade, como, ao contrário, a consequência de minha teoria é que provoca o tumulto na literatura. E já isso somente deixa presumir que na luta contra a teoria pura do direito repercutem não só motivos científicos, mas, sobretudo, políticos, portanto, extremamente emocionais. A questão, se ciência da natureza ou do espírito não deve exaltar assim os ânimos; porque o desatamento de uma da outra efetivou-se quase sem resistência. Aqui pode tratar-se somente disto, de pôr a ciência do direito, essa província distante do centro do espírito, que tem o costume de coxear atrás só devagarmente do progresso, por um contato imediato com a doutrina da ciência geral, em um movimento um pouco mais rápido. (...)

Isso é o fundamento da oposição, que se acerca já do ódio, contra a teoria pura do direito, isso é o fundo da luta conduzida contra ela com todos os meios. Porque ela toca nos interesses mais vitais da sociedade; e, com isso, não por último, nos interesses profissionais do jurista. Ele renuncia, naturalmente, só de má vontade, a isto, a

3. noutro ponto da obra em questão, Reale afirma: "Se compulsarmos as obras jurídicas dos "normativistas", verificamos que, a todo instante, considerações de ordem social e ética penetram, às escondidas, em sua argumentação para dar colorido ou conteúdo às interpretações da lei."[52] Essa afirmação não corresponde absolutamente à verdade, pelo menos, no tocante a Kelsen. Duas passagens da Reine Rechtslehre, no que segue, bastam para comprovar isso.

a) "Se se entende sob "interpretação" a comprovação conforme o conhecimento do sentido do objeto a ser interpretado, então o resultado de uma interpretação do direito pode ser somente a comprovação do quadro, que o direito a ser interpretado apresenta e, com isso, o conhecimento de várias possibilidades, que estão dadas no interior desse quadro. Então a interpretação de uma lei não precisa, necessariamente, levar a uma única resposta como a somente correta, mas, possivelmente, a várias, que todas – à medida que elas são medidas somente na lei a ser aplicada – são do mesmo valor, embora somente uma delas torne-se direito

---

acreditar e a fazer os outros acreditarem que ele, com sua ciência, possui a resposta à questão, como os conflitos de interesses no interior da sociedade devem ser resolvidos "corretamente", que ele, porque ele conhece o direito, também é chamado a formá-lo quanto ao conteúdo, que ele, em sua aspiração de exercer influência sobre a criação do direito, perante outros políticos excede mais que um mero técnico da sociedade" (mesmo autor, mesma obra, S. X ff.).

[52] Reale, M., (nota 36), página 108. Ver nota de pé-de-página 55, infra.

Se se confronta essa afirmação com outras no interior desse trabalho, então se obtém uma imagem diferente, mas, provavelmente, a, em geral, *nossa real*. Na página 254 pode ser lido: "Se o jurista poucas vêzes é partícipe, de maneira decisiva, da formulação das normas de direito, nem por isso deixa de ser responsável por sua exegese e aplicação. Se a lei é obscura, incerta, pouco adequada às condições sócio-econômicas, incongruente na totalidade do sistema, é aqui que se põe, de maneira viva, a *dignidade da Jurisprudência*, em virtude do trabalho do intérprete que capta a *ratio legis* [razão de lei], indo além dos simples nexos lógico-formais, encontrando, em suma, as razões reais a que o legislador teve em vista atender e às que devem ser atendidas no evolver do processo histórico. Vê-se, pois, que entre o *ato normativo* e o *ato interpretativo* há solução de continuidade, no sentido da progressiva *objetivação* das possibilidades axiológicas, num crescendo de *integração racional*." Isso parece complementar-se no dito na página 143: "É que, consoante lembrei em *Pluralismo* e *Liberdade*, analisando as relações entre poder e racionalidade, quaisquer que possam ter sido as causas determinantes da *opção normativa*, e por mais irracionalmente que ela se conclua, há um fato irrecusável, denso de significado: uma vez posta a regra de direito, esta surge, incontinenti, *sub specie rationis* [sob espécie de razão], não podendo deixar de ser considerada uma *ordenação racional*, "*quaedam rationis ordinatio*" [uma certa ordenação da razão], como dizia Santo Tomás" (comparar com página 197).

Isso, certamente, pressupõe, então também, um juiz que não só está de acordo com isso, mas também pratica a "bondade na justiça" (=equidade)" (Aristoteles. Nikomachische Ethik, übers. u. komm. v. Fr. Dirlmeier, Frankfurt am Main: Fischer Bücherei, 1957, S. 120), isto é: "E isso é a essência da "bondade na justiça": retificação da lei ali onde ela, por causa de sua formulação geral, é lacunosa" (mesmo autor, mesma obra, S. 121). Comparar com a nota de pé-de-página 74 e 79, infra; e também com a nota de pé-de-página 97, infra. Seja aqui somente ainda colocada, à margem, a questão: os partidários do direito e economia (law and economics) não pretendem no Brasil *agora* a eficiência dessa bondade? Ver Battesini, Eugênio. Direito e economia: novos horizontes no estudo da responsabilidade civil no Brasil. Tese (doutorado em direito) – Faculdade de direito da UFRGS, página 314, 330. Nisso, contudo, não é claro, uma vez, o papel que cabe então à eficiência no âmbito da dação de leis diante dessa bondade e, outra vez, a relação dessa bondade com policy (programa) no âmbito da jurisdição. Para aquilo, ver Eidenmüller, Horst. Effizienz als Rechtsprinzip. Möglichkeiten und Grenzen der ökonomischen Analyse des Rechts. 3. Aufl., Tubingen: Mohr, 2005; para isto, ver Dworkin, Ronald. Taking rights seriously. 17. ed. Massachusetts: Harvard University Press Cambridge, 1999, p. 22 f. Versão espanhola: Los derechos en serio. Barcelona: Editorial Ariel, S. A., 1999, página 72 e seguintes. Tradução: Marta Guastavino; Alexy, Robert. Recht, Vernunft, Diskurs. Studien zur Rechtsphilosophie. Frankfurt am Main: Suhrkamp, 1995, S. 180, Fußnote 19. Versão brasileira: Direito, razão, discurso. Estudos para a filosofia do direito. Porto Alegre: Livraria do Advogado Editora, 2010, página 139, nota de pé-de-página 19. Tradução: Luís Afonso Heck.

positivo no ato do órgão aplicador do direito, particularmente do tribunal. Que uma sentença judicial está fundamentada na lei significa, em verdade, nada mais que ela mantém-se no interior do quadro que a lei apresenta, não significa que ela é *a*, mas somente *uma* das normas individuais, que podem ser criadas no interior do quadro da norma geral.

A ciência do direito tradicional acredita, contudo, poder esperar da interpretação não só a comprovação do quadro do ato jurídico a ser fixado, mas também, ainda, o cumprimento de uma outra tarefa; e ela é propensa a ver nisso até a tarefa principal. A interpretação deve desenvolver um método que possibilita cumprir corretamente o quadro comprovado. A teoria da interpretação habitual quer fazer crer que a lei, aplicada ao caso concreto, pode proporcionar sempre somente *uma* decisão correta e que a "correção" jurídico-positiva dessa decisão está fundamentada na própria lei. Ela apresenta o processo de interpretação de modo que como se nisso somente se tratasse de um ato intelectual do esclarecer ou entender, como se o órgão aplicador do direito somente tivesse de pôr em movimento a sua inteligência, não, porém, sua vontade e como se por uma atividade intelectual pura sob as possibilidades existentes pudesse ser feita uma escolha correspondente ao direito positivo, correta no sentido do direito positivo."[53]

b) "À medida que na aplicação da lei pode nascer mais além da nisso necessária comprovação do quadro, no interior do qual se deve manter o ato a ser fixado, ainda uma atividade de conhecimento do órgão aplicador do direito, não é um conhecimento do direito positivo, mas de outras normas que, aqui, no processo de criação do direito, podem desembocar; normas da moral, da justiça, sentenças de valor sociais, que se costuma designar com os tópicos bem-estar do povo, interesse do estado, progresso, e assim por diante. Sobre sua validez e comprovabilidade nada se deixa dizer do ponto de vista do direito positivo. Visto daqui, todas essas determinações deixam caracterizar-se só negativamente: são determinações que não partem do próprio direito positivo. Em relação a este, a fixação do ato jurídico no interior do quadro da norma jurídica a ser aplicada é livre, isto é, no poder discricionário livre do órgão chamado à fixação do ato; a não ser que o próprio direito positivo delegue normas metajurídicas quaisquer como moral, justiça, e assim por diante. Mas por meio disso, seriam elas transformadas em normas jurídico-positivas."[54]

O dito na letra b) é completado em outro trabalho de Kelsen, onde pode ser lido: "Se se trata, porém, de normas que ainda não estão positivadas de nenhum modo, mas primeiro, porque elas apresentam a "justiça", devem converter-se em direito positivo (ainda que os defensores desses princípios já os considerem, em uma ideia mais ou menos clara, "direito"), então existe nada mais que postulados juridicamente não vinculativos (que, em verdade, somente são expressão de determinados grupos de interesses) dirigidos aos órgãos encarregados de criação do direito. E precisamente, não só aos órgãos da dação de leis, nos quais a possibi-

---

[53] Kelsen, H., (nota 9), S. 349; página 390 e seguinte; comparar do mesmo autor, Zur Theorie der Interpretation, in: *Die Wiener Rechtstheoretische Schule*. Wien: Europa Verlag, 1968, S. 1366.

[54] Kelsen, H., (nota 9), S. 351; página 393 e seguinte; mesmo autor, (nota 53), S. 1368 f.

lidade de realizar tais postulados é quase uma ilimitada, mas também aos órgãos dos graus baixos da criação do direito, onde essa possibilidade, sem dúvida, baixa na mesma medida que sua função tem o caráter de aplicação do direito, contudo, e precisamente, está dada nessa medida, existe como poder discricionário livre; na jurisdição e administração, portanto, quando vale, escolher entre várias possibilidades de interpretação. Precisamente nisso, que a consideração ou realização desses princípios, que até agora, apesar de todos os esforços, não encontraram nenhuma determinação, também só até certo ponto inequívoca, no processo de criação do direito não têm o caráter de uma aplicação do direito no sentido técnico da palavra e, pelos fundamentos citados, também nem sequer podem ter, precisamente nisso reside a resposta à questão, se eles podem ser aplicados por um tribunal constitucional."[55] Mais adiante, diz Kelsen: "Exatamente no âmbito da jurisdição constitucional, porém, eles podem desempenhar um papel extremamente perigoso, e precisamente, quando vale examinar a constitucionalidade de leis. (...); e, por isso, não está excluída, de modo nenhum, a possibilidade que um tribunal seja chamado a decidir sobre a questão da constitucionalidade de uma determinada lei, casse essa lei com a fundamentação que é injusta porque "justiça" é um princípio constitucional e, por isso, deve ser aplicado pelo tribunal constitucional. Isso significa, porém, que ao tribunal é concedida uma plenitude de poderes que absolutamente deve ser sentida como insuportável."[56]

II.

A) Em Reale, várias vezes, Kelsen é unido a Kant pela palavra transcendental.[57] Em Mata-Machado, pela norma fundamental, segundo o autor, suposta,[58]

---

[55] Kelsen, H., (nota 45), S. 68 f.; p. 239 suiv.; página 167 e seguinte. A exposição de Kelsen mostra que Reale, no âmbito da interpretação, mistura positivismo com direito natural. O que ele, Reale, censura aos "normativistas" é feito, justamente, pelos jurídico-naturais. Dito em português claro: continuam a fazer, apesar de Kelsen.

[56] Kelsen, H., (nota 45), S. 69 f.; p. 241; página 169. Ver também Heck, Luís Afonso. Jurisdição constitucional. Teoria da nulidade *versus* teoria da nulificabilidade das leis. Porto Alegre: Livraria do Advogado Editora, página 17, nota de pé-de-página 14, com mais indicações.

[57] Reale, M., (nota 5), página 160, 194; mesmo autor, (nota 36), página 19, 100. Às vezes, essa relação é unida com Tobias Barreto, quando parece receber sutilmente um traço pejorativo com um fundo rechaçador com respeito ao último: ver Reale, M., (nota 17), página 473; comparar com Reale, M., (nota 5), página 47; comparar com a nota de pé-de-página 58, infra. O fundamento dessa conduta de Reale pode estar situado no fato de Barreto ter sido, ao lado de Carlos Bevilaqua e Sylvio Romero, o maior filósofo positivista no Brasil. Ver acerca disso: Zaibert, Leonardo A., Gracia, Jorge J. E. Latin American Philosophy of Law, in: The Philosophy of Law: an encyclopedia/editor, Christopher Berry Gray., New York/London 1999, Volume II, p. 485.
O livro da nota 17 tem notas de pé-de-página, mas, mais uma vez, infelizmente, carece delas nas passagens citadas neste trabalho.
Seja, aqui, remetido a Barreto, Tobias. Estudos de direito. vol. I e II. 2. ed. Rio de Janeiro: Editora Record, 1991.
É curioso, nessa conexão, que Macedo, S. de, (nota 4), página 134 e seguinte, indica várias obras de Jorge Del Vecchio, porém, não esta: Supuestos, concepto y principio del derecho (trilogia). Barcelona: Bosch, 1962. Tradução: Cristobal Masso Escofet, embora duas dela componentes, mas não a terceira: El concepto de la naturaleza y el principio del derecho, na qual Del Vecchio toma distância de Aristóteles e aproxima-se de Kant. Ver Del Vecchio, J., (aquela obra), página 231 e seguintes.

[58] Mata-Machado, E. G., (nota 17), página 148: "Assim o estudo do direito apenas como "direito positivo" leva à afirmação arbitrária de uma *suposta* norma fundamental *supostamente* válida." Na página 142, depois de citar

e pela negação do direito subjetivo.[59] Parece como se se quisesse, de um só golpe,

parte da introdução de Kelsen à primeira edição da Reine Rechtslehre (ver nota de pé-de-página 51, supra, na qual se encontra o citado por Mata-Machado), pergunta: "Que direção é essa?" E responde: "A que, vinda de Kant, vai dar no positivismo jurídico." No parágrafo seguinte pretende comprovar isso com citações da teoria pura do direito, de 1934 (ver para isso, nota de pé-de-página 93, primeiro parágrafo, infra). Isso é certamente uma (re-)interpretação! O positivismo jurídico, por conseguinte, então, somente é rechaçado porque vem de Kant; comparar, nessa conexão, uma vez, nota de pé-de-página 59, segundo parágrafo, infra; outra vez, Heck, L. A., (nota 5), página 13 e seguintes, e conclusão, infra. Ver, ainda, Mata-Machado, (nota 17), página 145, 151 e 180 e nota de pé-de-página 93, segundo parágrafo, infra.

[59] Mesmo autor, (nota 17), página 277: "Em Kelsen, a negação do direito subjetivo ainda é mais enfática." Isso só pode ser considerado jurídico-naturalmente. Na realidade, Kelsen tentou mostrar, ao contrário, a insustentabilidade do conceito jurídico-natural do direito subjetivo. Basta ver Kelsen, H., (nota 42) que *deveria ter sido* familiar a Mata-Machado. Algumas passagens dessa obra mostram isso. Assim, S. 125: "Agora, mal pode por uma outra explicação ser reconhecido mais claramente que na vontade do dogma da vontade civilista trata-se de tudo, somente não de uma vontade no sentido psicológico! Porque como poderia ser comprovada a realidade de um ato físico-real pelo meio, específico para o método jurídico, de uma presunção!" S. 568 f.: "O uso do idioma da doutrina do direito natural pode encontrar sua explicação particularmente em fatores psicológico-históricos. Tem de se ter presente que essa teoria nasceu ao tempo do estado policial absoluto e não deve ser entendida, de modo nenhum, como reação política contra esse, sim, segundo toda sua estrutura – como hoje universalmente reconhecido – tem mais um caráter ético-material que jurídico-formal. Tratava-se de opor ao estado, que intervém profundamente na vida privada, que trava o indivíduo com uma rede grossa de proibições e mandamentos, com um postulado político, que se vestiu no traje da teoria que a pessoa é "livre" desde a natureza, no estado pré-estatal, que o estado o espoliou, em grande parte, dessa liberdade e esse roubo somente pode justificar pelo fato de ele proteger o resto da liberdade. (...) O conceito do "direito natural" é, de antemão, um subjetivo e está, segundo sua natureza, em uma oposição consciente àquile que na doutrina do direito moderna exclusiva e somente pode valer como "direito" no sentido objetivo ou subjetivo: ao direito positivo. S. 570: "O conceito de direito do direito natural – ele era o conceito de um direito "subjetivo" compreendia justamente aquilo que no sentido do direito positivo não era direito; e precisamente, nesse sentido duplo, tanto daquele que ainda não era direito positivo e, como direito natural, foi postulado pela doutrina do direito natural contra a ordem dominante, como daquele que, como lado material da apresentação total de sua natureza, não pôde valer como direito no sentido formal. Esse conceito do direito natural, cujo caráter fundamental é um político-material é oposto diretamente ao jurídico-formal, continua a viver ainda no conceito de direito subjetivo da teoria moderna segundo a essência. Todas as construções do direito subjetivo que foram tentadas na doutrina do direito mais recente mostram inequivocadamente o traço essencial específico do direito natural. Elas compreendem exclusivamente ou em parte o elemento substancial daquele aparecimento, cuja forma somente significa o direito." S. 572: "O erro fundamental da teoria jurídico-natural, que em seu conceito de direito subjetivo compreende somente o reflexo material do dever jurídico, repete-se, o mais claramente na teoria da finalidade ou do interesse iheringuiana. Ihering define, como se sabe, o direito subjetivo como "interesse juridicamente protegido" [com remissão à fonte] porque somente por causa do interesse o ordenamento jurídico concede direitos subjetivos, o direito subjetivo serve somente à proteção de interesses individuais. A característica constituinte dessa definição forma a finalidade." S. 572 f.: "O que na teoria jurídico-natural significa a "liberdade", limitada pelo direito positivo, inata do indivíduo, independente de toda ordem estatal, isso é, na definição iheringuiana, o "interesse". Tal e qual como os teóricos do direito natural, Ihering omite derivar o direito subjetivo do objetivo; ao contrário, ele entende o direito subjetivo como algo diverso essencialmente da proposição jurídica. O direito objetivo é um formal, é proteção ou limitação; o direito subjetivo de Ihering é, como o dos teóricos do direito natural, um material: o objeto da proteção, o protegido. Entre o direito no sentido objetivo e o direito no sentido subjetivo deixa Ihering, tal e qual como a teoria do direito natural, existir uma oposição: a oposição de forma e conteúdo; uma oposição, que é tão completa, que designar ambos os pólos finais com a mesma palavra "direito", já em si tem de valer como terminologicamente inadmissível." S. 574: "Existe uma confusão do método normativo-jurídico – o poder do direito subjetivo corresponde ao dever do dever subjetivo – com o explicativo-psicológico. Se se declara o direito subjetivo como um interesse, então o primeiro tem de depender da existência do último." S. 575: "Se se afronta essa construção, então se mostra, que má jogada a teoria da finalidade fez aos seus representantes nesse caso. A finalidade, que aqui se apresenta como intenção do "dador de leis" misterioso, é, certamente, segundo a palavra, acolhida na definição, mas, de fato, escapou do conceito. Que possa ter sido a "intenção do dador de leis", isto é, das pessoas que faticamente cooperaram na dação de leis, ou, ainda mais rigorosamente, dos redatores do texto legal, proteger interesses é muito provável; teria se de considerá-los irracionais, quisesse-se consentir, no fundo, a possibilidade, eles teriam estatuído uma proteção sem supor um interesse dos protegidos. A afirmação, que

o "dador de leis" quis proteger interesses, significa, de fato, nada mais que ele foi ativo conforme a finalidade. Nesse sentido, o interesse, suposto pelo dador de leis, é nada mais que o fundamento ou o motivo de sua norma-lização e, como tal, já em si, nem relevante para a interpretação nem para construção jurídica. Porque decisivo para o juristas é sempre somente a vontade realmente expressa do estado, não os motivos, opiniões ou intenções do "dador de leis"." S. 576: "Somente, no fundo, já é uma idéia completamente falsa, que deixa o dador de leis ou a lei dar o 'direito subjetivo'; porque o direito subjetivo é um conceito jurídico, que não o 'dador de leis' ou a lei forma, mas a teoria. A lei pode estatuir um proteção e pode fazer depender essa proteção da existência de um interesse. Se com isso, ou quando, no fundo, um direito subjetivo está dado, isso tem somente a teoria de decidir." S. 589: "Partindo do dogma, usual no uso do idioma jurídico e em si correto, que capacidade jurídica é capacidade de vontade, que pessoa e vontade são qualidades idênticas, Windscheid, como todos os outros teóri-cos, foi, com isso, completamente na direção errada, que ele não reconheceu a palavra "vontade" em seu sentido especificamente jurídico-ético, mas a tomou no significado de um fato físico. Com isso, porém, era inevitável uma corrente das ficções mais absurdas. A intensa rivalidade, que desde Ihering nasceu do chamado dogma da vontade e levou ao fundamento da teoria da finalidade, que pôs no lugar da vontade o fator do interesse como característica constituinte do conceito do direito subjetivo, deve ser reconduzida exclusivamente a essa maior de todas as equivocações, pela qual a teoria jurídica jamais estava fortemente determinada, que procurou compreen-der a "vontade" psicologicamente." S. 592: "Com isso, porém, está manifestamente mostrado que Windscheid, completamente do mesmo modo como Ihering, entrou no conceito, especificamente jurídico-natural, do direito subjetivo."

Também exposto mais sucintamente na Reine Rechtslehre (nota 9), S. 130 e seguintes, 174 f., 194 f.; página 140 e seguintes, 190, 212 e seguinte (comparar com a nota de pé-de-página 86, último parágrafo, infra). Seja dela mencionado apenas uma breve passagem, na S. 134 f.; página 145: "Essa visão, porém, também influenciou os representantes da escola histórico-jurídica, que não somente inaugurou o positivismo jurídico do século 19. mas também determinaram a formação do conceito da doutrina do direito geral bem essencialmente."

Diante disso, a própria afirmação de Reale, M., (nota 5), página 252: "A teoria do direito subjetivo em termos de "vontade juridicamente protegida" esbarra com dificuldades *intransponíveis*, tais como foram apontadas desde Jhering a Kelsen, que formularam objeções *incontestáveis*." (realçado por L. A. H.), já puxa o solo de sua teoria, sustentada na obra mencionada na nota de pé-de-página 36, supra, além de deixar sem sentido esta: "A essa luz, o direito subjetivo não é mais que a subjetivação do direito objetivo ou, nas palavras do próprio Kelsen, "o poder jurídico outorgado para o adimplemento de um dever jurídico". Com esse sentido evanescente de direito subje-tivo, este fica reduzido à mera atribuição de um dever ao destinatário da norma, o que equivale, praticamente, a esvaziar o conceito de seu conteúdo essencial. Tem razão Alf Ross quando adverte que toda a forma de monismo, quanto mais lógica, mais se afasta da realidade ..." (Reale, M., (nota 5), página 256 e seguinte).

Deve, aqui, ser notado que tanto em Reale, M., (nota 5), como em Mata-Machado, E. G., (nota 17), o trabalho de Georg Jellinek: System der subjektiven öffentlichen Rechte, 2. Aufl., Tübingen, 1919 (versão italiana: Sistema dei diritti pubblici subbiettivi. Milano: Società Editrice Libraria, 1912. Tradução: Caetano Vitagliano), que trata, como o próprio título já indica, dos direitos públicos subjetivos, não desempenha nenhum papel. (Ver Reale, M., (nota 5), página 273 e Mata-Machado, E. G., (nota 17) página 300, onde diz apenas que García Maynes o men-ciona e, portanto, não está nas referências bibliográficas (página 339 e seguintes.) Kelsen tratou disso com base nesse trabalho de Jellinek (ver Kelsen, H., (nota 42), S. 629 ff.). Mais recentemente Alexy, Robert. Theorie der Grundrechte. 2. Aufl., Frankfurt am Main: Suhrkamp, 1994, S. 229 ff. Versão espanhola: Teoría de los derechos fundamentales. Madrid: Centro de estudios constitucionales, 1997, página 247 e seguintes. Tradução: Ernesto Garzón Valdés.

Em outras palavras, a questão, aqui, coloca-se: cidadão e sua relação para com o estado, em *perspectiva jurídica*, nesses autores brasileiros, não encontra expressão. A constituição vigente, sob esse aspecto, portanto, simples-mente não entra em consideração. Um exemplo pode auxiliar a aclarar isso. Cícero Krupp da Luz, membro--colaborador do grupo de pesquisa teoria do direito, da Unisinos, com apoio do CNPq, publicou um artigo: "A construção sistêmica de governança para a proteção dos direitos humanos", in: Direito e democracia. Revista de ciências jurídicas - Ulbra Vol. 8, n. 2, jul./dez. 2007, página 266 e seguintes, por um lado. O acolhimento de direitos fundamentais sociais na constituição experimentou resistências. Ver Dreifuss, René. O jogo da direita. 3 ed. Petrópolis: Vozes, 1989, página 181 e seguintes, por outro. Por fim, Alexy expõe que o argumento principal para direitos sociais é o argumento da liberdade. Ver mesma obra, S. 458 ff.; página 486 e seguintes.

Disso resulta: o argumento da liberdade pode ser entendido no sentido de possibilitar o poder fazer valer juri-dicamente os direitos sociais. Caso contrário, os que deles carecem correm o perigo de se tornarem uma "bola à mercê das ondas" da igreja (por exemplo: deixa-se perguntar até que ponto o crescimento populacional após 1988, apesar do artigo 226, § 7, da constituição federal, está em conexão com a feitura de prisões atual?), mo-vimentos sociais, ongs e assim por diante. Mas, justamente, isso parece querer afirmar o artigo de da Luz: "A

DIREITO NATURAL – DIREITO POSITIVO – DIREITO DISCURSIVO

interferência entre Estado e organizações não governamentais pode ser dada a partir de duas vertentes adicionais e complementares: a primeira, dos direitos políticos, concernentes ao aperfeiçoamento do sistema partidário – as ongs poderão exercer pressão sobre o orçamento público, aperfeiçoar a democracia e combater a corrupção. A outra vertente é a implementação dos chamados direitos sociais e econômicos por meio de ações de exemplariedade e de multiplicidade que mais contribuem para o desenvolvimento" (página 280). Comparar com a nota de pé-de-página 97, 1., infra.

Se se confronta, agora, mais além, essa afirmação, por um lado, com a de Reale, M., (nota 5), página 237: "Afirmando que o Direito é tão somente um conjunto de normas, Hans Kelsen chega a uma conclusão, que parece paradoxal, de que não há distinção logicamente possível entre Direito e Estado. Do ponto de vista estritamente normativo, o Estado é o Direito e o Direito é o Estado. Para o jurista, o Estado não é a pessoa do Presidente ou do Governador, tampouco é a sociedade enquanto se estrutura numa unidade de poder, mediante um sistema objetivo de normas." (ver também página 257), e, por outro, com a de Mata-Machado, E. G., (nota 17), página 336: "Os direitos que lhes são atribuídos [ao estado] não são direitos que ele possua como próprios; são direitos do corpo político, ao qual se substitui *idealmente* essa entidade abstrata, e que é realmente representado pelos homens aos quais se confiou o encargo dos negócios públicos e que são investidos de poderes específicos." (essa passagem é de uma obra de Maritain, no qual se apóia Mata-Machado para a resposta em relação à personalidade jurídica do estado, como, ainda, para a em relação aos direitos subjetivos: "Mas o núcleo propriamente da Teoria fomos buscá-lo em obra de Maritain, onde se considera o direito sob o ponto de vista ético." mesma obra, página 291, com indicação da fonte; comparar, ainda, com página 290 e seguinte, 293) resulta, então, nessa conexão, uma certificação para a questão colocada.

Pode, aqui, ficar em aberto até aonde isso não se une, por um lado, com o fato que o cidadão brasileiro não ter acesso imediato ao supremo tribunal federal, por meio de uma via processual adequada, para fazer valer os direitos fundamentais violados dos quais é titular, como, por exemplo, o recurso constitucional na Alemanha. (Ver Heck, Luís Afonso. O recurso constitucional na sistemática jurisdicional-constitucional alemã, in: Revista de informação legislativa, Brasília: out./dez. 1994, página 115 e seguintes; mesmo autor. O tribunal constitucional federal e o desenvolvimento dos princípios constitucionais. Porto Alegre: Sérgio Antonio Fabris editor, página '177, nota de pé-de-página 35, com mais indicações.) Uma tentativa, nesse sentido, está na lei n. 9.882, de 3. 12. 1999, artigo 2, inciso II, que, porém, além de ter sido vetado, ainda interpôs, no parágrafo 1, o procurador-geral da república que, nisso, assemelha-se ao papel de advogado da constituição, proposto por Kelsen (ver Kelsen, H., (nota 45) S. 75, p. 247; página 175; comparar com a nota de pé-de-página 101, infra). Que dimensão isso pode adquirir mostra o chamado caso Dantas; ver, para isso, com mais indicações, nota de pé-de-página 85, infra.

Por outro lado, com a falta de uma instância centralizada competente para a rejeição de normas no controle normativo. Ver sobre isso, Heck, L. A., (nota 56), página 45 e seguintes. Aqui pode, em seguimento ao exposto nesse trabalho, na página 60, nota de pé-de-página 48, último parágrafo, em conexão com aquilo da página 69, nota de pé-de-página 55, ou seja, o aspecto estrutural, ser colocado, como contrapartida, o aspecto funcional: "Esse sentido perde-se quando a Constituição escrita não mais é considerada como taxativamente vinculativa. Se o juiz, e com o mesmo direito, o político e qualquer outro - hoje, muitas vezes, em afastamento, falsamente entendido, da concepção jurídica positivista - acreditam poder passar por cima do Direito Constitucional escrito, então podem as resoluções, que são obtidas deste modo, às vezes ser mais apropriadas do que aquelas de uma interpretação mais fiel à letra. Simultaneamente, todavia, está liberado o caminho no qual a Constituição pode ser ludibriada pelo recurso a qualquer interesse discricional pretensamente superior, cuja hierarquia superior, em geral, será controvertida. A idéia fundamental da Constituição escrita é então abandonada a favor da insegurança por uma luta permanente dos poderes e opiniões que, em sua argumentação, não mais podem referir-se a uma base comum" (Hesse, K, (nota 3), S. 14, Rn. 33; página 43 e seguinte, número de margem 33). Mais adiante: "Por isso, os limites da interpretação constitucional estão lá onde não existe estabelecimento obrigatório da Constituição, onde terminam as possibilidades de uma compreensão conveniente do texto da norma ou onde uma resolução iria entrar em contradição unívoca com o texto da norma. (...) Onde o intérprete passa por cima da Constituição, ele não mais interpreta, senão ele modifica ou rompe a constituição" (mesmo autor, mesma obra, S. 29 f., Rn. 77; página 69 e seguinte, número de margem 77). Se se põe, agora, ainda, em conexão o afirmado por Hesse com o por Gadamer, então resulta disso, entre outras coisas, a anulação do próprio estado de direito e certeza jurídica. Ver para isso, Heck, Luís Afonso. Prefácio, in: Silva, Marcelo Cardozo da. A prisão em flagrante na constituição. Porto Alegre: Verbo Jurídico, 2007, página 13 (e seguintes); comparar com Alexy, Robert. Direito constitucional e direito ordinário – jurisdição constitucional e jurisdição especializada, in: mesmo autor, (nota 27), página 71 e seguintes.

Por fim, com o exposto em b) 5., infra.

destruir a construção daquele por meio do fundamento deste.[60] Com isso, é tentado pôr ambos em uma relação que expressa "algo" negativo que, portanto, não satisfaz o merecimento de atenção e, por conseguinte, é, sem mais, digno de um pré-juízo.[61] Eles permanecem, assim, naturalmente, como algo repulsivo na lembrança e, por conseguinte, anulam-se como objetos de curiosidade, eles são despistados.

Visto, porém, mais de perto, essa imagem é enganosa, porque procura ocultar o decisivo nessa conexão. Um confronto somente entre algumas *palavras*, no que segue, irá mostrar isso.

1. *"Transcendental, filosofia transcendental*, designação da direção filosófica que parte de Kant. Ao contrário de transcendente, transcendental não diz respeito ao existe do outro lado do empírico, mas às condições, que tem de estar preenchidas, para que conhecimento do ser – seja qual for o tipo – seja possível (*KrV* A 11-12/B 25). É transcendental aquela reflexão que indica as condições necessárias, cumpridas a priori pelo sujeito, para algo. Ao Kant, diante de uma filosofia relacionada ao objeto, fixar uma reflexão sobre as condições da possibilidade para conhecimento ou experiência, ele efetiva, no seu entender, uma mudança copernicana na filosofia. Sua teoria é, desse fundamento, também designada como criticismo assim como idealismo transcendental. Experiência é, nisso, segundo Kant, legalmente estruturada; as leis baseiam em juízos sintéticos, que são válidos a priori. Condição suprema para experiência nesse sentido é, segundo Kant, a unidade transcendental da apercepção (da autoconsciência); todos os conteúdos de consciência devem poder ser relacionados com ela (*KrV* B 131-32). Dessa unidade original da autoconsciência são também dependentes as formas de visão espaço e tempo (*KrV*, Anm. sobre B 161). Essas são as condições necessárias para isto, que dados de sentido possam ser dados. Desde a descrição da unidade transcendental da apercepção Kant tenta deduzir categorias e proposições fundamentais (como a proposição da conservação da substância e o princípio da causalidade). As categorias e proposições fundamentais são as condições necessárias para isto, poder exceder dados de sentido com vista a juízos objetivamente válidos

---

[60] Como, por exemplo, quando Reale, M., (nota 5), página 192 e seguinte, coloca: "Já dissemos que deve ser considerada definitivamente superada a antiga doutrina que reduzia o Direito ao "sistema das leis". Essa doutrina, que predominou por muito tempo, subsiste apenas por força de inércia. Devido sobretudo a Kelsen, ela foi alargada no sentido de se conceber a realidade jurídica como um sistema de normas, desde as legais até às judiciais e negociais." (Qão ambígua essa afirmação é pode ser comprovado com isto: "E a paradoxalidade, que parece residir na ideia de "juridicidade do direito", torna-se tanto maior quanto mais – seguindo a visão tradicional – se identifica absolutamente a dação de leis com a criação do direito e, assim, a lei com o direito, de modo que as funções, unidas sob o nome da efetivação, a jurisdição e a administração (especialmente a última), por assim dizer, parecem estar fora do direito, não apresentam verdadeiramente atos do direito, e somente aplicações, reproduções do direito, já diante delas, de alguma maneira, pronto, em sua criação concluído. Se se acha que o direito está decidido na lei, então significa juridicidade absolutamente legalidade" Kelsen, H., (nota 45) S. 30 f.; p. 198 suiv.; página 124.) Mais além, na página seguinte (193), menciona a estrutura escalonada de Kelsen; na seguinte (194), afirma o apresentado pela nota de pé-de-página 29, supra, para, então, dizer: "Pois bem, ao lado dessa concepção lógico-normativa do ordenamento jurídico, põe-se uma terceira teoria que nos parece mais condizente com a vida do direito: é a teoria institucional ou, como preferimos dizer histórico-cultural ou tridimensional do ordenamento jurídico."

[61] A palavra é aqui empregada no sentido de Gadamer, H. -G., (nota 1), S. 275; página 360 e seguinte.

sobre objetos. Com isso, elas são, segundo Kant, simultaneamente, as condições de constituição para os objetos da experiência (*KrV* A 158/B 197). Em sua filosofia prática Kant procede analogamente: diante de declarações quanto ao conteúdo sobre aquilo que é bom está a reflexão sobre as condições da possibilidade para atuação boa; essas condições são, segundo ele, liberdade de vontade e a lei moral (*KpV* Akad.-Ausg. V, 62-63). – A filosofia transcendental de Kant é radicalizada por Fichte no sentido de que o sujeito que conhece mesmo se põe e produz os objetos de seu conhecimento também segundo seu ser. Após o idealismo alemão, a filosofia transcendental alcança, na fenomenologia de Husserl e no neokantismo, no princípio do século 20., um ponto culminante novo. Representantes importantes de uma filosofia transcendental orientada em Kant são, após a segunda guerra mundial, na Alemanha, W. Cramer, H. Wagner, D. Henrich e G. Prauss. – K. -O Apel e, em seguimento a ele, W. Kuhlmann desenvolvem uma transformação da filosofia transcendental que acolhe a virada linguística da filosofia no princípio desse século (pragmática transcendental). Central para esses inícios é a discussão sobre argumentos transcendentais. Isso são argumentos que requerem indicar o que o caso deve ser para que algo, que só dificilmente pode ser impugnado, possa ser o caso. Os argumentos transcendentais mais fortes são rigorosamente reflexivos: eles devem indicar condições da possibilidade para isto, de poder, no fundo, impugnar ou pôr em dúvida algo. A figura fundamental de um tal argumento é Descartes cogito, ergo sum [penso, logo existo] (cartesianismo)."[62]

2. "*Transcendentais*. Como tema, já pré-formados em inícios em Platon, Aristoteles, Plotin, Augustinus, Dionysios, a doutrina verdadeira dos transcendentais somente na idade média é sistematicamente desenvolvida. Conhece-se aqui um número de cinco transcendentais: res, unum, aliquid, verum, bonum [a coisa, o uno, o algum, a verdade, o bom] (comparar Thomas v. Aquin: *De Veritate* I. 1). Mais conhecida é, contudo, o número três, encontrável, presumivelmente, primeiro em Philippus Cancellarius na *Summa de Bono* (1231), mais tarde também em Thomas v. Aquin, unum (o um), verum (o verdadeiro), bonum (o bom), às quais, mais tarde, também ainda o pulchrum (o belo) – embora este é menos capaz de consenso – foi acrescentado. Por F. Suarez a doutrina dos transcendentais chega na metafísica racionalista do século 18. e 19., por exemplo, em Chr. Wolff transcendentais são "proprietates transcendentales entis" [propriedades transcendentais do ente], portanto, tais conteúdos de ser que superam todos os gêneros (transcendem) e como qualidades fundamentais ou como autointerpretação do ser são convertíveis com esse (ens et unum convertuntur [o ente e o um convertem-se], e assim por diante). Os transcendentais expressam, sob esse aspecto, modos do ser que não aparecem pela palavra ser, sem, por isso, ser meros sinônimos. Elas distinguem-se uma da outra, conforme elas são vistas com vista ao ser mesmo

---

[62] Esfeld, Michael, in: *Metzler-Philosophie-Lexikon: Begriffe und Definitionen*/Hrsg. von Peter Prechtl und Franz-Peter-Burkard. 2. Aufl., Stuttgart; Weimar: Metzler, 1999, S. 601 f. [Artikel Transzendental, Transzendentalphilosophie].

(res, unum) [a coisa, o um] ou com vista ao outro existente (aliquid) [o algum] ou ao espírito humano (verum, bonum) [a verdade, o bom]."[63]

3. *"Transcendência* (latim transcendere: passar por cima) diz universalmente o exceder de um determinado âmbito de distinções, ideias ou modos de ser. *Teórico-cognitivamente* transcendência indica independência de consciência e designa um lugar ou estado que existe independente da consciência que conhece ou cabe a um estado de coisas que, como independente, supera cada ato de conhecimento possível. Transcendência diz, ademais, a diferença teórico-cognitiva fundamental entre mundo interior e exterior. – Sobretudo na filosofia transcendental de Kant a transcendência da experiência de especulações conceituais determinadas é criticamente acentuada. Um conceito é, segundo Kant transcendente quando ele excede o âmbito de experiências possíveis e, assim, não mais é acessível a uma revisão ou fundamentação pela experiência. Pelo contrário, a prova e análise de Kant das condições de experiência transcendentais permanece relacionado com experiência possível e mostra que objetos da experiência são apresentações e não coisas em si. Na *especulação ontológico-lógica* (ontologia) da escolástica, transcendência significa ultramundanidade. Transcendência extrema cabe a deus que supera todo ser criador, mas já a alma da pessoa é transcendente, já que ela, em virtude de sua espiritualidade, é capaz de superar o mundo com vista à infinitude. Transcendentes são os transcendentais que, como conceitos mais gerais, superam todas as determinações categoriais do existente com vista ao ser. – Na *filosofia da existência*, transcendência diz, em Heidegger, o superar do particular existente com vista ao mundo, no fundo, e ao ser. Jaspers entende sob transcendência o ser como o abarcador que, simultaneamente, é a esfera do divino."[64]

Diante disso, o que é, agora, o decisivo? Justamente a filosofia de Kant parece sê-lo: sua distinção entre lógica geral e transcendental manifesta-se não por último em uma distinção correspondente de dois tipos de juízo, ou seja, entre o juízo, cujos conceitos a ser com ele enlaçados – como em Locke – existem independente dele, e o juízo do qual primeiro resultam os conceitos enlaçados. O último, do qual se desenvolveu a doutrina "moderna" do juízo, representa a lógica transcendental descoberta por Kant. *Ela marca um ponto de mudança na história da filosofia* (realçado por L. A. H.). Como é sabido, até Kant a doutrina do conhecimento aceitava os "objetos" como "dados" independentes do pensar. Kant pôs às avessas essa opinião com sua referência a Kopernicus: os objetos do pensar devem ser compreendidos exatamente como seu produto. Sob "transcendental" Kant não compreende as determinações fundamentais do existente, conhecidas da idade média ("Transzendentalien"), mas um tipo de conhecimento "que" – segundo a famosa citação – "não tanto com objetos, *mas com nosso tipo de conhecimento de*

---

[63] Theis, Robert, in: (nota 62), S. 606 [Artikel Transzendentalien]. Aqui ainda deve ser notado: "– No interior da filosofia analítica moderna o conceito de ser cai em uma crítica, em parte, destruidora: qualquer uso de ser no sentido dos transcendentais é sem sentido ou indica um erro que leva a problemas fictícios. Somente com respeito ao emprego idiomático-normal de "é" podem logicamente ser distinguidas variantes de significado cheias de sentido" (Köhler, Dietmar, in: (nota 62), S. 530 [Artikel Sein]).

[64] Hammer, Thomas, in: (nota 62), S. 606 [Artikel Transzendenz].

objetos, à medida que ele deva ser possível a priori, no fundo, se ocupa". Por conseguinte, uma lógica transcendental é "uma ciência, que" determina "a origem, a extensão e a validade objetiva de tais conhecimentos".[65]

Se se pergunta agora sobre o porquê disso, então a resposta parece estar situada nisto: subtraiu-se, por um lado,

a) a uma disputa objetiva, isto é, científica com ela e, por outro,

b) evitou-se, assim, a comprovação da sustentabilidade da própria posição; essa permaneceu, portanto, inalcançável e, com isso, inalterada, naturalmente, apenas sob o próprio ponto de vista (e do dos seus partidários). Dito de outro modo: tomou-se dela a dignidade de um conhecimento científico para torná-la indigna de refutação.[66]

---

[65] Paulson, Stanley L. Erkennen als Anerkennen. Die neukantianische Urteilslehre Heinrich Rickerts, in: *Staat und Recht. Festschrift für Günther Winkler*. Wien, New York: Springer, 1997, S. 757 f., citação conforme Heck, Luís Afonso. Apresentação, in: Cachapuz, Maria Cláudia. Intimidade e vida privada no novo código civil brasileiro. Um leitura orientada no discurso jurídico. Porto Alegre: Sergio Antonio Fabris Editor, 2006, página 23 e seguinte, nota de pé-de-página 32.

[66] No tocante à Reine Rechtslehre diz Kelsen, H., (nota 7), S. XII ff.: "Em vista dos – embora só negativos – efeitos políticos que significa o desatamento exigido da política, em vista dessa autolimitação da ciência do direito, que alguns consideram uma renúncia de hierarquia, é compreensível que os adversários estão pouco propensos a satisfazer uma teoria que coloca tais pretensões. *Para poder lutar contra ela, não se deve reconhecer sua verdadeira essência* (realçado por L. A. H.). Assim se explica que os argumentos que – não verdadeiramente contra a teoria pura do direito, mas – contra ela, segundo a imagem enganosa arranjada segundo as *carências do respectivo adversário* (realçado por L. A. H.), são dirigidos anulam-se reciprocamente e, com isso, fazem quase superficial uma recusa. Ela é completamente sem conteúdo, um jogo vazio de conceitos ocos, acham depreciativamente uns; seu conteúdo significa, por causa de sua tendência subversiva, um sério perigo para o estado existente e seu direito, advertem outros. Como a teoria pura do direito preserva-se completamente de toda política, ela afasta-se da vida pulsante e torna-se, por isso, sem valor cientificamente; isso é uma das objeções mais frequentes que é feita contra ela. Mas não menos frequentemente pode ouvir-se: a teoria pura do direito de modo algum está em condições de cumprir sua exigência fundamental metódica e é mesma somente a expressão de uma estimação política determinada. Mas qual? Fascistas qualificam ela de liberalismo democrático, democratas liberais ou socialistas consideram ela um precursor do fascismo. Do lado comunista ela é desqualificada como ideologia de um estatismo capitalista, do lado capitalista-nacional-socialista ora como bolschevismo crasso, ora como anarquismo escondido. Seu espírito é – asseguram alguns – análogo à escolástica católica, outros, outra vez, acreditam reconhecer nela as marcas características de uma doutrina do estado e do direito protestante. E também tais não faltam que gostariam de estigmatizá-la como ateísta. Concisamente, não existe, no fundo, nenhuma direção política das quais ainda não se teria suspeitado a teoria pura do direito. Mas isso, justamente, comprova melhor que ela mesma o pudesse: sua pureza.

O postulado metódico que visa a isso não pode seriamente ser posto em dúvida, deve, no fundo, existir algo assim como uma ciência-direito. Duvidoso poderia somente ser até que grau ele é cumprível. Nisso, certamente, não se deve ignorar a diferença muito considerável que, justamente, nesse ponto, existe entre a ciência natural e as ciências sociais. Não como se a primeira, no fundo, não corresse nenhum perigo que os interesses políticos tentam influenciá-la. *A história comprova o contrário e mostra suficientemente claro que mesmo da verdade sobre o curso dos astros um poder mundial sentiu-se ameaçado* (realçado por L. A. H.). Se a ciência natural quase pôde impor sua independência da política, então, porque nessa vitória existiu um interesse social ainda mais poderoso: o interesse no progresso da técnica que somente uma investigação livre pode garantir. Mas da teoria social nenhum caminho tão direto, nenhum tão imediatamente razoável leva a um progresso da técnica social que concede vantagem inimpugnável, como da física e química para as conquistas da construção de máquinas e da terapia médica. Ante as ciências sociais falta ainda – não, por último, por causa de seu estado não desenvolvido – uma força social que pudesse reagir contra o interesse preponderante, que tanto os que estão já no domínio como os que impelem ainda ao domínio têm, uma teoria complacente aos seus desejos, isto é, uma ideologia social. Sobretudo em nosso tempo, verdadeiramente escangalhado completamente pela guerra mundial e suas consequências, no qual os fundamentos da vida social estão estremecidos profundamente e, por isso, as oposições interestatais como intra-estatais agravadas extraordinariamente. O ideal de uma ciência objetiva de

Quanto a a):

1. Reale, por exemplo, afirma: "Como se vê, o nôvo conceito de transcendental implica uma diversa noção de *a priori*, que deixa de ser puramente *formal*, para passar a ser também *a priori material*."[67];

2. Mata-Machado, por exemplo, sustenta: "Mas a época do *preconceito* contra o direito natural (realçado por L. A. H.) ("coisa devida" e regra) já passou." (...)[68]

---

direito e estado tem somente em um período de equilíbrio social perspectiva de reconhecimento geral. E assim parece, então, hoje nada ser mais inoportuno que uma teoria-direito, que quer salvaguardar sua pureza, enquanto para os outros, no fundo, não existe nenhum poder ao qual oferecer-se eles não estivessem dispostos, enquanto não mais se receia de, alta e publicamente, fazer um clamor por uma ciência do direito política e para essa requerer o nome de uma "pura", que elogia, assim, como virtude o que, quando muito, necessidade pessoal extrema, justamente, ainda poderia desculpar.

Se eu, contudo, arrisco, neste tempo, reunir o resultado de meu trabalho até agora no problema do direito, então isso ocorre na esperança que o número daqueles que *apreciam o espírito mais alto que o poder* (realçado por L. A. H.) é maior que hoje possa parecer; ocorre, sobretudo, no desejo que uma geração mais jovem, no ruído selvagem de nossos dias, permaneça não completamente sem a crença em uma ciência do direito livre, na firme convicção que seus frutos, em um futuro mais distante, não irão ser perdidos."

No prefácio da segunda edição (nota 9), página VIII Kelsen diz: "O prefácio para a primeira edição eu antecipei à segunda. Porque ela mostra a situação científica e política na qual a teoria pura, na época da primeira guerra mundial e das sacudidas sociais por ela causadas, nasceu, e a repercussão que ela, naquele tempo, encontrou na literatura. Nessa relação não se modificou muito depois da segunda guerra mundial e dos revolucionamentos políticos, que ele teve como consequência. Hoje tanto como antes um ciência do direito objetiva, que somente descreve seu objeto, encontra a resistência tenaz de todos aqueles que, desprezando o limite entre ciência e política, em nome daquela prescrevem ao direito um determinado conteúdo, isto é, o direito justo e, com isso, acreditam poder determinar um critério de valor para o direito positivo. É particularmente a metafísica ressurgida da doutrina do direito natural que, com essa pretensão, opõe-se ao direito." Ver, sobre a relação direito positivo e direito natural, na Alemanha depois da segunda guerra, Maurer, Hartmut. Ideia e realidade dos direitos fundamentais, in: mesmo autor. Contributos para o direito do estado. Porto Alegre: Livraria do Advogado Editora, 2007, página 23 e seguinte. Tradução: Luís Afonso Heck.

[67] Reale, M., (nota 36), página 26 e seguinte. Ver nota de pé-de-página 74, infra.

[68] Mata-Machado, E. G., (nota 17), página 156. Que não se tratava, em Kelsen, de um *preconceito*, mas, ao contrário, da questão da cognição e, portanto, da possibilidade da fundamentação científica, mostra, por um lado, a seguinte passagem: "Mas também a suposição, que uma doutrina do direito natural pode dar uma resposta incondicional à questão sobre o fundamento de validez do direito positivo baseia-se em um engano. Uma tal doutrina vê o fundamento da validez do direito positivo no direito natural, isto é, em uma ordem fixada pela natureza como uma autoridade extrema, que é superior ao dador de leis humano. Nesse sentido, é também o direito natural direito fixado, mas não por vontade humana, mas por sobre-humana. Uma doutrina do direito natural pode, sem dúvida, afirmar o fato – mesmo que ela não possa comprovar – que a natureza ordena que as pessoas devem conduzir-se de modo determinado. Como, porém, um fato não pode ser o fundamento de validez de uma norma, uma doutrina do direito natural logicamente correta não pode negar que se pode interpretar um direito positivo, correspondente ao direito natural, como válido somente quando se pressupõe a norma: deve obedecer-se o ordenar da natureza. Também a doutrina do direito natural pode, à pergunta sobre o fundamento de validez do direito positivo, somente dar uma resposta condicionada. Se ela afirma que a norma, que se deve obedecer ao ordenar da natureza, é imediatamente evidente, ela equivoca-se. Essa afirmação é inaceitável. Não só em geral, porque não podem existir normas imediatamente evidentes da conduta humana; mas também em particular, porque essa norma menos ainda que alguma outra pode ser afirmada como imediatamente evidente. Porque para a ciência, a natureza é um sistema de elementos determinados legal-causalmente. Ela não tem vontade e, por isso, não pode fixar normas. Normas podem, como imanentes à natureza, somente ser aceitas quando se aceita na natureza a vontade de deus. Que deus, na natureza, como manifestação de sua vontade – ou de algum outro modo –, ordena às pessoas conduzirem-se de determinado modo é uma suposição metafísica que, por uma ciência em geral e uma ciência do direito em particular, não pode ser aceita, uma vez que conhecimento científico não pode ter como objeto um processo afirmado do outro lado de toda experiência possível" (Kelsen, H., (nota 9), S. S. 227; página 245 e seguinte. Por outro lado, o artigo de Kelsen, presente nesta obra no número 2 (ver sumário). Ver ainda

"Ainda que para, afinal, como em Kelsen, negar rotunda e enfaticamente o direito natural."[69]

Quanto a b):

Reale diz o seguinte. "Tudo está em reconhecer-se que não há um modêlo único de ciência, impondo-se, ao contrário, uma multiplicidade de métodos ou de vias de acesso ao real, inclusive no tocante às formas de "compreensão", que não são as mesmas para o sociólogo e para o jurista, ..."[70] Enquanto se entende isso como Kelsen,[71] está correto. Contudo, a tomada de posição de Reale, em conjunto, parece indicar para uma outra direção, isto é, a de um sincretismo.[72] Assim:

Heck, L. A., (nota 56), página 56 e seguinte, nota de pé-de-página 48, com mais indicações). Comparar com a nota de pé-de-página 86, último parágrafo, infra.

[69] Mata-Machado, E. G., (nota 17), página 156.

[70] Reale, M., (nota 36), página 117.

[71] Kelsen, H., (nota 42), S. 5, expõe: "Essa oposição, que para o método das disciplinas normativas e, especialmente da ciência do direito, tem grande importância, baseia-se em uma diversidade do ponto de vista desde o qual se considera os objetos. Enquanto as ciências da natureza propõem-se como tarefa mostrar e esclarecer a conduta de fato das coisas, compreender o ser, outras disciplinas estabelecem regras que prescrevem uma conduta, exigem um ser ou não-ser, isto é, estatuem um dever. O primeiro ponto de vista designa-se explicativo, o último, normativo e as regras estatuidoras, normas, enquanto as regras do ser valem como leis da natureza no sentido amplo." S. 41: "É uma outra coisa, se se considera a vida jurídica de fato de uma totalidade, examina as proposições *jurídicas com vista ao seu ser cumprido fático ou se se contenta com o conhecimento formal daquilo que essas proposições jurídicas prescrevem. É tarefa do histórico da cultura e descrevedor moral descrever o fazer e o omitir de um povo e comparar com suas normas jurídicas e morais. É tarefa dos psicólogos investigar os efeitos que uma proposição jurídica, que penetrou na consciência, tem sobre o querer e atuar da pessoa individual, analisar a influência motivadora das normas, reduzir a atuação jurídica ou antijurídica do indivíduo às suas causas de fato. E tarefa do sociólogo é compreender o direito como um poder fático, que domina as massas, como fato da psicologia das massas; a ele irá, da mesma forma como aos psicólogos, o direito aparecer como um processo físico real, um existente, que ele tem de esclarecer, ao ele mostrar as suas causas, deixar compreender a conduta jurídica das pessoas como inevitável* (realçado por L. A. H.)." Ver também Kelsen, Hans. Der soziologische und der juristische Staatsbegriff. 2. Neudruck der 2. Auf. Tübingen: Scientia Verlag Aalen, 1928, S. 1 ff., 4 ff., 75 ff.

[72] Que é assim esboçado: "Sincretismo (grego-neolatino. Mistura, fundição). Plutarch deriva o conceito sincretismo de uma palavra creta, que designava a "camarilhagem dos cretenses" que, apesar dos litígios interiores para fora apresentavam-se sempre fechados. Compreendido estreitamente, sincretismo diz uma expressão no helenismo que, sob a influência do neoplatonismo, entendeu os mitos das religiões tradicionais como demonstração de ideias eternas e, com isso, concedeu uma verdade e significado relativo para a filosofia. Em um sentido geral, sincretismo é a assunção de ideias de origem distinta e sua união em uma conexão própria. Uma filosofia sincrética seria, portanto, uma tal que, ou sob renúncia à penetração espiritual, junta já existente ou, formulado positivamente, empreende a tentativa de, na procura por unidade e validade universal, comprovar a concordância de escolas de pensar distintas e unir em um sistema abarcador. – Na ciência da religião sincretismo denomina a assunção de elementos de culto ou instrutivos de uma religião para a outra. O sincretismo apresenta, sobretudo, também um problema dos esforços de missão do cristianismo, porque ele, por um lado, quer salvaguardar sua identidade, mas, por outro, encarnar-se em culturas a ele alheias" (Wörther, Mathias, in: (nota 62), S. 582 f. [Artikel Synkretismus].

A ideia de sistema kantiana aqui se deixa confrontar. Segundo Kant: "Eu entendo sob uma arquitetônica a arte dos sistemas. (...) Sob o governo da razão nossos conhecimentos não devem representar, no fundo, nenhuma rapsódia, mas tem de um sistema, no qual eles somente podem apoiar e promover as finalidades essenciais do mesmo. Eu entendo, porém, sob um sistema a unidade dos conhecimentos variados sob uma ideia. Essa é o conceito da razão da forma de um todo, contanto que pelo mesmo é determinado a priori tanto a extensão do variado como o lugar das partes umas com as outras. O conceito da razão científico contém, portanto, a finalidade e a forma do todo que concorda com o mesmo. A unidade da finalidade, à qual dizem respeito todas as partes e, na ideia da mesma, também uma com as outras, faz que de cada uma parte, no conhecimento das demais, pode ser sentida a falta e não tem lugar nenhum ajuntamento casual ou grandeza indeterminada da perfeição que não tem os seus limites determinados a priori. O todo, é, portanto, estruturado (*articulatio*) e não acumulado (*coacervatio*); ele pode, sem dúvida, crescer internamente (*per intus susceptionem*) [por

1. em uma passagem é afirmado: "... embora o direito seja sempre uma ordenação normativa da realidade social segundo certos valôres, ou, o que vem a dar no mesmo, uma realidade social normativamente ordenada em função de experiências axiológicas, é possível considerá-lo objeto de três ordens fundamentais de estudo, das quais a Ciência do Direito, a Política do Direito e a Sociologia Jurídica são as expressões mais relevantes."[73];

2. os valores são invocados para "perceber como o conceito de transcendental se enriquecia de estruturas outras que não as puramente lógicas, tendentes a se abrir ou já abertas a uma compreensão dialética do concreto".[74]

---

dentro da assunção], mas não externamente (*per appositionem*) [por oposição], como um corpo animal, cujo crescimento não ajunta nenhum membro, mas, sem alteração da proporção, faz cada um para suas finalidades mais forte e mais hábil" (Kant, Immanuel. Kritik der reinen Vernunft. 3 Aufl., Hamburg: Meiner, 1990, S. 748 f. Versão brasileira: Crítica da razão pura. São Paulo: Abril Cultural, 1980, página 405. Tradução: Valerio Roden e Udo Baldur Moosburger).

Aquilo apresenta uma dificuldade, por exemplo, no plano da argumentação perelmaniana com seu conceito de auditório universal. Uma vez, porque no âmbito deste o argumento é concebido tecnicamente, ou seja, como meio para a influência do auditório. As reflexões sobre o efeito de argumentos, contudo, pertencem a *uma teoria da argumentação descritiva, psicológica ou psicológico-social* (realçado por L. A. H). Ver para isto, Alexy, Robert. Theorie der juristischen Argumentation. 2. Aufl., Frankfurt am Main: Suhrkamp, 1991, S. 203. Versão espanhola: Teoría de la argumentación jurídica. Madrid: Centro de estudios constitucionales, 1997, página 161. Tradução: Manuel Atienza e Isabel Espejo; outra vez, porque "quem é parcial, convence, pressuposto, ele é sincero, somente aqueles entre os quais ele conta-se. Quem quer convencer cada um tem de ser imparcial. Isso pressupõe que ele também apresenta os argumentos contrários respectivos" (mesmo autor, mesma obra, S. 214; página 169).

[73] Reale, M., (nota 36), página 60. Sob esse aspecto, na mesma página, "... a tridimensionalidade é da *essência* mesma do direito, ..." Ver nota de pé-de-página 60, infra.

[74] Reale, M., (nota 36), página 26. São citados, aqui, entre outros, Max Scheler, em outras passagens, novamente, ver página 17, 156, 256. Com isso, porém, Reale entra no âmbito do intucionismo e, com isso, expõe-se à objeção do não cognitivismo. Segundo Alexy: "Se expressões como "bom" ou "devido" não são definíveis por expressões empíricas, está mais próximo aceitar que elas representam algumas qualidades ou relações de tipo não empírico. Essa é a tese do intuicionismo. Concepções, das quais essa tese está na base, são designadas de "intuicionista", porque essas entidades não empíricas não são conhecidas pelos cinco sentidos, mas com base em uma outra capacidade. Em alguns autores, é essa outra capacidade·algo assim como um sexto sentido, em outros, algo assim como a capacidade de visão a priori, em, outras vez, outros, ambos se mescla [aqui, a nota de pé-de-página 16 é a seguinte: "Comparar, por exemplo, M. Scheler, Der Formalismus in der Ethik und die materiale Wertethik, 5. Aufl., Berlin/München 1966, S. 87: "A sede verdadeira de todo o a priori de valores (e também da moral) é o conhecimento de valor, respectivamente, visão de valor, que se estrutura no sentir, preferir, em última linha, no amor e ódio."]. É, ademais, debatido, quais são as identidades, que podem ser reconhecidas no modo aludido. Moore é da concepção que existe somente uma única qualidade moral imediatamente conhecível, a qualidade "boa". Essa qualidade deve, como, por exemplo, também a qualidade "amarela", ser simples e não analisável. Se se segue Ross, então existem duas tais expressões não definível, ou seja, "bom" e "direito". Segundo Scheler, ao contrário, existem quatro tipos de valores, os valores do agradável e desagradável, os valores vitais, os valores espirituais, assim como os valores do sacro. Entre esses valores existe uma ordem hierárquica a priori do tipo que os valores do agradável e desagradável têm a hierarquia mais baixa e os valores do sacro, a mais alta. Com isso, são somente denominados algumas concepções intuicionistas" (Alexy, R., (nota 72), S. 58 f.; página 55; mesmo autor, (nota 59), S. 136 f.; página 149 e seguinte.

Duas outras questões colocam-se, ainda, nessa conexão. A primeira diz respeito à primazia do devido ou do bom: "... a controvérsia sobre o caráter deontológico ou teleológico da ética que, em uma boa parte, é um litígio sobre o primado do conceito do dever ou do conceito do bom ..." (Alexy, R., (nota 59), S. 127; página 140; na Fußnote (pé-de-página) 163 são citados, entre outros, N. Hartmann e M. Scheler).

A segunda, à tiraria dos valores, que reconduz a Carl Schmitt. Assim, pode ler-se nele: "Ao valor superior o valor inferior tem o direito e o dever de se submeter, e o valor como tal destroi, com razão, o desvalor como tal. Isso é claro e simples e fundamentado na peculiaridade do valor. Precisamente nisso consiste a "tirania dos valores" que entra pouco a pouco na nossa consciência" (Schmitt, Carl. Die Tyrannei der Werte, in: *Säkularisation und Utopie, Fest-*

Nessa conexão também se situa a sua ontognoseologia;[75]

3. em um lugar é dito: "... primeiro, ao reconhecer-se que a dialética hegeliana ou marxista não é senão umas das dialéticas possíveis e a menos adequada, a meu ver, à compreensão da experiência jurídica ..."[76], em outro, porém, diz: "Se Hegel exagera quando nos diz que "ser é ser pensado", não devemos olvidar que a razão tem isto de terrível que ela converte em *seu objeto* e, por conseguinte, em *racional* tudo aquilo em que toca, como se o real só assim se tornasse pleno concreto. Muito embora se repila a identidade de pensamento e ser, seria absurdo rejeitar-se o valor da razão como instrumento culminante e decisivo na objetivação das formas culturais."[77] Mais além, ainda: "É de Hegel esta nota irônica, iniciando a sua crítica ao empirismo de Locke: "Geralmente, quando se fala de experiência, não se entende com ela patavina; e dela se fala, pois, como de coisa pacificamente notória.""[78];

---

schrift für Ernst Forsthoff. Stuttgart, Berlin, Köln, Mainz, 1967, S. 59). "O desvalor não tem direito diante do valor e para a imposição do valor superior nenhum preço é muito alto" (mesmo autor, mesma obra, S. 61). "A lógica do valor deve sempre valer: que para o valor extremo o preço extremo não é muito alto e deve ser pago" (mesmo autor, mesma obra, S. 60). No final ele, contudo, parece ser admoestador: "Um jurista que aceita isto, tornar-se efetivado de valores imediato, deveria saber o que faz. Ele deveria considerar a origem e estrutura dos valores e não deveria tomar à ligeira o problema da tirania dos valores e da efetivação do valor sem mediação. Ele deveria ter clareza sobre a filosofia-valores moderna antes de ele decidir tornar-se valorador, transformador de valores, revalorizador ou desvalorizador e, como sujeito apoiador de valores e que sente valores, proclamar a fixação de um ordenamento de graus de valores, subjetivo ou também objetivo, na forma de sentenças de juiz com coisa julgada" (mesmo autor, mesma obra, S. 62). Ver sobre isso, ainda, Heck, L. A., (nota 56), página 17 e seguinte, nota de pé-de-página 14.

Diante do colocado, as afirmações seguintes de Reale oferecem um quadro desconcertante. Assim, por um lado, quando Reale, na página 115, (nota 36), coloca a questão: "... um problema de máxima importância para a caracterização da Jurisprudência [ciência do direito], que é o reconhecimento de que uma pesquisa não deixa de ser de ordem científica só por ser de natureza axiológica, ou por se basear a sua sistematização racional em pressupostos de valor.", mas não a soluciona. Na página 63 (nota 36) encontra-se o seguinte: "... o direito pode e deve ser estudado *cientificamente* também sob o prisma do *valor*: tal ordem de estudos corresponde à *Política do Direito*." Por outro, quando Reale, M., (nota 5), página 374, afirma: "É no âmbito da Axiologia, como um de seus temas capitais, que se situa, pois, a *teoria da justiça*."

A posição de Reale, por sua vez, diante disso tudo, é desorientadora, porque na nota introdutória (nota 36, página XV) reconhece isso: "Só depois viria *superar* (realçado por L. A. H.) a "idealidade axiológica", de inspiração platônica estabelecida por Max Scheler e Nicolau Hartmann, cujas diretrizes então *seguia*" (realçado por L. A. H.). O verbo *seguir*, que está no pretérito, remete ao ano de 1940, na mesma página. A questão, agora, impõe-se: quando se deu, então, o *superar*, se em 1968, ano da primeira edição da obra mencionada na nota de pé-de-página 36, cuja edição de 1999 é fac-similar, isso ainda era seguido?

[75] Ver Reale, M., (nota 36), página 27, 83. Aqui situa-se outro problema, contíguo ao tratado na nota de pé-de-página anterior, porque Reale também se apoia, nessa conexão, na concepção de Larenz (ver Reale, M., (nota 36), página 217), que é debatida. Ver para isso, Heck, L. A., (nota 65), página 18 e seguinte; 26 e seguintes. Comparar com Alexy, Robert. Sobre o desenvolvimento dos direitos do homem e fundamentais na Alemanha, in: mesmo autor, (nota 27), página 100.

[76] Reale, M., (nota 36), página 72.

[77] Reale, M., (nota 36), página 48. Nessa conexão, a afirmação de Reale, M., mesma obra, página 107: "Não será exagêro dizer-se que o realismo norte-americano, na sua unilateral posição de empirismo radical, *oculta uma angústia incontida de totalidade*" (realçado por L. A. H.), deixa ver, contudo, uma assunção da dialética hegeliana.

[78] Reale, M., (nota 36), página 2, nota de pé-de-página 3. O último mostra que Hegel é admitido, pelo menos, como escudo no âmbito da experiência. Nessa conexão, porém, Reale expõe-se a duas objeções levantas contra Hegel: o saber absoluto e, com isso, a impossibilidade da experiência negativa. Uma olhada em Gadamer, H. -G., (nota 1), mostra isso, uma vez: "Que história do efeito nunca se torna consciente consumadamente é, do

4. a experiência jurídica está sob o solo aristotélico: "... assistindo razão a Recaséns Siches quando, nas páginas sucintas mas penetrantes com que esclarece vários aspectos do tema ora tratado, diz que "se falamos de *experiência* é porque nos achamos ante *algo dado*", concluindo que, sob êsse aspecto, ela é "um conjunto *muito complexo, porém unitário*, de diversos dados, ..."[79];

mesmo modo, uma afirmação híbrida como a pretensão de Hegel de saber absoluto, no qual a história chegou à autotransparência consumada e, por isso, elevada ao ponto de vista do conceito. Pelo contrário, a consciência histórico-efetual é um elemento da própria efetivação, e nós veremos, como ele já no *obter da pergunta certa* é eficaz" (S. 306; página 398);

outra vez: "Segundo Hegel, é, certamente, necessário que o caminho da consciência leva a um saber-se que, no fundo, não tem mais fora de si nenhum outro, alheio. Para ele, a consumação da experiência é a 'ciência', a certeza de seu mesmo no saber. O critério sob o qual ele pensa experiência é, portanto, o do saber-se. Por isso, a dialética da experiência tem de terminar com o vencimento de toda a experiência que é obtida no saber absoluto, isto é. na identidade completa de consciência e objeto. Nós poderemos entender a partir disso porque a aplicação, que Hegel faz na história, ao ele vê-la entendida na autoconsciência absoluta da filosofia, não satisfaz a consciência hermenêutica. A essência da experiência é, aqui, de antemão, pensada daquilo em que experiência está excedida. Experiência mesma nunca pode ser ciência. Ela está em uma oposição não anulável para com o saber e para com aquela instrução que provém do saber geral teórico ou técnico" (S. 361; página 464 e seguinte). "A dialética de Hegel é um monólogo do pensar que, antes, pretende prestar o que, em cada conversa autêntica, sucessivamente amadurece" (S. 375; página 482).

[79] Reale, M., (nota 36), página 34 e seguinte. Também aqui a posição de Reale, ao assumir a concepção aristotélica de experiência, torna-se atacável. Uma passagem de Gadamer, H. -G., (nota 1) S. 358 f.; página 461 e seguinte, comprova isso: "É essa universalidade da experiência pela qual, segundo Aristoteles, realiza-se a verdadeira universalidade do conceito e a possibilidade da ciência. A imagem [descrita por Gadamer nesta e na página anterior] ilustra, portanto, como a universalidade sem princípios da experiência (o enfileiramento da mesma), mesmo assim, leva à unidade da *arché* (*arche*= 'comando' e 'princípio'). Se se pensa, agora, como Aristoteles, a essência da experiência somente com vista à 'ciência' [– que, todavia, não é a ciência 'moderna', mas 'saber' –], então se simplifica o processo no qual ela realiza-se. A imagem descreve, sem dúvida, justamente, esse processo, mas ela descreve-o sob pressupostos simplificadores que, assim, não valem. Como se a tipologia da experiência resultasse por si sem contradição! Aristoteles sempre já pressupõe aqui o comum, que na fuga das observações chega ao permanecer e se forma como universal; a universalidade do conceito é para ele um *prius ontológico* (realçado por L. A. H.). O que interessa Aristoteles na experiência é somente sua contribuição para a formação do conceito. É, assim, experiência considerada em vista de seu resultado, então, com isso, é saltado por cima do verdadeiro processo de experiência. Esse processo é, exatamente, um essencialmente mais negativo. Ele não deve ser descrito como uma formação sem ruptura de universalidades típicas. Essa formação ocorre, ao contrário, pelo fato de generalizações falsas constantemente, pela experiência, serem refutadas, de certo modo, destipificadas como tipicamente consideradas. [Gadamer chama a atenção, aqui, na nota de pé-de-página 299; 300, para o par conceitual de Karl Popper do trial and error [tentativa e erro.] Isso já se cunha idiomaticamente nisto, que nós falamos em um duplo sentido de experiência, uma vez, das experiências, que se inserem em nossa esperança e a certificam, a seguir, porém, da experiência que se 'faz'. Esta, a verdadeira experiência, é sempre uma negativa. Se nós fizemos uma experiência em um objeto, então isso significa, que nós, até agora, não vimos corretamente as coisas e agora sabemos melhor, como está com isso. A negatividade da experiência tem, portanto, um sentido produtivo peculiar. Ela não é, simplesmente um engano, que é compreendido, e, sob esse sentido, uma retificação, mas um saber de grande alcance que é adquirido. Não pode, portanto, ser um objeto arbitrariamente recolhido, no qual se faz uma experiência, mas ele deve ser assim que nele obtém-se um saber melhor não somente sobre ele, mas sobre aquilo que antes se achava saber, portanto, sobre uma generalidade. A negação, em virtude da qual ela presta isso é uma negação determinada. Nós denominamos esse tipo de experiência *dialético*."

O direito como ontologia, nesse sentido, volta em outras páginas, (Reale, M., (nota 36)), como, por exemplo: 85, 121, 128, 104: "... o papel da "verdadeira" Ciência do Direito consiste em descobrir as "fôrças motrizes das instituições jurídicas", visando captar o direito anterior e subjacente às "abstrações normativas" e às decisões do juiz, isto é, o direito como "ordenamento de vida", em seu processo histórico-social, *ao qual devem se subordinar a interpretação e as construções da doutrina, e, o que é essencial, as decisões dos magistrados*" (o itálico é de L. A. H.). Entende-se isso à francesa: jurisprudência e judicatura, de um lado, "doctrine" como a doutrina científica do direito, de outro (ver, nesta obra, número 1) (ver sumário), então a questão da experiência, no fundo, sequer se coloca. Ver nota de pé-de-página 96, infra, para isto; ver nota de pé-de-página 112, infra, para aquilo.

DIREITO NATURAL – DIREITO POSITIVO – DIREITO DISCURSIVO **255**

5. o modelo jurídico, nessa conexão, é estático: "Essa compreensão funcional dos modelos jurídicos, a bem ver, lança suas raízes nos primórdios da Jurisprudência, quando os jurisconsultos romanos compuseram as diretrizes éticas, comprovadas na *praxis*, com os ensinamentos da Lógica de Aristóteles e dos estóicos, oferecendo-os *definitivos exemplos* (itálico de L. A. H.) de *categorização da experiência jurídica*, numa coordenação lúcida de gêneros, espécies, tipos, figuras e ficções. Desde então, pode-se dizer que a vida do direito realiza *avant la lettre* [antes do tempo], uma esplêndida e constante *teoria de modelos*, implícita na construção dos institutos jurídicos e no fino lavor de qualificação dos comportamentos individuais e sociais *típicos*."[80] Na outra obra diz: "Em conclusão, sem

Se se confronta, abstraindo do último, isso com isto, na Reale, M., (nota 36), página 107: "Se o realismo exagera a natureza operacional do direito, pondo o "operador" acima do processo de que é partícipe, – até o ponto de dizer-se que o juiz se decide antes em favor de uma tese e depois procura a norma justificadora da decisão tomada –, parece-me que o seu apêlo ao direito que efetivamente se vive e na sua desconfiança pelas soluções de pura logicidade formal, está implícita a intuição de que é necessário abranger a experiência jurídica na totalidade de seus aspectos.", então uma conclusão parece indicar-se: todas as sentenças, e, naturalmente, todas as petições, apresentam um trabalho científico. Locais de audiência equivalem, assim, a salas de aula! Talvez reside aqui, então, às avessas, a confusão de certos operadores (atuam no âmbito da civil law) professores (imaginam-se no âmbito da common law). Ver sobre o último, B) 1., infra.

Seja notado à margem com vista à civil law:

1. quanto ao "operador". "Da estrutura circular do entender falava-se, certamente, na teoria hermenêutica do *século 19.*, mas sempre no quadro de uma *relação formal* do particular para o todo ou do reflexo subjetivo dela, da antecipação que presente do todo e de sua explicação seguinte em seus pormenores" (Gadamer, H.-G., (nota 1), S. 298; página 388, o itálico é de L. A. H.). Não está isso na base do dito comum atual: "Primeiro o juiz toma a decisão, depois ele vai atrás da justificação."? Ver também citação de Gadamer na nota de pé-de-página 86, infra;

2. quanto às "fôrças motrizes das instituições jurídicas". Em Rüthers, Bernd, Entartetes Recht. Rechtslehren und Kronjuristen im Dritten Reich. 2. Aufl., München: Beck, 1989, pode ser lido: "O conceito de direito positivo e neutro em valores, que Heck tomou por base para sua doutrina do método, era para os defensores de um pensar jurídico especificamente étnico-nacional-socialista inaceitável" (S. 40). "Ao ele [Heck] obrigar o juiz à obediência à lei rigorosa, ele escolheu, como fundamento filosófico e teórico-jurídico da jurisprudência dos interesses, o *positivismo legal*: direito era para o juiz aquilo que o dador de leis aprovou de acordo com a constituição como lei. Isso foi a ele – com uma clara indireta ao seu "*normativismo*" antiquado – objetado por seu críticos" (S. 39, com remissão K. Larenz, o itálico é de L. A. H.). "A indiferença da jurisprudência dos interesses perante conteúdos filosóficos e de concepções de mundo materiais é característico para sua origem da época passada do liberalismo. Esse método pertence, com o fim dessa época, igualmente ao passado" (S. 39, com remissão a E. Forsthoff e W. Siebert). "Sejam esses adversários [de Heck], uns com os outros, partidários de posições metódicas e teóricas distintas, por exemplo, do pensar em "*ordens concretas*" (Carl Schmitt) ou da formação e desenvolvimento de "*conceitos geral-concretos*" (Karl Larenz) (S. 40 f., o itálico é de L. A. H.). (...) "Cada interpretação tem de ser uma *interpretação no sentido nacional-socialista*" (S. 41, com remissão a escritos de Carl Schmitt).;

3. quanto à opinião de Perelman, com relação ao exposto por Reale, no antepenúltimo parágrafo, supra. Segundo Alexy: "A aprovação do auditório universal, isto é, racioalidade e objetividade, é, segundo Perelman, o objetivo, sobretudo, do filósofo. *O juiz e o dador de leis devem, pelo contrário, orientar suas decisões somente pelos desejos e convicções da comunidade que os empregou ou elegeu* (realçado por L. A. H.). (...) Isso não convence por duas razões. Por um lado também o juiz aspira, no *espaço de juízo que resta a ele*, uma solução racional. Por outro, também o filósofo, como ainda será destacado, tem de, em sua argumentação, referir-se às ideias, determinadas pela tradição, de seus ouvintes" (Alexy, R., (nota 72), S. 203 f., Fußnote 523; página 161, nota de pé-de-página 523).

[80] Reale, M., (nota 36), página 178; e finalístico: "... será lícito afirmar que o modêlo jurídico é de natureza teleológica ..." (mesmo autor, mesma obra, página 164). Aqui, pode objetar-se, uma vez: "E, apesar disso, as realidades do desenvolvimento do ocidente têm feito a análise de Aristoteles mais e mais inadequada, até hoje um estudante de imaginação, deixado a considerar a política contemporânea em termos da teoria de Aristoteles, poderia bem reportar que a república de Andorra deve ser o lugar de maior interesse.

pretensão de atingir uma definição rigorosa, podemos dizer que o *ordenamento*

Existe um número de razões para essa divergência da política moderna em relação a Aristoteles, mas duas sobressaem-se como de maior importância. Considerado filosoficamente, não é provavelmente muito dizer que o conceito de *estado* cristalizou durante a renascença. Ele foi o sustentáculo da teoria política no tempo do absolutismo como desenvolvida por escritores como Bodin e Hobbes. Ele obteve sua apoteose final em Hegel; Hegel e seus seguidores têm inspirado ambos os pensamentos, conservador e radical, de todo oeste durante os últimos cem anos. O estado, modelado sobre o conceito grego de polis, foi divinizado por eles como a encarnação completa de todos os valores como representados pela cultura humana" (Friedrich, Carl J. Constitutional government and democracy. Theory and Practice in Europe and America. Fourth Edition. Massachusetts, Toronto, London: Blaisdell Publisching Company, 1968, p. 4 f.).

Mais adiante: "Em qualquer caso, pouco do que Aristoteles tem a dizer concernente à polis pode ser corretamente dito do *governo* moderno. A palavra *estado* tem sido o veículo para confundir o tema.

A abordagem do grande filósofo grego da política era basicamente estática (realçado por L. A. H.). Eles procuravam estabilidade como o principal objetivo da política. Quando eles escreviam de ideais como justiça e felicidade, eles pensavam nesses como verdades eternas, como algo inalterável e imodificável. Certamente, a *Política* de Aristoteles contém a teoria da revolução e mudança na ordem política, mas seu interesse era motivado pela questão: como ela pode ser prevenida? A ideia que mudança, e mesmo revolução, pode ser positiva, forças criativas de grande valor era alheia para eles. A partir daí ele explicou e justificou um pouco extensamente a escravidão porque ela parecia ter uma função essencial na ordem existente das coisas.

O moderno, o ocidental caminho é o de acentuar *o vindouro*, de ver a mudança não só como inevitável, mas também como desejável, pelo menos, às vezes" (p. 5 f.).

E, outra vez: "À compreensão do Estado atual, que descobriu a historicidade de seu objeto (e de sua própria historicidade), a "invasão do tempo", a qual deixa converter aquela em "categoria da estrutura interna do Estado e direito", está proibido o recurso a semelhantes idéias de Estado como uma unidade situada do outro lado das forças históricas reais, determinada, substancial-imutável; isso tanto mais que o desenvolvimento industrial moderno e as alterações, que ele produziu, não mais admitem descuidar o problema da formação da unidade política e isolar o "Estado" de seu substrato sociológico" (Hesse, K. (nota 3) S. 7, Rn. 9; página 31, número de margem 9).

Essas objeções têm de ser entendidas no sentido de indicar que não se pode avaliar a capacidade de prestação da constituição desde setores do direito sob o ponto de vista ontológico, porque isso, primeiro, transforma a constituição de critério normativo em objeto (ver para isso, Heck, Luís Afonso. O tribunal constitucional federal e o desenvolvimento dos princípios constitucionais. Porto Alegre: Sergio Antonio Fabris Editor, 1995, página 130, 264 e 128, respectivamente), segundo, impede a produção da congruência entre o direito constitucional e o direito ordinário (ver para isso, Heck, L. A., (nota 65), página 11, nota de pé-de-página 2 e página 19) e, terceiro, espolia, assim, de antemão, a constituição da sua força normativa (ver para isso, Hesse, Konrad. Die normative Kraft der Verfassung. Tübingen: Mohr, 1959. Versão brasileira: A força normativa da constituição. Porto Alegre: Sergio Antonio Fabris Editor, 1991. Tradução: Gilmar Ferreira Mendes), uma vez que o seu sentido deôntico e dinâmico é simplesmente anulado.

A isso, parece, contudo, exatamente, ser visado em nosso país, a partir de setores do direito, como, por exemplo, do direito penal, do direito do trabalho e do direito civil. Assim:

1. nosso direito penal é finalista, com base em Hans Welzel. Deixa perguntar-se em que medida, por exemplo, questões como encefalia e aborto, não são cunhadas por isso. A indicação de Alexy, R. (nota 72), S. 29, Fußnote 39; página 32, nota de pé-de-página 39, parece instrutiva: "Para o entrelaçamento, que está na base dessa jurisprudência [do tribunal constitucional federal e do tribunal federal], de motivos jurídico-naturais, predominantemente tingidos teologicamente, com elementos da ética dos valores Hartmann-Scheleriana, comparar H. Welzel, Naturrecht und materiale Gerechtigkeit, 4. Aufl. Göttingen 1962, S. 225.";

2. no direito do trabalho, Américo Plá Rodrigues, é muito citado; ver, por exemplo, Camino, Carmen. Direito individual do trabalho. 4 ed. Porto Alegre: Síntese, 2004, página 90 e seguinte, 97, 101, 521; Delgado, Mauricio Godinho. Curso de direito do trabalho. 6. ed. São Paulo: LTr, 2007, página 198, 212 e seguinte, 215, 777 e seguinte.

Sua posição está na vizinhança aristotélica: "De todas as definições consultadas, permitimo-nos destacar a que *Ernesto Eduardo Borga* propõe na "Enciclopédia Jurídica Omeba": "Um princípio jurídico fundamental é algo que devemos admitir como pressuposto de todo ordenamento jurídico. Informa a totalidade do mesmo e aflora de modo expresso em múltiplas e diferentes normas, nas quais o legislador muitas vezes necessita mencioná-los" (Plá Rodrigues, Américo. Princípios de direito do trabalho. São Paulo: Edições LTr, 1978, página 15, nota de pé-de-página 15).

DIREITO NATURAL – DIREITO POSITIVO – DIREITO DISCURSIVO   **257**

Mais adiante: "Por isso distingue *Aristóteles* uma democracia em que imperam as resoluções populares e não as leis ... também para *Santo Tomas de Aquino* a lei é uma ratione ordinatio [ordem pela razão], em contraste com a vontade conturbada pelas paixões de um indivíduo ou de massa de homens" (mesmo autor, mesma obra, página 248; isso provém de Carl Schmitt, citado na nota de pé-de-página 457). Em outro trabalho, Plá Rodrigues apoia-se em Jaques Maritain para dar a definição do contrato do trabalho: ver mesmo autor, Curso de direito do trabalho. São Paulo: RTr, 1982, página 17 e nota de pé-de-página 2.

Quanto a Carl Schmitt: o fundo dessas expressões pode, certamente, ser apreciado com algumas tomadas de posição de Carl Schmitt em outro escrito seu, intitulado *Über die drei Arten des rechtswissenschaftlichen Denkens*. 2. Aufl., Berlin: Dunckler und Humblot, 1993. Assim, S. 19: "Cada ordem, também a "ordem jurídica" está vinculada aos conceitos de normal concretos, que não são derivados de normas gerais, mas sacam de sua própria ordem e para a sua própria ordem tais normas." S. 21: "O último fundamento jurídico de todas as validades e valores jurídicos pode encontrar-se juridicamente em um processo da vontade, em uma decisão, que como decisão, no fundo, primeiro cria "direito" e cuja "coisa julgada" não pode ser derivada de regras-decisão" (pontuação no original, a cada vez). S. 34: "*O direito natural tomista-aristotélico* é uma unidade de ordem viva, estruturada em graus de essência e ser, em superposição e sotoposição, classificações e separações." S. 34: "O decisionismo da teoria do estado e do direito de *Hobbes* é a expressão científico-jurídica mais consequente e, por isso, também histórico-juridicamente mais rica em consequências do novo pensamento de soberania." Com respeito à filosofia do direito e do estado de Hegel é afirmado, S. 38: "Nela o pensamento da ordem concreta torna-se mais uma vez vivo com uma força imediata, como mal ainda se poderia esperar depois do desenvolvimento teórico-estatal e teórico-jurídico do século 17. e 18., antes do fracasso das gerações seguintes." E S. 39: "O estado de Hegel, ao contrário, não é a tranquilidade burguesa, certeza e ordem de um funcionalismo legal calculável e coercível. Ele nem é mera decisão soberana, nem uma "norma das normas", nem uma combinação alternante, variável entre estado de exceção e legalidade, de ambas essas ideias de estado. Ele é a ordem concreta das ordens, a instituição das instituições.";

3. no direito civil pode ser mencionada Martins-Costa, Judith. Uma vez: Os direitos fundamentais e a opção culturalista do novo Código Civil, in: Sarlet, Ingo Wolfgang (org.) Constituição, direitos fundamentais e direito privado. Porto Alegre: Livraria do Advogado Editora, 2003, página 73 e seguintes. Outra vez: Notas sobre o princípio da função social dos contratos (www. realeadvogados. com.br/pdf/judith.pdf), onde, no último parágrafo, afirma, com remissão à Suma Teológica, de Tomás de Aquino, o seguinte: "Aqui está o verdadeiro *salto qualitativo* (realçado por L. A. H.) que encontro no art. 421: o entender-se que a liberdade de cada um se exerce de forma ordenada ao bem comum, expresso na função social do contrato, pressupondo *internamente conformado* o direito de liberdade (*de* (realçado por L. A. H.) contratar) em campos de especial relevância ao bem comum."

Essa concepção, apresentada pela Martins-Costa, pode ser situada no que segue: "A liberdade de atuação, que garantir a cada um é o único sentido e finalidade do ordenamento jurídico, não é uma liberdade para atuações absolutamente arbitrárias, mas a atuação moralmente responsável" (Karl Larenz, Die rechtsphilosophische Problematik des Eigentums, in: Th. Heckel (Hrsg.), Eigentum und Eigentumsverteilung, München 1962, S. 30). Esse modo de ver, que dissolve direito e ética em uma conexão de sentido e de realização teleológica – eu acima já a caracterizei e critiquei circunstanciadamente – não satisfaz o conceito jurídico kantiano, malogra, ademais, a concepção de ética dirigida ao motivo de Kant. Por mais que possa a Larenz, e a outros, também sempre, custar ver: a liberdade de atuação exterior individual, legal-juridicamente definida, compatível com a liberdade de cada um, é, precisamente, a horrorizada "liberdade para atuações absolutamente arbitrárias". A salvaguarda do direito de liberdade é livre de obrigação; a configuração do espaço de liberdade jurídico-racionalmente delimitado não é, por parte do direito, posta a serviço da confirmação moral. A liberdade jurídica de Kant é, essencialmente, "liberdade de ..." –, ou seja, de arbitrariedade alheia que obriga, que impõe atuações – e não "liberdade para ..." (por exemplo, para o cumprimento do dever, para a responsabilidade moral etc.). Essa questão: liberdade legal-formalmente limitada e neutra em valores ou ético-materialmente determinada e vinculada a valores também o tribunal constitucional federal colocou-se. Ela diz no idioma da lei fundamental: livre desenvolvimento da personalidade ou liberdade de atuação geral ou "se, sob o conceito do livre desenvolvimento da personalidade, a liberdade de atuação humana deve ser entendida no sentido mais amplo ou se o artigo 2, alínea 1 [(1) Cada um tem o direito ao livre desenvolvimento de sua personalidade, à medida que ele não viola os direitos de outros e não infringe a ordem constitucional ou lei moral;], limita-se à proteção de uma medida mínima dessa liberdade de atuação, sem a qual a pessoa, no fundo, não pode desenvolver sua instalação essencial como pessoa moral-espiritual" (BVerfGE 6, 36). Tribunal e doutrina dominante decidiram-se por uma interpretação livre de valores do artigo-liberdade; outros, ao contrário, dirigiram-se contra esse modo de ver e, na garantia jurídico-fundamental do direito ao desenvolvimento da personalidade, viram a marca, legal-fundamental e que vincula o estado, de uma imagem humana ético-moral que deve, determinante de sentido, ser projetada sobre o direito de liberdade de atuação, cujo âmbito normativo, com isso, é consideravelmente limitado e, por fim, encolhe sobre o âmbito nuclear da personalidade (chamada "teoria do âmbito nuclear" ou "teoria nuclear da personalidade"). Segundo

jurídico pode ser visto como um macromodelo, cujo âmbito de validade é traçado em razão do modelo constitucional, ao qual devem imperativamente se adequar todos os modelos jurídicos."[81];

essa teoria, significa "livre desenvolvimento da personalidade a repercussão da humanidade autêntica no sentido da concepção da cultura ocidental" (Hans Peters, Die freie Entfaltung der Persönlichkeit als Verfassungsziel, in: Gegenwartsprobleme des internationalen Rechts und der Rechtsphilosophie, Festschrift für Rudolf Laun, Hamburg 1953, S. 673; comparar ders., Das Recht auf freie Entfaltung der Persönlichkeit in der höchstrichterlichen Rechtsprechung, Köln u. Opladen 1963); o conceito de atuação no artigo 2, alínea 1, da lei fundamental, cobre, segundo essa interpretação, somente tais atuações que, segundo essa imagem humana ético-material, inequivocamente são caracterizáveis como condições de desenvolvimento e de repercussão" (Kersting, Wolfgang. Wohlgeordnete Freiheit. 3. Aufl., Paderbon: Mentis, 2007, S. 162, Fußnote 206); comparar com Heck, L. A., (nota 65), página 29 e nota de pé-de-página 49.

Em uma outra passagem é afirmado: "A teoria do direito natural moderna parte, em rigorosa inversão do dito aristotélico da prioridade ontológica e axiológica da comunidade da pólis, da "soberania do indivíduo" como ponto de partida absoluto" (Kersting, W., mesma obra, S. 271).

Diante disso tudo, a questão da constituinte exclusiva, que sempre de novo é posta, fica completamente sem sentido, isto é, alheia à realidade, e mostra, mais além, que tão pouco os seus partidários levam realmente a sério a constituição existente.

[81] Reale, M., (nota 5), página 197. A questão da estática e da dinâmica em Kelsen não foi tratada. (Ver para isso: a indicação na nota de pé-de-página 45, supra; Kelsen, H., (nota 7), S. 63 f.; Kelsen, H., (nota 9), S. 198 ff.; página 217 e seguintes; Kelsen, H., (nota 11), S. 203 ff.; página 323 e seguintes.) Reale, M., (nota 5), não a menciona; mesmo autor, (nota 36), só terminologicamente: "Para o conhecimento integral do direito, quer de um ponto de vista estático, quer de um ponto de vista dinâmico, é indispensável, porém, que a descrição fenomenológica do direito se eleve ao plano da compreensão histórica." (página 53); mesmo autor, (nota 17), existe o título: "Estática e Dinâmica do Direito" (página 469), mas Kelsen é resumido literalmente a três linhas, na página 470: "... entre o Direito como "sistema estático" e como "sistema dinâmico": o primeiro concebível como "sistema de normas determinantes dos atos de conduta humana", o segundo correspondente aos "atos de conduta humana determinados por normas."

Deve, aqui, ainda ser notado: a ideia da dinâmica também já se encontra presente no tratamento da matéria do título anterior – "Dever Ser e Imputabilidade" (Reale, M., (nota 17), página 461) –, na página 464, 465, 466. A duvidosidade das conexões nas quais Reale a situa pode ser comprovada por meio da nota de pé-de-página 39, supra, e 90, infra.

Sob aquele título Reale, M., (nota 17), página 469, ainda afirma: "... – é verdade que do mundo do *ser* não se pode passar para o *dever ser*, porque aquilo que é não se transforma naquilo que deve ser; a recíproca, porém, não é verdadeira, porque o *dever ser*, que jamais possa ou venha a *ser*, é sonho, é ilusão, é quimera, não é *dever ser* propriamente dito." Se, com isso, é achado a fórmula Kant, então, deve, primeiro, ser colocado o que segue: "Sobre a base de uma ética, que considera o fato-ser da vida moral, também a célebre fórmula de Kant, segundo a qual a lei moral tem validez plena, apesar do fato, se ela é cumprida ou não cumprida, também teve de encontrar oposição. À medida que se deixa valer a norma, no fundo, somente como fato da vida do psíquica subjetiva, como uma direção de vontade realmente existente no indivíduo, uma lei moral de modo algum pode ser imaginável que não leva em si mesmo sua tendência de cumprimento. Para a norma objetivada tem de, então, ser aceito que ela deixa de ser norma quando ela não mais é cumprida, que a validez da norma, seu dever depende de seu efeito: seu ser. Uma norma objetiva, que não mais vive de fato como tendência de atuação subjetiva nas pessoas particulares, perdeu seu caráter como lei moral. O princípio que uma norma somente pode ser considerada como tal à medida que ela não estatui meramente um dever, mas também determina um ser, fundamenta sua justificação precisamente no fato que cada lei moral tem sua origem do interior da pessoa como impulso moral e com esse desaparece. Para a consideração genético-psicológica a oposição entre a lei moral objetiva e a vontade subjetiva do indivíduo é somente uma aparente; o substrato real da norma é exclusivamente a disposição de vontade moral do indivíduo que, perante uma norma objetiva independente, aparece somente como construção de um processo de objetivação intelectual" (Kelsen, H., (nota 42), S. 24).

Pode, agora, ser oposto o seguinte: "Já Schleiermacher polemizou, nos artigos já citados sobre a diferença entre lei natural e lei moral, contra a fórmula Kant-Fichte [a oposição formal entre ser e dever como Kant e Fichte a formularam] e suas exposições, cuja ideia fundamental voltou na maioria dos escritos posteriores sobre o problema duvidoso, devem aqui ser reproduzidas porque elas contêm uma argumentação que, de fundamento duplo, tem importância para a ciência do direito: uma vez, a maioria dos filósofos do direito e teóricos do direito positivo assumiram essa argumentação para o campo do direito e, segundo, Schleiermacher deduz a invalidade da fórmula kantiana para a lei moral de sua suposta inaplicabilidade para a lei jurídica..." (Kelsen, H., mesma

DIREITO NATURAL – DIREITO POSITIVO – DIREITO DISCURSIVO

6. numa passagem a teoria tridimensional "integra-se, com efeito, nos amplos quadros do historicismo contemporâneo, ..."[82];

obra, S. 25). Para objetar isso, Kelsen invoca Eucken, na nota de pé-de-página 1: "... o problema da relação de lei natural e moral foi trazido por Kant ao primeiro plano. Porque ao ele elevar a moral além de toda transmissão psíquica, teve de a lei moral com seu deve realçar-se da lei natural até uma oposição rude. A um Schleiermacher pareceu, com isso, o moral posto sob uma mirada unilateral e espoliado de um apoio seguro na natureza humana; isso o moveu a defender a conexão estreita entre lei moral e natural. Mas essa ideia legítima Schleiermacher exagerou fortemente e, com isso, debilitou o característico da moral. Quem inclui a moral na natureza da pessoa dá ao conceito da natureza um novo sentido e tem de separar ela rigorosamente de toda mera existência; assim, Kant tem razão melhor que Schlaiermacher. A equiparação imediata de lei natural e moral corresponde ao estado da ética antiga; ela ficou caduca e contradiz a situação histórico-mundial, depois que a relação das pessoas para com a vida espiritual deixou reconhecer graves confusões. Também seria fácil de mostrar que onde sempre pensadores modernos formularam as leis da moral fundamentalmente como leis naturais, o decorrer da investigação sempre de novo coagiu eles para o reconhecimento de um tipo desviador" (mesma obra, S. 26, Fußnote 1).

Sob esse aspecto, também Gadamer está ao lado de Kant: "Abertura para o outro inclui, portanto, o reconhecimento que eu, em mim, devo deixar valer algo contra mim, também quando não existisse nenhum outro que o fizesse valer contra mim" (Gadamer, H. -G., (nota 1), S. 367; página 472).

Diante disso, as afirmações de Reale, M., (nota 17), página 470, são misturadoras.

Mata-Machado, E. G., (nota 17), simplesmente a ignora.

Com vista aos números 4 e 5, deve, aqui, ser remetido a Hansen, João Adolfo. Introdução, in: Pécora, Alcir. (Org.) Poesia seiscentista. Fênix renascida & postilhão de Apolo. São Paulo: Hedra, 2002, página 21 e seguintes.

[82] Reale, M., (nota 36), página 111. Isso parece, por um lado, anular-se com isto, página 81: "Ora, foi o positivismo jurídico, com o seu desmedido apêgo à letra da lei e a sua acanhada compreensão da *mens legis* [espírito da lei], identificada com a presumida "intenção do legislador", – tudo como decorrência de seu paradoxal e mutilado conceito de "realidade" –, que contribuiu decisivamente para confinar a Jurisprudência entre os muros da Hermenêutica jurídica, e de uma Hermenêutica subordinada a cânones de exegese verbal estrita, rompidos os laços com os conteúdos vitais da experiência humana." Isso, por outro, desse modo, passa um mal-entendido da conexão entre positivismo, teorias do objetivo da interpretação subjetivas e objetivas e cânones. Assim:

1. até aonde se pode ver, as teorias do objetivo da interpretação subjetivas e objetivas vão além do positivismo. "É o sentido de uma norma ou de uma proposição normativa, isto é, a expressão idiomática de uma norma, duvidoso, então se pergunta se o objetivo da interpretação é a averiguação do sentido subjetivamente achado do fixador da norma ou do sentido objetivamente unido com a proposição normativa. Conforme isso distinguem-se teorias do objetivo da interpretação *subjetivas* e *objetivas*" (Dreier, Ralf. Interpretation, in: *Staatslexikon*, 3. Bd. 7. Aufl., Freiburg-Basel-Wien: Herder Verlag, 1987, Spalte 180). Para a posição de Kelsen a esse respeito, ver I. B) 3. a) e b), supra; para a questão do direito subjetivo, unida a isso, em Kelsen, ver nota de pé-de-página 59, supra;

2. além disso, os cânones podem ser reconduzidos a Savigny: "Decisivo para quase todas as novas investigações tornou-se a doutrina do método de *F. C. v. Savigny*, que se baseia em uma quantidade fundamental de quatro cânones: o gramatical, o lógico, o histórico e o sistemático" (mesmo autor, mesma obra, Spalte 181);

3. a objeção que Reale faz aqui ao positivismo, cabe, na verdade, à escola histórica, em cuja vizinhança encontra-se Reale mesmo, pois "seu sistema é difícil de classificar, porém, demonstra a influência do historicismo. Ele descreve-o como "realismo cultural"" (Zaibert, Leonardo A.; Gracia, Jorge J. E., (nota 57), p. 485): "Com isso, tornou-se definitivo o "alheamento" da Ciência do Direito do fundamento da realidade histórica, social e política do direito" (Heck, L. A., (nota 80), página 36, com mais indicações). Ver, ainda, Savigny, F. K. v. Metodología jurídica. Buenos Aires: Depalma, 1979. Tradução: J. J. Santa-Pinter. Hesse, K., (nota 3), S. 21 ff., Rn. 53 ff., página 56 e seguintes, número de margem 53 e seguintes. Nessa conexão, Gadamer ainda afirma: "É um acaso que a preleção-hermenêutica de Schleiermacher foi publicada pela primeira vez dois anos antes do livro de Savigny [System des heutigen römischen Rechts. 8 Bde. Berlin, 1840/49, Reg.-Bd 1851.] na edição-póstuma? Teria de se, uma vez, examinar expressamente o desenvolvimento da teoria hermenêutica em Savigny, que Forsthoff suprimiu em sua investigação" (Gadamer, H. -G., (nota 1), S. 332, Fußnote 268; 429, nota de pé-de-página 269). No texto pode ser lido: "Também para os juristas a tarefa hermenêutica consistiria, então, em nada mais que comprovar o sentido originário da lei e aplicar como o correto. Assim ainda Savigny, no ano de 1840, no "System des römischen Rechts", considerou a tarefa da hermenêutica jurídica puramente como uma histórica. Como Schleiermacher nenhum problema viu nisto, que o intérprete tem de equiparar-se com o leitor originário, *assim*

7. em dois lugares, pelo menos, Reale parece assumir Carl Schmitt, embora não seja mencionado no índice dos autores. Uma vez, quando diz: "... a tal ponto que conceitos como os de "instituição" ou de "institucional", ..."[83] e, outra vez: "*É êste o momento decisório e decisivo do Poder.*"[84]

Mata-Machado, da mesma forma como Reale, apóia-se em Siches:[85] "Quando se vive em um Estado civilizado, regido pelos princípios de cultura cris-

---

ignora também Savigny a tensão entre o sentido jurídico originário e o atual" (realçado por L. A. H.) (aqui está situada a nota 268; 269) (Gadamer, H. -G., (nota 1), S. 331 f.; página 428 e seguinte). Comparar com S. 177 ff., sobretudo, 201 ff., 304 f., 319, 345, 347; página 241 e seguintes, sobretudo, 270 e seguintes, 396, 414, 445, 448 e mesmo autor. Hermeneutik und Historismus, (nota 2), S. 387 ff.; página 449 e seguintes.

Ver também B) 2., infra.

[83] Reale, M., (nota 36), página 161. Ver Hesse, K., (nota 3), S. 127, Fußnote 4; página 229, nota de pé-de-página 4; Alexy, R., (nota 59), S. 442, Fußnote 163.

[84] Reale, M., (nota 36), página 194. O parágrafo, do qual a proposição citada é a última, trata de uma exceção, assim como Schmitt. Ver Schmitt, Carl. Verfassungslehre. 7. Aufl., Berlin: Duncker & Humblot, 1989, S. 110, 176, 180. Versão espanhola: Teoría de la constitucion. Madrid: Editorial Revista de Derecho Privado, s./d., página 128, 204 e seguinte, 209.

[85] No prefácio, assinado por Patrus Ananias de Souza, pode ser lido: "Este livro, como os outros publicados pelo autor, especialmente Contribuição ao Personalismo Jurídico e Direito e Coerção, insere-se numa vigorosa tradição de pensamento e ação: o personalismo-comunitário. Essa tradição, que sempre se renova, remonta a Aristóteles e a Tomás de Aquino e teve em *Jacques Maritain* (realçado por L. A. H.) e Emmanuel Mounier e, em certa medida, Paul Ricoeur suas expressões mais conhecidas e reconhecidas. No Brasil, além do Professor Edgar, podemos destacar Alceu Amoroso Lima, Dom Hélder Câmara e Carlos Josafá. Henrique Lima Vaz, seguramente nosso maior filósofo, bebeu também nessas boas e fecundas águas e nelas iniciou a elaboração de sua vigorosa obra filosófica, dando-lhe também valiosa contribuição. Vaz, todavia, foi além, estabelecendo um instigante diálogo entre essa tradição e o idealismo alemão, especialmente Hegel" (Mata-Machado. E. G., (nota 17), página 15 e seguinte); "À luz de sua radical inspiração, Edgar da Mata-Machado estabelece como fundamento da norma e do ordenamento jurídico os direitos da pessoa humana e a expansão e aprofundamento da democracia, mas também a lei moral derivada da idéia e da experiência de Deus" (mesmo autor, mesma obra, página 17).

Nessa tradição, já pelo nome do fomentador, também se situa a publicação: Realismo – Revista ibero-americana de filosofia e filosofia do direito, feita pelo instituto Jacques Maritain do Rio Grande do Sul, e, por conseguinte, a formação marista. Aqui somente deve ser chamada a atenção sobre o artigo de Andrés Ollero, publicado naquela (Ollero, Andrés. O direito ao torto in: Realismo – Revista ibero-americana de filosofia política e filosofia do direito, Vol. 1., n. 1, 2006, página 7 e seguintes), e precisamente, em dois sentidos:

1. o modo de apresentação da matéria. Não se trata tanto de objetivamente refutar, mas de subjetivamente sugerir. Isso parece estar muito próximo do emotivismo de Stevenson. Segundo Alexy: "Em todas as três definições [apresentadas antes por Alexy] o definidor tem duas partes. A primeira parte, uma declaração sobre a posição do falante, expressa o significado, *descritivo* (descriptive), a segunda, um imperativo, o *emotivo* (emotive), do termo analisado" (Alexy, R., (nota 72), S. 62; página 57 e seguinte). A objeção mais significativa contra a teoria de Stevenson dirige-se, porém, contra o modo de ver psicológico do discurso moral. Ver para isso, Alexy, R., (nota 72), S. 68; página 62. Isto significa, nessa conexão, que o discurso moral somente pode, quando muito, ser psicologicamente esclarecido, mas não justificado. Ver para isso, Alexy, R., (74), S. 54; página 52;

2. a proposta de Ollero para a solução das questões apresentadas por ele é simplesmente ainda a boa vida (mesmo autor, mesma obra, página 16). Aqui devem, por conseguinte, ser consideradas e, portanto, distinguidas claramente, algumas questões. A primeira diz: "O homem que afirma que a filosofia, por exemplo, não fez progressos enfatiza que existem ainda aristotélicos, não que o aristotelismo malogrou para o progresso" (Kuhn, Thomas S., (nota 1), p. 163; página 204 e seguinte. Ou expresso de outra forma: conhecimentos científicos antigos, em geral, não são anulados por novos, mas relativizados. Ao negar isto, isto é, a relativização, porém, não se afirma aquilo, isto é, a não anulação, somente se absolutiza o antigo. A segunda diz respeito ao fato de, porque ainda existem aristotélicos, querer deduzir justamente disso, então, que não houve progresso, também não no direito. Daqui resulta uma concepção estática, que já indica para a terceira. Ela refere-se à união absoluta, ontologicamente já dada, entre fim e ruptura. Dito de outro modo: o que não entra no fim aristotélico, significa sempre ruptura, jamais progresso, ou ainda, ruptura, expressão negativa para cobrir justamente isto, ou seja, porque não se deixa *corromper* na enformação aristotélica (no plano político, isso permite, então, o uso da designação *inimigo*). Aqui

pode ficar em aberto a questão, até que ponto a corrupção não está acoplada ao aristotelismo (isto é, à versão medieval-cristã) que, assim, está na base dela. Contra aquilo pode ser objetado que, por exemplo:

a) a teoria da evolução de Darwin prova o contrário (ver, sobretudo, capítulo dois, capítulo oitavo e terceira parte de: Darwin, Charles. Die Abstammung des Menschen. Paderbon: Voltmedia), uma vez que ela não pressupõe um fim. Nisso também parece residir o fundamento para a resistência contra ela, a partir dessa tradição;

b) no âmbito das ciências do espírito, a hermenêutica também segue outros caminhos. Quanto a Aristóteles, ver Gadamer, H.-G., (nota 1), S. 357 f. (comparar nota de pé-de-página 79, supra); página 460 e seguinte; quanto a Hegel, ver Gadamer, H.-G., (nota 1), S. 346 ff.; página 447 e seguintes. Aqui também tem lugar a menção a: Popper, Karl R. Die offene Gesellschaft und ihre Feinde. Band II, 7. Aufl., Tübingen: Mohr, 1992. Tradução: Paul K. Feyerabend. Título original: The open society and its enemies. Versão portuguesa: A sociedade aberta e seus inimigos. Vol. 2. Belo Horizonte: Editora Itatiaia, 1974. Tradução: Milton Amado; mesmo autor, Das Elend des Historizismus. 7. Aufl., Tübingen: Mohr, 2003. Tradução: Leonhard Walentik. Título original: The Poverty of Historicism. Versão brasileira: A miséria do historicismo. 3. ed. São Paulo: Editora Cultrix, 1980. Tradução: Octanny S. da Mota e Leônidas Hegenberg.

No setor jurídico, Hesse também recusa isso. Ver Hesse, K., (nota 3), S. 5 ff., Rn. 5 ff.; página 29, número de margem 5 e seguintes; ver também a nota de pé-de-página 80, supra;

c) no âmbito das ciências naturais pode ser invocado Kuhn, que igualmente não compartilha a suposição dessa união absoluta. Ver Kuhn, Thomas S., (nota 1), p. 205 f.; página 251 e seguintes.

Nessa tradição também se deixa colocar, por exemplo, o trabalho de Eros Roberto Grau: A ordem econômica na constituição de 1988 (interpretação e crítica). São Paulo: Editora Revista dos Tribunais, 1990. Algumas passagens oferecem a prova para isso. Assim: página 116 diz: "Cada conjunção ou jogo de princípios será informada por determinações da mais variada ordem: é necessário insistir, neste ponto, em que o fenômeno jurídico não é uma questão científica, porém uma *questão política* e, de outra parte, a aplicação do Direito é uma *prudência* e não uma *ciência*." Página 130: "Os princípios gerais do Direito são, assim, efetivamente *descobertos* no interior de determinado ordenamento. E o são justamente porque neste mesmo ordenamento – isto é no interior dele – já se encontravam, em estado de latência." Página 133: "Nisso, fundamentalmente, repousa a força dos princípios, força que, como vimos, é de tal ordem que, mercê de sua *objetividade* e *presencialidade normativa* – que independe de consagração específica em qualquer preceito particular – vai ao ponto de excluir qualquer relevância à noção de discricionariedade judicial."

Quando agora, perante o apresentado, opõe-se a ideia de horizonte, então essa tradição, indicada por de Souza, coloca-se sob a suspeita da "mediocridade" (científica). Assim, Gadamer, H.-G., (nota 1), S. 307 f.; página 400: "Quem não tem horizonte é uma pessoa que não vê longe o suficiente e, por conseguinte, sobrestima o evidente para ele. Às avessas, 'ter horizonte' significa não estar limitado ao próximo, mas, sobre ele, poder ver para fora. Quem tem horizonte sabe estimar o significado de todas as coisas dentro desse horizonte, segundo proximidade e distância, grandeza e pequenez. Correspondentemente o acabamento da situação hermenêutica significa a obtenção do horizonte da questão correto para as questões que, em vista da tradição, colocam-se para nós." S. 308; página 400: "Quem omite pôr-se dessa maneira no horizonte histórico, do qual fala a tradição, irá entender mal o significado dos conteúdos da tradição." S. 309; página 402: "Como o particular nunca é um particular, porque ele sempre já se entende com outros, assim também é o horizonte fechado, que deve abarcar uma cultura, uma abstração. (...) O horizonte é, ao contrário, algo no qual nós caminhamos para dentro e que conosco caminha. Ao movente os horizontes removem-se." S. 318; página 413: "Pois notoriamente faz parte das características essenciais do fenômeno moral que *o agente mesmo tem de saber e decidir e por nada pode-se deixar tomar isso*" (realçado por L. A. H.). S. 334; página 432: "A pertença do intérprete ao seu texto é como a pertença do ponto de visão para com a perspectiva dada em uma imagem. Não se trata disto, que se devesse procurar e ocupar esse ponto de visão como um lugar, mas que aquele, que entende, não escolhe arbitrariamente seu ponto de vista, mas encontra dado o seu lugar. Assim é, para a possibilidade de uma hermenêutica jurídica, essencial que a lei vincula todos os membros da comunidade jurídica em modo igual." S. 337; página 436): "Mostra, contudo, também a história da hermenêutica como o interrogatório dos textos é determinado por uma pré-compreensão extremamente concreta." S. 373; página 479: "Conduzir uma conversa significa pôr-se *sob a condução do objeto* ao qual os parceiros da conversa estão dirigidos. Conduzir uma conversa pede não sufocar com argumentos ou outro, mas, ao contrário, considerar realmente o peso objetivo da outra opinião" (realçado por L. A. H.).

Não se pode, portanto, nesse sentido, ignorar que certas decisões do supremo tribunal federal (como, por exemplo, as assim conhecidas: *anencefalia* (ADPF 54 – Distrito Federal), *Raposa Serra do Sol* (PET/3388 – Petição), *Dantas* (HC 86724/DF – Distrito Federal; MS 25580/DF – Distrito Federal; HC 95009 MC/SP – São Paulo; MS

tã-ocidental, então, o trato com o direito positivo costuma ser amável, pois, afinal de contas, a ordem jurídica dos povos que se acham sob uma democracia liberal – preocupada, além disso, em resolver os problemas de justiça econômica – está, de regra, em comunhão com as exigências da Estimativa e da Axiologia Jurídica, e é possível não se sentir a preocupação primacial e premente pelas solicitações jusnaturalistas. Mas quando, por longos anos, se presenciou, dia a dia, o ultraje constante e maciço à justiça e a todos os valores éticos, o puro império da força posta a serviço da degradação do homem, então se volta à vista para as pautas que devem inspirar a ordem jurídica, volta-se a pensar no direito natural. Claro que sem recair nos erros em que incorreu o Jusnaturalismo da Escola Clássica, e, sobretudo, de seus epígonos."[86]

27496 MC/DF – Distrito Federal; HC 96580/SP – São Paulo; HC 95009 – São Paulo; HC 95718/DF – Distrito Federal), *célula-tronco* (ADI 3510/DF – Distrito Federal) estão, em grande medida, *nessa tradição* e têm de, por isso, também, uma vez, *nela* ser *compreendidas* e, por conseguinte, *esclarecidas*. Nisso, então, a questão da fundamentação racional, necessariamente, estará posta em questão. Ver para isso, Heck, L. A., (nota 65), página 28, nota de pé-de-página 44.

Para o conjunto, comparar com Janus. O papa e o concílio. 2. ed. São Paulo: Saraiva, 1930. Versão e introdução de Ruy Barbosa; Barbosa, Ruy. A constituição e os actos inconstitucionaes do congresso e do executivo ante a justiça federal. 2. ed., Rio de Janeiro: Atlantida editora s. d., página 30 e 106; Teixeira, Anísio. Padrões brasileiros de educação (escolar) e cultura, in: Revista brasileira de estudos pedagógicos, vol. XXII, jul./set. 1954, n. 55, página 7 e seguinte, 3 e seguintes; Der Spiegel, Nr. 6/8.2.10, S. 60 ff.

[86] Mata-Machado, E. G., (nota 17), página 156. A força de efeito dessa visão, que está em conexão estreita com a tradição trabalhada na nota anterior, pode ser vista no livro: Primeiras jornadas brasileiras de direito natural. O estado de direito. São Paulo: RT, 1980, no qual pode ser lido, na página V: "Com suas palavras de encerramento [de Francisco Elias de Tejada y Spínola] das primeiras jornadas brasileiras, no auditório da Associação Paulista de Magistrados, deslumbrou os presentes pelo profundo conhecimento da história das idéias e das instituições políticas do Brasil, que demonstrou. (...) ..., discorreu de improviso, com entranhado afeto e indisfarçável emoção, sobre o sentido da formação cultural brasileira, nas perspectivas do mundo luso e hispânico a que pertencemos ..."

Mais além, em que medida a igreja (considerada, aqui, sobretudo, a católica) emprega essa visão como "meio" para a sua influência no exercício da competência jurídico-constitucional de um dos poderes do estado, *o judiciário*, pode ser apreciado em: Rios, Roger Raupp (org.). Em defesa dos direitos sexuais. Porto Alegre: Livraria do Advogado Editora, 2007, página 141 e seguintes (152); 169 e seguintes (185); 73 e seguintes.

Se se confronta, agora, isso com a afirmação de Gadamer: "Pelo contrário, Heidegger descreve o círculo assim, que a compreensão do texto permanece duradouramente determinada pelo movimento antecipador da pré-compreensão" (Gadamer, H. -G., (nota 1), S. 298; página 388), então fica, nisso, claro qual é o alcance do papel que essa visão é capaz de desempenhar na *formação* confessional, o que outra, vez, coloca a questão da extensão da compatibilidade entre estado laico versus *ensino* confessional. Hesse diz: "Não é questão de sua situação jurídico-constitucional especial a *influência política* das igrejas, assim como sua *intercalação*, característico para a atualidade, *no cumprimento de tarefas públicas determinadas*, por exemplo, no ensino e radiodifusão ou no quadro da ajuda social e à juventude. O *status* especial da liberdade e independência, que é concedido a elas pelo artigo 140 da Lei Fundamental [as determinações dos artigos 136, 137, 138, 139 e 141 da constituição alemã de 11 de agosto de 1919 são componentes desta lei fundamental.], encontra sua razão, mas também seu limite, nisto, que para a ordem da coletividade, embora ela seja religiosamente neutra, *fé e predicação eclesiástica são outra coisa como as opiniões e aspirações das forças seculares* (realçado por L. A. H.). Se as igrejas dirigem-se, ultrapassando seu encargo direto, ao *âmbito secular-político* (realçado por L. A. H.), então valem também para elas as regras gerais. Sua situação é, nesse ponto, fundamentalmente a mesma como a de todos os outros grupos que tentam influir sobre o *processo político* (realçado por L. A. H.); elas não podem pretender liberdades mais amplas, elas estão sujeitas às mesmas vinculações, mas elas têm também os mesmos direitos" (Hesse, K., (nota 3), S. 206, Rn. 474; página 363, número de margem 474).

DIREITO NATURAL – DIREITO POSITIVO – DIREITO DISCURSIVO   **263**

B) Reale tenta apresentar dois Kelsen: o primeiro, enquanto vivente na europa, teria sido, por se assim dizer, formal, o segundo, residente na américa, material. Assim: "Kelsen tinha inicialmente uma posição radicalmente normativa, sustentando que o elemento essencial do Direito é a validade formal. Escreveu ele as suas primeiras obras sob a influência do meio austríaco, onde o primado da lei escrita é tradicional. Para subtrair-se à perseguição racial do nazismo mudou-se para os Estado Unidos e lá entrou em contato com um tipo de Direito que, antes de ser escrito, é de base costumeira e jurisprudencial, vendo-se, assim, obrigado a reconhecer que o Direito, tomado na sua acepção ampla, *pressupõe um mínimo de eficácia*. De certa forma, voltava ao ensinamento do mestre da geração anterior à dele, Rudolf Stammler, que, com base na sua concepção de norma de direito como "norma de cultura", ..."[87]

Na outra obra, ele afirma: "Nessa concepção que talvez se pudesse qualificar de "normativismo operacional", não estamos tão longe, como parece, do último Kelsen, ou seja, a Teoria pura do Direito já dobrada às exigências do *common law*, quando o antigo mestre vienense se inclina a abandonar os originários pressupostos neokantianos de sua concepção transcendental da experiência jurídica, para

---

Se se contrapõe, agora, ainda, essa visão, tanto ao âmbito do dador de leis como da jurisdição, sob a perspectiva da teoria da argumentação, então muita coisa, mais além, parece falar contra ela. Assim:

"As regras da razão

(2.1) Cada um que pode falar tem permissão de participar em discursos.

(2.2) (a) Cada um tem permissão de pôr em questão cada afirmação.

(b) Cada um tem permissão de introduzir no discurso cada afirmação.

(c) Cada um tem permissão de manifestar suas colocações, desejos e carências.

3. Nenhum falante pode, pela *coerção dominante dentro ou fora do discurso* (realçado por L. A. H,), ser impedido nisto, de salvaguardar seus direitos determinados em (1) e (2).

As regras da fundamentação

(5.2.1) As regras morais que estão na base das concepções morais do falante têm de resistir à revisão em uma gênese histórica crítica. Uma regra moral não resiste a uma tal revisão,

a) quando ela, sem dúvida, originalmente era racionalmente justificável, entrementes, porém, perdeu sua justificação, ou

b) quando ela já originalmente não era racionalmente justificável e também não se deixam alegar fundamentos novos suficientes para ela" (Alexy, R., (nota 72), S. 361 ff.; página 283 e seguintes). Seja, nessa conexão, somente lembrado que a igreja católica tem uma estrutura vertical e o estado de direito democrático, uma horizontal. Em outras palavras: às três regras da razão, acima apresentadas, correspondem as exigências de igualdade de direitos, universalidade e ausência de coerção, respectivamente. Ver para isso, Alexy, R. (nota 72), S. 168 ff.; página 136 e seguinte. Comparar com Müller, Jörg Paul. Demokratische Gerechtigkeit. Eine Studie zur Legitimität rechtlicher und politischer Ordnung. München: dtv, 1993.

Contra essa visão deixa levantar-se, mais além, também a objeção da não cognitividade, enquanto variável do naturalismo. Ver para isso, Alexy, R., (nota 72), S. 55 ff.; página 52 e seguintes. Mais além, a multiplicidade das teorias do direito natural forma o fundamento por que o tribunal constitucional federal alemão nunca aplicou o direito natural como critério normativo. Ver para isso Heck, L. A., (nota 80), página 131, com mais indicações. Para esse conjunto, ver nota de pé-de-página 113, infra.

[87] Reale, M., (nota 5), página 114 e seguinte.

dar ao seu conceito de norma certa referibilidade fática de caráter operacional, na qual é perceptível a influência neopositivista."[88]

Um outro trabalho também pode ser mencionado: "Sendo um neokantiano ligado à Escola de Cohen, o princípio fundamental de Kelsen é a distinção a que tantas vezes nos temos referido, entre *ser* e *dever ser*, que, a princípio, se apresenta com caráter irredutível e quase que "entitativo", sob o influxo também da Escola de Baden, para, aos poucos, adquirir um valor, por assim dizer, metodológico-funcional, notadamente no chamado período norte-americano, ou seja, de convívio com o mundo *yankee*."[89] Em outro lugar: "Posteriormente, no entanto, Kelsen desenvolveu sua doutrina, fixando mais clara correspondência entre eficácia e vigência; e isto se deve, a nosso ver, especialmente à convivência com o mundo norte-americano, onde a vida jurídica se expressa no *Common Law*, ou seja, é experiência jurídica ligada ao elemento fático, aos usos e costumes e aos precedentes jurisdicionais."[90] Por fim: "A maior preocupação pelos atos humanos,

---

[88] Reale, M., (nota 36), página 100. Que o dito nessa página, e nas páginas da nota de pé-de-página anterior, assim não é correto pode ser comprovado se se examina o afirmado pelo Kelsen inicial (ver, para isso, Heck, L. A., (nota 56), página 53 e seguintes, nota de pé-de-página 48) e pelo Kelsen final (ver, Kelsen, H., (nota 11), S. 111 ff.; página 176 e seguintes). Deve ser notado que o "inicial" é entendido pela obra, da mesma forma como o "final". Para a periodização, ver nota de pé-de-página 98, 1., infra.

[89] Reale, M., (nota 17), página 458 e seguinte. Se se olha novamente o Kelsen inicial (ver Kelsen (nota 42), S. VI f., 3 ff.) e o Kelsen final (ver Kelsen. H., (nota 11), S. 44 ff.; página 70 e seguintes), então isso, novamente, não se confirma.

[90] Reale, M., (nota 17), página 465. A não confirmação também ocorre aqui. Basta ver Kelsen inicial (ver Kelsen, H., (nota 42), S. 33 ff.) e Kelsen final (ver Kelsen, H., (nota 11), S. 112 f.; página 177 e seguintes). Mais além, Reale, M., (nota 17), página 465, afirma, uma vez: "Kelsen, escrevendo na Áustria e no meio cultural germânico, onde o formalismo jurídico sempre foi bastante acentuado, ..." Aqui deve ser lembrado, por um lado, que teorias dos valores dos direitos fundamentais já foram sustentadas ao tempo da constituição do império de Weimar, de 11 de agosto de 1919. E um dos autores mais influentes foi Rudolf Smend com sua obra Verfassung und Verfassungsrecht, in: Staatsrechtliche Abhandlungen. 2. Aufl., Berlin: Duncker & Umblot, 1968, S. 119 ff. Versão espanhola: Constitución y derecho constitucional, in: Constitución y derecho constitucional. Madrid: Centro de estudios constitucionales, 1985, página 37 e seguintes. Tradução: José M.ª Beneyto Pérez. Ver sobre isso, Alexy, R., (nota 59), S. 134; página 148; ver o mesmo autor, mesma obra, para a relação entre princípios e valores, na S. 125 ff.; página 138 e seguintes. Para a época da lei fundamental, de 23 de maio de 1949, deve ser citado Hesse (nota 3), S. 28, Rn. 72; página 66, número de margem 72) com a formulação do princípio da concordância prática. Ver sobre isso, Heck, L. A., (nota 65), página 20, com mais indicações. Por outro: "Lá [nos Estados Unidos] Jhering deixou uma influência eficaz e permanente sobre os realistas do direito e a ciência do direito americana" (Eidenmüller, H., (nota 52), S. 409).

E outra vez, mesmo autor, (nota 17), página 474: "Um liberalismo cético, afinalista, porque aberto igualmente a todos os fins, anima as idéias desse campeão da democracia sem conteúdo social e econômico determinado [Kelsen], tal como no-lo revelam as páginas de sua *Teoria Geral do Estado* ou de sua obra sobre *Essência e Valor da Democracia*." Essa afirmação é capaz de, à primeira vista, impressionar. Vista mais de perto, ela, contudo, mostra-se despistadora:

1. uma vez, porque contra Kelsen pôs-se Schmitt: com o método dialético, sob o uso das categorias "estado total" em oposição ao sistema do "pluralismo" ele pretendeu fundamentar sua tese: o presidente do império deve ser o guarda da constituição. Ver para isso, Heck, L. A., (nota 5), página 15, com mais indicações.

Kelsen coloca a questão: "É uma ficção típica, da qual se serve quando se opera com a "unidade" da "vontade" do estado ou a "totalidade" do coletivo em um outro sentido que meramente formal para, com isso, justificar uma configuração, quanto ao conteúdo, determinada da ordem estatal" (mesmo autor. Wer soll der Hüter der Verfassung sein?, in: Die Justiz, Band VI, 1930/31, Berlin-Grunewald: Dr. Walther Rothschild, S. 601. Versão brasileira: Quem deve ser o guarda da constituição, in: mesmo autor. Jurisdição constitucional. São Paulo: Martins Fontes, 2003, página 266. Tradução: Alexandre Krug). Mais adiante, S. 612; página 279: "Da conexão interna

– nunca diretamente afirmada por C. S. mesmo – que existe entre a construção do "estado total" e a "unidade homogênea, indivisível do povo alemão todo" resulta isto, que o "pluralismo" completamente do mesmo modo está em uma oposição para com esta como aquela "unidade", que significa o "estado total". (...) Essa unidade não é um postulado meramente político-ético como preâmbulos constitucionais costumam estabelecer frequentemente, mas uma realidade social ... (...) Mas isso não impede, censurar os "interessados desse pluralismo" (ou aos teóricos, que o apoiam?)" "de cobrir com véu a realidade com auxílio de um chamado formalismo" (S. 36)." Por fim, S. 614; página 281 e seguinte: "Porque isso é o sentido verdadeiro da doutrina do poder neutro do monarca, que C. S. transfere ao chefe de estado republicano, que ela deve cobrir a contrariedade de interesses efetivamente existente, radical, que se expressa no fato dos partidos políticos e no fato, ainda mais significativo, apoiador, da contradição de classes. Em uma formulação democrático-ficta a fórmula dessa ficção diz, por exemplo: o povo que forma o estado é um coletivo homogêneo uniforme, tem, portanto, um interesse coletivo uniforme, que se manifesta em uma vontade coletiva uniforme. Essa vontade coletiva, que está do outro lado de todas as contradições de interesses e, assim, sobre os partidos políticos – ela é a "verdadeira" vontade do estado – o parlamento não cria; esse é o teatro das contradições de interesses, estilhaçamento político-partidário – C. S. iria dizer "pluralista". Seu criador ou ferramenta é o chefe de estado. O caráter ideológico desse interpretação é notório." Para o princípio da maioria, em conexão com isso, ver Hesse, K. (nota 3), S. 63 f. Rn. 142, S. 88, Rn. 197, S. 14, Rn. 33; página 124, número de margem 142, página 164 e seguinte, número de margem 197, página 43 e seguinte, número de margem 33;

2. outra vez, porque ignora o início do primeiro e o último parágrafo do X título, que diz: "Democracia e concepção de mundo." Diz o início do primeiro parágrafo: "Quando – como foi mostrado no precedente – democracia é somente uma forma, somente um método de criar ordem social, justamente então parece seu valor – contanto que, agora, também, segundo isso, a questão – em medida extrema problemático. Porque com uma regra de criação específica, com uma determinada forma de estado ou de sociedade ainda não está, em nenhum modo, respondida a questão, notoriamente muito mais importante, sobre o conteúdo da ordem estatal" (Kelsen, Hans. Vom Wesen und Wert der Demokratie. 2. Neudruck der 2. Auflage Tübingen 1929, Aalen: Scientia Verlag, 1981, S. 98). Deve ser observado que na versão espanhola (Kelsen, Hans. Esencia y valor de la democracia. Barcelona – Buenos Aires: Editorial Labor, S. A., 1934. Tradução: Rafael Luengo Tapia y Luis Legaz y Lacambra.) falta esse título X; além disso, a informação dada por Luis Legaz y Lacambra, na página 5, não é correta. Uma vez, porque a segunda edição é do ano de 1929 e não, como informado, de 1921; outra vez, porque o título "Forma de Estado y Filosofía", é, certamente "Forma de estado e concepção de mundo". Isso pode ser verificado em Kelsen, H. (nota 7), S. 156, 162. Comparar nota de pé-de-página 113, penúltimo parágrafo, infra.

No último parágrafo pode ser lido: "Talvez se irá aos *crentes*, que *politicamente empregarão crentes* (realçado por L. A. H.), objetar que justamente esse exemplo antes fala contra que a favor da democracia. E essa objeção tem de se deixar valer; certamente, só sob uma condição: se os crentes de sua verdade política que, se necessário, também terá de ser imposta com força sangrenta, são tão seguros com o filho de deus" (mesmo autor, mesma obra, S. 104). Isso, por sua vez, deve ser trazido à conexão: "O valor da liberdade e não o valor da igualdade é que determina a idéia da democracia em primeiro lugar" (mesmo autor, mesma obra, S. 93). Aqui salta à vista: a constituição dirigente canotilhiana, à medida que ela deixa associar-se *politicamente* à crítica hegeliana de esquerda, porque a assume como pressuposto, precisamente por isso, torna-se *filosoficamente* incompatível com a hermenêutica gadameriana. Ver para isso, Heck, L. A., (nota 5), nota de pé-de-página 15. Contudo, alguns pregam, ao sustentar, simultaneamente, a ambas, talvez jesuiticamente (em seu modo de argumentação, ou semelhante, muito hipócrita e astuto; inclinado a prejudicar outros por tergiversações e sofismas (Duden Deutsches Universalwörterbuch. 2. Aufl., Mannheim, Wien, Zürich: Dudenverlag, 1989, S. 789)), justamente o contrário, como, por exemplo, provavelmente o mais fervoroso entre eles, Lenio Luiz Streck (Hermenêutica jurídica e(m) crise: uma exploração hermenêutica da construção do direito. 7. ed., Porto Alegre: Livraria do Advogado Editora, 2007, página 252 e seguintes, nota de pé-de-página 467, página 192 e seguintes, respectivamente) para, assim, velar a versão política que a concepção canotilhiana apresenta da concepção hegeliana. Ver para isso, Heck, L. A., (nota 5), página 16 e seguintes. Essa versão não deveria, todavia, enganar sobre isto: a igualdade pode, também estatalmente, ser realizada, até imposta, a liberdade não. Tem-se-a, não se a recebe, também não pela igualdade.

Mais além, quando Reale, M., (nota 17), página 465 diz: "..., mas ao entrar em contato como o Direito banhado na experiência social, tal como se realiza nos Estados Unidos da América do Norte, compreendeu que era necessário completar sua doutrina, dando maior e diverso relevo ao problema da "eficácia" ou da "efetividade" do Direito, *acentuando e desenvolvendo a parte dinâmica de sua concepção, até então apreciada de forma prevalentemente estática.*", contradiz o exposto pelas notas de pé-de-página 42 e 43, supra, o que ainda fica mais claro, por um lado, quando, na nota de pé-de-página 16 (mesmo autor, mesma obra, mesma página), acrescenta: "Já se notava, aliás, essa tendência na época da publicação do seu compêndio da *Teoria Pura do Direito* (1933-34), ..." e, por outro, pelo que afirma no parágrafo seguinte da página 465.

enquanto conteúdo de normas; o desejo de mais rigorosa determinação da funcionalidade norma-conduta em seu aspecto dinâmico; a *longa experiência* (realçado por L. A. H.) com o *Common Law*, têm levado Kelsen a pôr em primeiro plano problemas que antes ocupavam posição mais ou menos obscura em suas cogitações, fazendo uma distinção fundamental entre a *Ciência do Direito*, que estuda o conteúdo da *norma jurídica (Soll-Norm)*, isto é, aquilo que deve ser enquanto *prescrição normativa estatuída por uma autoridade*, e a *Teoria Pura do Direito*, a qual estuda a *proposição jurídica (Soll-Satz)*, destinada a *descrever* o "dever ser" da norma. Essa distinção entre o caráter *descritivo* da Teoria Pura do Direito e a natureza *normativa* da Ciência do Direito, já enunciada claramente por Kelsen nas conferências de Buenos Aires, em 1949, adquire contornos precisos na 2. edição de sua *Reine Rechtslehre*, de 1960."[91]

Mata-Machado procura, por sua vez, mostrar um Kelsen transformado por John Austin. Ele afirma: "A partir daí, sua influência [de John Austin] foi enorme na área anglo-americana da cultura jurídica, sendo de salientar-se que a circunstância de ter o próprio Kelsen, depois que se fixou nos EE.UU., aderido ao essencial das teses analíticas."[92]

---

[91] Reale, M., (nota 17), página 471 e seguinte. Duas observações aqui se tornam necessárias. A primeira: essa afirmação está em contradição com esta: "Na realidade, porém, a compreensão total do Direito, na doutrina de Kelsen, não exclui, mas antes tem implícita uma *tricotomia*. Como observa Kunz, essa tricotomia está na base da obra kelseniana, que abrange uma *Teoria Pura do Direito* ao lado de uma *Teoria da Justiça* e de uma *Sociologia Jurídica*, como distintas apreciações da experiência jurídica, respectivamente sob os prismas lógico, filosófico e sociológico. São três perspectivas fundamentalmente distintas, mas, como vimos, por mais que Kelsen pretenda ser normativista, *nos domínios da Ciência do Direito como tal* (realçado por L. A. H.), ele jamais se liberta de enfoques fáticos e axiológicos (...) Podemos, pois, dizer que o aspecto normativista *prevalece* na Teoria Pura ..." (mesmo autor, mesma obra, página 479). Pois, o que lá se separa, aqui se junta.

A segunda: aquela afirmação tem de ser vista desta forma: "No ano de 1945 [Kelsen e sua esposa Margarete chegaram a New York em junho de 1940] aparece como um marco do desenvolvimento posterior a *"General Theory of Law and State"*. Nela é feito claro, sobretudo, um ponto que indica para o futuro: o requisito de uma separação rigorosa entre a ordenação de dever da autoridade jurídica – da *norma jurídica* (Rechtsnorm) – por um lado, e da descrição dessa ordenação de dever pela ciência do direito – da *proposição jurídica* (Rechtssatz) –, por outro. 3. Uma outra reunião de sua doutrina *Kelsen* apresenta no ano de 1960 com a segunda edição da "*Reine[n] Rechtslehre*"; esta é – perante a primeira edição – consideravelmente ampliada e, em medida mais forte, uma apresentação do estado da doutrina que a primeira edição. Sobre o desenvolvimento da doutrina é, frequentemente, chamada a atenção nas notas. Como passo do desenvolvimento mais importante deve, dessa obra, sobretudo, ser realçada a diferenciação do conceito de dever-[ser], que leva à distinção de normas jurídicas que ordenam (que proíbem), que autorizam e que permitem – no desenvolvimento posterior também: que derrogam" (Walter, Robert. Vorrede zum zweiten Neudruck, in: Kelsen, H., (nota 7), S. 6 f.).

[92] Mata-Machado, E. G., (nota 17), página 133. Ele remete aqui para "La Teoria pura del derecho: introducción a la problemática científica del derecho", p. 209-237. Na bibliografia final encontra-se o equivalente: "Reine Rechtslehre, einleitung in die Rechtswissenschaftliche problematisch. Leipzig: [s.n.], [s. d.] p. 139." E na página 183 diz: "..., embora a atribua, no seu livro de 1944, ..." Na bibliografia final não está registrado esse livro de Kelsen de 1944, também não na página 143, onde Mata-Machado trabalha o título: "2 Quem é Kelsen e sua obra." O afirmado, portanto, não pode ser tido como correto, porque, por um lado, "La Teoria pura del derecho: introducción a la problemática científica del derecho" e o seu equivalente, na bilbiografia final, são, na verdade, a primeira edição da Reine Rechtslehre, ver nota de pé-de-página 7, supra, e, assim, por outro, não se pode ver como se deu essa "aderência".

Mais adiante, diz: "Esses "pensamentos fundamentais" *incluem*[93] (realçado por L. A. H.) as conclusões da Escola Analítica inglesa com as quais Kelsen foi entrar em contato mais íntimo quando se transportou, exilado, para os Estados Unidos da América. Realmente, em artigo publicado na "Harward Law Review" (1941), expôs, em vigorosos traços, sua própria teoria, com o evidente propósito de compará-la à chamada jurisprudência Analítica, dominante nos meios juscientíficos anglo-americanos. Afirma aí, ao lado da *coinscidência* (realçado por L. A. H.) entre as duas orientações, do ponto de vista metodológico, o intuito de retirar do pensamento austiniano suas últimas consequências."[94]

---

[93] Mata-Machado, E. G., (nota 17), página 142. Esse verbo torna a afirmação extremamente duvidosa, porque no parágrafo anterior, Mata-Machado situou esses "pensamentos fundamentais" numa citação da Reine Rechtslehre, de 1934, embora a citação da nota de pé-de-página 3, da página 142, remeta à edição de 1960, o que pode ser comprovado ao se confrontar as obras de Kelsen na bibliografia final, página 347 e seguinte. O texto, no qual eles, pensamentos fundamentais, estão situados, tem como título: "24. A redução do direito subjetivo ao objetivo. a) A norma jurídica como dever jurídico", é este: "Justamente nesse ponto entra a teoria pura do direito com sua crítica a opinião doutrinária dominante, ao ela, com maior ênfase, põe no primeiro plano o conceito de dever jurídico. E, também nesse ponto, ela tira somente a última consequência de determinadas ideias ["pensamentos"] fundamentais que, na teoria positivista do século 19., já estavam postas, mas não foram desenvolvidas sobre inícios proporcionalmente modestos" (Kelsen, H., (nota 7), S. 47).

Mais além, no artigo de Kelsen (Kelsen, Hans. The pure theory of law and analytical jurisprudence, in: Harvard Law Review, vol. LV, 1941-1942), na p. 54, é afirmado: "Como a teoria pura do direito limita-se a cognição do direito positivo e exclui dessa cognição tanto a filosofia da justiça como a sociologia do direito, sua *orientação* (realçado por L. A. H.) é muito idêntica como a da assim chamada jurisprudência analítica, que encontrou sua clássica apresentação anglo-americana no trabalho de John Austin. Cada uma procura alcançar o seu resultado exclusivamente pela análise do direito positivo." Comparar, mesmo autor, General Theory of Law & State. Third printing. New Brunswick and London: Transaction Publishers, 2008, p. XXXVII f. Versão espanhola: Teoría general del derecho y del estado. México: Imprenta Universitaria, 1950, página VII e seguinte. Tradução: Eduardo Garcia Maynes. Deve ser observado que Mata-Machado, E. G., (nota 17), página 142 e seguinte, cita essa passagem também. Diante disso, pode, portanto, ser dito: o "incluir" vai por conta de Mata-Machado, mas não de Kelsen. O mesmo pode ser objetado, em outra conexão, ao "retomava" de Reale, M., (nota 17), página 456. Comparar nota de pé-de-página 113, penúltimo parágrafo, infra.

[94] Mata-Machado, E. G., (nota 17), página 142. Aqui cabem duas observações. A primeira: o final da página 142 e o início da 143 são ocupados por uma citação do artigo de Kelsen, H., (nota 93). A página indicada é a 220, quando, na verdade, é a 54, como já visto na nota de pé-de-página anterior. Deve ser notado que a referência da nota de pé-de-página 5, na página 143 (Mata-Machado, E. G., (nota 17)), está traduzida e se encontra na bibliografia final (página 347) com a mesma indicação da página 220, porém, com outra citação, portanto, não está citada em separado. O artigo de Kelsen, H., (nota 93), está, na bibliografia final, citado no original e em separado (página 348).

A segunda: ao contrário do que Mata-Machado sustenta, Kelsen, em 1941, somente poderia fazer uma contraposição entre a doutrina dele e a de Austin para mostrar comunidades e diferenças entre ambas, mas não demonstrar essa *pretendida influência* de Austin, pois como ela teria se dado? Até os títulos e sua sequência no artigo de Kelsen, H., (nota 93), comprova isso. Assim: I. Teoria do direito e filosofia da justiça; II. Jurisprudência normativa e sociológica; III. O conceito de norma; IV. O elemento de coerção; V. O dever legal; VI: O direito legal; VII. A teoria do direito estática e dinâmica; VIII. O direito e o estado; IX. direito internacional e nacional. Nessa conexão, deve, ainda, ser apresentado o que segue.

Kelsen diz: "Enquanto a teoria pura do direito nasceu independentemente da famosa *Lectures on General Jurisprudence* de Austin, ela *corresponde* (realçado por L. A. H.) em importantes pontos com a doutrina de Austin. É afirmado que onde eles diferem a teoria pura do direito conduziu o método da jurisprudência analítica mais consistentemente do que Austin e seus partidários tem feito com sucesso.

Isso é verdade, sobretudo, no que toca ao conceito central da jurisprudência, a norma. Austin não emprega esse conceito e não dá atenção para a distinção entre "ser" e "dever" que é a base do conceito de norma. Ele define direito como "regra" e "regra" como "comando"" (Kelsen, H., (nota 93), p. 54).

Um pouco antes pode ser lido: "Por conseguinte, o objeto da jurisprudência sociológica não é a norma legal em seu significado específico de "manifestação-dever", mas o comportamento legal (ou ilegal) do homem. (...)

Se, diante disso, se olha, contudo, mais de perto, então aparecem dois fatos que indicam em outra direção, que é, nessa conexão, a decisiva.

1. O primeiro fato diz respeito à diferença, por se assim dizer, entre o direito natural da common law (razão artificial) e o da civil law (razão natural). Carl J. Friedrich certifica isso: "A tentativa de Bacon de substituir essa ideia de um direito fundamental (que ele reconheceu como direito feito pelo juiz), ressuscitando a doutrina romana do direito natural como regra da reta razão, fracassou completamente. Isso é digno de atenção e significativo, porque as doutrinas do direito natural foram tão exitosas no continente como fazedoras de caminho para o absolutismo monárquico. Bacon quis colocar o direito natural sobre ambos, common law e direito legislado. Por "direito natural" ele achava, naturalmente, a regra da reta razão natural. Isso encontrou a oposição intensa de Sir Edward Coke que, em resposta, desenvolveu a doutrina da "razão artificial do direito". Essa noção peculiar teve importância decisiva no desenvolvimento do procedimento judicial."[95]

Sobre a razão artificial do direito Friedrich diz: "A doutrina da "razão artificial" de então saiu do argumento quanto a se o rei estava ou não estava sobre a lei. (…) Por isso, sua ideia que a "razão natural", *que não está em conexão com o conhecimento do direito do país* (realçado por L. A. H.), pode ser empregada na interpretação de leis foi rejeitado por Coke na forma extremamente explícita: "Razão é a vida do direito, sim, até o *common law* mesmo é nada mais que razão; o que tem de ser entendido como uma perfeição artificial da razão, obtida por longo estudo, observação e experiência e não como razão natural de cada homem ... durante muitas sucessões de épocas [o direito na Inglaterra] tem sido afinado e refinado por um número infinito de homens graves e eruditos e por longa experiência desenvolveu tamanha perfeição para o governo deste reino, como a velha regra pode ser, com razão, verificada nele, que nenhum homem por sua razão privada pode ser mais sábio do que o direito, que é a perfeição da razão." Por conseguinte, a razão claramente não é um critério, filosófico ou outro, trazido para o

---

Jurisprudência sociológica está lado a lado com a jurisprudência normativa e nenhuma pode substituir a outra porque cada uma trata com problemas completamente diferentes. É justamente por essa razão que a teoria pura do direito insiste claramente distinguindo elas uma da outra para evitar o sincretismo do método que é a causa de numerosos erros (realçado por L. A. H.). (...) Jurisprudência normativa trata com a *validade do direito*; jurisprudência sociológica com sua *eficácia*" (mesmo autor, mesma obra, p. 52) (realçado por L. A. H.); sobre o sincretismo do método, ver ainda Kelsen, H., (nota 7), S. 2; mesmo autor, (nota 9), S. 1; página 2; ver também nota de pé-de-página 72, supra.

Por fim, ainda: "É da maior importância distinguir claramente entre normas legais que se compreendem no objeto da jurisprudência e manifestações da jurisprudência que descrevem esse objeto" (mesmo autor, mesma obra, p. 51). Para esta proposição, ver a nota de pé-de-página 98, 1. a), infra.

Em Mata-Machado, E. G., (nota 17), página 143, lê-se: "Embora a Teoria pura do Direito haja surgido independentemente das famosas *Lectures on General Jurisprudence* de Austin, *concorda* (realçado por L. A. H.) em pontos importantes com sua doutrina. Pode dizer-se que, onde elas diferem, a Teoria pura do Direito desenvolveu o método da jurisprudência Analítica mais firmemente do que o lograram fazer Austin e seus colaboradores." É digno de nota que o verbo *correspond* foi traduzido por *concordar*; aquele tem caráter objetivo, este, subjetivo. Comparar nota de pé-de-página 113, penúltimo parágrafo, infra.

[95] Friedrich, C. J., (nota 80), p. 106.

direito pelo lado de fora, mas a essência do direito mesma, adquirida no processo do estudo do direito."[96]

2. O segundo fato é designado com a palavra "problema". Gadamer afirma com respeito a isso: "Em Aristoteles '*problema*' designa tais questões que se apresentam como alternativas abertas porque para ambos os lados fala diverso e nós não acreditamos decidir eles com fundamentos, visto que são questões muito grandes. Problemas, portanto, não são questões reais que se colocam e, com isso, recebem a indicação de sua resposta da sua gênese de sentido, mas são alternativas do achar que somente se pode deixar ficar e que, por isso, somente podem encontrar um tratamento dialético. Esse sentido dialético de 'problema' tem seu lugar, verdadeiramente, não na filosofia, mas na retórica. (...) É significativo que no século 19., com o desmoronamento da tradição imediata do questionar filosófico e do surgir do historicismo, o conceito de problema acendeu para validez universal –, um sinal para isto, *que a relação imediata para com as questões objetivas da filosofia não mais existe* (realçado por L. A. H). Assim, caracteriza o embaraço da consciência filosófica perante o historicismo que ela refugiou-se na abstração do problema e não via nenhum problema nisto, em que modo problemas verdadeiramente 'são'. A história do problema do neokantismo é um bastardo do historicismo. A crítica no conceito de problema, que, que é conduzida com os meios de uma lógica da pergunta e resposta, tem de destruir a ilusão como se os problemas

---

[96] Friedrich, C. J., (nota 80), p. 106 f., com mais indicações. Mais adiante é afirmado: "Coke fez o common law, como nós vimos, a base do seu ataque sobre a concepção de Jame da prerrogativa a partir do direito divino" (mesmo autor, mesma obra, p. 112). Comparar com Kriele, Martin. Einführung in die Staatslehre. 5. Aufl., Opladen: Westdeutscher Verlag, 1994, S. 114. Versão espanhola: Introducción a la teoría del estado. Buenos Aires: Depalma, 1980, página 193 e seguinte. Tradução: Eugenio Bulygin. Reale, M., (nota 36), parece ter uma noção disso. Assim, na página 144, afirma: "Há uma *astúcia da razão jurídica* governando, em sua substância, as relações sociais; traduzindo o impulso dialético ordenador da experiência jurídica, como implicação de fatos e de valôres em normas, cuja interpretação se procura determinar em consonância com as exigências do conjunto do ordenamento, no qual se espelha o estado atual da consciência ético-jurídica de um povo. Não será exagêro dizer-se que o direito é uma imediata e natural exigência da razão, quase a razão como natureza, na sua original postulação de ordem." Na página 273: "a diferença que existe com referência à tradição romanística, não está na certeza da juridicidade, que a todos os sistemas acomuna, mas sim no que tange ao processo ou à gênese dos preceitos." E na página 37 pode ser lido: "É essencial, todavia, observar que se devem em um primeiro momento, mais a juristas ou a sociólogos do direito – como os nomes de Holmes e Cardozo, Gény e Duguit, Ehrlich e Heck, Carnelutti e Ascarelli e tantos outros o demonstraram –, do que a filósofos pròpriamente ditos, as análises e atitudes mais decisivas no sentido de inserir a problemática jurídica na experiência social, consoante a tão discutida advertência de Wendel Holmes logo no início de sua obra clássica sôbre o *Common Law*: "A vida do direito não tem sido lógica; tem sido experiência.""

Essas afirmações, contudo, se consideradas em conexão e, portanto, em conjunto, demonstram confusão. Assim: "A chave para a compreensão do fundamento de legitimidade desse estado constitucional [na Inglaterra do 17. século] encontra-se na realidade histórica melhor que em todas as abstrações teóricas posteriores. Na luta contra a tentativa da introdução do absolutismo na Inglaterra *todos os argumentos essenciais foram desenvolvidos não acadêmica, mas politicamente*" (Kriele, M., mesma obra, S. 93; página 163 (realçado por L. A. H.)). Em outra passagem, Kriele diz: "Dessa perspectiva, os doutrinadores da soberania na Inglaterra fizeram, portanto, um erro duplo: primeiro, já é, em si, uma tolice apoiar o poder do rei em vez de na autoridade do direito em uma doutrina abstrata, seja como for fundamentada racional ou "*jurídico-naturalmente*", porque uma tal doutrina precisamente não pode fundamentar nenhuma "*auctoritas*" [autoridade] geral e faz depender o rei de mera "*potestas*" [poder]. Segundo, deveriam, porém, aqueles cínicos que desprezam a autoridade, que encontram o seu prazer no jogo da pura "potestas"[poder], pelo menos, não deixar de calcular essa corretamente: do contrário, eles cometem, o que, em seus olhos, "é pior que uma infração: um erro"" (mesma obra, S. 99; página 172).

existissem como as estrelas no céu. *A reflexão sobre a experiência hermenêutica transforma os problemas de volta em perguntas que se fazem e tem seu sentido da sua motivação* (realçado por L. A.H.)."[97]

---

[97] Gadamer, H. -G., (nota 1), S. 382 f.; página 490 e seguinte; ver também Gadamer, H. -G. Begriffsgeschichte als Philosophie, in: (nota 2), S. 81 ff., 77 ff.; página 99 e seguintes, 94 e seguintes. Reale, M., (nota 36), página 79, diz: "Foi isso exatamente que ocorreu, – consoante observação feita por Recaséns Siches –, com grande número de juristas a partir do século passado, quando vieram, pouco a pouco, perdendo contacto com os problemas políticos, em geral, e com a problemática forense, em particular, isto é, com o direito vivido dia a dia por legisladores, juízes e advogados, acabando por se isolarem numa *"Filosofia jurídica acadêmica."* Ver também página 38, nota de pé-de-página 19, onde a perda de contato com a experiência do direito é denominado de pecado capital da Filosofia Jurídica Acadêmica. Tanto aqui como lá é indicado o livro Nueva Filosofia de la Interpretación del Derecho, 1959, de Recaséns Siches.

Do trabalho de Siches (Nueva filosofia de la interpretación del derecho. 2 ed. México: Editorial Porrua, S. A., 1973) deve ser destacado, nessa conexão, o que segue: "Os juristas de hoje em dia têm clara consciência da hierarquia eminentíssima das produções jusfilosóficas do século XX, por exemplo, das de Del Vecchio, Stammler, Radbruch, Kelsen, Hauriou, Renard, etc..." (página 2). (...) "A filosofia do direito elaborada por eles, assim como por nós, a maior parte de jusfilósofos de língua castelhana – tanto os híspano-americanos como os espanhóis –, tem sido principalmente *acadêmica*" (página 2). (...) "Agora bem, sucede, como já se apontou, que à filosofia jurídica acadêmica tem correspondido ação muito escassa, se é que tem chegado a ter alguma, na produção e no processamento dessas transformações" (página 7). (...) "Sem embargo, quando se fura a superfície das coisas, se vai mais além das aparências periféricas e se chega ao autêntico miolo desses problemas, dá-se conta de que eles oferecem uma semelhança impressionante, se é que não uma identidade essencial em todos os tempos e em todos os ordenamentos jurídicos, por debaixo de diversificações efetivas no que toca a mecanismos, formas e detalhes não essenciais. É, por exemplo, impressionante ler hoje em dia as páginas que Aristóteles escreveu no capítulo X do livro V de sua ética a Nicômano sobre os problemas da equidade na aplicação judicial do direito" (página 12). Na página 20 e seguinte, Siches menciona nomes de autores que ele entende como da filosofia não acadêmica. E, na página 11, diz: "Sucede nas grandes crises, como a atual, precisamente o contrário do que ocorre nos períodos normais do desenvolvimento histórico: que já não vale aquele aforismo enunciado por Leonardo de que a teoria é o capitão e a prática são os soldados. *O que acontece é, antes, que o capitão perdeu todo o controle e tem quedado-se sem emprego dirigente na história* (realçado por L. A. H.); e que os soldados, cada um deles por si, indisciplinadamente, seguem um caminho próprio e singular, caindo, muitas vezes, em conflito uns com os outros."

Dessa apresentação salta à vista:

1. o não reconhecimento deste pressuposto: "Isso já pressupõe naquele que deve receber esse auxílio – no ouvinte da preleção aristotélica – muita coisa. Ele tem de possuir tanta maturidade de existência que ele, da instrução, que se torna dele, nada mais peça que ela pode e deve dar. Expresso positivamente: ele tem de mesmo já, por exercício e educação, ter formado em si uma postura que, conservar nas situações concretas de sua vida e confirmar pela conduta correta, permanece seu desejo constante" (Gadamer, H. -G., (nota 1), S. 318 f.; página 413). Isso pode ser trazido à conexão: "Caracteriza decididamente a superioridade da ética antiga sobre a filosofia moral da modernidade que ela, com vista à indispensabilidade da tradição, fundamenta a travessia da ética na política, a arte da dação de leis correta" (Gadamer, H. -G., (nota 1), S. 285, com remissão à ética a Nicômano aristotélica; página 372 e seguinte;

2. a subestimação da palavra do poeta: ""Técnica ama providência e providência ama técnica." Isso quer dizer: êxito afortunado está, em geral, com aquele que aprendeu sua matéria" (Gadamer, H. -G., (nota 1), S. 321; página 416. Assim: "E justamente na capacidade de poder analisar fatos da vida sob pontos de vista normativo-jurídicos reside o ponto essencial do talento do jurista, não, em primeiro lugar, nos conhecimentos de lei" (Kaufmann, Arthur. Analogie und "Natur der Sache". 2. Aufl., Heidelberg: Rv. Decker & C. F. Müller, 1982, S. 38). Na S. 70 (mesmo autor, mesma obra) está a menção à resposta de Kriele: ele acha que isso não pode ser considerado literalmente, porque, do contrário, isso seria "a descrição de uma prevaricação por comprovação incorreta tanto do fato como da norma";

3. a não consideração do papel da força de juízo: "Um médico, por isso, um juiz ou um perito em estado pode ter na cabeça muitas regras bonitas, patológicas, jurídicas ou políticas nesse grau, que ele mesmo, nisso, pode tornar-se professor exaustivo e irá, contudo, na aplicação dos mesmos, infringir facilmente, ou, porque nele há falta de força de juízo natural (embora não do intelecto), e ele, sem dúvida, pode ver o geral em abstrato, mas se um caso concreto cai sob isso, não distinguir, ou também por isso, porque ele não foi, por exemplos e negócios

Diante do colocado pode, agora, se se persevera, por um lado, na divisão da common law e da civil law, com vista aos respectivos direitos naturais, e, por outro, no problema com vista à experiência, ser comprovado:

1. ao Kelsen americano foram atribuídas posições, da perspectiva da common law, que ele nunca assumiu;[98]

reais, adestrado o suficiente para esses juízos. Isso é também a única e grande utilidade dos exemplos: que eles aguçam a força de juízo" (Kant, I. (nota 72), S. 194; página 102. (...) "Mas a filosofia transcendental tem o peculiar: que ela, além da regra (ou, ao contrário, da condição geral para regras), que é dada no conceito puro do intelecto, simultaneamente, a priori, pode indicar o caso sobre quais elas devem ser aplicadas" (mesmo autor, mesma obra, S. 195; página 103);

4. a versão romântica, ou seja, filosofia acadêmica *versus* filosofia não acadêmica. Por conseguinte, isso deixa situar-se na relação iluminismo=razão e romanticismo=sentimento. Este resultou, nisso, tão preconceituoso como supunha ser aquele. Ver sobre isso, Gadamer, H. -G., (nota 1), S. 276 ff.; página 361 e seguintes;

5. o de fato: "A pergunta acerca do 'posto' da filosofia está plantada hoje como então. Kant dizia: 'Vemos agora a filosofia em um posto realmente deplorável, que se pretende seja firme, sem que interesse que tenha um ponto de apoio no céu ou na terra. Aqui deve demonstrar sua vigência como fundamento de suas próprias leis, não como arauto de quem lhe dita um sentido ou lhe insinua não se sabe que natureza tutelar.' Hoje confere-se à filosofia uma posição totalmente oposta: que deve fazer a filosofia na hora atual? Quiçá somente lhe resta a tarefa de *justificar* – a partir de seu profundo conhecimento do homem – *a pretensão daqueles que não querem saber, mas atuar*" (Marcuse, Herbert. A sociedade opressora. Caracas: Editorial Tempo Novo, 1970, página 130 e seguinte, com indicação bibliográfica (realçado por L. A. H.). Tradução de Italo Manzi. Isso não dá razão, ao fim e ao cabo, ao prefácio da Reine Rechtslehre, repetido na segunda edição, sobretudo ao seu último parágrafo? (Ver nota de pé-de-página 66, supra.) Ver também Kelsen, H., (nota 93), p. XXXIX; página IX e seguinte.

Diante disso, agora, não é clara a posição de Reale sustentada na nota introdutória (nota 36), página XXIII, onde alude ao "pensamento problemático", "ao ensaio VI", cujos temas, nele tratados, seriam, se escrito hoje, "analisados mais diretamente à luz do "pensamento conjetural" e aos "meus estudos sobre a conjetura, a partir sobretudo das referências de *Kant* (realçado por L. A. H.) sobre o pensamento problemático ..."

[98] Isso, agora, deixa certificar-se ainda:

1. pela chamada periodização da teoria do direito de Kelsen. Carsten Heidemann divide-a em quatro fases: 1. a construtivista: (1911-1915) – transição, 1915-1922; 2. a transcendental: 1922-1935; 3. a realista: 1935-1962; 4. a lingüístico-analítica: depois de 1962. Stanley L. Paulson divide-a em três fases: 1. a construtivista: desde e inclusive 1911 – transição, 1913-1922; 2. a clássica: 1922-1960, 2.1 período neokantiano: 1922-1935 e 2.2 período híbrido: 1935-1960; 3. a céptica: depois de 1960. Ver para isso Paulson, Stanley L. Four Phases in Hans Kelsen's Legal Theory? Reflections on a Periodization, in: Oxford Journal of Legal Studies. volume 18, Oxford University Press, 1998, p. 161. Nesse trabalho, página 153 e seguintes, como também neste: Paulson, Stanley L. Arriving at a Defensible Periodization of Hans Kelsen's Legal Theory, in: Oxford Journal of Legal Studies, volume 19, Oxford University Press, 1999, p. 351 e seguintes, Paulson refuta a periodização de Heidemann, com razão. E, com mais razão ainda, seus argumentos deixam aplicar-se também contra o apresentado por Reale e Mata-Machado, que sequer tratam de uma periodização. Ambos os trabalhos de Paulson são acompanhados de ampla indicação bibliográfica.

Além disso, ainda tem de ser notado o seguinte:

a) na última proposição da citação de Kelsen (quinto parágrafo), na nota de pé-de-página 94, supra, Heidemann vê o abandono do cerne da tese da fase transcendental, ou seja, que o juízo e o objeto de cognição são idênticos. Paulson objeta que isso somente faz sentido se Kelsen antes, de fato, defendeu essa doutrina identidade-objeto-juízo, o que não é o caso. Ver Paulson, S. L., primeiro trabalho citado (volume 18), p. 162; ver também, mesmo autor, segundo trabalho citado (volume 19), p. 356;

b) a linguagem da citação do primeiro parágrafo da nota de pé-de-página 12, supra, empregada na conferência em Salzburg, em 1962, sobre direito natural, é representativa para a postura de Kelsen, assumida em sua mudança pós-1960. Ver Paulson, S. L., segundo trabalho citado (volume 19), p. 354 f., com mais indicações;

c) *realismo* é uma *persuasão filosófica* e não deve ser confundido com o *realismo legal*. Ver Paulson, S. L., primeiro trabalho citado (volume 18), p. 155 (realçado por L. A. H.);

2. pela distinção do pressuposto do fundamento direito natural e do direito positivo, isto é, deus e norma fundamental, respectivamente. Isso é mostrado, também, e sobretudo, pelos trabalhos número 2, publicado em

2. com isso, foi renunciada à questão do problema na civil law, colocada no âmbito da filosofia, porém, considerada a partir da common law, no âmbito do direito;[99]

3. disso resultou não só uma mistura de filosofia e direito, mas também de direitos naturais distintos,[100] com o que a solução pretendida mesma se coloca seriamente em questão. Dito em outras palavras: para não tratar a questão: o direito natural da civil law serve para fundamentar juízos de valor e de obrigação? (e, assim, driblar Kelsen) ela foi tentada ser respondida com o direito natural da common law (para, assim, atacar Kelsen e, naturalmente, Kant).[101]

III.

Por fim, deve, primeiro, ser chamada a atenção para três pontos da teoria de Alexy. O primeiro diz: para a teoria dos direitos fundamentais a distinção teórico-estrutural mais importante é a entre regras e princípios. "Essa distinção é o fundamento da teoria do fundamentar jurídico-fundamental e uma chave para a solução de problemas centrais da dogmática dos direitos fundamentais. Sem ela não pode haver uma teoria de barreira adequada, nem uma doutrina das colisões que satisfaz, nem uma teoria suficiente sobre o papel dos direitos fundamentais no sistema jurídico. Ela forma um elemento fundamental não só da dogmática dos direitos de liberdade e igualdade, mas também da dos direitos de proteção, organização e procedimento e a prestações em sentido restrito. Problemas como os do efeito perante terceiros de direitos fundamentais e da divisão de competências entre tribunal constitucional e legislador podem, com seu auxílio, ser

---

1927-1928, e número 3, publicado em 1964, ambos presentes nesta obra (ver sumário). Porém, com isso, agora, o ponto de partida de Mata-Machado, E. G. e Reale, M. não só não se sustenta, mas também se revela contraditório.

[99] O papel que, para ficar com a expressão, a common law desempenhou no âmbito idiomático alemão pode ser comprovado, por exemplo, pelos trabalhos seguintes: Habermas, Jürgen. Wahrheitstheorien, in: Vorstudien und Ergänzungen zur Theorie des kommunikativen Handelns. 3. Aufl., Frankfurt am Main: Suhrkamp, 1989, S. 127 ff. Versão espanhola: Teoría de la acción comunicativa: complementos y estudios previos. Madrid: Ediciones Cátedra, S. A., 1997. Tradução: Manuel Jiménez Redondo; mesmo autor, Moralbewußtsein und kommunikatives Handeln. 7. Aufl., Frankfurt am Main: Suhrkamp, 1999. Versão brasileira: Consciência e agir comunicativo. 2. ed. Rio de Janeiro: Tempo Brasileiro, 2003. Tradução: Guido A. de Almeida; mesmo autor, Erkenntnis und Interesse. 2. Aufl., Frankfurt a. Main: Suhrkamp, 1973. Versão brasileira: Conhecimento e interesse. Rio de Janeiro: Zahar, 1982. Tradução: José Nicolau Heck; Alexy, R., (nota 66) e (nota 51).

[100] Que se expressa, também, na terminologia.

[101] Segundo Kelsen, a ciência do direito tem de limitar-se ao conhecimento e descrição das normas jurídicas positivas. Assim, a opção por uma de várias possíveis decisões deve ficar reservada à "interpretação autêntica" dos tribunais, porque aqui se trata de um juízo de valor e não de uma questão de verdade científica. Alexy, ao contrário, utiliza um conceito de ciência do direito mais amplo que abarca a argumentação, que está relacionada com a solução de questões práticas. Na base da concepção de Kelsen está a convicção que juízos de valor e de obrigação não são suscetíveis de verdade ou fundamentáveis racionalmente e, por conseguinte, não podem ser objeto de um tratamento científico. Para Alexy, o último não é exato e é essa a tese da investigação realizada no trabalho Teoria da argumentação jurídica (ver nota 72). Ver para isso, com mais demonstrações, Alexy, R., (nota 72), S. 264, Fußnote 6; página 207, nota de pé-de-página 6 (aspas no original). Com isso, não só a afirmação para a colocação da investigação, feita no início da introdução deste posfácio, mas também o título deste volume encontram aqui sua justificação.

DIREITO NATURAL – DIREITO POSITIVO – DIREITO DISCURSIVO

tornados mais claros. A distinção entre regras e princípios forma, além disso, o vigamento de uma teoria material-normativa dos direitos fundamentais e, com isso, um ponto de partida da resposta sobre a questão da possibilidade e dos limites da racionalidade no âmbito dos direitos fundamentais. Com tudo isso, é a distinção entre regras princípios um dos pilares de fundamento da construção da teoria dos direitos fundamentais."[102]

O segundo consiste nisto: "A questão sobre a racionalidade do fundamentar jurídico leva, assim, à questão sobre a fundamentabilidade geral de sentenças práticas gerais ou morais. A discussão dessa questão foi longamente prejudicada por uma contraposição infrutífera de duas posições fundamentais, que se apresentam em variantes sempre novas, de posições subjetivistas, relativistas, decisionistas e/ou irracionalistas, por um lado, e posições objetivistas, absolutistas, cognitivistas e/ou racionalistas, por outro. Para uma tal postura-tudo-ou-nada, contudo, não existe motivo. A discussão ética mais recente, que metodologicamente essencialmente está influenciada pela lógica moderna, filosofia do idioma, teoria da argumentação, da decisão e da ciência e quanto ao conteúdo orientada fortemente por ideias kantianas, mostrou que teorias morais *materiais*, que a cada questão moral dão rigorosamente uma resposta com certeza intersubjetivamente coerciva, sem dúvida, não são possíveis, que, porém, teorias morais *procedimentais* são possíveis, que formulam regras ou condições do argumentar prático racional. Uma versão particularmente prometedora de uma teoria moral procedimental é a do discurso prático racional."[103]

O terceiro diz respeito ao enlace entre sistema jurídico e argumentação jurídico-fundamental.[104] Isso, por sua vez, remete à teoria da argumentação jurídica de Alexy. Aqui deve ser destacado:

a) a resposta a essas questões[105] tem grande importância teórica e prática. Dela depende, pelo menos, junto, a decisão sobre o caráter científico da ciência do direito. Ela tem, ademais, peso considerável para o problema da legitimidade da regulação de conflitos sociais por decisão judicial;[106]

b) as questões, onde e em qual proporção valorações são necessárias, como essas valorações comportam-se para com os argumentos a serem designados "jurídico-especificamente" e para com a dogmática jurídica e se tais valorações são racionalmente fundamentáveis não podem, nessa introdução, ser respondidas em primeiro lugar. Elas são objeto desta investigação;[107]

---

[102] Alexy, R., (nota 59), S. 71; página 81 e seguinte. Seja aqui lembrada a CF, artigo 5 a 17.

[103] Alexy, R., (nota 59), S. 499; página 530. Comparar com o apresentado na nota de pé-de-página 86, parte final, supra.

[104] Ver para isso, Alexy, R., (nota 59), S. 493 ff.; página 524 e seguintes.

[105] Ver Alexy, R. (nota 72), S. 22 ff.; página 27 e seguinte. Resumido, ver letra b, infra.

[106] Alexy, R. (nota 72), S. 24; página 28.

[107] Alexy, R. (nota 72), S. 24; página 28 e seguinte.

c) a fraqueza aludida das regras do discurso é ainda intensificada pelo fato de algumas regras serem constituídas de tal forma que elas somente podem ser cumpridas aproximativamente. Tudo isso, contudo, não faz essas regras sem sentido. Elas, sem dúvida, no âmbito do discursivamente possível, não podem criar nenhuma certeza definitiva, como explicação da pretensão de correção, como critério para a correção de declarações normativas, como instrumento da crítica de fundamentações não racionais, assim como, como precisação de um ideal a ser aspirado elas são, contudo, de importância considerável.[108]

Diante disso pode agora, aqui, ficar em aberto se, e dado o caso, até que ponto, a teoria dos princípios, de Humberto Ávila,[109] dá, primeiro, conta disso (III), e, por conseguinte, daquilo (I, II), para, segundo, superar isto, e, igualmente, aquilo,[110] e, assim, portanto, oferecer uma proposta jurídico-científica que satisfaz melhor, o que parece estar querido pelo subtítulo do seu trabalho.[111]

Conclusão

Depois de tudo isso pode, por fim, afiladamente formulado, ser dito que a vida do ordenamento jurídico do estado brasileiro, em geral, ainda se encontra refém de uma visão[112] jurídica, sem dúvida, de direito natural, mas com aura de caverna e, portanto, sitiada em torno do segundo grau da cultura.[113] A lei é impotente contra o direito resultante dessa visão, pois, como o deôntico (dever-(ser):

---

[108] Alexy, R. (nota 72), S. 36; página 37 e seguinte.

[109] Ávila, Humberto. Teoria dos princípios. Da definição à aplicação dos princípios jurídicos. São Paulo: Malheiros, 2003.

[110] Essa conexão deixa perguntar pela extensão que pode assumir a desvantagem de, na pretensão da construção (estrutural) de uma teoria científica, não se ocupar com, pelos menos, duas questões: a de que se tem de entender o todo do particular e o particular do todo (ver para isso, Gadamer, H.-G., (nota 1), S. 296 ff.; página 385 e seguintes) e a do paralelismo entre os quebra-cabeças e os problemas da ciência normal. Quanto a isto, diz Kuhn: "Caso ele seja classificado como quebra-cabeça, o problema tem de ser caracterizado mais do que como uma solução assegurada. *Ele tem de ter, além disso, regras que limitam tanto a natureza das soluções aceitáveis como os passos pelos quais elas devem ser obtidas* (realçado por L. A. H.). Solucionar um jogo de quebra-cabeça não é, por exemplo, simplesmente "fazer um quadro". Ou uma criança ou artista contemporâneo poderia fazer isso, espalhando peças selecionadas, como formas abstratas, sobre algum fundo neutro" (Kuhn, T. S., (nota 1), p. 38; página 61).

[111] Seja aqui, na margem, notado: "Rejeitar um paradigma sem, simultaneamente, substituí-lo por um outro é rejeitar a própria ciência. Esse ato reflete não no paradigma, mas no homem. Inevitavelmente ele será visto por seus colegas como "o carpinteiro que dá a culpa às suas ferramentas"" (Kuhn, T. S., (nota 1), p. 79; página 110; comparar com p. 175; página 218).

[112] Aqui empregado no sentido de Gadamer, H. -G., (nota 1), S. 305 ff.; página 397 e seguintes; comparar com Alexy, R., (nota 72), S. 318, Fußnote 124; página 249, nota de pé-de-página 124.

[113] Ver para isso, Weber, Alfred. Kulturgeschichte als Kultursoziologie. 2. Aufl., Frankfurt am Main: Büchergilde Gutenberg, 1950, S. 26, 120 ff. Versão espanhola: Historia de la cultura. 4. ed. México-Buenos Aires: Fondo de Cultura Económica, 1956, página 15 e seguinte, 89 e seguintes. Tradução: Luis Recaséns Siches. Mais adiante (S. 162 f.; página 120 e seguinte) lê-se: "... pelo fato de ele [Aristóteles] ter substituído a transcendência platônica por uma outra, pela sua doutrina das formas (Eidoi) que, segundo sua concepção e, no fundo, a grega, não se comportam para com o mundo material como conceitos vazios, que estão atrás ou sob ele, mas como seu existente primevo, do qual as formas visíveis derivam sua existência pelo fato de elas terem parte nele e assim, no fundo, primeiro, realmente estão aí. (...) Também nesse representante, certamente mais concreto e mais sóbrio, da concepção de mundo grega, une-se, como se vê, em tipo peculiar, interpretação do mundo mecânico-racional

mandamento, proibição, permissão) poderia ordenar algo àquilo que já se entende, desde sempre, como ôntico (ser), a não ser para fazê-lo valer (revelar)?[114] Diante

com, em última instância, meta-racional e domina, nesse quadro, um cosmos de formas firmes únicas que, em um sentido mais profundo, somente pode ser compreendido simbolicamente;"

Deve ser notado que a primeira proposição do parágrafo, no qual está situada a primeira parte da citação feita, termina assim: "..., cujo significado fundamental também hoje ainda não se passou." Essa proposição, Siches não traduziu. Ao contrário, reinterpretou e, além disso, independentizou: "Y nos damos cuenta, además, de que todavía hoy no hemos salido del campo de su influencia." Aqui se coloca, agora, a questão, isto é, até que ponto esse método – de tradução – não deve ser reconduzido à "pedagogia" e à "didática de Port-Royal:" às "escolinhas (...). Coerentes com seus princípios teológicos e morais, os Senhores de Port-Royal anteciparam-se aos outros educadores, mesmo religiosos, em relação ao expurgo das obras latinas que traduziam. La Fontaine fala dos expurgos feitos por De Saci em suas traduções, antes mesmo de o jesuíta Jouvancy fazê-lo. *Justificavam tais depurações com o respeito devido à inocência da criança e ao Espírito Santo que nela habita* (realçado por L. A. H.). (...) Daí também a seleção bastante rigorosa das obras que traduziam" (Bassetto, Bruno Fregni, Murachco, Henrique Graciano. Prefácio à edição brasileira, in: Arnauld e Lancelot. Gramática de Port-Royal. São Paulo: Martins Fontes, 1992, página XX e XXVI, respectivamente; ver página XXVII, com mais indicações. Tradução: Bruno Fregni Bassetto e Henrique Graciano Murachco. Título original: Grammaire generale et raisonée). Esse método de tradução possibilita, por conseguinte, duas coisas: uma vez, não se *traduz* o que está escrito, mas se *interpreta* o que se entende ou se julga entender do escrito e, outra vez, isso justifica, então, o *adonar-se* do texto original e em em original. Portanto, com isso, a cientificidade da tradução, que se apresenta em sua objetividade, passa ao subjetivo do tradutor e, assim, ela perde-se. Esse método, além disso, afeta não apenas palavras, mas, sobretudo, também a marcha das ideias do texto original. Isso, assim, não descobre um aliado, vetusto e fiel, ao aristotelismo? Ver nota de pé-de-página 85, número 2, supra.

Se se sai agora do âmbito jurídico, então o dito mostra ainda uma atitude de "sentimento de vida "românti-co"" (Heuss, Alfred. Römische Geschichte. 10 Aufl. Paderborn, München, Wien, Zürich: Ferdinand Schöningh, 2007, S. 475), porque, sob o título Paganismo e cristianismo (S. 473), escreve esse autor antes de mencionar ele, S. 475: "Aí foi, ademais, estudado Livius, lido Vergil e dotado com esclarecimentos pormenorizados (por Servius), novamente editado Terenz, concebida uma gramática latina (por Donat). *Todas as idéias foram, com intenção expressa,' reconduzidas ao passado pré-cristão e a atualidade, com gestos categóricos, foi afastada empurrando*" (realçado por L. A. H.). Mais adiante, S. 477: A "lei escolar" proibiu, por conseguinte, a dação de lição retórica por cristãos. Formação grega deveria ser incompatível com a fé cristã" (em aspas, a cada vez, no original). A afirmação seguinte não se deixa pôr na vizinhança do último?: "... provocando ciúmes e a ira dos que se julgavam donos da educação, *os escolásticos com os jesuítas à frente*" (realçado por L. A. H.) (Bassetto, B. F., Murachco, H. G., mesma obra, página XXIV).

[114] Comparar Barbosa, Ruy. A constituição e os actos inconstitucionaes do congresso e do executivo ante a justiça federal. 2. ed., Rio de Janeiro: Atlantida editora s. d., página 176 e seguintes (página 169 e seguintes); ver também página 30 e 106.

Ao lado disso, ainda, deixa colocar-se o seguinte: "*Conhecimento*. O significado do conceito pode averiguar-se pela análise do conceito "conhecer". "Conhecer" é, em geral, concebido como aquisição de saber. Sempre que nós dispomos sobre um saber, nós também temos um conhecimento de igual conteúdo. Por conseguinte, o conceito do conhecimento é aclarado pela análise do conceito de saber. Para que se possa falar disto, que uma pessoa A sabe algo, têm de as condições seguintes estar cumpridas: (1) se A diz que ela sabe que seu nome é Müller, então não pode ser o caso, que ela isso realmente sabe e que ela chama-se Meier. Se uma convicção é um saber, tem de a convicção ser verdadeira, do contrário, ela não seria um saber, mas uma equivocação. (2) Se A manifesta uma opinião p, que, sem dúvida, é verdadeira, da qual A mesma, porém, não acredita que ela é verdadeira, não se pode falar de saber. A manifesta, sem dúvida, uma proposição verdadeira, mas que A mesma sabe p irá negar-se à A. A tem de achar que p, isto é, é saber, segundo (1) e (2), uma opinião verdadeira. (3) A poderia, todavia, só casualmente ter adivinhado que p é verdadeira. Nesse caso, não se iria, outra vez, atribuir à A um saber de p. Tem de, adicionalmente, existir também ainda fundamentos para achar que p é saber, por conseguinte, uma opinião fundamentada verdadeira (assim também Platon no *Theaitetos*). (4) Que existam tais fundamentos, porém, ainda não é suficiente para falar de saber. Poderia ser que p é fundamentado, mas A, de modo algum, conhece os fundamentos relevantes. Nesse caso ainda não se irá atribuir à A um saber de p. A tem de ter mesmo os fundamentos para p, portanto, conhecer (esse ponto é, por exemplo, pelo "externalismo epistê-mico", impugnado). (5) E. Gettier chamou a atenção sobre isto, que, além disso, deve ser suposto que A tem de ter não só alguns fundamentos para p, mas os corretos para saber p. Fundamentos corretos são, nisso, aqueles dos quais p deixa derivar-se logicamente objetivamente. Outras especificações semânticas são possíveis, contudo,

disso, a verdadeira "reforma"[115], para usar uma palavra que agora corre, mais uma vez, por nosso país, reside, assim parece, também, e sobretudo, na saída desta caverna: não mais se submeter *naturalmente* a um direito *de natureza*,[116] mas, doravante, formular *racionalmente* as leis para poder cumprir e aplicar *corretamente* o

---

deve ser conservado que nós conhecemos, que p, quando a nós pode ser atribuído um saber de p em virtude de determinações do tipo mencionado. A semântica citada do conhecimento contém, pelo menos, dois problemas: (a) mesmo no uso do idioma filosófico existe o modo de falar do conhecimento falso, e assim por diante, que se converte em "contraditio in adjecto" [contradição no adjetivo acrescentado], quando nós utilizamos (muito rigorosamente) o conceito de conhecimento esboçado; as condições (1)-(5) podem levar a um regresso. Fundamentos para opiniões são mesmos somente fundamentados, quando eles podem ser derivados de outros fundamentos, e assim por diante. Caso uma opinião somente então deva ser uma opinião, quando os fundamentos que fundam mesmos são fundados, termina-se em um regresso. Isso mostra que as reflexões, acima feitas, somente dão uma entrada que problematiza no debate semântico.

Tradicionalmente conhecimento é entendido como uma "reflexão" adequada do mundo do objeto no sujeito. Isso chama a atenção sobre isto, que conhecer é orientado por objetos do conhecimento, isto é, ele tem caráter intencional. Pelos objetos (que não necessariamente tem de ser interpretados realisticamente) o sujeito recebe dados determinados. O conhecer deixa frequentemente se circunscrever como a elaboração de uma ordem correta desses dados ou informações. Essa ordem correta é possibilitada por duas capacidades do conhecimento elementares. Primeiro, existe a possibilidade de distinguir dados sensuais um do outro, pode ter lugar uma discriminação sensorial. Essa permite, por exemplo, identificar formas. No processo de discriminação (às vezes, inconsciente) um dado é separado do continuum de dados, no qual ele manifesta-se, e inserido em novas conexões (por exemplo, esquemas apreendidos de formas). Segundo, podem os dados sensuais, ordenados desse modo, ser classificados, isto é, trazidos sob conceitos gerais. Dados particulares são, nisso, integrados em uma classe e conhecidos como caindo sob uma qualidade que constitui a classe. O dado particular é inserido em um todo coerente (no caso ideal), em que esse processo é possibilitado pelo fato de se reconhecer a qualidade, constitutiva de conceitos já conhecida, no dado singular. Sob esse aspecto, conhecer é, nesse plano, sempre já um reconhecer. Conhecer deve ser caracterizado como um separar e um sintetizar seguinte sobre isso, como um destruir de uma ordem natural e como estabelecer simultâneo de uma, por exemplo, semântica. Casos especiais são: (1) quando, por exemplo, obtém-se conhecimento sobre o sistema bancário, o componente sensual não tem lugar e o conhecer converte-se somente no estabelecer de uma ordem semântico-lógica. (2) Muitos animais, ao contrário, não dispõem sobre conceitos, isto é, eles estabelecem somente uma ordem de percepções. Se aqui ainda pode ser falado de conhecimento, é debatido. (3) Existe também um conhecimento de estados interno-subjetivos. – As duas capacidades de conhecimento denominadas chamam a atenção sobre duas fontes possíveis do conhecimento. Parte-se disto, que todo conhecimento é derivável de experiência sensorial, representa-se um empirismo ou sensualismo. Supõe-se, ao contrário, todo o conhecimento procede do intelecto, isto é, de conceitos e dos juízos formados deles, então se representa um racionalismo. Kant tentou unir ambos os inícios; em sua "forma pura" eles mal ainda são representados. A filosofia deixa descrever-se como um processo de aumento de conhecimento constante. *Sua tarefa é distinguir conhecimentos de equivocações* (realçado por L. A. H.). Essa tarefa é possibilitada, em primeiro lugar, pela teoria do conhecimento. Essa disciplina está, por isso, empenhada para, por uma problematização das fundamentações de declarações, pôr à disposição meios de separar declarações verdadeiras de falsas. Todavia, sua tarefa também consiste nisto, aclarar a origem do conhecimento. Somente assim nós podemos também entender nossos conhecimentos e sua validez e não temos de considerar eles como casualidade" (Gesang, Bernward, in: (nota 62), S. 144 f. [Artikel Erkenntnis]).

[115] Aqui entendida, com Kersting, como melhoramento não só no jurídico-político, mas também no moral. Este pede uma "revolução na atitude na pessoa" (Kersting, W., (nota 80), S. 371). Segundo Kant: "Que, porém, alguém uma pessoa não meramente legal, mas moralmente boa (muito agradável a deus), isto é, virtuosa segundo o caráter inteligível ... torne-se, que, quando ela reconhece algo como dever, de nenhuma outra mola propulsora carece, mais além, que dessa ideia do dever mesma: isso não pode por reforma paulatina, enquanto o fundamento das máximas permanece desleal, mas tem de por uma revolução na atitude na pessoa ... ser efetuado; e ela pode tornar-se uma nova pessoa somente por um tipo de renascimento como por uma nova criação ... e modificação do coração" (6, 47)." Citado segundo Kersting, W., mesma obra, S. 371, Fußnote 236. Pontuação no original, a cada vez.

[116] Que encontra sua expressão, a cada vez, no *desejo*, que em geral é qualificado de político, do superior, tanto no âmbito legislativo, como no administrativo ou judicial. E o seu cumprimento obedece, por conseguinte, somente à sua satisfação.

direito. Ela situa-se, portanto, nos *pressupostos*. Nesse âmbito também se decide, finalmente, a possibilidade do tratamento científico do direito.[117]

Verão de 2009.

Luís Afonso Heck
Prof. da UFRGS

---

[117] Comparar com Heck, Luís Afonso. Hermenêutica da constituição econômica, in: Revista de informação legislativa, Brasília: jan./mar. 1992, página 443.

Documentações de impressão

1. *Ciência do direito.* Publicado no Staatslexikon, Bd. 4., 7. Aufl., Freiburg – Basel – Wien: Verlag Herder, 1988. Spalte 751 ff. Título no original: Rechtswissenschaft.

2. *Direito natural e direito positivo. Uma investigação de sua relação recíproca.* Publicado na Internationale Zeitschrift für Theorie des Rechts. Jahrg. II, Brünn: Rudolf M. Rohrer, 1927--1928, S. 71 ff. Título no original: Naturrecht und positives Recht. Eine Untersuchung ihres gegenseitigen Verhältnisses.

3. *O fundamento da doutrina do direito natural.* Publicado em Österreichische Zeitschrift für öffentliches Recht, Band XIII, Wien: Springer-Verlag, 1964, S. 1 ff. Título no original: Die Grundlage der Naturrechtslehre.

4. *O que é positivismo jurídico?* Publicado na Juristenzeitung, Nummer 15/16, 13. August 1965, S. 465 ff. Título no original: Was ist juristischer Positivismus?

5. *Uma concepção teórico-discursiva da razão prática.* Publicado em Rechtssystem und Praktische Vernunft. Verhandlungen des 15. Weltkongresses der Internationalen Vereinigung für Rechts- und Sozialphilosophie (IVR) in Göttingen, August 1991. Herausgegeben von Robert Alexy und Ralf Dreier. Stuttgart: Franz Steiner 1993, S. 11 ff. ARSP Beiheft 51. Título no original: Eine diskurstheoretische Konzeption der praktischen Vernunft.

6. *Direito e Moral.* Publicado em Härle, Wilfried und Preul, Reiner (Hg.). Ethik und Recht. Marburg: N. G. Elwert Verlag, 2002, S. 83 ff. Título no original: Recht und Moral.

7. *Teoria do discurso e direitos fundamentais.* Publicado em Menéndez, Agustín and Eriksen, Erik O. (eds). Fundamental Rights through Discourse. On Robert Alexy's Legal Theory. European and Theoretical Perspectives. Arena Report No 9/2004, p. 35 ff. Título no original: Discourse Theory and Fundamental Rights.

8. *A interpretação de Ralf Dreier da definição do direito kantiana.* Publicado em Alexy, Robert (Hg.). Integratives Verstehen. Zur Rechtsphilosophie Ralf Dreier. Tübingen: Mohr, 2005, S. 95 ff. Título no original: Ralf Dreiers Interpretation der Kantischen Rechtsdefinition.

9. *O conceito de Kant da lei prática.* Publicado em Behrends, Okko (Hg.). Der biblische Gesetzesbegriff. Auf den Spuren seiner Säkularisierung. 13. Symposion der Kommission "Die Funktion des Gesetzes in Geschichte und Gegenwart". Abhandlungen der Akademie der Wissenschaften zu Göttingen. Philologisch-Historische Klasse. Dritte Folge, Band 278. Göttingen: Vandenhoeck & Ruprecht, 2006, S. 197 ff. Título no original: Kants Begriff des praktischen Gesetzes.

10. *Flexibilidade da dignidade humana? Da estrutura do artigo 1, alínea 1, da lei fundamental.* Publicado em Bäcker, Carsten und Baufeld, Stefan (Hg.). Objektivität und Flexibilität im Recht. (ARSP-Beiheft 103). Stuttgart: Franz Steiner Verlag, 2005. S. 142 ff. Título no original: Flexibilität der Menschenwürde? Zur Struktur des Art. 1 Abs. 1 GG.

11. As três estruturas de argumentação do princípio da proporcionalidade – para a dogmática da proibição de excesso e de insuficiência e dos princípios da igualdade. Publicado em JuS 2001, Heft 2, S. 148 ff. Título no original: Die drei Argumentationsstrukturen des

Grundsatzes der Verhältnismäßigkeit – Zur Dogmatik des Über- und Untermaßverbotes und der Gleichheitssätze.

12. *Kant, Hegel e o direito penal*. Publicado na Festschrift für Karl Engisch zum 70. Geburtstag. Frankfurt am Main: Vittorio Klostermann, 1969, S. 54 ff. Título no original: Kant, Hegel und das Strafrecht.

Anexo

Legislação[118]

Artigos da lei fundamental (de 23 de maio de 1949, BGBl. S. 1;BGBl. III/ FNA 100-1); modificada por último por lei de 28 de agosto de 2006 (BGBl. I S. 2034).

Artigo 1 [dignidade humana, vinculação aos direitos fundamentais]

(1) A dignidade da pessoa é intangível. Considerá-la e protegê-la é obrigação de todo o poder estatal;

Artigo 2 [livre desenvolvimento da personalidade, direito à vida; à integridade corporal, liberdade da pessoa]

(1) Cada um tem o direito ao livre desenvolvimento de sua personalidade, à medida que ele não viola os direitos de outros e não infringe a ordem constitucional ou lei moral;

(2) Cada um tem o direito à vida e à integridade corporal. A liberdade da pessoa é inviolável. Nesses direitos poderá somente com base em uma lei ser intervindo.

Artigo 3 [igualdade]

(1) Todas as pessoas são, diante da lei, iguais;

(2) homens e mulheres têm os mesmos direitos. O estado fomenta a imposição real da igualdade de direitos de mulheres e homens e esforça-se pela eliminação de desvantagens existentes;

(3) ninguém pode, por causa do seu sexo, sua descendência, sua raça, seu idioma, sua pátria e origem, sua fé, suas visões religiosas ou políticas, ser prejudicado ou privilegiado. Ninguém pode, por causa do seu aleijamento, ser prejudicado.

---

[118] Nota do tradutor: (1) os títulos entre colchetes não são oficiais; (2) a tradução foi revisada.

DIREITO NATURAL – DIREITO POSITIVO – DIREITO DISCURSIVO

Artigo 5 [liberdade de opinião, de imprensa, radiodifusão, liberdade de arte e ciência]

(2) esses direitos encontram suas barreiras nas prescrições das leis gerais, determinações legais para a proteção da juventude e no direito da honra pessoal;

Artigo 6 [casamento e família]

(3) contra a vontade dos titulares do direito de educação podem os filhos ser separados da família somente com base em uma lei, quando os titulares do direito de educação fracassam ou quando os filhos, por outros fundamentos, ameaçam ficar descuidados;

Artigo 9 [liberdade de associação]

(2) associações, cuja finalidade ou cuja atividade são contrárias às leis penais ou que se dirigem contra a ordem constitucional ou contra a ideia do entendimento entre os povos, são proibidas;

Artigo 10 [segredo espistolar, postal e de comunicação]

(2) limitações podem ser ordenadas somente com base em uma lei. Se a limitação serve à proteção da ordem fundamental democrática liberal ou à existência ou ao asseguramento da federação ou de um estado, então pode a lei determinar que ela não será comunicada ao afetado e que no lugar da via jurídica põe-se o controle pelos órgãos ou órgãos de auxílio, designados pela representação popular.

Artigo 12 [Liberdade de profissão]

(1) Todos os alemães têm o direito de escolher livremente profissão, posto de trabalho e centros de formação. O exercício da profissão pode ser regulada por lei ou com base em uma lei;

Artigo 13 [inviolabilidade da habitação]

(1) A habitação é inviolável;

Artigo 20a [Fundamentos de vida naturais]

O estado protege também em responsabilidade para as gerações futuras os fundamentos de vida naturais no quadro da ordem constitucional pela dação de leis e em conformidade com lei e direito pelo poder executivo e jurisdição.

Impressão e acabamento

Rotermund
Fone/Fax (51) 3589-5111
comercial@rotermund.com.br